JN029005

住宅から店舗、
オフィスまで

建築
ディテール大全

X-Knowledge

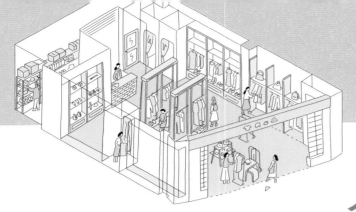

第**1**部 比較で分かる多用途ディテール

1章 **設計の手引き**

物販店舗の教科書 ……… 8
飲食店の教科書 ……… 12
オフィスの教科書 ……… 16
ホテルの教科書 ……… 20
集合住宅の教科書 ……… 24

2章 **内装**

床仕上げ ……… 28
壁仕上げ ……… 34

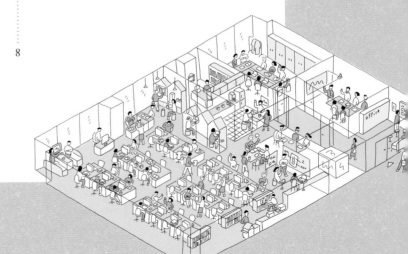

イラスト：米村知倫（Yone）（第1部メインイラスト・アイコン）、いだりえ（5章、134頁 メインイラスト）、ナガトマユ（6・7章、140・144・150頁 メインイラスト）、志田華織

イラスト・トレース（五十音順）：加藤陽平、川﨑祐里沙、小松一平、杉本聡美、田嶋広治郎、坪内俊英、長岡伸行、中川展代、長谷川智大、濱本大樹、堀野千恵子、若原ひさこ

4章　建具・開口部

外部開口部 ………………… 76

内部開口部 ………………… 72

3章　水廻り

浴室 ……………………… 70

トイレ …………………… 68

洗面室 …………………… 66

造作家具 ………………… 62

間接照明 ………………… 56

構造 ……………………… 54

階段 ……………………… 50

壁‐天井の取合い ………… 46

床‐壁の取合い …………… 40

天井仕上げ ……………… 38

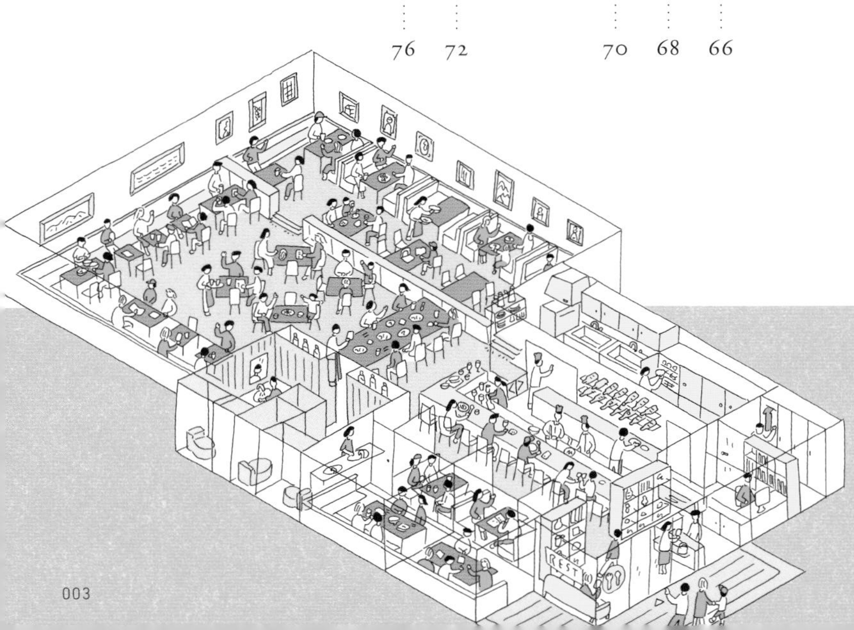

第2部 学び直し！新しい住宅の基本ディテール

5章 外部

屋根 ………… 84
外壁 ………… 90
外部開口部 ………… 96
外部床（バルコニー） ………… 100
玄関 ………… 102

6章 内部

床 ………… 106
内部壁 ………… 112

7章 設備

壁‒天井（出隅） …………………… 114

壁‒天井（入隅） …………………… 116

壁‒天井 …………………… 118

壁‒床（幅木） …………………… 118

電気設備 …………………… 120

設備廻り（空調・給湯） …………………… 124

照明 …………………… 128

浴室 …………………… 132

8章 建材資料集成

断熱 …………………… 134

木材 …………………… 140

見切材 …………………… 144

サッシ …………………… 150

メーカー協力、引用・参考文献 …………………… 154

執筆者プロフィール …………………… 157

※本書は、「建築知識」2019年12月号と、2021年2月号の内容を改訂して再編集したものです。

書籍デザイン：chichols　DTP：TKクリエイト　印刷：シナノ書籍印刷

戸建住宅

 集合住宅

 ホテル

 物販店舗

 飲食店

 オフィス

 美容室

 運動施設

 教育機関

 娯楽施設

 その他

	1	2	3	4
見栄え	5	4	1	3
施工性	1	1	5	4
耐久性	4	5	2	2
メンテナンス性	3	3	3	5
コスト	5	4	1	3

性能評価について
各事例の評価を、5段階で示しています。
1：あまりよくない／2：よくはない／
3：普通／4：比較的よい／5：とてもよい
※「コスト」は「コストパフォーマンス」
を表し、数字が大きいほど安い（コストパ
フォーマンスが良い）ことを表しています

第**1**部

比較で分かる 多用途ディテール

第1部では、店舗、オフィス、飲食店など住宅以外の用途を設計する際のノウハウを凝縮。全体計画の勘所から、部位別の納まりを住宅の場合と比較しながら解説しました。施工性や耐久性などの機能面を5段階で評価しているので、ニーズに合わせて最適な納まりが選択可能です。

1章　設計の手引き

2章　内装

3章　水廻り

4章　建具・開口部

解説文監修：青木律典（デザインライフ設計室）、平木康仁（SURF Architects）

物販店舗の教科書

［ お 約 束 **10** 箇 条 ］

4 造作家具は目指す空間イメージに合わせて構成する

壁面に並べる商品量が決まれば、商品棚やインテリア家具の検討に入る。商品棚を造作して設置するか、スタイリングに合わせた既製家具やアンティークで構成するかで、空間イメージが大きく変わるため重要な選択である。また可動式の棚はディスプレイの変更が容易で汎用性が高いが、照明位置を変える必要も出てくるので、器具や取り付け方に注意する ［62頁］

1 ゾーニングは優先順位をつけて設定する

店舗周辺の人の流れや通行量を考慮し、来店の誘導が期待できる位置に入口を設ける。バックヤードは通常、デッドスペースや入口の対角線上の後方側に設定する。次いで、視覚的な訴求力の高いもの、または、より買ってほしいものから順に配置を決める。計画段階で商品の情報が乏しい場合は、必要面積の大きいものから優先的に空間に落とし込むとよい

7 天井仕上げの選択は慎重に

最近は天井の高い物件も増えたが、古いビルなどでは未だ天井が低いことも多い。その場合はボードの上にクロスや不燃材を用い天井を強調するか、スケルトンにしてなるべく圧迫感をなくすかなどの検討も重要である。天井は塗装やクロス張り以外の工事が発生する場合、空調や防災設備などの工事と併せて行う必要があり、コストがかさむことも。予算をにらんで天井仕上げを選択するという視点も大切だ。また天井に高低差をつくる場合は、排煙計画とも関係してくるので、早めに決定する ［38頁］

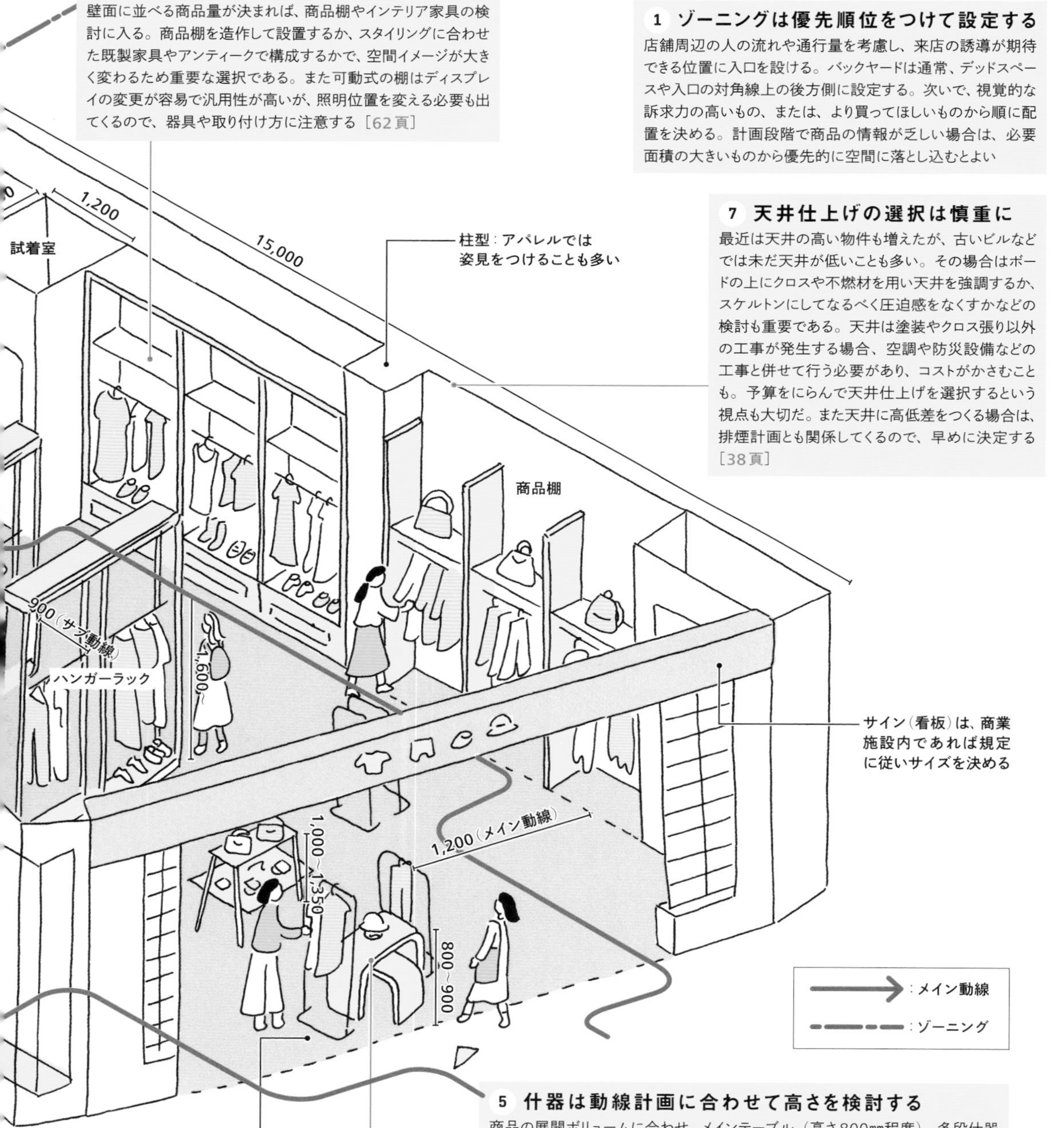

試着室

1,200

15,000

柱型：アパレルでは姿見をつけることも多い

商品棚

900（サブ動線）

1,600

ハンガーラック

サイン（看板）は、商業施設内であれば規定に従いサイズを決める

1,200（メイン動線）

1,000〜1,350

800〜900

→：メイン動線

- - - ：ゾーニング

入り口近くにはシーズンものや手に取りやすい軽衣料（Tシャツやアンダーウェアなど）、その脇にバッグツリーなどを置き、店の奥に高価な重衣料（コートやワンピースなど）を置くことが多い

5 什器は動線計画に合わせて高さを検討する

商品の展開ボリュームに合わせ、メインテーブル（高さ800mm程度）、多段什器（Low）（高さ1,000〜1,350mm程度）、多段什器（High）（高さ1,600mm以上）など、通常は手前から奥に向かって高さを上げていく。さまざまなバリエーションを組み合わせ、客を奥へと誘導できるように什器を構成する ［11頁］

インターネットショッピングの発達により、実店舗はその在り方を再考しなければならない。イメージ写真を参考にして雰囲気をまねるだけ、「売る側」の視点に偏った要望を満たすだけでは、客で賑わい売上も伸びる店舗空間にはならない。客が入店してから会計を終えて店を出るまでの一連の〝ストーリー〟を思い描き、商品の魅力を伝えるためVMD［※］と連動した店舗空間をつくることが重要だ。ハードとソフトを総合的にコントロールすることが設計のカギとなる。

3 ベース照明と演出照明を使い分ける

店舗内照明は、商業施設内であれば共用通路の明かり、路面店であれば外光・外灯などの影響も考慮する。ベース照明で地明かりをとり、演出照明だけで照度を確保するかなど、目的に応じて検討する必要がある。カジュアルな店舗ではベース照明を用いて広く明るさを確保し、高級に見せたい店舗では演出照明だけで照度を確保する手法が一般的［59頁14.］

10 バックヤードは店舗面積全体の10〜20％を確保する

たとえばアパレル店舗では、通常10〜20％のバックヤードが必要になる。販売する商品によって接客オペレーションの仕方が変わるので、それに伴って必要な面積や売り場との位置関係を調整する

9 通路幅の基本は1,200mm

アパレル店舗では、メイン動線となる通路幅は1,200mm以上必要。サブ動線は900mm、レジ前は1,500mm以上を確保したい。ゾーニングと合わせて奥へ引き込むような什器配置を行う。通路の突き当たりとなる箇所は、商品をディスプレイして客にプレゼンテーションできるような什器で構成するとよい

8 壁面構成の注意

商業施設内の場合、排煙区画をどのように構成するかは、プランを検討するにあたり最も先に把握しておくべき情報である。特に防煙垂壁は壁面と干渉することが多いので、それを避けるよう調整する。バックヤードの壁は、天井にまで達させるケースと、上部をオープンにするケースとある。後者のケースでは、バックヤードの上部が暗がりになってしまうので注意が必要

2 レジ位置で接客効率が変わる

入口の位置とゾーニングが決まったら、次にレジ位置を決める。人手不足により店舗内に配置できる店員の数が限られていることも多いため、接客と管理が少人数でできるレジの位置としたい。在庫を出し入れする関係から、バックヤードに近いと便利。また、客は入口にレジが近いとプレッシャーを感じやすいので、入りにくくならないよう入口から距離を置くこともある

9,000

バックヤード

バックヤード

売り場

レジ

ディスプレイ什器

1,500（レジ前）

実際は商品棚があるが、イラストの構成上省略している

試着室

6 前面道路・共用通路と店舗の床はフラットに納める

店舗の床レベルは、出店場所の条件によってさまざま。路面店の場合は前面道路、テナントの場合は共用通路とのレベル差を考慮する。床材はタイルやフローリング、カーペットまたは塩ビタイルなどの主要な仕上げ材から選択する［28頁］。商業施設などでは下地状態でFL−3mm程度で引き渡されることも多い。厚みのある仕上げ材を用いると段差ができて入店のしにくさにつながるため、なるべくFL±0で納めたい

※ ビジュアル・マーチャンダイジング。企業の独自性や企画の意図をビジュアル化して表現すること
設計・解説：cmyk Interior & Product

［ 物 販 店 舗 （ ア パ レ ル ） 資 料 集 成 ］

● 衣服やファッション用品の厚みは季節で変わる

スリーブアウト［※］で陳列する場合、服の厚みによって掛けられる服の数は大きく変わる。同じコートでも春物（薄手の生地でつくられるトレンチコートなど）と冬物では、厚みが2倍以上異なることもあるので要注意。また在庫の保管に必要なスペースを割り出すため、畳んだ寸法なども押さえておきたい。

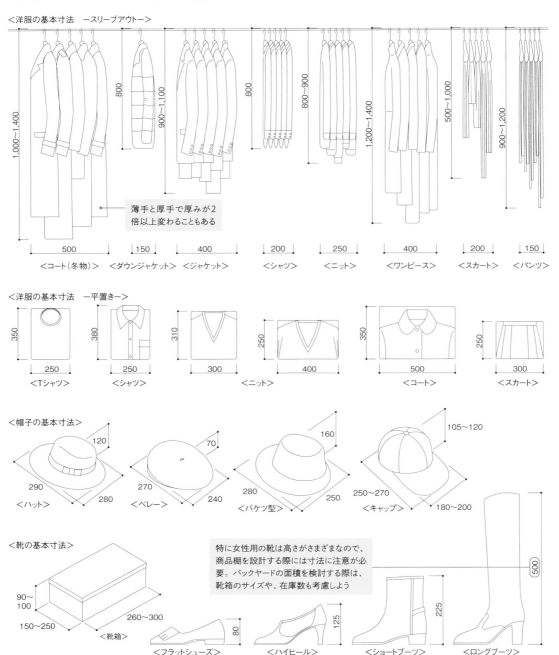

<洋服の基本寸法　－スリーブアウト－>

薄手と厚手で厚みが2倍以上変わることもある

<コート（冬物）> <ダウンジャケット> <ジャケット> <シャツ> <ニット> <ワンピース> <スカート> <パンツ>

<洋服の基本寸法　－平置き－>

<Tシャツ> <シャツ> <ニット> <コート> <スカート>

<帽子の基本寸法>

<ハット> <ベレー> <バケツ型> <キャップ>

<靴の基本寸法>

特に女性用の靴は高さがさまざまなので、商品棚を設計する際には寸法に注意が必要。バックヤードの面積を検討する際は、靴箱のサイズや、在庫数も考慮しよう

<靴箱> <フラットシューズ> <ハイヒール> <ショートブーツ> <ロングブーツ>

※ 洋服の袖部分を客に見せるように掛けて並べる陳列方法

物販店舗にはさまざまな業種があるが、ここではアパレル店舗でよく使われる寸法を紹介する。押しの商品は幅をとっても「顔」を見せ、それ以外はコンパクトに陳列して量を確保するのがセオリー。取りやすい棚の高さ、見やすい高さなど基本を押さえよう。

● 商品棚の陳列展開しやすい高さ

アパレル店舗における棚の寸法にはセオリーがある。客が手に取りやすい高さ（800〜1,500mm）は覚えておこう。棚やパワーテーブル（平置き台）の奥行きの標準は共通して450 mmだ。また客にとって快適なだけでなく、スタッフも働きやすい空間にしたい。特にレジ台廻りは効率よく作業ができるよう、業務の動線を考えて設計すべきだ。

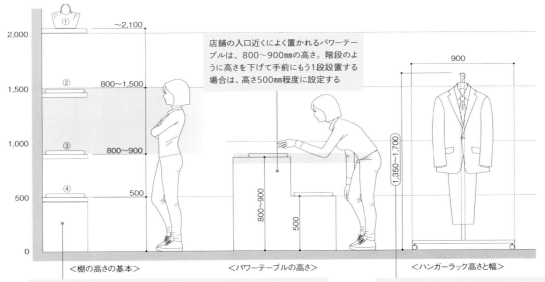

店舗の入口近くによく置かれるパワーテーブルは、800〜900mmの高さ。階段のように高さを下げて手前にもう1段設置する場合は、高さ500mm程度に設定する

＜棚の高さの基本＞　＜パワーテーブルの高さ＞　＜ハンガーラック高さと幅＞

① 主にディスプレイ用として使用する高さ。最高でも2,100mm程度に留める
② 800〜1,500mmは客が見やすく取りやすい基本の高さ
③ 800〜900mmは立ったまま商品を取りやすい高さ
④ 500mmより下は在庫のストッカーとして使うことが多い

ハンガーラックは商品が目の高さにくるよう、1,350〜1,700mmに設定する。置き式のハンガーラックの幅は、600、900、1,200mmの3パターンが主流

● レジ台の基本寸法

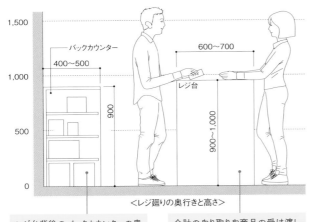

＜レジ廻りの奥行きと高さ＞

レジ台背後のバックカウンターの奥行きは、服を畳むスペースを確保しつつ、備品が取り出しやすい400〜500mmに設定する

会計のやり取りや商品の受け渡しがしやすい高さは900〜1,000mm。奥行きは600〜700mmあると無理なく服を畳める

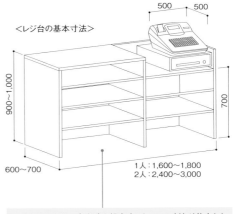

＜レジ台の基本寸法＞

1人：1,600〜1,800
2人：2,400〜3,000

レジ本体を500mm角程度と想定すると、この寸法が基本となる。最近はiPadなどを導入して、レジを掘り込んで置かない店舗も増えてきている。1人で作業するなら幅1,600〜1,800mm、2人なら2,400〜3,000mmは確保したい

解説：cmyk Interior & Product

飲食店の教科書

[お約束 **10** 箇条]

3 厨房はとことん機能的に

厨房に「何もない壁」をつくることはできるだけ避け、棚や作業台を設置してスペースを有効活用する。やむなく壁だけになってしまうところはガスメーターやスイッチ類、掲示板などを設置する。厨房の床は、滑りにくくかつ清掃が容易にできる仕上げ（厚膜型エポキシ樹脂系塗り床材など）にするのが鉄則 [30頁9.]

カジュアルレストラン

5 カウンター席は1人幅600mm

面積にもよるが、カウンターは座れる人数が少ないとサマにならない。できれば1人当たり幅600mm×10人分＝長さ6,000mm以上を確保したい。また、厨房内のスタッフと着席した客の目線高さは合わせたい。カウンター内の床を低くすれば視線を合わせられるが、カウンター内はグリストラップや側溝、排水管などを通すために逆に300mmほど床を上げる必要がある。よって予算や天井高が確保できないなどの理由で客席側の床が上げられない場合は、ハイカウンター（カウンター高1,000mm、椅子高700mm程度）とする

2 バックヤードはレジ付近に

レジ台にはハンドバッグ置きを設置する。レジの後ろには、営業書類などを収める家具や天袋の設置を必ず検討する。また調光器を収めることも多い。店長室や事務室、着替え室はレジの付近にあると、防犯管理上もよい

1 入口には待合スペースが必須

入口には待合スペースを設け、客席との間を飾り棚などで緩やかに仕切ると雰囲気が和らぐ。1階路面店（窓なし）の場合、外部との緩衝帯として、風除室があるとなおよい

飲食店は世相を映して変化しながら、人々の人生の節目を演出してきた。近年は気取った緊張感や演出による非日常感よりも、むしろカジュアルで親しみやすい雰囲気が重視されるようになっている。身近で便利で、家よりも居心地がよく楽しい時間を過ごすための場所として再構築されつつあるのだ。ここでは、店内を清潔に保ちサービスしやすい適切なレイアウトや、客に優しい客席構成、客の回転を促す仕組みなど、店側と客側の双方にとって快適な飲食店のつくりかたを紹介する。

4 1人でも多人数でも対応可能な客席

飲食店の客席構成は、来客の「組数」から考える。来客の8割超を2人客が占めることも多いので、それに対応することが基本［14頁］。それ以外にも、1人客用のカウンター席や大テーブル席を用意する。さらに椅子を引く寸法をなくし省スペースで大人数に対応できるボックス席を設けるなどすると、さまざまな客を円滑に迎えられる。またテーブルをつなげられるベンチシート席や、滞在時間が短い客のためのテーブル席など、幅広い客層のニーズに応える店づくりで満足度と回転率を高め、魅力的な店舗を目指したい［62頁］

10 プライバシーを高める

客席には多かれ少なかれプライバシーが必要だ。パーティションで区切って半個室にしたり、顔が認識できる距離に隣席があるなら視線がぶつからないよう客席の向きを工夫したりして配慮する。広さがあるときは300mm程度フロア高さを変えて、空間に変化をつけることもある

8 突き当たりに見せ場を

突き当たりには見せ場があることが重要。視線の先に美しいものや面白いものがあれば、店の奥に行くほど魅力的だと思わせ、期待感を高める効果がある。突き当たりがただの壁にならざるを得ないときは鏡を張るとよいが、顔が映ると落ち着かないので、エッチングやグラフィックシートを張るなどの配慮が必要

9 トイレは用を足すためだけの場所じゃない

トイレではひと休みや化粧直しのほか、電話やメールの確認をすることもある。声や気配をお互いが感じないように、店が小さいほど客席から遠い入口近くにトイレを設けるとよい。便器を1つしか設けられない場合以外は、必ず男女を分けること。男子トイレは特に小便の飛沫で汚れやすいため、床や壁は御影石やタイルなど必ず洗剤をつけて拭ける素材で仕上げる［68頁］。女子トイレは男子トイレより広く洗面台を設け、2人以上同時に鏡を見ることができるようにするとよい

7 個室席は入口近くに

個室席は主に、パーティー客や高いプライバシーを希望する客のためのもの。よって、店を楽しむより場所を確保するために使われる。そのため、サービスステーション［※］やクロークなど室内で必要な機能が完結していることが求められる。また多人数であれば、出入りや入退店時に騒がしくなる。店内を横断してほかの客に迷惑がかからないよう、できるだけ入口近くに設ける

6 見せるカウンターで店を繁盛させる

カウンターは飲食店の最大の見せ場だ。具体的な見せ所は会話を提供する人（バーテンダーなど）がいる、目を楽しませる美しいバックバーがある、目の前で肉を焼いているのが見える、などである。店のどこからでもカウンターが見えるよう、このプランではハイカウンターに高さを合わせたハイボックス席をカウンターの後ろに設けている。テーブル席と比べプライバシーが弱いカウンター席は通常、人気の席にはなりにくい。だが、カウンター席の居心地のよさを高めることは店の繁盛に直結する

12,000

FL+300

ベンチシート席

男子トイレ

女子トイレ

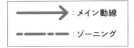

→ ：メイン動線
－・－ ：ゾーニング

※ 厨房から客席までの動線上にある、配膳やサービスを効率よく提供するための簡易設備
設計・解説：ファンタスティックデザインワークス

［ 飲 食 店 資 料 集 成 ］

● 業態ごとに異なる2人用テーブルのサイズの違い

テーブルの高さは、おおむねどの業態でも700〜720mmが標準。天板のサイズは、どんな大きさの食器がいくつくらいテーブルの上に並ぶかを想定して検討する。奥行きがある大きなテーブルは高級感が出るが、向かい合って座る相手との距離が離れすぎるとコミュニケーションがとりにくくなってしまう。むやみに広くすればよいわけではないので注意する。

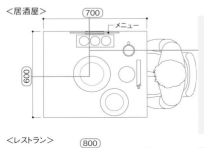
＜居酒屋＞

飲食店の標準の大きさ。奥行きが700mmあれば、2人が向かい合って無理なく食事ができる。幅は、メニュー書きや調味料を置くスペースも考慮し、600mmは確保したい

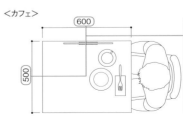
＜カフェ＞

使う食器がカップと皿1枚くらいで済むのであれば、幅・奥行きともに居酒屋などの標準の大きさより100mmずつ狭くてもよい

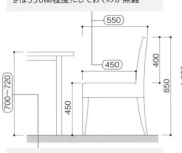
＜レストラン＞

居酒屋やカフェに比べ1人当たりの食器の枚数が多くなるので、特に幅は700mmとゆったり設ける

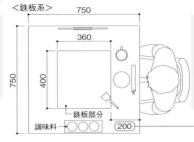
＜鉄板系＞

お好み焼きやもんじゃ焼きは食べるときに主に小皿を使うので、器器を置くスペースが少々狭くても問題ない（200mm程度）

● テーブルの高さの違いによる椅子との寸法関係

テーブルの高さは主に3パターンに分けられる。標準の高さは普通に食事をするような業態。ハイテーブルは客1人当たりの食事時間が短く回転率が比較的高い業態。ローテーブルはソファでくつろぎ長く滞在するような業態にそれぞれ向いている。客の行動を想定し、椅子の座面や背もたれの高さなどを検討するとよい。

＜標準＞
座面の奥行きが450mm程度だと、背もたれも無理なく使える。背面の通路スペースの確保も考慮し、椅子の全体の奥行きは550mm程度にしておくのが無難

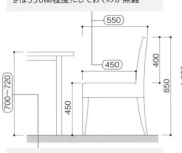

テーブルの標準の高さは700〜720mm。居酒屋やカジュアルレストランでよく使われる寸法である

＜ハイテーブル＞
標準よりも座面を浅く、背もたれを低くすると、店の回転率上昇が期待できる

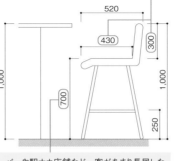

バーや駅ナカ店舗など、客があまり長居しないタイプの業態に適している。椅子は700mmより高くなると上り下りが危険なので注意

＜ローテーブル＞
ゆっくりと過ごしてもらえるようソファの背もたれまでの座面は深めに設定するが、深すぎると食事に不便なので、クッションなどを置いて調整するとよい

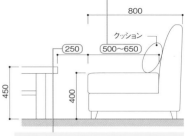

テーブルとソファの高さが同じくらいになるので、足を組んで座ったときにテーブルにひざがぶつからないよう、最低250mm離す

近年の飲食店に求められているのは、ずばり「いかに快適に過ごせるか」である。店舗レイアウトに欠かせないテーブルと椅子の基本寸法や、収納を計画するにあたって重宝する瓶やグラスの寸法を押さえておこう。

● 酒類ボトルやグラスの寸法

居酒屋やバーでは棚やカウンターに酒瓶を飾ることもあるので、だいたいの寸法は把握しておきたい。ワインボトルやシャンパンボトルはメーカーによって瓶の形状や大きさが異なり、ウイスキーボトルは同じ銘柄でも容量の違いで瓶の大きさが変わる。グラス類も、同じ酒に使うものでも高さや口径にさまざまなバリエーションがあるので、よく確認すること。

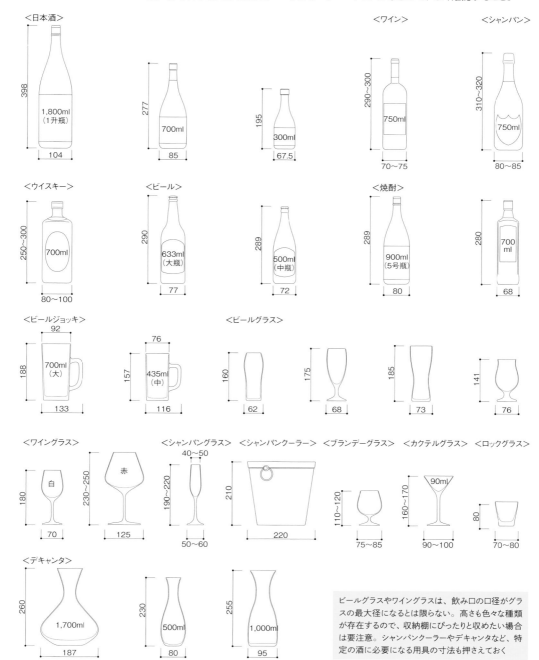

ビールグラスやワイングラスは、飲み口の口径がグラスの最大径になるとは限らない。高さも色々な種類が存在するので、収納棚にぴったりと収めたい場合は要注意。シャンパンクーラーやデキャンタなど、特定の酒に必要になる用具の寸法も押さえておく

解説：ファンタスティックデザインワークス

オフィスの教科書

[お約束 10 箇条]

セミナールームには音響や映写設備が必要。よって会議室よりも防音・遮音に配慮しなければならない

8　会議室は防音・遮音性を高める

会議室や役員室では防音性が求められる。標準はボード2重張りで中にグラスウールを充填し、床上から天井下で納める［35頁3.］。遮音効果を求める場合、硬質石膏ボードで壁厚を増して対応する。さらに遮音性を上げるには、壁を天井上と床下のコンクリートスラブ間でふさぐ「スラブ to スラブ」とする

中小企業（100坪程度）

7　高さや奥行きを出すテクニック

オフィスの天井は2,500〜2,700mmが標準だ。来客ゾーンや共用スペースなど、部分的に天井を高くしたい場合は、天井内部を確認のうえ、折上げ天井などにつくり変えることも検討するとよい。天井は空間を定義する重要なデザイン要素なので、床の仕上げと同時に検討し、工夫をしたい。ただし退去時には原状回復が必要なので、投資対効果を考え提案しよう

2　受付は会社の顔

来客からの見え方や印象を考慮しよう。特に、サイン（看板）の位置や色合わせは重要。出入口が1つの場合は、社員、来客、宅配業者などが出入りする際、人のたまりとプライバシーの両面に配慮したい。たとえば、向き合う会議室のドアの位置をずらす、執務スペースを入口から直接見えないようにするなどの工夫が必要だ。最低限必要な設備は、サインと内線電話の2つ。待合をつくる場合、イラストのような100坪程度のオフィスであれば、ソファ1台置ければよいだろう

3　動線でエリアを分ける

執務ゾーンは動線を明確に設けること。メイン動線は広めに幅1,200〜1,600mmとって空間の奥まで通し、サブ動線とはメリハリをつけて人の行き交いを整理する［※2］。このプランなら100坪程度であれば、幅1,200mmでもよい。執務ゾーンの動線上には、ミーティングエリアや休憩室などの共用スペースを設ける一方、通路から離れて奥に行くとプライバシーが確保されるなど、業務に集中する場とコミュニケーションの場が混在しないように工夫する

9　照明計画の基本

執務ゾーンの平均照度はデスクの上面で750ルクス、色温度は4,200〜5,000K（ケルビン）程度が基準。受付やラウンジは、用途に合わせて照度や色温度を落とし、雰囲気をつくる（〜300ルクス／〜3,500K）。ラボなどで高照度が求められる場合は、クライアントの基準や現状を踏まえて、最適な照度を提案しよう

働き方改革の進展とともに、「働きやすいオフィス」への注目も年々高まっている。フリーアドレス［※1］など、これまでの常識を超えた斬新なオフィスも増えつつある。とはいえ、もちろんオフィス設計にも基本は存在する。ここで紹介するのは100坪程度の中小企業向けオフィス。ヘッドカウント（人数）は45席、1人当たりの執務スペースは約2.4坪だ。このスペースの平均は2～3坪で、小さくなるほど座席以外の共用スペースや通路などに余裕がなくなるので、要注意。

4 材料選びは耐久性が決め手
オフィスの床・壁・天井などに用いる材料選びの基準は、耐久性とメンテナンス性のよさ。住宅に比べ、より激しい使われ方をするオフィスでは、住宅用の材料は耐久性の面で不向きなものも多く、注意を要する。また一度営業を開始してしまえば、営業を止めて工事を行うことが難しいので、清掃や更新に手間がかかるものは原則使わない。床は8割方タイルカーペットを使うが、来客エリアなど汚れが気になる箇所は一部塩ビタイルを用いることもある［29頁4.］。壁はメーカーに依頼するとスチールパーティションが一般的。天井は岩綿吸音板か、造作する場合はボード天井とすることが多い［38頁］

5 内装は管理会社の利用規約を要確認
CMF（Color・Material・Finish）とは、モノを構成する「表面」の3要素（色・素材・仕上げ）のこと。ほとんどのオフィスビルでは内装制限がかかるので、使える建築材料には制約が多い。たとえば、法規上は難燃以上と定められていても、ビルの利用規約で不燃が求められるケースもある。事前に必ず管理会社に設計マニュアルの有無を確認すること。内装において色の制限を受けることはないが、外部の通りからインテリアやデザインが見える場合、ビルの規定や街並み条例に抵触することもあるので注意

10 既製品か造作家具か
既製品は比較的安価だが、デザインを諦めることがある。それに対して造作家具は、理想のデザインにできるもののコストがかかる（既製品の1.5～2倍程度）。それぞれにメリットとデメリットがあるので、まずクライアントに確認を取ること。多くの場合、耐久テストをクリアしたスチールメーカーの既製品が好まれる。家具のイメージや形状が雰囲気と合わないときは、造作家具を提案しよう

1 必要スペースをゾーニングする
まず、受付や会議室のある「来客ゾーン」と、社員のデスクが並ぶ「執務ゾーン」の2つを分けて考える。通常、この間にセキュリティゲートを設ける。そのあと、それぞれのゾーンについて間仕切りを検討する。仕切り方の工夫次第で、スプリンクラーや照明器具の増移設を少なくし、既存設備を利用することができ、コストを抑えられる

6 レイアウトは《ヒトコトバ》で考える
「上長窓際、島型対向並列を、組織図どおりに並べる」という従来のレイアウトは時代遅れとなりつつある。これからは、どの立場や役割の社員（ヒト）が、どのようにかかわりを持って行動しているか（コト）、そしてそのためにどんな機会や場が必要なのか（バ）を、デザインの力を持って提案・実行していくことが求められる。これらを考える《ヒトコトバ》［※3］が、次世代オフィスづくりのキーワードである

来客ゾーン
執務ゾーン
共用スペース
パーソナルスペース
役員
壁：スチールパーティション
7,000
フォーナーブース
天井：岩綿吸音板もしくはボード天井
ミーティングエリア
7,000

→ ：メイン動線
--→ ：ゾーニング

床：タイルカーペットもしくは塩ビタイル仕上げ
1,500
1,500～1,800

※1 個人の個定席を持たず、自由に席を選択して働けるオフィススタイル ┃ ※2 両側に居室がある廊下における場合は1.6m以上、その他の廊下における場合は1.2m以上必要（令119条　廊下の幅についての規定）┃ ※3《ヒトコトバ》はワイズ・ラボの商標登録です ┃ 設計・解説：ワイズ・ラボ

● デスク周りの通路幅の寸法

最初から室内を埋めるようにデスクを配置することは避け、将来的な従業員の増加に応じてデスクを追加することを想定し、レイアウトを考えたい。ここでは限界寸法ではなく、実際に使われることが多い標準的な寸法を紹介する。ただし、避難経路は法規に基づいて確保すること［※1］。通路幅は、広いほうがプライベート性が高まる。

＜背面式レイアウトの通路幅＞

500　500　500
1,500

基本寸法は1,500㎜。余裕があれば1,600㎜とってもよい。外資系企業はさらに広めに1,800㎜を確保することが多い

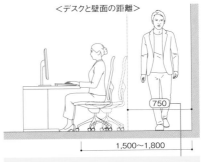

＜デスクと壁面の距離＞

750
1,500〜1,800

座っている人が立ち上がるときに椅子を背後に引くことを考慮し、通路として750㎜は確保したい。これより狭いと人とぶつかってしまうので注意

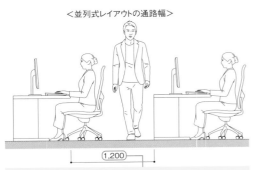

＜並列式レイアウトの通路幅＞

1,200

並列式の場合は1,200㎜確保する。これと同様のレイアウトで、セミナー形式など一時的に会議室を利用する場合の通路幅は900㎜あれば十分

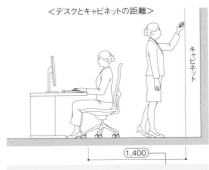

＜デスクとキャビネットの距離＞

1,400

作業スペースを考慮して1,400㎜確保する。キャビネットが引出し式や両開き式の場合は、このサイズより+300〜400㎜ほど広めに確保すると無難

＜デスク間の通路幅＞

600

標準限界寸法は600㎜。+300㎜で900㎜確保しておくと、通路を歩く人と道を譲る人の2名がぎりぎりすれ違うことのできるスペースも生まれる

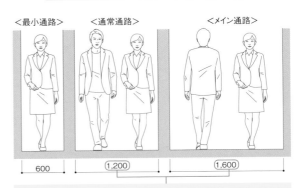

＜最小通路＞　＜通常通路＞　＜メイン通路＞

600　1,200　1,600

通路の限界寸法は600㎜だが、800㎜確保するとゆとりが出る。通常通路幅は1,200㎜、メイン通路は1,600㎜確保したい

※1 両側に居室がある廊下における場合は1.6m以上、その他の廊下における場合は1.2m以上必要〔令119条　廊下の幅についての規定〕

オフィスには、個人が執務を行うパーソナルスペースと、複数人で会議をしたり休憩したりする共有スペースが存在する。オフィスでよく使われるモノの寸法や通路幅の寸法をもとにプランニングし、「働きやすいオフィス」を目指したい。

● 主なオフィス用品の寸法

パソコンや電話など、個人がデスク上で必要とするものを踏まえて、デスクのサイズを検討する。オフィス用品のなかでも特に場所をとる複合機やロッカーは、実際に使うシチュエーションを想定したうえで、確保すべき通路幅を算定しレイアウトを調整する。たとえばデスクの背面に複合機を置くならば、通路幅を1,200㎜は確保したい。

> デスクトップパソコンもノートパソコンも、画面のインチ数によって必要となるスペースが大きく異なる[※2]。デスクの大きさを検討する際には注意すること

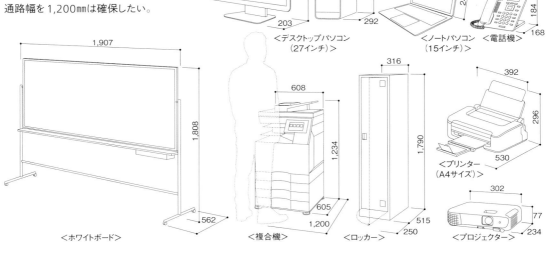

<デスクトップパソコン（27インチ）>　<ノートパソコン（15インチ）>　<電話機>

<ホワイトボード>　<複合機>　<ロッカー>　<プリンター（A4サイズ）>　<プロジェクター>

● デスクとテーブルの寸法

会議テーブルの幅は、1人当たり700～800㎜を確保する。対面の奥行きは1,200㎜程度あるのが望ましい。社内用ならこれより奥行きが浅くても構わない。執務デスク幅は1,500㎜を基本に、役職や職種によって1,600、1,800㎜と使い分ける。最近はノートパソコンの普及によって、共通で1,500㎜という会社も多い。奥行きは共通して600～700㎜が一般的。

<執務室のデスク>

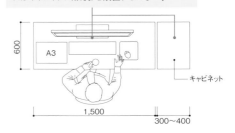

> デスク幅が1,500㎜あれば、デスクトップパソコンを置いてA3用紙も十分に広げられる。足りなければキャビネット（袖机）を設置するのも一手

<会議室のテーブル>

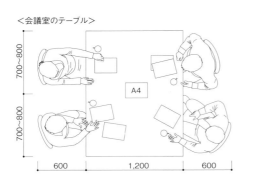

※2 たとえば、iMac21.5インチのサイズは幅528×高さ450×奥行175㎜、MacBook Pro13インチのサイズは幅304.1×高さ149×奥行212.4㎜
解説：ワイズ・ラボ

ホ テ ル の 教 科 書

[お 約 束 10 箇 条]

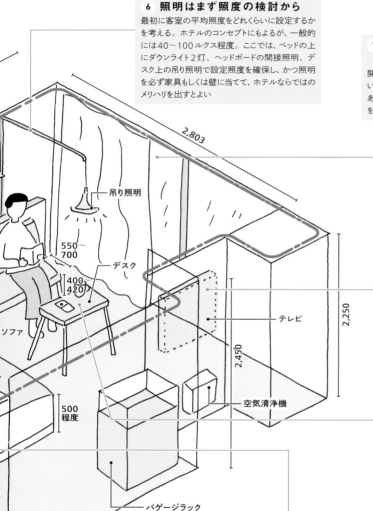

6 照明はまず照度の検討から

最初に客室の平均照度をどれくらいに設定するかを考える。ホテルのコンセプトにもよるが、一般的には40〜100ルクス程度。ここでは、ベッドの上にダウンライト2灯、ヘッドボードの間接照明、デスク上の吊り照明で設定照度を確保し、かつ照明を必ず家具もしくは壁に当てて、ホテルならではのメリハリを出すとよい

ミドルホテル（25㎡程度）

7 開口のサイズと位置は眼前の景色と家具レイアウトで決まる

開口部が大きいほどたくさんの外光を採り込めて気持ちよいが、家具やカーテンとの取合いを常に考えておく必要がある。開口位置を決めるときには、家具レイアウトとの照合を忘れないこと

8 テレビと照明の配線は極力隠す

客室界壁にはアウトレットボックスを埋め込めないため、テレビ配線は天井もしくは一般壁から出し、配線を家具の中に隠すようにする［65頁11.］。ここでは、柱部の壁をふかしてそこに配線し、テレビの大きさに合わせてへこみをつくって、壁埋め込みテレビのように見せている

10 置き家具は使い勝手が大事

客室の面積が狭いほど、椅子とテーブルの大きさや配置など、使い勝手に配慮する必要が高まる。人の動作を考慮したテーブル脚の構造や形状、ベッドや壁と、椅子・テーブルとの間隔、ソファの奥行きや高さなど、緻密に検討する必要がある［22頁］

1 立地と客層に合った新しい仕掛けをつくる

ホテルは安らぎと非日常感を提供する施設。宿泊者がぜいたくなひとときを体験できるよう、客室には設えの工夫が必要だ。それにはまず、立地や客層をしっかり把握することが求められる。ここでは、東京の渋谷という土地ならではの、「ホテル機能のファッション化」という試みに挑んでいる。たとえば、客室に設けるクロークを、自分のお気に入りの服をきれいに魅せるための「ファッションクローク」として設え、エントランス空間に配置したのも、そんな工夫の1つである

9 床の段差は極力設けない

バリアフリーな客室とするため、床の段差は基本的に設けない。浴室など2重床とする部分は、仕上げ面以下を掘り込んで納める［43頁10.］。直床部分はカーペット、2重床の部分は遮音性能が問題なければ硬質な材料でもよい［28頁1.、29頁3.］。ここでは、水廻りは水はね対策と客室グレードを考慮してタイルを選定している

ファッションクローク（見せる衣類収納）で、自分の好きなものに囲まれる魅力を演出

ホテル設計では、建築とインテリアが分業されることが多い。客室の設計では、建築設計者が水廻りや開口の位置を決める段階で、インテリアデザイナーが客室デザインをおおよそ検討する。そのうえで建築とインテリアを同時に調整していく。また、客室はデザイン以前に「安全」「安心」でなければならない。建築とインテリアそれぞれの機能・性能を常に一体で考える必要があり、建築設計者とインテリアデザイナーがコミュニケーションを密にとりながら設計するプロセスがとても大事だ。

●ホテルの5大分類（客室グレード）

1. ラグジュアリー：最高級・豪華
2. ハイエンド、アッパービジネス：高級
3. ミドル、ミドルビジネス：中級
4. エコノミー、ビジネス：普通
5. バジェット：低料金

3 隣室への音の影響を少なくする配慮が必要

ここでは、水廻りゾーンはスラブを下げたうえで2重床にし、ベッドゾーンは直床、天井はボード張りとしている。ベッドゾーンを直床とする場合は、軽量衝撃音対策の仕上げ材を選択するとよい［28頁1.］。コンセントやスイッチは、客室界壁への埋め込みはしない。家具用・電子機器用の電源やテレビの配線なども客室界壁への設置は避ける

4 水廻りのレイアウトでグレードを表現

客室の大きさによって水廻りのサイズも変える。洗い場付きバスタブと単独トイレ、単独洗面台というレイアウトとすると、ワングレード高いゆとりのある水廻りを表現できる。一般的には20㎡以上の客室であれば、単独バスタブUB1416以上＋独立トイレ＋独立洗面とすることが多い［23頁］

2 「兼ねる」客室のゾーニングで広く見せる

基本は、ベッドゾーン、水廻りゾーン、客室廊下、という構成。ここでは、客室廊下に大きな鏡の洗面とクロークを配置して、ベッドゾーンと水廻りゾーンの中間にパウダーエリアをつくっている。ベッドと水廻りの両方のゾーンに寄り添える第3のゾーンを設けることで、客室全体に視覚的な広がりがもたらされている

5 ベッド廻りに機能を集約

通常、ベッド廻りにヘッドボードとナイトテーブルをつくる。ここでは、固定電話やスマートフォン置き、ナイトランプの機能をヘッドボードにまとめた。またヘッドボードを横に延長してソファの背もたれやデスク照明の配線、スイッチ類も一体とした。こうすることで、限られた空間を圧迫せずにデザイン上の統一感が生まれる

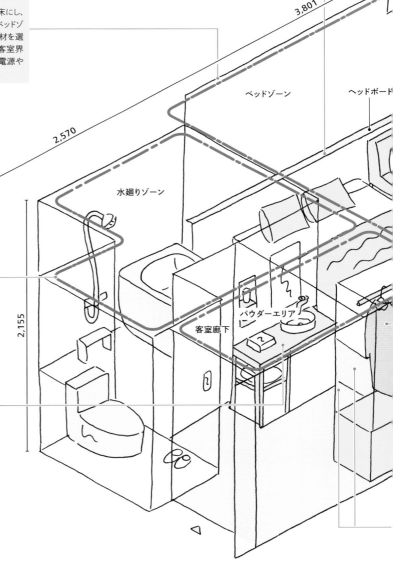

3,801

2,570

2,155

ベッドゾーン

ヘッドボード

水廻りゾーン

パウダーエリア

客室廊下

：ゾーニング

「渋谷ストリームエクセルホテル東急」設計：UDS+the range design INC.、解説：寳田陵（the range design INC.）

[ホテル資料集成]

● グレード感を生む天井高とベッド高さ

スイートルームなどでない限り、客室の主役はベッド空間といっても過言ではない。したがって、ベッド廻りのデザインがそのまま客室のグレード感を表すことになる。ベッド単体のデザインも大切だが、ベッドのサイズが空間と釣り合っているかもとても重要。ベッドは天井高とセットで考え、グレード感を演出するようにしたい［※1］。

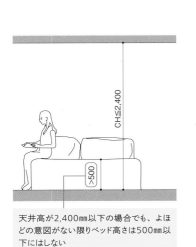
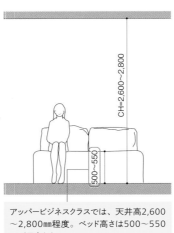
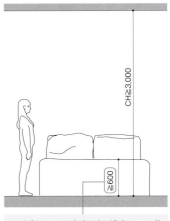

天井高が2,400mm以下の場合でも、よほどの意図がない限りベッド高さは500mm以下にはしない

アッパービジネスクラスでは、天井高2,600〜2,800mm程度。ベッド高さは500〜550mmが目安となる

ラグジュアリーな室内とする場合は、天井高を3,000mm程度、ベッドの高さを600mm以上とする

● くつろぎ方とソファの形状・寸法

客室にソファを置く場合は、見た目だけでなくソファの形状や素材、サイズ、座り心地にも気を配る。宿泊者がどのようにソファでくつろぐかを想像してソファを選択するとよい。また、ソファの周囲にスペースがなければ、ソファを置いてもゆっくりとくつろぐことはできない。ソファの周囲には余白をつくり、ゆったり感を演出する。

通常のソファサイズは、座面高さ420mm、座面奥行き550〜600mm程度。シングルクッション［※2］のことが多い

深く座ってもらいたい場合は、座面高さ400mm、座面奥行き650〜700mm程度とする。ダブルクッション［※2］とすることで、ソファに深く体が沈み込み、よりくつろぎやすくなる

スペースに余裕があれば、オットマンなどをソファの足元にレイアウトしてもよい

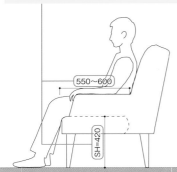
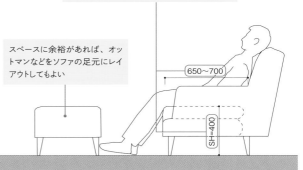

※1 最近はこのほかに日本的な小上がりタイプもある。小上がり部分は高さ120〜150mmとし、高さ250mmのマットレスを置く
※2 ソファには座面部分が1つのクッションのみでできているもの（シングルクッション）と、クッションが2つ重なっているもの（ダブルクッション）とがある

ホテルの設計では、リラックスできる環境と非日常感を楽しめる仕掛けが重要だ。ホテルのグレードにふさわしい客室デザインも求められる。グレードに見合うベッドサイズと天井の関係性や、水廻りの寸法など、客室設計の参考となる寸法を押さえておこう。

● グレードで変わる客室の広さと水廻りレイアウト

スイートルームなどを除き、通常はユニットバスを採用してコストを抑えることが多い。グレードや広さに応じて、浴槽・洗面・トイレが一体となった3点ユニットを用いるのか、ユニットシャワー・単独浴槽・独立トイレ・独立洗面を組み合わせるのかを検討する。タイルやFRPパネルのアクセントなど、仕上げの雰囲気を住宅と変えて、非日常感を演出するとよい。

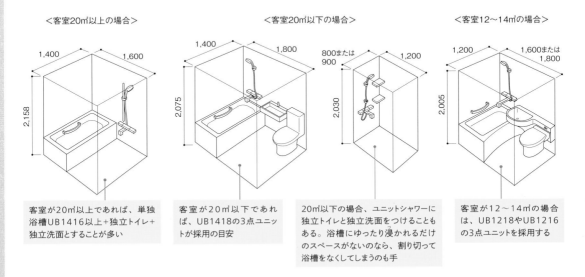

<客室20㎡以上の場合>

客室が20㎡以上であれば、単独浴槽UB1416以上＋独立トイレ＋独立洗面とすることが多い

<客室20㎡以下の場合>

客室が20㎡以下であれば、UB1418の3点ユニットが採用の目安

20㎡以下の場合、ユニットシャワーに独立トイレと独立洗面をつけることもある。浴槽にゆったり浸かれるだけのスペースがないのなら、割り切って浴槽をなくしてしまうのも手

<客室12～14㎡の場合>

客室が12～14㎡の場合は、UB1218やUB1216の3点ユニットを採用する

● ホテルならではの設備と寸法

客室はスペースが限られているため、必要な設備の寸法をしっかり把握し効率的にレイアウトすることが重要。金庫や冷蔵庫は家具と一体でレイアウトされることもあるので、大まかなサイズ感を覚えておこう。また、ホテルではスーツケースを広げて荷解きや荷造りをする。だいたいのサイズを把握し、スーツケースが広げられるスペースを考慮して設計したい。

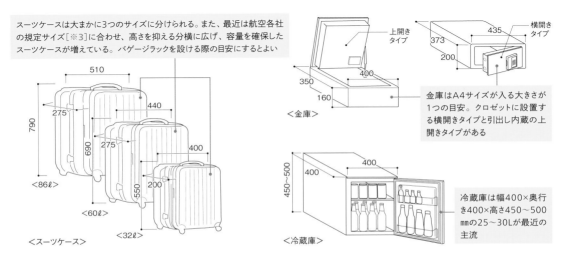

スーツケースは大まかに3つのサイズに分けられる。また、最近は航空各社の規定サイズ［※3］に合わせ、高さを抑える分横に広げ、容量を確保したスーツケースが増えている。バゲージラックを設ける際の目安にするとよい

<スーツケース>
<86ℓ>
<60ℓ>
<32ℓ>

<金庫>
上開きタイプ
横開きタイプ

金庫はA4サイズが入る大きさが1つの目安。クロゼットに設置する横開きタイプと引出し内蔵の上開きタイプがある

<冷蔵庫>

冷蔵庫は幅400×奥行き400×高さ450～500mmの25～30Lが最近の主流

※3 機内持込み可能なサイズは、国際線や100席以上の国内線では幅・奥行き・高さの3辺の合計が115㎝以内、100席未満の国内線では100㎝以内である。また、無料受託手荷物の規定サイズは3辺の合計が158㎝以内　解説：寶田陵（the range design INC.）

集合住宅の教科書

［ お 約 束 **10** 箇 条 ］

6 界壁・床は遮音・防振性能をしっかり確保

壁や床を共有して住戸が隣り合うことが多い集合住宅では、プライバシー確保の観点から、音や振動が伝わらないよう配慮する［28頁5.、29頁6.、30頁15.、34頁7.、45頁27.］。壁をRCでつくる場合はさほど問題にはならないが、鉄骨造や木造の場合はさまざまな仕様が考えられるので、メーカーカタログや技術書を参照しながら設計するとよい。床は、RCスラブでも遮音性能を備えた置き床を使用したい。木造の場合は床材下に遮音シートを敷くことで衝撃を、下階の天井懐にグラスウールを充填することで音を、また下階の天井に専用の吊木を使用することで振動を、それぞれ吸収させるなど工夫するとよい

9 想定居住者の置き家具の配置を イメージしながら設計

集合住宅の設計においては、実際の住み手が見えないなかで住宅を設計する。そのため、具体的にどのような置き家具を置いてどのような生活がなされるかイメージができない。それでも一般的な家具を想定し、それらを配置しながらスペースの調整を進めることが大切である。面積に余裕のある計画は少ないので、この作業を怠ると、たとえばベッドも置けないような寝室ができてしまうので、注意が必要である

7 避難計画は初期段階で しっかり検討

複数の住戸が集まって高層化する状況を考慮すると、避難計画が重要になる。配置計画に大きく関係するので、最初に確認する内容だ。基本的には建築基準法や消防法、都道府県や市区町村の条例に則って計画することで安全な建物となる。具体的には、計画の前に指定確認検査機関や行政に確認しておくとよい

1 エントランスは建築物の顔。 使い勝手とデザインの両立を

エントランスは、オートロック機能を備えたエントランスドア、集合玄関機［※1］、郵便ポスト、宅配ボックス、館名板などさまざまな要素が集まるスペースである。ゆったりとしたスペースをとれない場合でも、効率のよい配置や使い勝手を検討し、照明や仕上げを含め細かく検証する必要がある［26頁］

5 共用設備スペースのサイズを確認

電気関係では引込み開閉器盤、MDF、キュービクル、パットマウント、給排水設備では高層階への給水のための増圧ポンプなど、これらの設置にはプランに大きく影響するほどのまとまったスペースが必要となる。基本設計の初期の段階で必要スペースや配置などを設備設計者に確認しておくことが重要である

※1 集合住宅のエントランスに設置されているインターホン装置

集合住宅、特に賃貸の場合は、賃料と入居率を高いレベルで維持し、オーナーの事業を長期的に成立させることが重要だ。入居者が入れ替わることを想定すると、日々そこで営まれる生活については地域性を考慮しつつも一般性（汎用性）を追求し、多くの人々の生活に対応できるプランとすることが望ましい。また、関係する諸規定は、建築基準法のほかに消防法や条例など戸建てに比べ格段に多くなり、意匠設計だけではなく設備設計にも関係する。

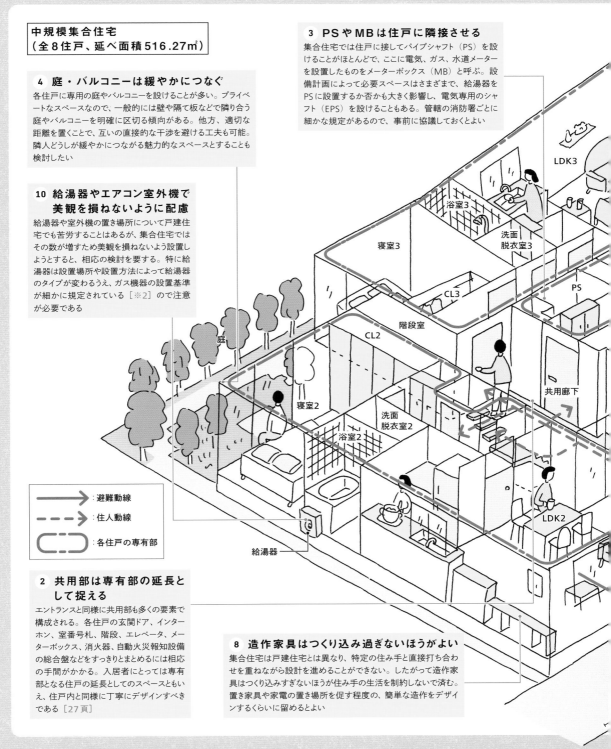

中規模集合住宅
（全8住戸、延べ面積516.27㎡）

4 庭・バルコニーは緩やかにつなぐ

各住戸に専用の庭やバルコニーを設けることが多い。プライベートなスペースなので、一般的には壁や隔て板などで隣り合う庭やバルコニーを明確に区切る傾向がある。他方、適切な距離を置くことで、互いの直接的な干渉を避ける工夫も可能。隣人どうしが緩やかにつながる魅力的なスペースとすることも検討したい

10 給湯器やエアコン室外機で美観を損ねないように配慮

給湯器や室外機の置き場所について戸建住宅でも苦労することはあるが、集合住宅ではその数が増すため美観を損ねないよう設置しようとすると、相応の検討を要する。特に給湯器は設置場所や設置方法によって給湯器のタイプが変わるうえ、ガス機器の設置基準が細かに規定されている［※2］ので注意が必要である

3 PSやMBは住戸に隣接させる

集合住宅では住戸に接してパイプシャフト（PS）を設けることがほとんどで、ここに電気、ガス、水道メーターを設置したものをメーターボックス（MB）と呼ぶ。設備計画によって必要スペースはさまざまで、給湯器をPSに設置するか否かも大きく影響し、電気専用のシャフト（EPS）を設けることもある。管轄の消防署ごとに細かな規定があるので、事前に協議しておくとよい

→ ：避難動線

--→ ：住人動線

⊐⊏ ：各住戸の専有部

2 共用部は専有部の延長として捉える

エントランスと同様に共用部も多くの要素で構成される。各住戸の玄関ドア、インターホン、室番号札、階段、エレベータ、メーターボックス、消火器、自動火災報知設備の総合盤などをすっきりとまとめるには相応の手間がかかる。入居者にとっては専有部となる住戸の延長としてのスペースともいえ、住戸内と同様に丁寧にデザインすべきである［27頁］

8 造作家具はつくり込み過ぎないほうがよい

集合住宅は戸建住宅とは異なり、特定の住み手と直接打ち合わせを重ねながら設計を進めることができない。したがって造作家具はつくり込みすぎないほうが住み手の生活を制約しないで済む。置き家具や家電の置き場所を促す程度の、簡単な造作をデザインするくらいに留めるとよい

（図中ラベル）LDK3　浴室3　洗面脱衣室3　寝室3　CL3　PS　階段室　CL2　共用廊下　寝室2　洗面脱衣室2　浴室2　給湯器　LDK2　庭

※2『ガス機器の設置基準及び実務指針』（日本ガス機器検査協会）
「下北沢の集合住宅」設計：添田建築アトリエ、解説：添田貴之

［ 集 合 住 宅 （ 共 用 部 ） 資 料 集 成 ］

● インターホンの寸法・表示範囲

集合住宅では、共用エントランスのオートロックとインターホンを組み合わせ、来訪者を確認したうえで室内から解錠するシステムが一般的。各戸の玄関脇にもカメラ付きのインターホンが取り付けられることが多く、来客時にはモニター付き親機で映像を見ながら対応する。カメラ付きインターホンの設置に際しては、設置基準があるので注意する。

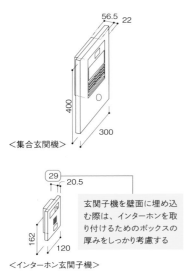

＜集合玄関機＞

＜インターホン玄関子機＞

玄関子機を壁面に埋め込む際は、インターホンを取り付けるためのボックスの厚みをしっかり考慮する

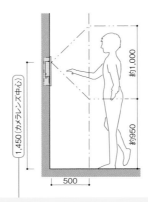

床から1,400mm前後の高さに設置するのが標準。この高さは訪問者の顔の撮影や会話をする際のマイクやスピーカーの高さとして都合がよい

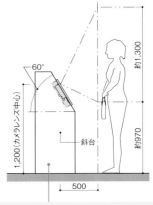

集合玄関機は、意匠上、斜台に取り付ける場合もある。台の傾き加減で撮影できる範囲が変わってくるため、メーカーの取り付け仕様書を確認したうえで設置する

● 郵便ポストと宅配ボックスの寸法

集合住宅において郵便ポストは必須のもの。また、インターネット販売が多用される昨今では、宅配ボックスの需要が高まり、建築基準法で宅配ボックス設置スペースは容積率規制の対象外となっている。建物の規模によってはある程度のボリュームを占めるため、しっかりサイズを押さえておきたい。また、郵便ポストと宅配ボックスをまとめて設置する場合には、それぞれの奥行きが微妙に違うこともあるので要注意だ。

ネット販売の普及に伴い、大型郵便箱の需要が高まっている。郵便局推奨の規格サイズは、①集合郵便箱1戸分の高さが120mm以上、②縦340×横260×厚さ35mmの郵便物を差し入れ口から入れられ、収納できるもの

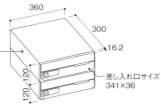

差し入れ口サイズ
341×36

＜郵便箱 前入れ前出しタイプ＞

差し入れ口サイズ
341×36

＜郵便箱 前入れ後ろ出しタイプ＞

郵便箱には、前入れ後ろ出しタイプ、前入れ前出しタイプがあるので、必要に応じて使い分ける。防雨・防滴仕様もあるが、直接の雨掛かりはできるだけ避けるように配置する

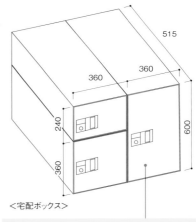

＜宅配ボックス＞

宅配ボックスには、サイズが数種類あるシリーズが多い。また、郵便箱と同じモジュールでつくられており、自由に組み合わせ可能なものもある

集合住宅の共用部には、さまざまな設備機器が必要になる。それらの機器を無造作に選定・設置してしまうと、共用空間のイメージを損ないかねない。できるだけ目立たぬよう、機器の選定や設置方法、納まりを工夫したい。

● 消防・避難関係の設備の寸法

集合住宅は消防・避難設備の設置が必須。規模が大きくなればなるほど設備機器も大きくなる傾向にある。設置するうえで必要な寸法は基本設計時から押さえておきたい。サイズも奥行きも色もバラバラの機器類。関連業者と密に打ち合わせて機能を確認するとともに、壁と面一に納めるなど丁寧にレイアウトして、統一感のある魅力的な共用部にしたい。

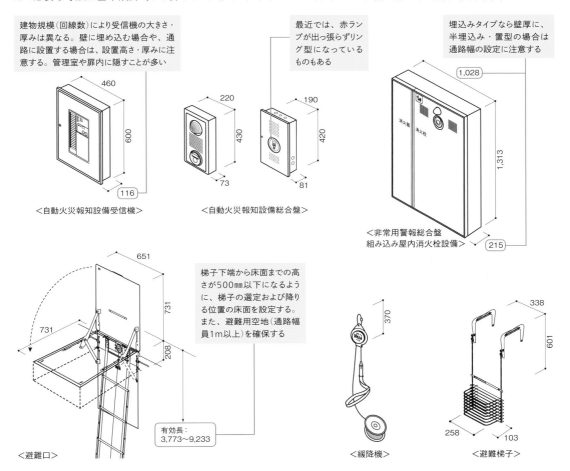

建物規模（回線数）により受信機の大きさ・厚みは異なる。壁に埋め込む場合や、通路に設置する場合は、設置高さ・厚みに注意する。管理室や扉内に隠すことが多い

最近では、赤ランプが出っ張らずリング型になっているものもある

埋込みタイプなら壁厚に、半埋込み・置型の場合は通路幅の設定に注意する

＜自動火災報知設備受信機＞

＜自動火災報知設備総合盤＞

＜非常用警報総合盤
組み込み屋内消火栓設備＞

梯子下端から床面までの高さが500mm以下になるように、梯子の選定および降りる位置の床面を設定する。また、避難用空地（通路幅員1m以上）を確保する

有効長：
3,773〜9,233

＜避難口＞

＜緩降機＞

＜避難梯子＞

避難器具設置基準（消防法施行令25条）[※]

対象防火建築物	避難器具を必要とする場合		その階の収容人員（M人）	必要個数 算定基準（　）内→*	適応避難器具				
	必要とする階ならびに建築物の構造条件	その階の収容人員（M人）			地階	2階	3階	4、5階	6階以上
共同住宅・寄宿舎・下宿	2階以上の階または地階	M≧30		M≦100（200）までに1個 100（200）人増すごとに1個	C D	A B C D E F G H	C D E F G H	C E F G H	C E F G H
	下階に令別表第1の（1）〜（4）、（9）、（12）イ、（13）イ、（14）、（15）項に掲げる防火対象物のあるもの	M≧10							

凡例　A：すべり棒、B：避難ロープ、C：避難梯子、D：避難用タラップ、E：すべり台、F：緩降機、G：避難橋、H：救助袋
＊　主要構造部が耐火構造であり、かつ、避難階段または特別避難階段が2以上あるものは（　）内の数字に読み替える

※ 管轄の消防署ごとに基準が異なることがあるので、事前に確認しておくとよい
解説：添田貴之

客室

1. フェルト下地の防音床

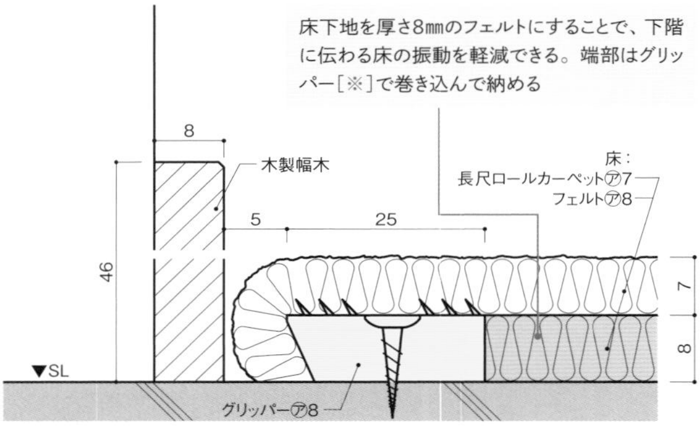
床下地を厚さ8㎜のフェルトにすることで、下階に伝わる床の振動を軽減できる。端部はグリッパー[※]で巻き込んで納める
8
木製幅木
床:
長尺ロールカーペット㋐7
フェルト㋐8
5
25
46
7
8
▼SL
グリッパー㋐8

断面図[S=1:1]

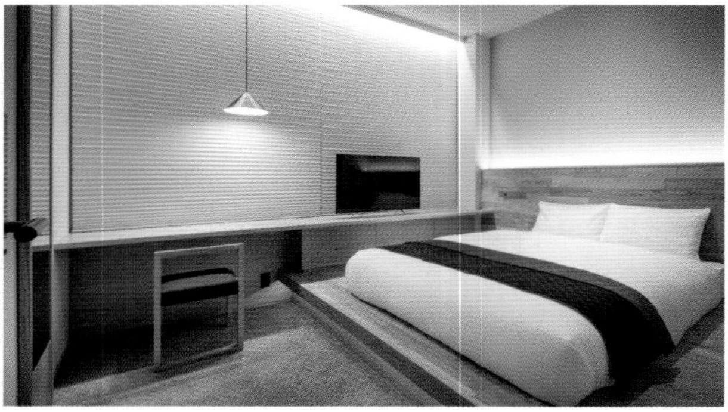

ロールカーペット敷きのホテルの客室。カーペットの端部が、壁際でぴったりときれいに納められ、温かみのある空間に仕上がっている

非住宅では

耐久性と更新性を重視。店舗は意匠性を優先させることも

物販店舗における床仕上げの主流は塩ビタイル。デザイン性が高く、意匠のバリエーションが豊富だ。清掃性も高く、耐久性もある。コンクリートスラブの上にじかに張れるので施工もしやすい。店舗の場合は内装やテナントが仮に5年で変わると考えれば、コストパフォーマンスもよい。飲食店での主流も同様に塩ビタイル。色を変えてパターン張りしたり、レーザーでカットしたりして意匠性を担保するとよい。

コストカットしながら耐久性と高級感を損なわない工夫を

オフィスの床はタイルカーペットが主流。上級な仕上げとして塩ビタイルやフローリング、セラミックタイルを使用することもある。ただし、下地の調整をする必要があり、コスト高になるため、主に来客エリアやラウンジなどの汚れが気になる部分で用いるとよい。ホテルはカーペットか、タイルや石が主流。ビニル製より本物のタイルのほうが耐候性と耐久性に優れ、かつ高級な印象も与えられる。

5. 下地構成を工夫して遮音する

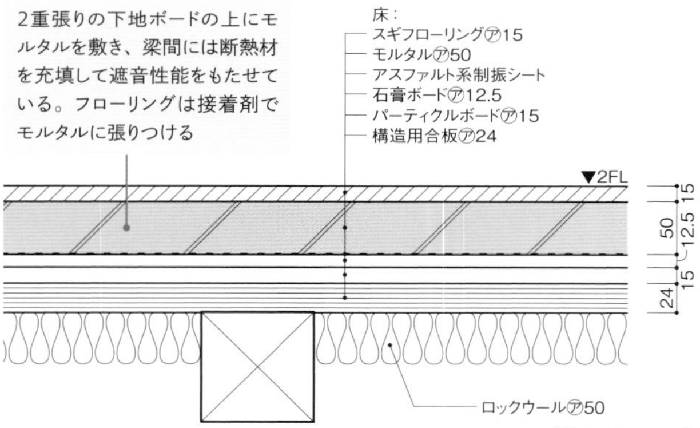
2重張りの下地ボードの上にモルタルを敷き、梁間には断熱材を充填して遮音性能をもたせている。フローリングは接着剤でモルタルに張りつける
床:
スギフローリング㋐15
モルタル㋐50
アスファルト系制振シート
石膏ボード㋐12.5
パーティクルボード㋐15
構造用合板㋐24
▼2FL
15
50
12.5
15
24
ロックウール㋐50

断面図[S=1:8]

住宅では

耐久性に優れ足触りのよい素材を

住宅では、メンテナンス性を考慮して長もちする床材を選ぶ必要がある。また、日常的に素足で歩くことも想定し、足触りのよい材料を採用したい。フローリングで仕上げる場合は、無垢材で意匠性を高めるのか、複合材で低コストに仕上げるのか、建築主の要望を確認しながら選ぶ。防水性や清掃性が求められる場所には、塩ビシートや塩ビタイルを部分的に使うのもお勧め。

※ カーペットを床に固定するために使用するとげのついた部材。カーペットの端部をとげに引っ掛けて固定する
1 「HOTEL ANDROOMS」、設計:UDS+たしろまさふみDESIGN ROOM、写真:見学友宙
2 「屋根の上の社屋」設計:山﨑壮一建築設計事務所、写真:中村絵

	4	3	2	1
見栄え	4	4	4	5
施工性	5	4	5	3
耐久性	4	4	4	4
メンテナンス性	4	4	4	3
コスト	3	2	3	3

	7	6	5
見栄え	3	4	3
施工性	4	4	4
耐久性	5	5	4
メンテナンス性	3	5	3
コスト	3	2	2

2.安価で耐久性にも優れた素材

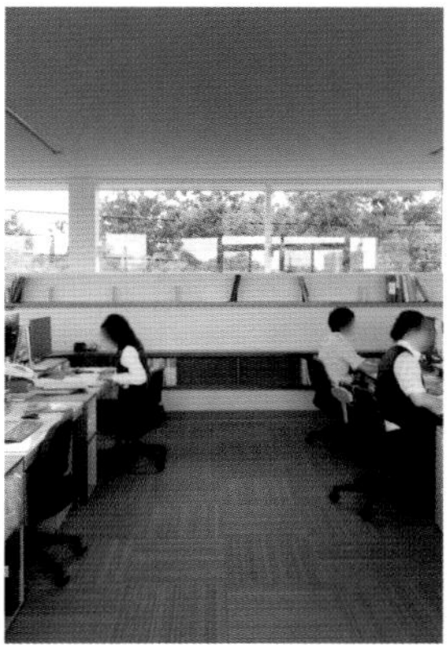

「ボロン」で仕上げたオフィスの床。オフィスの床はキャスターや土足で頻繁に踏まれるので、十分な耐久性が求められる

ビニル系の織物床タイルの「ボロン」（アドヴァン）はオフィスチェアのキャスターに強く、汚れも目立ちにくい。防水性にも優れている

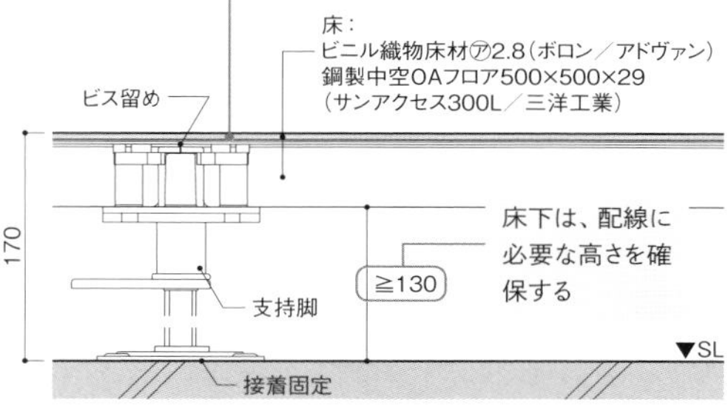
床：
ビニル織物床材㋐2.8（ボロン／アドヴァン）
鋼製中空OAフロア500×500×29
（サンアクセス300L／三洋工業）
ビス留め
170
≧130
床下は、配線に必要な高さを確保する
支持脚
接着固定
▼SL

断面図［S＝1:8］

4.安価で見た目のよいタイル

タイル調の意匠にするなら、「ピエスタ」（東リ）がお勧め。ただし、表面が多孔質で汚れが付着しやすいので、ワックスをかけて使用するとよい

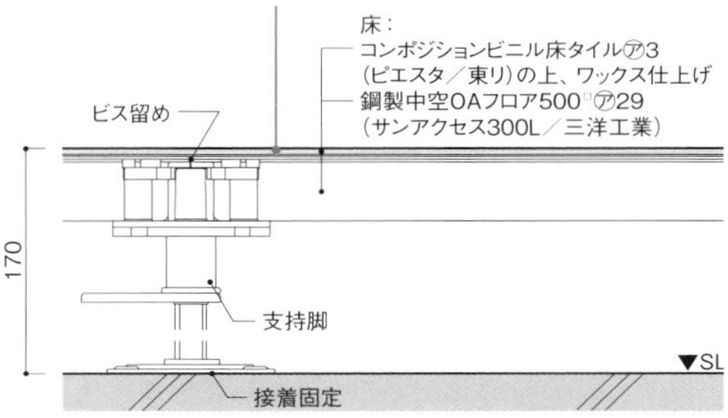
床：
コンポジションビニル床タイル㋐3
（ピエスタ／東リ）の上、ワックス仕上げ
鋼製中空OAフロア500□㋐29
（サンアクセス300L／三洋工業）
ビス留め
170
支持脚
接着固定
▼SL

断面図［S＝1:8］

3.2重床で床仕上げを自由に

客室

床スラブにフローリングや石などを直接張ると、足音などが下階に伝わりやすくなる。鋼製束を立てて2重床とすれば、下階への音の影響を気にすることなく、自由な仕上げ材を選択できるようになる

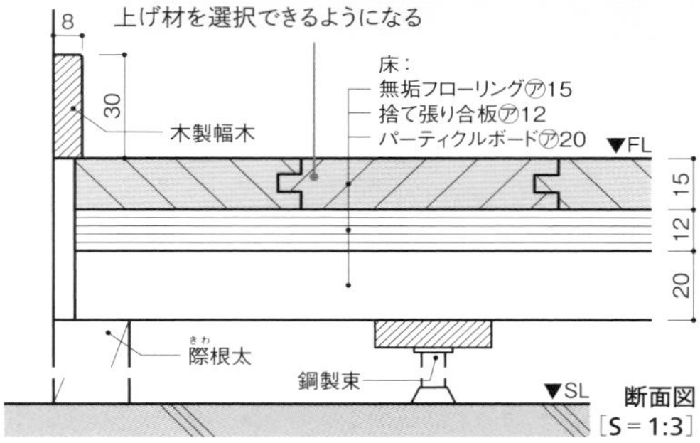
8
30
木製幅木
床：
無垢フローリング㋐15
捨て張り合板㋐12
パーティクルボード㋐20
▼FL
15
12
20
際根太
鋼製束
▼SL

断面図［S＝1:3］

7.タイル下地は2重張り

下地のボードが動くとタイル目地が割れるおそれがある。12㎜厚の構造用合板を千鳥に2重張りすることで、下地の動きを抑えて目地の割れを防ぐことができる

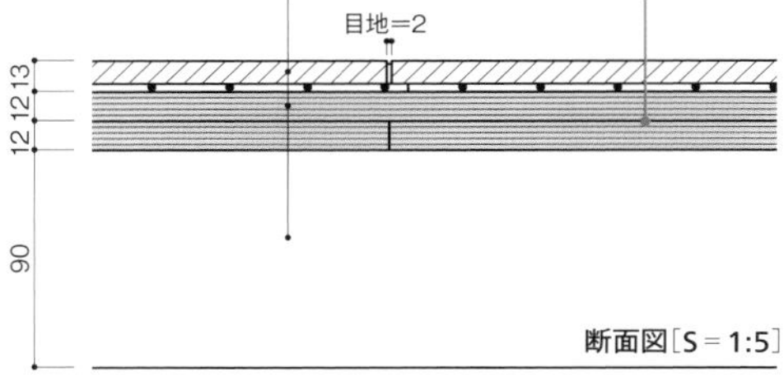
床：
磁器質タイルグレー
298×598㋐9.6
構造用合板㋐12 2重張り
（千鳥張り）
大引90□@909
目地＝2
13
12
12
90

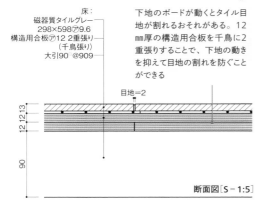

断面図［S＝1:5］

6.集合住宅のペット対応床

清掃性に優れるタイル床は、ペット飼育可住宅の床仕上げに適している。ただし、表面が平滑すぎるとすべって、犬や猫が足腰を傷めかねない。ペット用の床をタイルで仕上げる場合は、すべりにくいものを採用するとよい

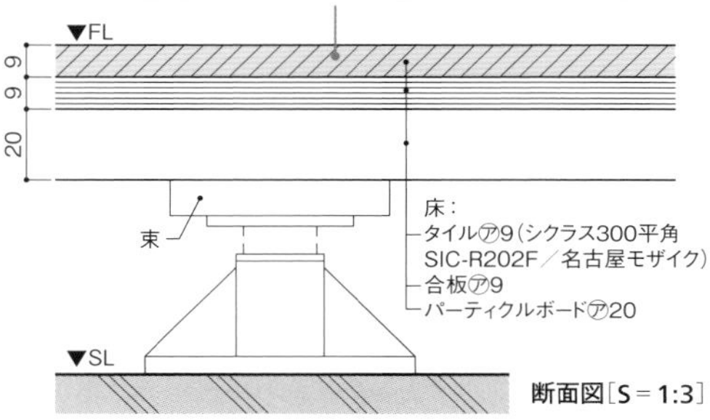
▼FL
9
9
20
束
床：
タイル㋐9（シクラス300平角
SIC-R202F／名古屋モザイク）
合板㋐9
パーティクルボード㋐20
▼SL

断面図［S＝1:3］

3 「HOTEL ANDROOMS」設計：UDS+たしろまさふみDESIGN ROOM
4 「屋根の上の社屋」設計：山﨑壮一建築設計事務所
5 「市営松山町住宅」設計：設計チーム木
6 「CARRÉ」設計：添田建築アトリエ
7 「T邸」設計：ケース・リアル

映画館

8. 映画館の防音床

構造スラブの上に厚さ25㎜のグラスウールボードを敷き、その上に厚さ50㎜のコンクリートを打って、床の構成を3重にして、防音性能を高める

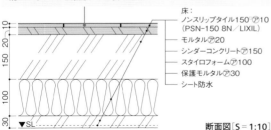

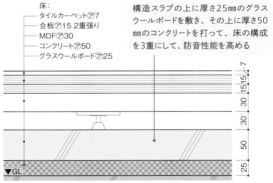

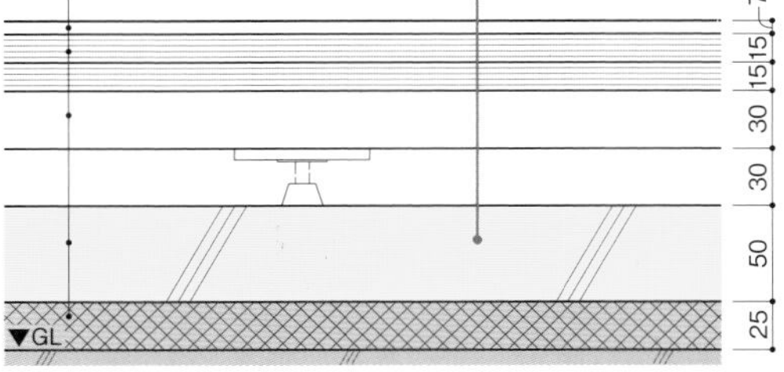
床:
タイルカーペット㋐7
合板㋐15 2重張り
MDF㋐30
コンクリート㋐50
グラスウールボード㋐25
▼GL
7
15
15
30
30
50
25

断面図[S＝1:6]

厨房

9. ウエットキッチンの防水床

ウエットタイプの厨房床の仕上げは、美しい状態を長く保てるタイルや厚膜型エポキシ樹脂系塗り床材(ケミクリート)がお薦め。床が濡れていても安全に歩けるようにノンスリップタイプのものを採用するのがポイント。なおウエットキッチンは防水層の工事の後に必ず水張試験を行い水漏れがないことを確認する必要がある

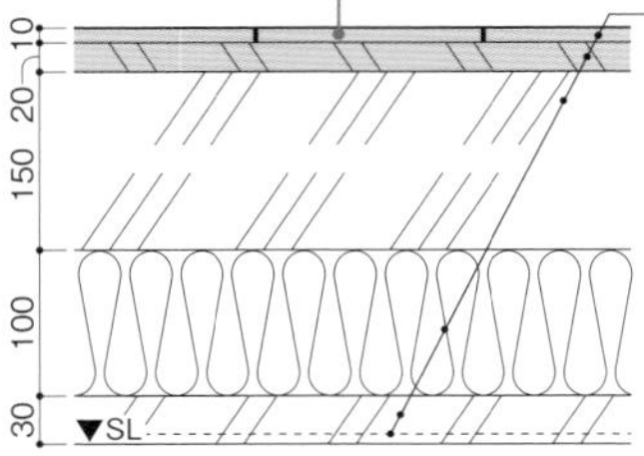
床:
ノンスリップタイル150□㋐10
(PSN-150 8N/LIXIL)
モルタル㋐20
シンダーコンクリート㋐150
スタイロフォーム㋐100
保護モルタル㋐30
シート防水
▼SL
10
20
150
100
30

断面図[S＝1:10]

ビアホール

11. 飲食店にも無垢フローリング

土足で上がる店舗の床をフローリングにする場合は、古材風で表面がラフなもの(厚さ15㎜以上)を使用すると、傷や汚れが目立ちにくい

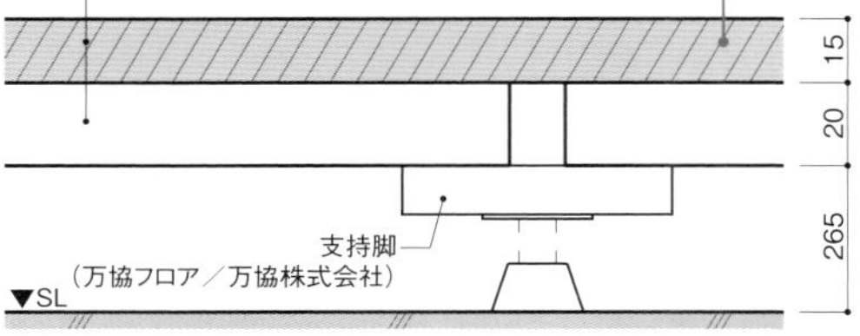
床:
フローリング㋐15
(オールドチェスナット/ニッシンイクス)
パーティクルボード㋐20
支持脚
(万協フロア/万協株式会社)
▼SL
15
20
265

断面図[S＝1:3]

12. モルタル床は防塵塗装を施す

モルタル床は摩耗すると粉塵が出てくるので、屋内の床には防塵塗装を施す

ワイヤーメッシュや亀裂誘発目地を入れれば、モルタルの割れを軽減できる。とはいえ完全に防ぐことはできないので、この点については、建築主の了解が必要

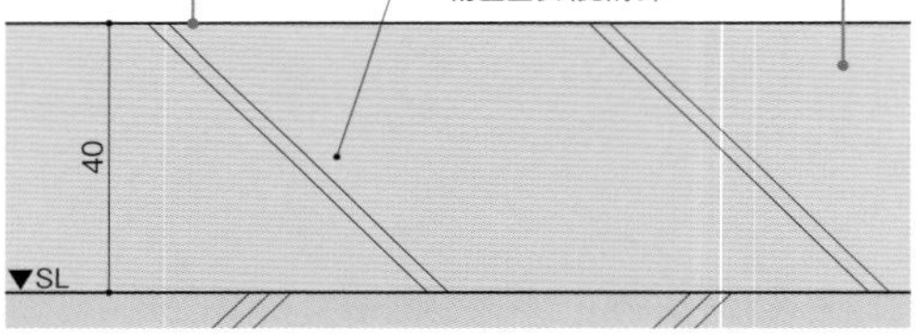
床:
モルタル㋐40金鏝押さえの上、
防塵塗装(艶消し)
40
▼SL

断面図[S＝1:2]

14. 床暖房は床材の反りに注意

床暖房パネルの上にフローリングを張ると、ものによっては、反りが発生するおそれがある。床暖房用の複合フローリングを採用するとよい

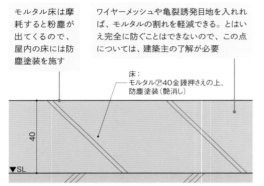

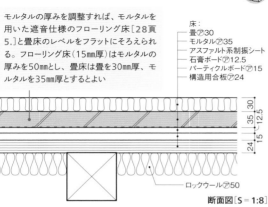

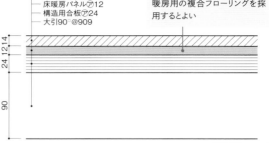

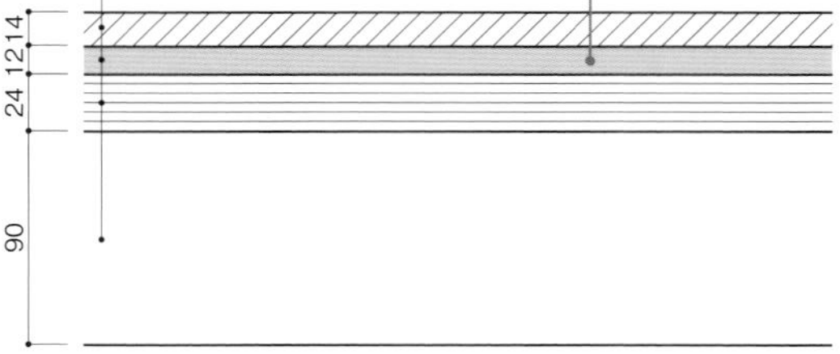
床:
複合フローリング㋐14
(ブラックウォルナット複合
w121/無塗装
/ウッドハート)
床暖房パネル㋐12
構造用合板㋐24
大引90□@909
14
12
24
90

断面図[S＝1:5]

15. 遮音の畳床

モルタルの厚みを調整すれば、モルタルを用いた遮音仕様のフローリング床[28頁5.]と畳床のレベルをフラットにそろえられる。フローリング床(15㎜厚)はモルタルの厚みを50㎜とし、畳床は畳を30㎜厚、モルタルを35㎜厚とするとよい

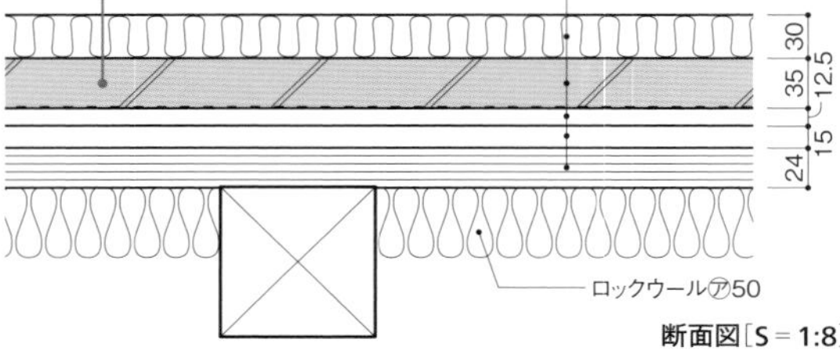
床:
畳㋐30
モルタル㋐35
アスファルト系制振シート
石膏ボード㋐12.5
パーティクルボード㋐15
構造用合板㋐24
ロックウール㋐50
30
35
12.5
15
24

断面図[S＝1:8]

8 「新宿武蔵野館」設計:キー・オペレーション
9 「蘇」設計:ファンタスティックデザインワークス
10 「OMO5東京大塚(おも)by 星野リゾート」設計:佐々木達郎建築設計事務所、写真:ナカサアンドパートナーズ

	11	10	9	8
見栄え	4	4	3	3
施工性	4	4	3	3
耐久性	4	4	5	3
メンテナンス性	3	3	5	3
コスト	2	3	3	3

10. ホテル床はセルフレベリング材仕上げで割れを防ぐ

ロビー

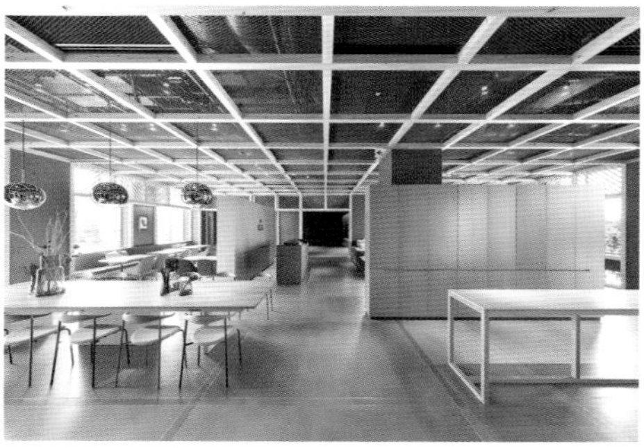

ホテルのロビー。真鍮製の目地を入れて仕上げ面を分割することで床の割れを防止し、空間の意匠性も高めている。間仕切として配置されている棚は銅板仕上げ［64頁9.］

ホテルでは、モルタルに割れが発生しても補修を行う機会を確保しにくい。そのためここでは、モルタルよりも柔軟性があり、割れにくいセルフレベリング材で床を仕上げている

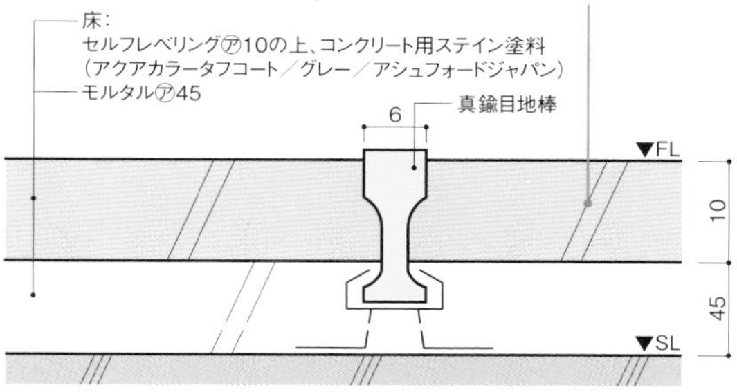
床：
セルフレベリング㋐10の上、コンクリート用ステイン塗料
（アクアカラータフコート／グレー／アシュフォードジャパン）
モルタル㋐45
6
真鍮目地棒
▼FL
10
45
▼SL

断面図［S＝1:1］

	15	14	13	12
見栄え	4	3	3	3
施工性	2	3	4	3
耐久性	4	3	4	3
メンテナンス性	3	3	4	3
コスト	3	3	4	3

13. 遮音性のある畳床

客室

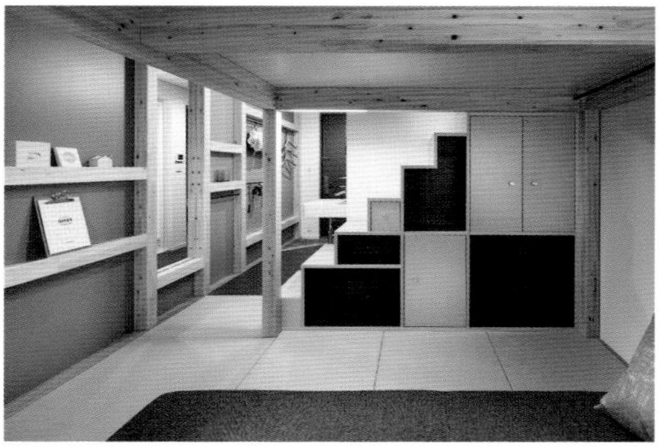

寝台エリア側から、廊下・水廻り側を見る。水廻りに面する廊下は、磁器質タイル張りとして耐水性に配慮している

寝台エリア側　　水廻り側

和紙を編み込んだ畳には撥水性［※］があるため、通常のイグサ畳よりも清掃性に優れる。畳の下に、アンダーレイシートを敷けば、SL+38㎜の厚みで遮音性を向上できる

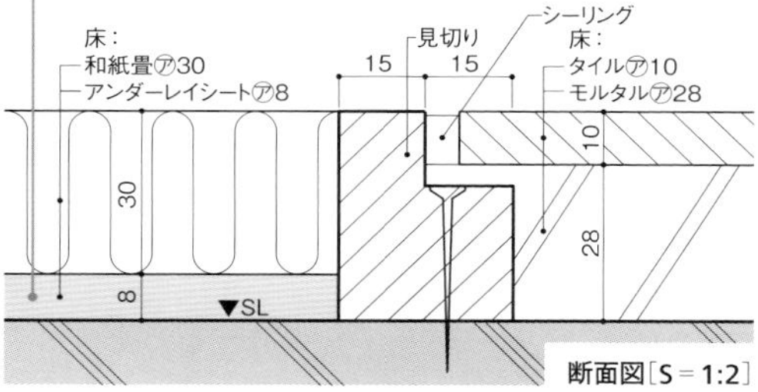
床：
和紙畳㋐30
アンダーレイシート㋐8
15
見切り
15
シーリング
床：
タイル㋐10
モルタル㋐28
30
8
▼SL
10
28

断面図［S＝1:2］

	16
見栄え	5
施工性	5
耐久性	5
メンテナンス性	5
コスト	5

16. コンクリート床に切込みを入れてタイルのように仕上げる

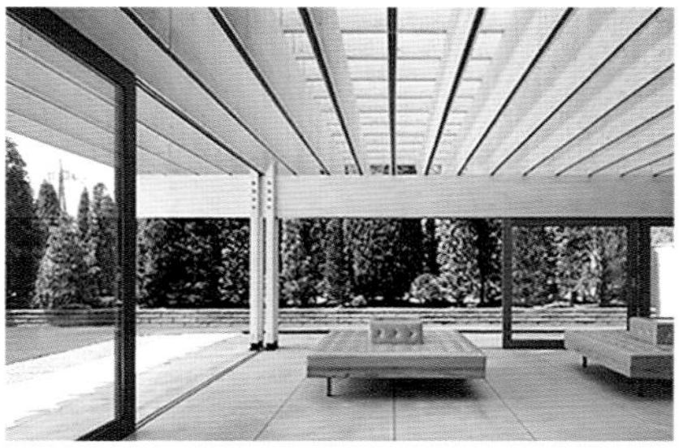

カッターの切込みは、900㎜角の枡目ができるように入れるとよい。大判タイルのような重厚感のある床に仕上がる

構造躯体のコンクリートスラブに、50㎜厚のコンクリートを増し打ちして仕上げ、カッターで目地を入れる。タイルのように美しく仕上がるうえ、切込みが亀裂誘発目地の役割を果たす

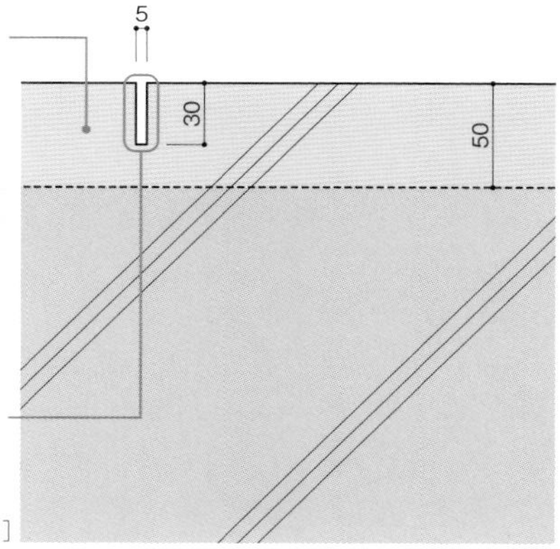
5
30
50

コンクリートカッターを使って目地を入れるのはコンクリートが固まった直後

断面図［S＝1:5］

※ 水をはじく性質のこと
11 提供：スーパーマニアック
12「Hair Salon SUNNY」設計：古谷野工務店
13「OMO5東京大塚（おも）by 星野リゾート」設計：佐々木達郎建築設計事務所、写真：ナカサアンドパートナーズ
14「T邸」設計：ケース・リアル
15「市営松山町住宅」設計：設計チーム木
16「H GUEST HOUSE」設計：小川博央建築都市設計事務所、写真：阿野太一

18. 床下点検口をなじませる

点検口のふたを、床と同じオイル塗装（クリア）のフローリングとすることで、存在感をなくしている。ふたは取り外しがしやすいように、床との間に2mmの隙間を設けるとよい

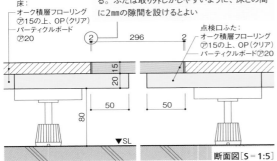

床：
オーク積層フローリング
㋑15の上、OP（クリア）
パーティクルボード
㋑20

点検口ふた：
オーク積層フローリング
㋑15の上、OP（クリア）
パーティクルボード㋑20

2　296　2

15　20　80

50　50

▼SL

断面図［S＝1:5］

17. フラットバーの見切を浮かせる

カフェ

フローリング床とモルタル床をフラットバーで見切る。フラットバーはスラブの不陸を拾うと美しくないので、サドルで浮かせて調整するとよい

モルタル仕上げの床は、下塗りと仕上げ塗りの2回に分けて施工する。クラックを抑えるために、仕上げ塗りの段階でラス網を入れる

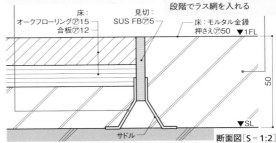

床：
オークフローリング㋑15
合板㋑12

見切：
SUS FB㋑5

床：モルタル金鏝
押さえ㋑50　▼1FL

50

▼SL

サドル

断面図［S＝1:2］

21. 乾式の2重床で遮音

乾式の2重床にすることで、ホテルの廊下の遮音性を確保している。廊下は歩行頻度が高いので、仕上げをタイルカーペットにして遮音性をさらに高めている

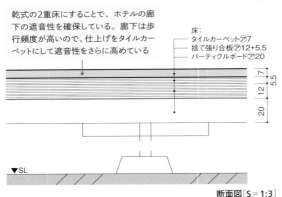

床：
タイルカーペット㋑7
捨て張り合板㋑12+5.5
パーティクルボード㋑20

7　5.5　12　20

▼SL

断面図［S＝1:3］

20. 見切に1mmのチリを設けて仕上げを保護

バー

見切材のフラットバーは3mm以上の厚みが必要。薄すぎると曲がるおそれがある

フラットバーには1mm程度のチリを設ける。フラットバーの頭がFLより下がってしまうと、仕上げ材の角が欠けることがある

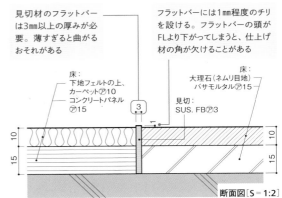

床：
下地フェルトの上、
カーペット㋑10
コンクリートパネル
㋑15

3

床：
大理石（ネムリ目地）
バサモルタル㋑15

見切：
SUS. FB㋑3

10　10　15　15　1

断面図［S＝1:2］

24. 玄関のスロープ土間

上がり框のないスロープの玄関土間。土台などの木部とモルタル、コンクリートの間には、防水上の弱点になるので、アスファルトルーフィングと耐水合板を挟む

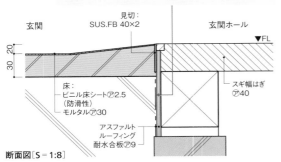

玄関

見切：
SUS.FB 40×2

玄関ホール

▼FL

20　30　30

床：
ビニル床シート㋑2.5
（防滑性）
モルタル㋑30

スギ幅はぎ
㋑40

アスファルト
ルーフィング
耐水合板㋑9

断面図［S＝1:8］

23. モルタルとフローリングをフラットにする

フローリング床とモルタル床をフラットにつなげるために、モルタルの厚みを26mmとした。50mm厚以下のモルタルは割れやすいので、弾性モルタルなどを採用するとよい

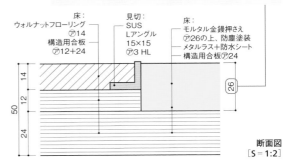

床：
ウォルナットフローリング
㋑14
構造用合板
㋑12+24

見切：
SUS
Lアングル
15×15
㋑3 HL

床：
モルタル金鏝押さえ
㋑26の上、防塵塗装
メタルラス＋防水シート
構造用合板㋑24

14　14　12　50　24　26

断面図
［S＝1:2］

17「eight days cafe」設計：Degins JP
18 提供：SAKUMAESHIMA
19「メルセデス・ベンツ 和歌山」設計：Degins JP、写真：ナカサアンドパートナーズ
20「THE BAR 並木」設計：ファンタスティックデザインワークス
21「Mホテル」設計：ワイズ・ラボ

自動車ディーラー
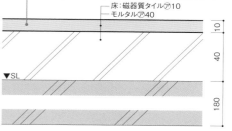

19. 駐車場所のタイルは平滑にして重さに耐えられるように

	20	19	18	17
見栄え	5	4	4	5
施工性	2	4	3	4
耐久性	4	4	3	5
メンテナンス性	4	4	3	5
コスト	2	3	3	4

屋内空間に自動車が展示される自動車ディーラーでは、床仕上げに意匠性と耐久性の両方が求められる

車が載る床をタイルで仕上げる場合、床の不陸が大きいと車の重みでタイルが割れる可能性があるため、できるだけ平滑に仕上げる必要がある。また、下地調整モルタルはアップコンセントが入るように40㎜以上の厚みとする

床：磁器質タイルア10
モルタルア40

▼SL

10
40
180

断面図［S＝1:3］

アパレル
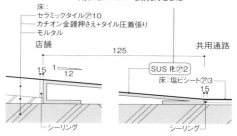

22. スロープの端部はステンレス板で納める

	24	23	22	21
見栄え	4	5	3	5
施工性	3	4	4	3
耐久性	4	3	4	5
メンテナンス性	5	4	4	5
コスト	5	3	4	3

店舗
共用通路

店舗内の床レベルが共用部の床レベルより400㎜高くなるため、スロープで段差を解消している

スロープは店舗内と同じタイル仕上げとしているが、端部までタイルで仕上げるのは難しいため、ここではステンレス板を使用したシンプルな納まりとした

床：
セラミックタイルア10
カチオン金鏝押さえ＋タイル圧着張り
モルタル

店舗　　　　　　　　　　　　　共用通路
125
15　1/12
SUS P.ア2
床：塩ビシートア3
15

シーリング　　　　シーリング

断面図［S＝1:2］

25. 屋外用のデッキ材を室内の床に使用する

	25
見栄え	5
施工性	3
耐久性	4
メンテナンス性	3
コスト	3

デッキテラスからリビングを見る。テラスとリビング床が同じ仕上げ材で連続することで屋内外につながりが感じられ、広々とした開放感のある空間になっている

屋外デッキと同じ床材で室内を仕上げ、屋内外の連続性を高めている。デッキ用の床材は、板どうしの間隔が大きく、そのまま使うと下地の合板が見えてしまうので、ジョイント部分に木材を挟んだ

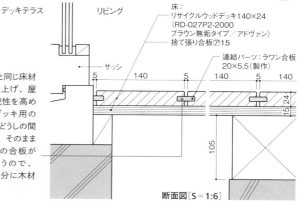

デッキテラス　　　リビング

床：
リサイクルウッドデッキ140×24
（RD-027P2-2000
ブラウン無垢タイプ／アドヴァン）
捨て張り合板ア15

連結パーツ：ラワン合板
20×5.5（製作）

サッシ
5　140　5　140　5　140
1.5 24
105

断面図［S＝1:6］

22「ZARA」設計・写真：キー・オペレーション
23「T邸」設計：ケース・リアル
24「市営松山町住宅」設計：設計チーム木
25「HOUSE SWH」設計：たしろまさふみDESIGN ROOM＋板元英雄建築設計事務所、写真：たしろまさふみ

1. 映画館の遮音間仕切壁

映画館

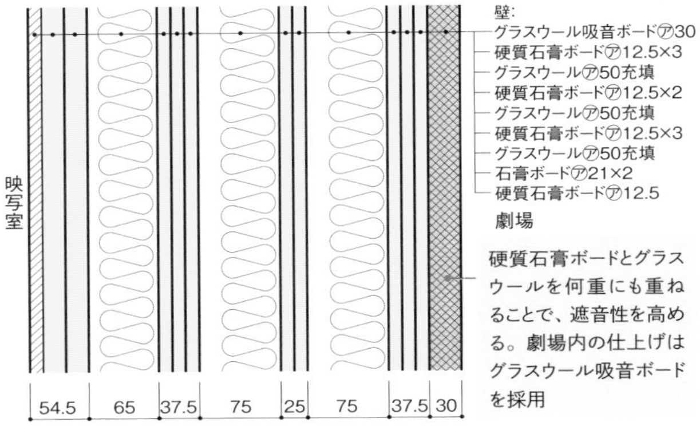
壁:
グラスウール吸音ボード㋐30
硬質石膏ボード㋐12.5×3
グラスウール㋐50充填
硬質石膏ボード㋐12.5×2
グラスウール㋐50充填
硬質石膏ボード㋐12.5×3
グラスウール㋐50充填
石膏ボード㋐21×2
硬質石膏ボード㋐12.5
劇場
映写室
硬質石膏ボードとグラスウールを何重にも重ねることで、遮音性を高める。劇場内の仕上げはグラスウール吸音ボードを採用
54.5
65
37.5
75
25
75
37.5
30

断面図[S＝1:8]

4. スタッドを千鳥に配置して遮音性を高める

スタッドを千鳥に配置することで、打撃音が反対側の壁に伝わりにくくなる。壁内にグラスウールを充填すれば、太鼓現象の発生が抑制されさらに性能が高まる。質量の大きいボードを用いた遮音壁で遮音性能を高めることもできる

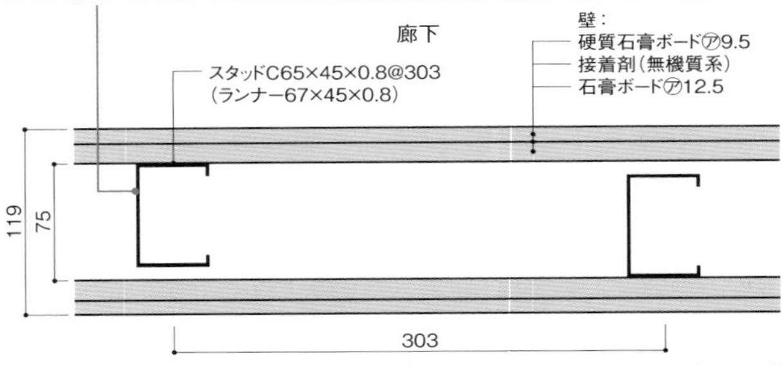
廊下
壁:
硬質石膏ボード㋐9.5
接着剤(無機質系)
石膏ボード㋐12.5
スタッドC65×45×0.8@303
(ランナー67×45×0.8)
119
75
303
客室

平面図[S＝1:6]

7. 木造住宅の遮音＋1時間準耐火の界壁

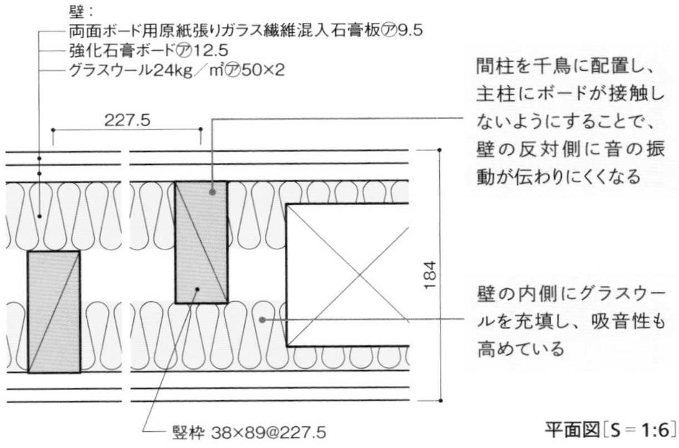
壁:
両面ボード用原紙張りガラス繊維混入石膏板㋐9.5
強化石膏ボード㋐12.5
グラスウール24kg/㎡㋐50×2
227.5
間柱を千鳥に配置し、主柱にボードが接触しないようにすることで、壁の反対側に音の振動が伝わりにくくなる
184
壁の内側にグラスウールを充填し、吸音性も高めている
竪枠 38×89@227.5

平面図[S＝1:6]

店舗では

店舗の壁仕上げは内装制限と耐久性に注意

住宅と同じく塗装かクロスが定番。しかし、内装制限によって下地（LGS+石膏ボード）、仕上げともに不燃材を使うのが一般的。不燃木材の場合は薬剤注入で厚みのある木材か、火山性ガラス質複層板を使うことが多い。カラーガラスや鏡を意匠で張る場合、床まで下ろすと蹴られて割れることがあるので、幅木の上に載せるようなかたちで施工する。これは、接着でしか留められないガラスを下から支える効果も兼ねている。

オフィスでは

オフィスでは改装しやすい材料や更新性の高い部品を選ぶ

LGS+石膏ボード2重張り（または1枚張り）の上にクロスを張るか、またはAEP塗装で仕上げることが多い。上級の仕上げ材として、塩ビシートやセラミックタイルを用いることもある。オフィスは常に使用人数の変化や組織変更にさらされているので、後に改装しやすい構成になっていることも壁の仕様を考える際に重要な要素だ。よって付け替え可能な既製品の金属製パーティションを使う選択肢もある。

住宅では

意匠性・機能性・コスパのバランスを見ながら仕上げを決める

コストの安さならビニルクロスや塗装だが、漆喰や珪藻土、木板などで温かみのある雰囲気と調湿効果を期待するという選択もある。壁の出隅には見切材を活用して、美しく耐久性を高める工夫を施したい。また、白く明るい壁面仕上げの入隅は、施工誤差や割れなどが目立ちやすくなるので、シーリングで補強するなどのひと工夫を加えて精度を高めるのがポイントだ[37頁18.]。

1 「新宿武蔵野館」設計：キー・オペレーション
2 「魔法の国のアリス」設計：ファンタスティックデザインワークス
3 提供：SAKUMAESHIMA

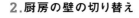

	4	3	2	1
見栄え	5	5	3	3
施工性	1	3	3	3
耐久性	5	5	5	3
メンテナンス性	2	3	5	3
コスト	1	2	3	3

	8	7	6	5
見栄え	5	3	5	5
施工性	4	3	1	4
耐久性	3	5	5	3
メンテナンス性	3	5	5	4
コスト	3	5	1	4

	9
見栄え	5
施工性	5
耐久性	4
メンテナンス性	4
コスト	5

3. オフィス用の防音壁

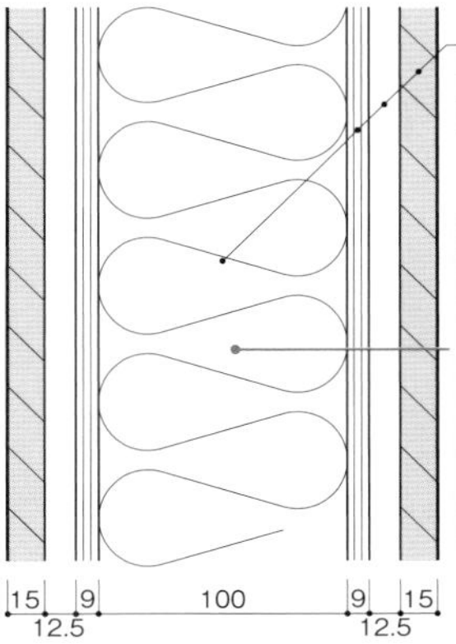

木毛セメント板㋐15
石膏ボード㋐12.5
捨て張り合板㋐9
LGS下地
グラスウール㋐100充填
15
9
100
9
15
12.5
12.5

LGS下地にグラスウールを充填した防音壁。会議室の壁などに適している。仕上げに木毛セメント板を採用したほか、床や天井との取合い部のランナーにシーリングを施して隙間を埋め、防音性を高めている

断面図［S＝1:5］

2. 厨房の壁の切り替え

厨房床の防水立上りが壁の仕上げに切り替わる場所は、シーリングで見切ってしっかりと防水する。厨房壁の仕上げはキッチンパネルだけでなく、タイルやステンレス、左官などを採用してもよい。ここでは、ゴムアスファルトシートの上に合成樹脂エマルジョンペイントを塗装している

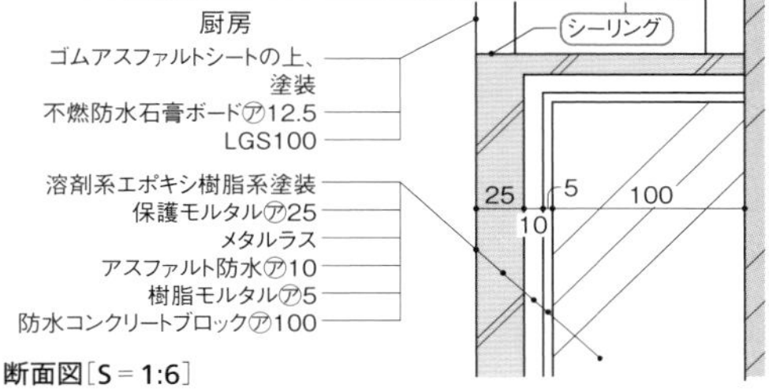

厨房
ゴムアスファルトシートの上、
塗装
不燃防水石膏ボード㋐12.5
LGS100
溶剤系エポキシ樹脂系塗装
保護モルタル㋐25
メタルラス
アスファルト防水㋐10
樹脂モルタル㋐5
防水コンクリートブロック㋐100
シーリング
25
5
100
10

断面図［S＝1:6］

6. FRP下地の曲面壁

薬局

店舗

上部の壁下地をFRPに切り替えることで曲面壁をつくっている。壁全体をAEPで仕上げているため、不燃ボードとFRPが切り替わる部分で割れが生じないように、角パイプに下地を固定している

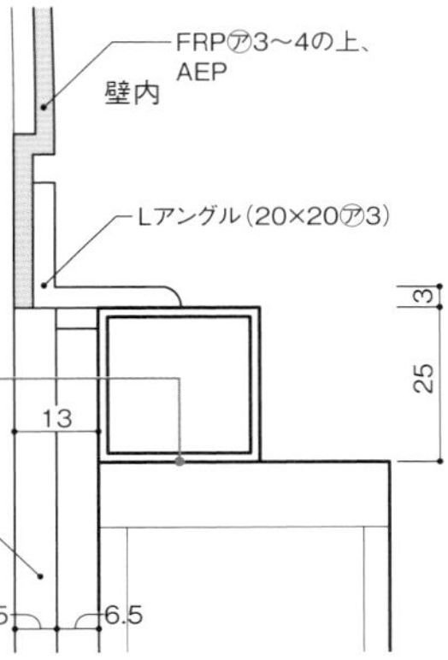

FRP㋐3〜4の上、
AEP
壁内
Lアングル（20×20㋐3）
3
25
13
不燃ボード㋐ 6.5 2 重張りの上、
AEP
6.5
6.5

断面図［S＝1:2］

5. 合板仕上げの酵素風呂壁

酵素風呂

浴室の保温性を高めるために、酵素風呂側の壁内に20㎜厚の押出法ポリエチレンフォームを充填している

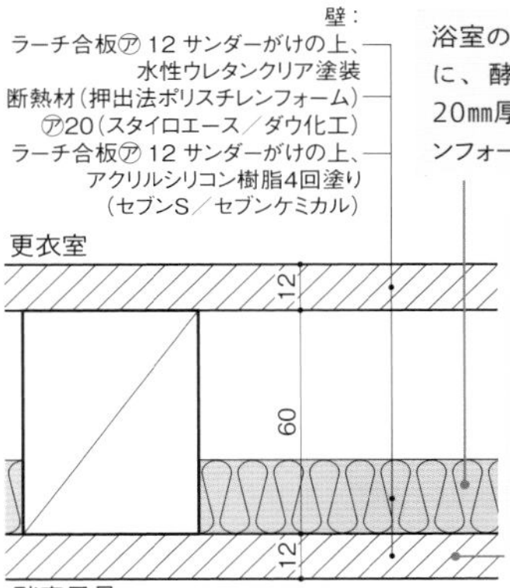

壁：
ラーチ合板㋐ 12 サンダーがけの上、
水性ウレタンクリア塗装
断熱材（押出法ポリスチレンフォーム）
㋐20（スタイロエース／ダウ化工）
ラーチ合板㋐ 12 サンダーがけの上、
アクリルシリコン樹脂4回塗り
（セブンS／セブンケミカル）
更衣室
12
60
12
酵素風呂

酵素風呂は室温40℃、湿度70%に保つ必要がある。耐水性の確保と木目の意匠を生かすため、ラーチ合板にアクリルシリコン樹脂を4回重ね塗りしている

平面図［S＝1:3］

9. 壁紙の場合は石膏ボード1枚

壁紙が下地のジョイント部の不陸を拾わないようにパテ処理は重要

壁紙は、仕上げ面に割れが発生しにくいので、下地の石膏ボードは1枚張りでよい

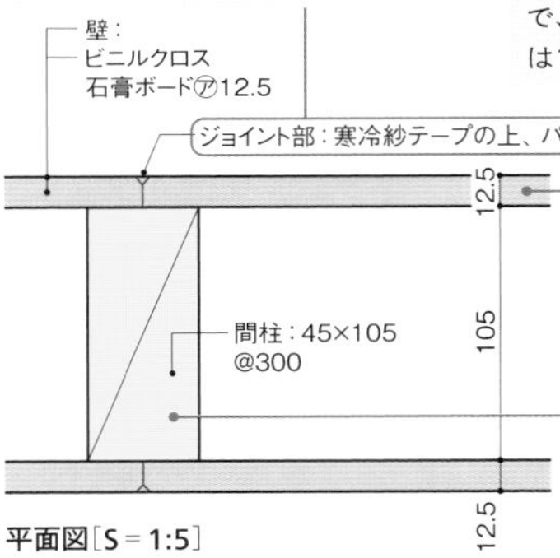

壁：
ビニルクロス
石膏ボード㋐12.5
ジョイント部：寒冷紗テープの上、パテしごき
12.5
間柱：45×105
@300
105
12.5

石膏ボードが暴れないように、間柱や胴縁の間隔は300㎜に設定するとよい

平面図［S＝1:5］

8. 塗装の場合は石膏ボード2重張り

塗装仕上げの場合は、割れが発生しないように、下地の石膏ボードを千鳥に2重張りにして振動を抑える

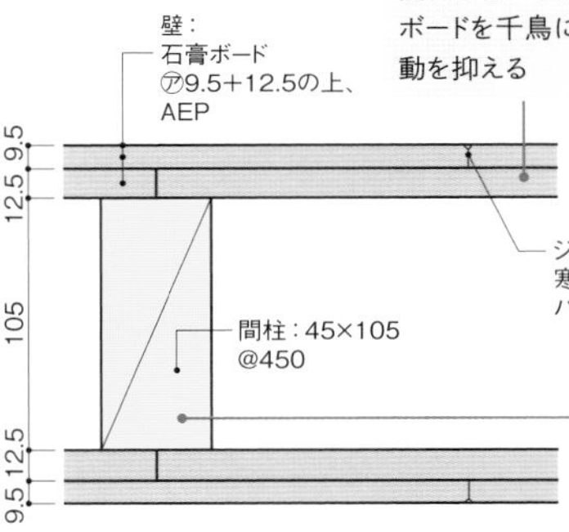

壁：
石膏ボード
㋐9.5+12.5の上、
AEP
9.5
12.5
105
12.5
9.5
ジョイント部：
寒冷紗テープの上、
パテしごき
間柱：45×105
@450

間柱や胴縁の間隔は450㎜程度とする

平面図［S＝1:5］

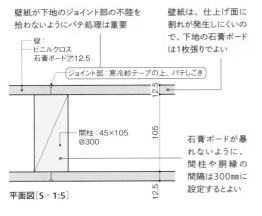

4 提供：稲継豊毅計画工房
5 「米ぬか酵素zan」設計：一級建築士事務所ageha.
6 「アインズ＆トルペ」設計：丹青社、プロデュース：アインホールディングス、事業主：アインファーマシーズ
7 「市営松山町住宅」解説：設計チーム木
8 提供：小川博央建築都市設計事務所
9 提供：小川博央建築都市設計事務所

11.木の角材で仕上げを切り替える

カフェ

木質系サイディングとクロス仕上げの壁の出隅を小さな木の角材で見切っている。木の見切材にはサイディングと同色の塗装を施して、悪目立ちしないようにしている

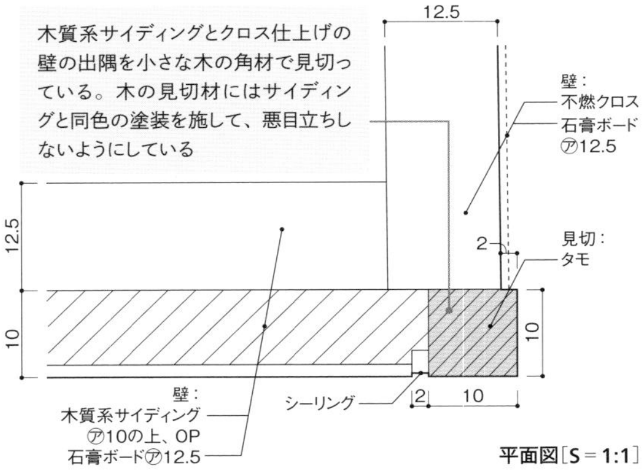
12.5
壁：
不燃クロス
石膏ボード
㋐12.5
12.5
2
見切：
タモ
10
10
壁：
木質系サイディング
㋐10の上、OP
石膏ボード㋐12.5
シーリング
2
10

平面図［S＝1:1］

10.Y字アングルで納める

薬局

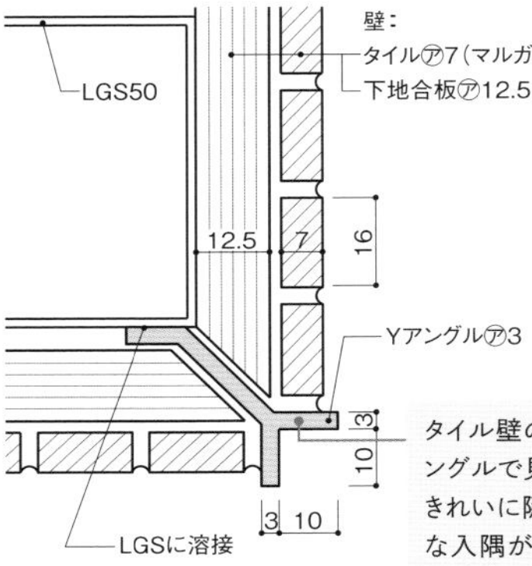
壁：
タイル㋐7（マルガリーテMRG-15／11／Maristo）
下地合板㋐12.5
LGS50
12.5
7
16
Yアングル㋐3
3
10
3
10
LGSに溶接

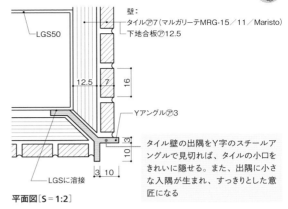

タイル壁の出隅をY字のスチールアングルで見切れば、タイルの小口をきれいに隠せる。また、出隅に小さな入隅が生まれ、すっきりとした意匠になる

平面図［S＝1:2］

14.クリアミラーの入隅

クラブ

内側を鏡張りにした飾り棚の入隅。飾り棚や壁の入隅を鏡で仕上げる場合は、鏡どうしの接触によって傷や割れが生じないように、クリアランスを設ける必要がある。最低1㎜程度の間隔を確保したい

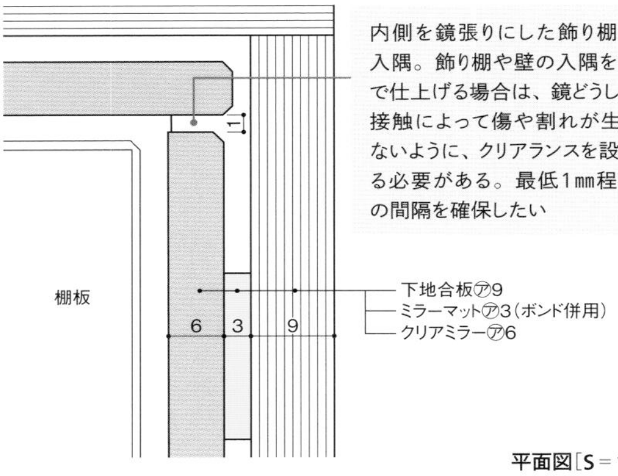
11
棚板
6
3
9
下地合板㋐9
ミラーマット㋐3（ボンド併用）
クリアミラー㋐6

平面図［S＝1:1］

13.下地の石膏ボードを見せる

カフェ

壁面を不燃仕様の内装用ボードで仕上げている。ボードの目地を大きくとって、下地の石膏ボードを見せることで、壁面を重層的に見せている。石膏ボードが見える部分は黄緑色に塗装し、アクセントとした

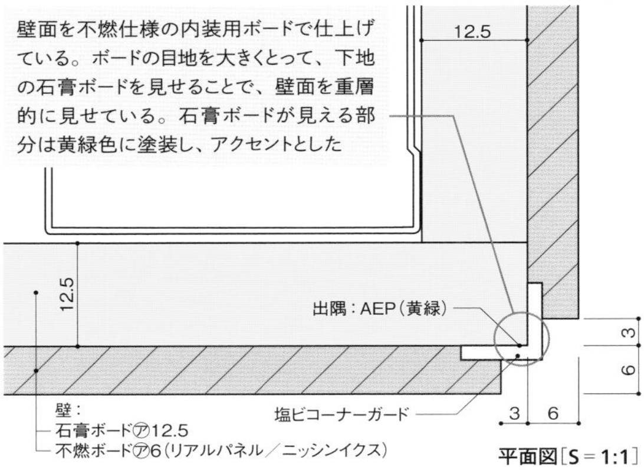
12.5
12.5
出隅：AEP（黄緑）
3
6
3
6
塩ビコーナーガード
壁：
石膏ボード㋐12.5
不燃ボード㋐6（リアルパネル／ニッシンイクス）

平面図［S＝1:1］

17.R材で見切る

役物を固定するYアングルは、樹脂製の既製品を用いることも可能だが、施工精度や耐久性の観点からは、金物を採用するとよい

出隅の役物をR加工することで、役物が細くすっきりとした印象になる。また、モノの衝突などによる役物の劣化も抑えられる

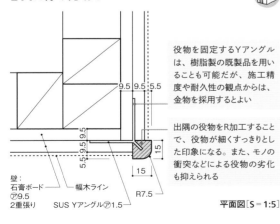

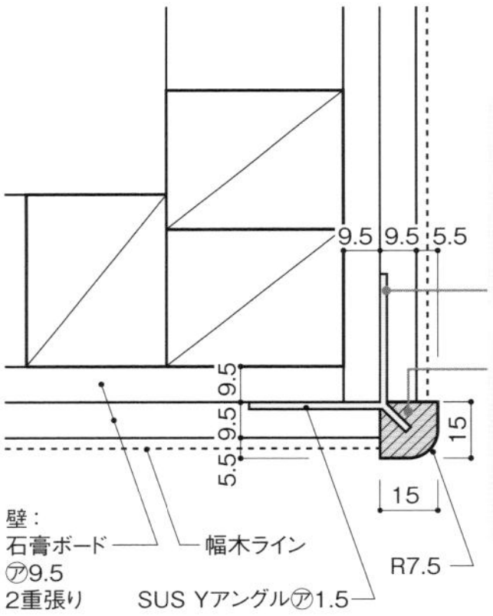
9.5
9.5
5.5
9.5
9.5
5.5
15
15
R7.5
壁：
石膏ボード
㋐9.5
2重張り
幅木ライン
SUS Yアングル㋐1.5

平面図［S＝1:5］

16.役物を意匠的に設える

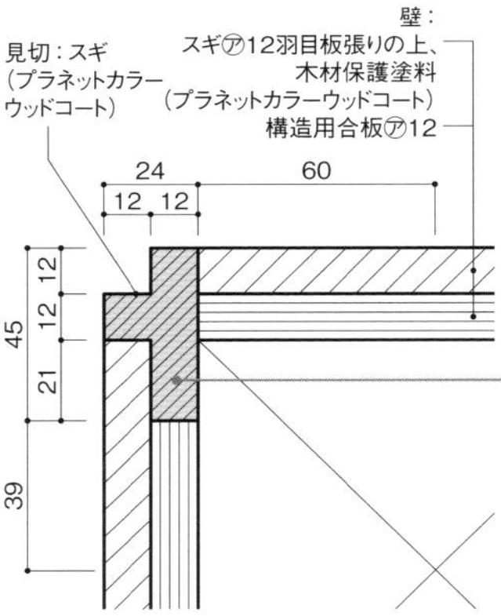
見切：スギ
（プラネットカラー
ウッドコート）
壁：
スギ㋐12羽目板張りの上、
木材保護塗料
（プラネットカラーウッドコート）
構造用合板㋐12
24
60
12
12
12
12
21
45
39

凸形の役物で壁の出隅を見切っている。役物の角を凹ませて入隅をつくることで、出隅部を補強するとともに、意匠性を高めている

平面図［S＝1:3］

10「アインズ＆トルペ」設計：丹青社、プロデュース：アインホールディングス、事業主：アインファーマシーズ
11「cafe carioca」設計：ファンタスティックデザインワークス
12「エスパル山形」設計：ジェイアール東日本建築設計事務所、船場
13「eight days cafe」設計：Degins JP
14「Le Club de Tokyo」設計：ファンタスティックデザインワークス

	13	12	11	10
見栄え	5	4	4	4
施工性	4	5	3	4
耐久性	3	5	4	5
メンテナンス性	3	5	3	4
コスト	4	4	3	3

12. スチールパイプで出隅を保護

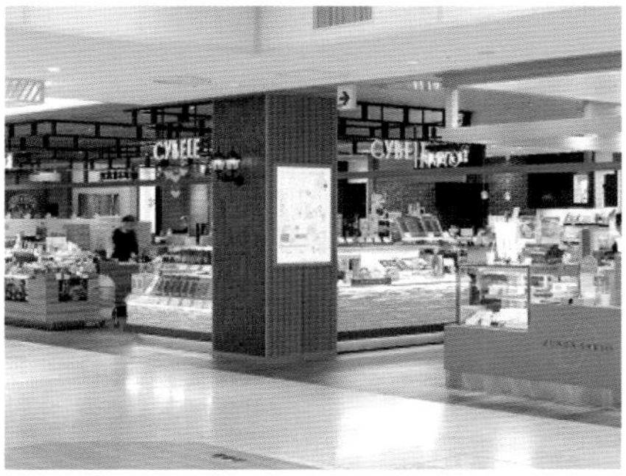

構造柱を物販店舗の看板を掲示する場所として活用。客の目に付く店の顔となる場所なので、美しく印象的に仕上げる必要がある

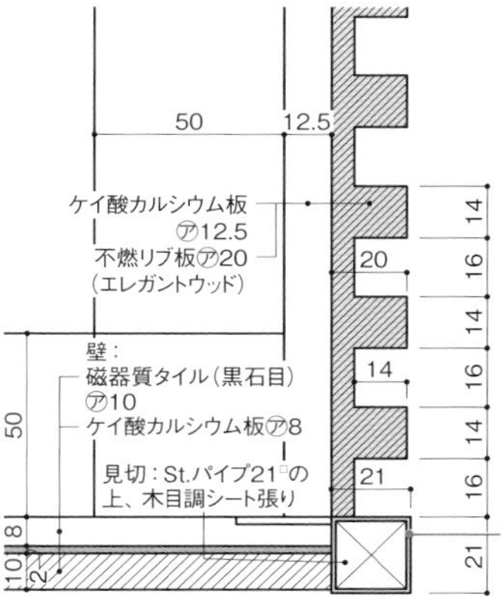

50
12.5
ケイ酸カルシウム板㋐12.5
不燃リブ板㋐20（エレガントウッド）
壁：
磁器質タイル（黒石目）㋐10
ケイ酸カルシウム板㋐8
見切：St.パイプ21□の上、木目調シート張り
20
14
21
14
16
14
16
14
16
21
50
8
10
2

タイルは出隅の強度が弱いため、スチールの角パイプで見切って補強している。角パイプの表面に木目調のシートを張ることで、木仕上げの面との一体感を演出している

平面図［S＝1:3］

	17	16	15	14
見栄え	5	4	5	5
施工性	4	3	3	2
耐久性	4	4	3	4
メンテナンス性	4	4	3	3
コスト	2	3	3	2

カフェ

15. アングルで見切ってシャープさを出す

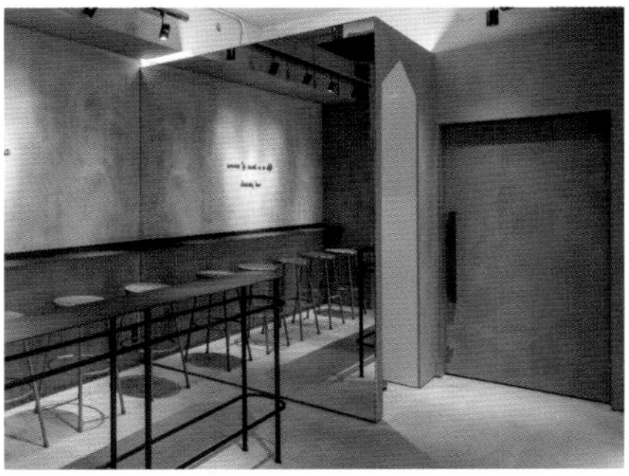

喫茶店のトイレスペースを囲う間仕切壁を見る。この壁をほかの壁と同じ仕上げにすると圧迫感が生じてしまうので、鏡張りにして空間に広がりを生み出している

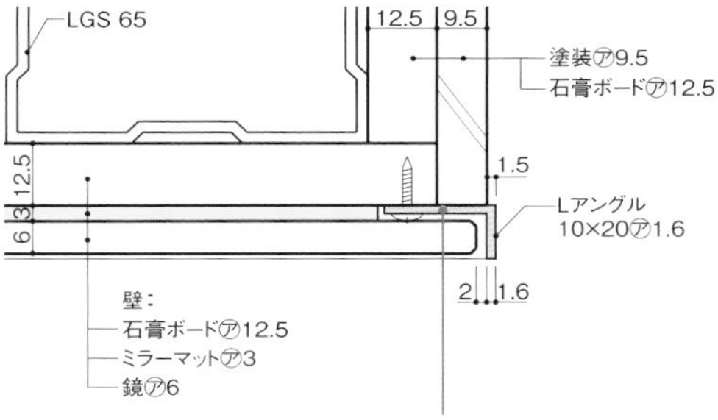

LGS 65
12.5
9.5
塗装㋐9.5
石膏ボード㋐12.5
1.5
Lアングル10×20㋐1.6
12.5
3
6
2
1.6
壁：
石膏ボード㋐12.5
ミラーマット㋐3
鏡㋐6

平面図［S＝1:2］

鏡壁と塗装壁の出隅をLアングルで見切っている。塗装壁の面は、アングルと鏡壁の下地の小口が見えるので、塗装の色味をアングルの色と合わせてなじませている

	18
見栄え	5
施工性	5
耐久性	5
メンテナンス性	3
コスト	5

18. 白壁紙の入隅はシーリング

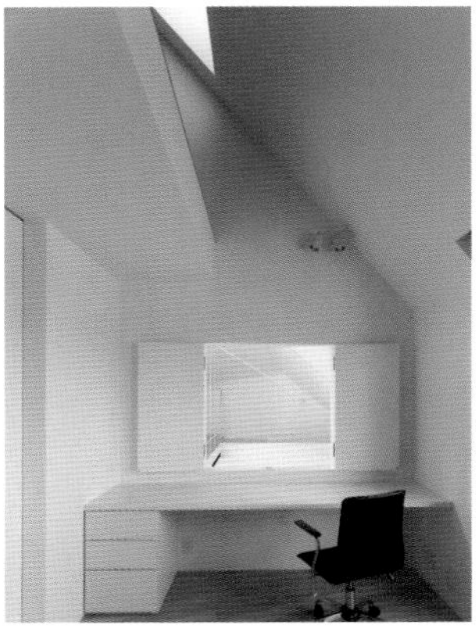

壁と天井をすべて白いクロスで仕上げている。シンプルで美しい空間にできる反面、壁面の亀裂や破れが目立ちやすい。しかし、入隅をシーリングで処理すれば比較的簡単に仕上げの精度を高められる

白い壁紙は入隅部分が浮いたりはがれたりすると、影が出て目立ちやすい。しかし、入隅の部分にシーリングを打てば、壁紙の浮きを抑えて空間をきれいに見せることができる。比較的簡単にシンプルで美しい空間になる

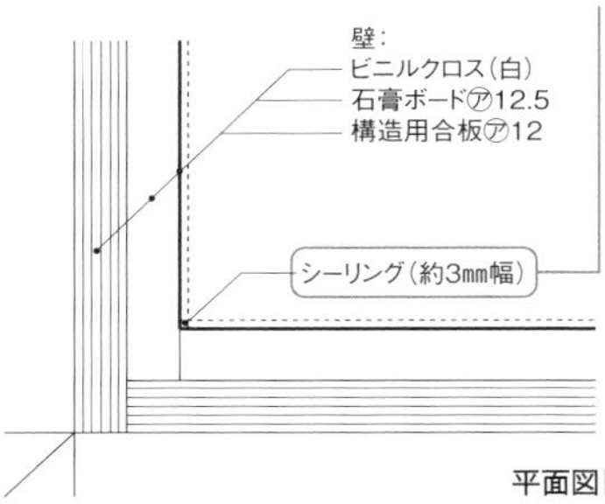

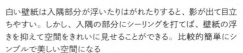

壁：
ビニルクロス（白）
石膏ボード㋐12.5
構造用合板㋐12
シーリング（約3mm幅）

平面図［S＝1:4］

15「comma tea 青山表参道店」設計：Degins JP、写真：スターリン エルメンドルフ
16「東大宮の家」設計：中島行雅、古谷野工務店、森田悠紀建築設計事務所
17「K邸」設計：ケース・リアル
18「三本松の家」設計：小川博央建築都市設計事務所、写真：阿野太一

1. 布で天井を美しく見せる

教会

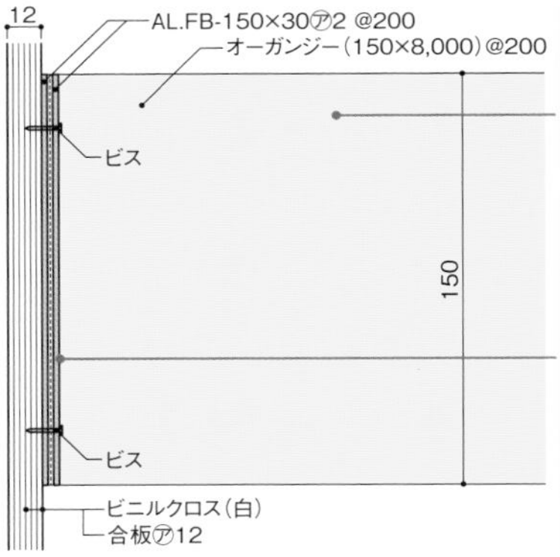
12
AL.FB-150×30㋐2 @200
オーガンジー(150×8,000)@200
ビス
150
ビス
ビニルクロス(白)
合板㋐12

天井付近の壁に布(オーガンジー)を200㎜の等間隔で張ることで、コストをかけずに意匠性の高い天井をつくれる

布は、2枚のアルミフラットバーの間に挟み込んでビスで固定する。片方のフラットバーに布を巻き付けて、布のテンションを現場で調整できるので施工しやすい(ここでは布の長さは8m)。フラットバーの下地には厚さ12㎜の合板をいれること

断面図[S=1:4]

3. カラオケルームの遮音天井

クラブ

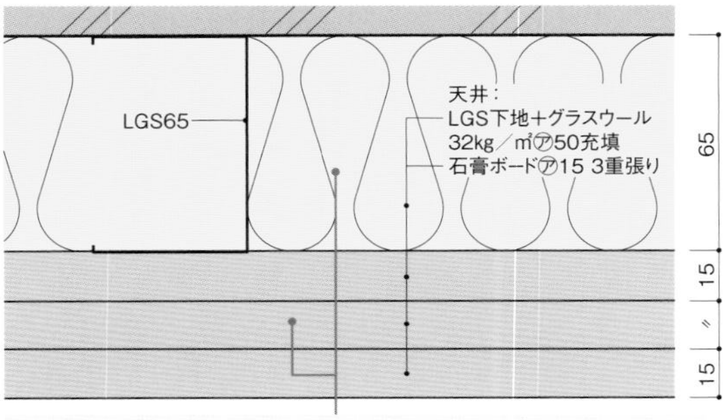
LGS65
天井:
LGS下地+グラスウール
32kg/㎥㋐50充填
石膏ボード㋐15 3重張り
65
15
15

3重の石膏ボードを張り付けたカラオケルームの遮音天井[※]。千鳥に張った石膏ボードと天井スラブの間にグラスウールを充填して遮音している。ボードは隙間なく張り、ジョイント部を必ずシーリングする

断面図[S=1:3]

非住宅では

天井をきちんと計画すれば空間全体が引き締まる

天井は人の目線から遠いので、一般的に安価な仕上げになりがち。しかし、空調・照明・音響・消防などの設備機器が取りついてしまうので、空間のデザインに影響しないよう検討する必要がある。物販店舗と飲食店は塗装とクロスが基本的な仕様なので、見切やモールディング、ピクチャーレールを設置することも多い。飲食店の厨房内では、耐火性と掃除のしやすさを期待してUVコートを施したケイ酸カルシウム板を使う場合もある。

オフィスでは

既存設備との折り合いをつけて目的に応じて素材を選ぶ

ビルの標準仕様として天井材には最初から岩綿吸音板または石膏ボードが張られていることが多い。大型ビルでは更新性のよさからシステム天井が用いられることが多く、天井設備と一体となっているものもある。防音性は低いので、役員室や会議室など高い防音性能が求められる部屋は、適宜、在来天井にする[次頁4.]。また退去時の工事費をなるべく減らすために、原状復旧の手間も念頭に置いて計画する。

5. 防音室の天井

防音室

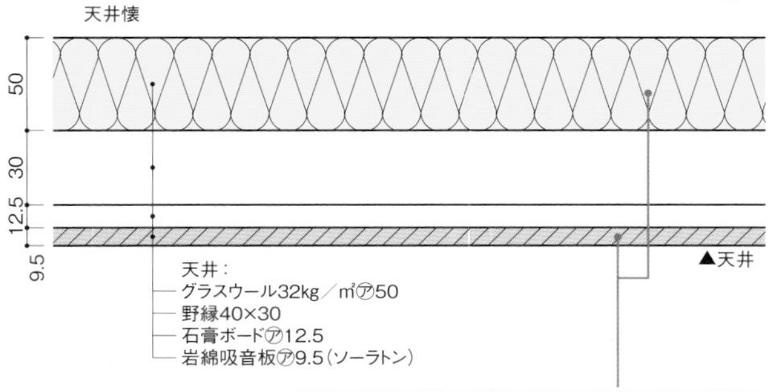
天井懐
50
30
12.5
9.5
▲天井
天井:
グラスウール32kg/㎥㋐50
野縁40×30
石膏ボード㋐12.5
岩綿吸音板㋐9.5(ソーラトン)

防音室の天井は、岩綿吸音板で仕上げるとよい。野縁の上に厚さ50㎜のグラスウールを充填すれば、吸音性能がさらに高まる

断面図[S=1:5]

住宅では

床・壁とのバランスを見て空間の統一感を考える

天井の仕上げ材は、床・壁の仕上げの種類や色と比べて違和感のない材料を選定したい。意匠性を高める目的で、通常は天井の仕上げ材として使用されないシナ合板やラワン合板などを目透しで張る場合は、目地部分に同材のテープを張るなどして下地が見えないような配慮が必要となる。上階への音の抜けを抑制したいのであれば、天井懐内に吸音性能が期待できる断熱材を充填するとよい[5.]。

※ 仕上げは厚さ5㎜の面取りしたクリアミラーを張っている
1 「森の教会」設計:小川博央建築都市設計事務所
2 「comma tea 青山表参道店」設計:Degins JP、写真:スターリン エルメンドルフ

	4	3	2	1
見栄え	5	5	5	5
施工性	5	2	3	3
耐久性	5	5	3	5
メンテナンス性	5	5	3	2
コスト	4	4	3	5

	6	5
見栄え	4	3
施工性	3	3
耐久性	3	3
メンテナンス性	2	3
コスト	3	2

カフェ

2. 補修用の材料でモルタル仕上げとする

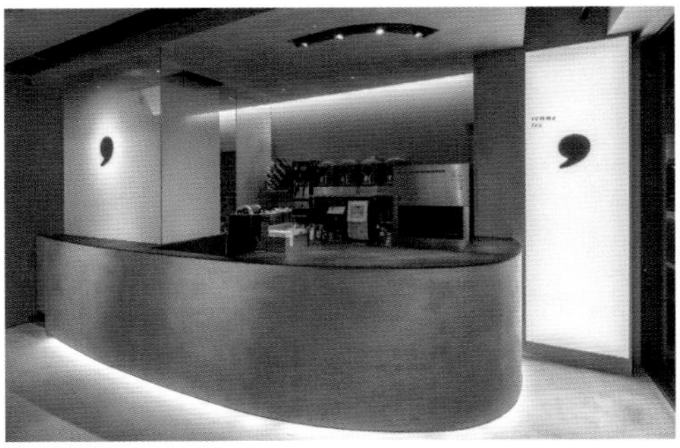

飲食店の厨房は、保健所の規定により必ず天井を設ける必要がある。そのため、ここでは打放し風の店内インテリアに合うように厨房の天井をモルタルで仕上げた

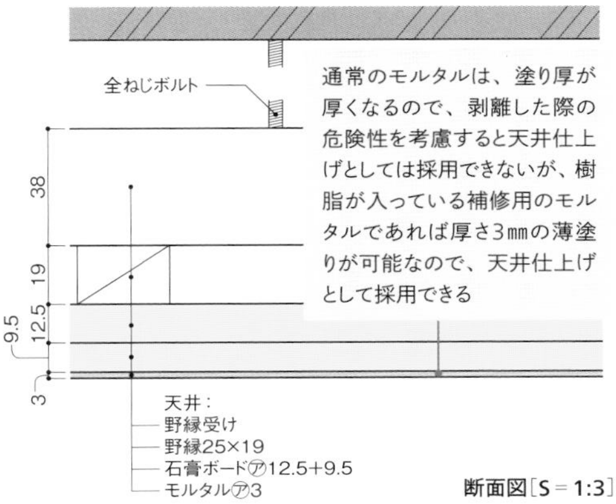

全ねじボルト
38
19
12.5
9.5
3
天井：
野縁受け
野縁25×19
石膏ボード㋐12.5+9.5
モルタル㋐3

通常のモルタルは、塗り厚が厚くなるので、剥離した際の危険性を考慮すると天井仕上げとしては採用できないが、樹脂が入っている補修用のモルタルであれば厚さ3㎜の薄塗りが可能なので、天井仕上げとして採用できる

断面図［S＝1:3］

4. 会議室の天井には吸音性能が必須

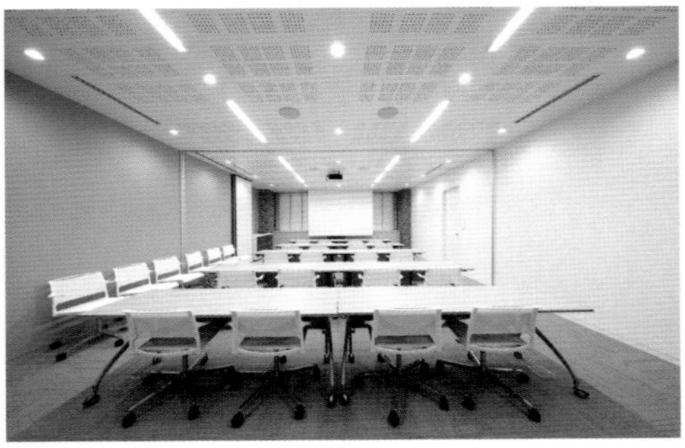

オフィスや会議室などの空間は、音の反響を抑えて声を聞き取りやすくしなければならない。したがって、天井には吸音効果のある専用の仕上げ材を採用する必要がある

人の話し声である低〜中音域の吸音性に優れる吸音ボードを使用している。吸音性をさらに向上させたい場合は、ボードの裏に16kg／㎥、50㎜厚のグラスウールを充填するとよい

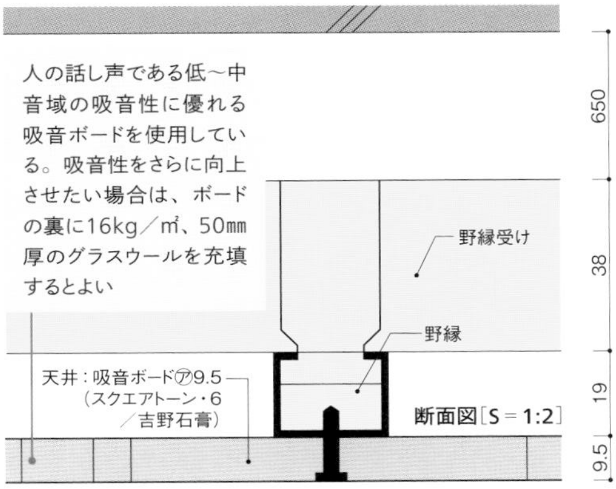

650
野縁受け
38
野縁
天井：吸音ボード㋐9.5
（スクエアトーン・6
／吉野石膏）
19
9.5

断面図［S＝1:2］

6. 屋内外の天井仕上げを統一する

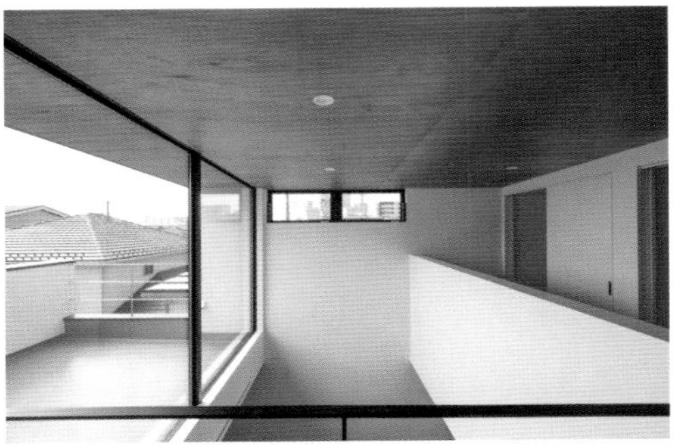

2階の吹抜けとバルコニーを見る。屋内の天井がそのまま外に飛び出しているかのよう。屋外と屋内の天井レベルには40㎜程度の差があるが、屋内外の天井が連続する印象は損なわれていない

バルコニー側の天井下地には防火性を考慮してケイ酸カルシウム板を使用。ただし、ケイ酸カルシウム板に仕上げ材を直接張り付けることが可能かどうかは、建築主事ごとに判断が異なるので注意

吹抜けとバルコニーの天井をラワン合板で統一し、屋内外の連続感を強調している。バルコニー側のみ劣化防止のために木材保護塗料を塗った。屋内の天井と同じ質感や色味で仕上がるように「ウッドステインプロテクター」（オスモ&エーデル）を使用している

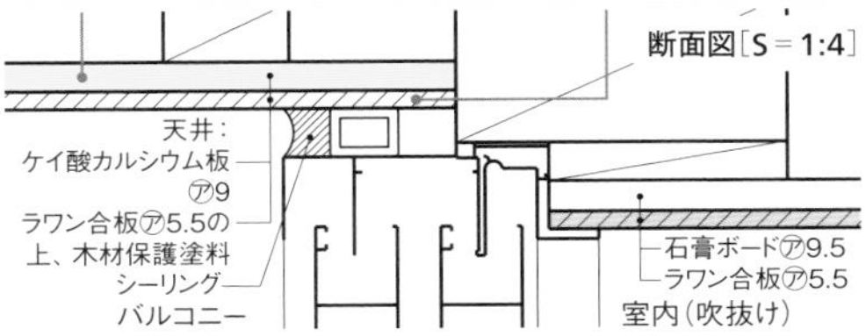

天井：
ケイ酸カルシウム板
㋐9
ラワン合板㋐5.5の
上、木材保護塗料
シーリング
バルコニー
石膏ボード㋐9.5
ラワン合板㋐5.5
室内（吹抜け）

断面図［S＝1:4］

3 「Le Club de Tokyo」設計：ファンタスティックデザインワークス
4 「E社オフィス」設計：ワイズ・ラボ
5 「YD邸」設計：TAGKEN（田口建設）
6 「IT邸」設計・写真：TAGKEN（田口建設）

1. ステンレス幅木を入幅木で納める

薬局

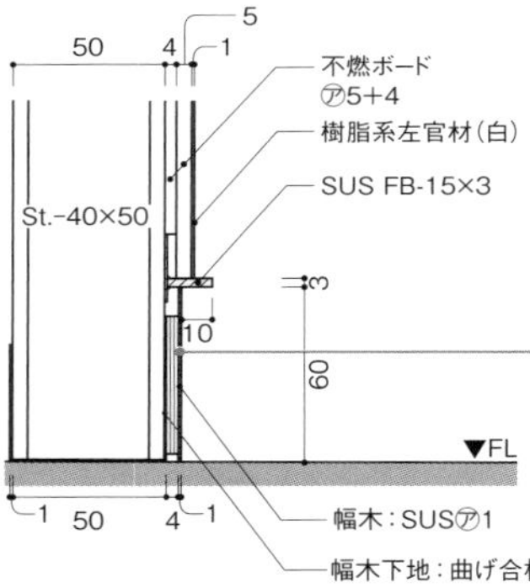

50
4
5
1
不燃ボード
㋐5+4
樹脂系左官材(白)
SUS FB-15×3
St.-40×50
3
10
60
▼FL
1
50
4
1
幅木:SUS㋐1
幅木下地:曲げ合板㋐4

住宅に比べ物販店舗では、壁下部に靴をぶつけたり、掃除機をかけたりする頻度が高いため、幅木は強度の高いステンレス製を用いるとよい。幅木の高さは靴や掃除機の当たる高さを最低限カバーでき、かつ壁や柱とのバランスを見て、60mmとした。幅木上端には壁仕上げの樹脂系左官材を保護するため、安全な範囲で見切を仕上げからはみ出させている

断面図[S=1:4]

3. スチール曲げ金物を入り幅木で納める

カフェ

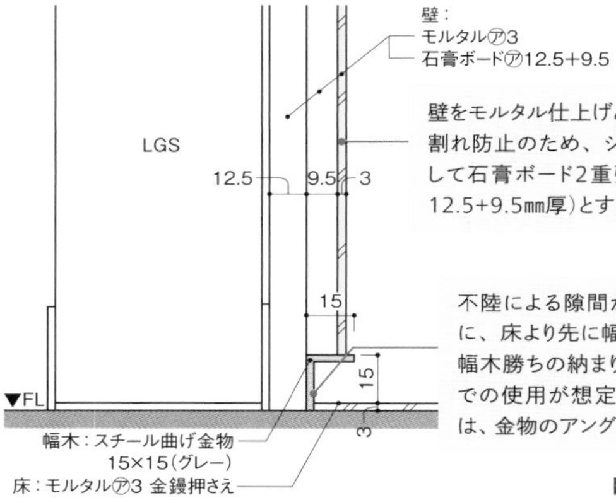

壁:
モルタル㋐3
石膏ボード㋐12.5+9.5
LGS
12.5
9.5
3
15
15
▼FL
3
幅木:スチール曲げ金物
15×15(グレー)
床:モルタル㋐3 金鏝押さえ

壁をモルタル仕上げとする場合は、割れ防止のため、ジョイントをずらして石膏ボード2重張り(ここでは12.5+9.5mm厚)とする

不陸による隙間ができないように、床より先に幅木を設置して幅木勝ちの納まりとした。土足での使用が想定される店舗では、金物のアングルを使用

断面図[S=1:3]

非住宅では

幅木の有無は意匠と機能のどちらを優先するかで決定

幅木は、意匠と機能のせめぎ合いが起きやすい部位。施工者からすると、ボードや塗装を末端まで美しく仕上げずに済む幅木を設けたほうが楽。一方、意匠を重視して、幅木を回さない場合もある。大胆に幅木を目立たせて意匠として用いるのも、非住宅ならではの設計だ。機能を重視するなら幅木を設け、意匠を重視するなら幅木を省略する、という考え方を基本に、それぞれ要望に沿った設計を心がけたい。

腰壁は機能重視で厚さに気を付ける

腰壁は主に防水・防汚の目的で用いることが多い。また、幅木と同じように、壁に傷が付くのを防ぐ役割も担う。たとえば飲食店では、客席の椅子の背後にある壁に腰壁を張って、壁の傷付きを予防することもある。清掃性、防水性を高めるためには、床材を張り上げて腰壁とするとよい。意匠を重視して選ぶことが多い見切材は、腰壁が出っ張るとやぼったく見えてしまう。一般的な壁仕上げより薄くするなどの工夫で意匠性を確保したい。

6. 左官壁の場合は入幅木にする

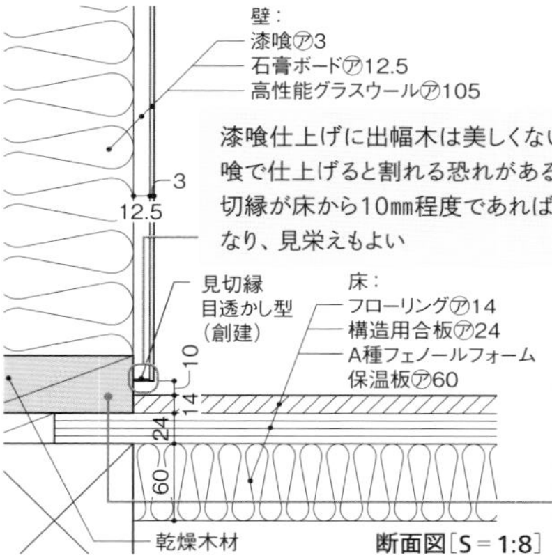

壁:
漆喰㋐3
石膏ボード㋐12.5
高性能グラスウール㋐105
3
12.5
見切縁
目透かし型
(創建)
床:
フローリング㋐14
構造用合板㋐24
A種フェノールフォーム
保温板㋐60
10
14
24
60
乾燥木材

漆喰仕上げに出幅木は美しくないので避けたい。床まで漆喰で仕上げると割れる恐れがあるため、入幅木が最適。見切縁が床から10mm程度であれば外から幅木の奥が見えなくなり、見栄えもよい

壁下地が床まで連続しない納まりであっても、入幅木の後ろの乾燥木材がファイアーストップを兼ねることで、性能が損なわれないようにする

断面図[S=1:8]

住宅では

意匠なら入幅木か平幅木 機能なら出幅木を選択

幅木にはいくつかの種類があり、最終的にどの種類を採用するかは設計者の考え方によるところが大きい。まずは床・壁の仕上げ材や建築主の好みを考慮して選ぶとよい。意匠や細部にこだわる場合は入幅木や平幅木とすることが多い。一方、清掃性など機能を重視する建築主の場合は出幅木とすることが多い。腰壁に木を用いる場合などは、腰壁を幅木と同じような役割とみなし、幅木を省略できる。

1 「アインズ&トルペ」設計:丹青社、プロデュース:アインホールディングス、事業主:アインファーマシーズ
2 「ジェム矯正歯科医院」設計:KAMITOPEN、写真:宮本啓介
3 「comma tea 青山表参道店」設計:Degins JP
4 「THE BAR 並木」設計:ファンタスティックデザインワークス、写真:ナカサアンドパートナーズ

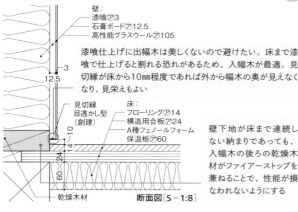

4	3	2	1	
5	5	5	5	見栄え
1	3	1	2	施工性
4	3	5	5	耐久性
2	3	3	4	メンテナンス性
5	3	1	2	コスト

8	7	6	5	
4	4	5	5	見栄え
4	3	2	2	施工性
5	5	3	5	耐久性
5	5	3	5	メンテナンス性
4	3	3	1	コスト

歯科医院

2. 照明を仕込んで幅木を意匠にする

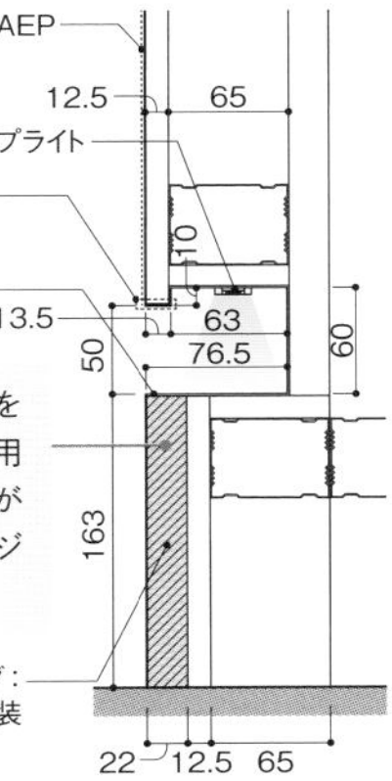

壁：石膏ボード㋐12.5の上、AEP
12.5
65
LEDテープライト
見切：真鍮色塗装
10
照明ボックス内壁：真鍮㋐1
13.5
63
76.5
50
60
163
幅木：床と同材（不燃突き板フローリング：ヘリンボーン）の上、クリア塗装
22
12.5
65

ギザギザ状の平幅木と壁の間に照明を仕込んだ。単なる壁の保護としての用途でなく、デザインを施して、歯と歯が噛み合わさって光り輝く様子をイメージした

断面図［S＝1:8］

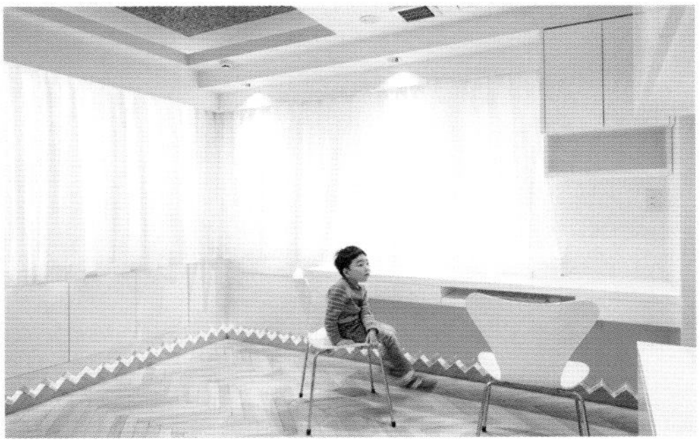

歯科医院の待合室の様子。幅木と壁の仕上げを切り替え、取合い部分の壁内に照明を仕込んで光らせている。形状をのこぎり状にし、照明廻りを真鍮で仕上げて輝かせているため、まるできれいな歯のようだ

クラブ

5. 高い幅木を用いた納まり

重厚感を出すために幅木に大理石を使用。また壁の石張りと割付けを合わせるために、高さを270㎜と高くした

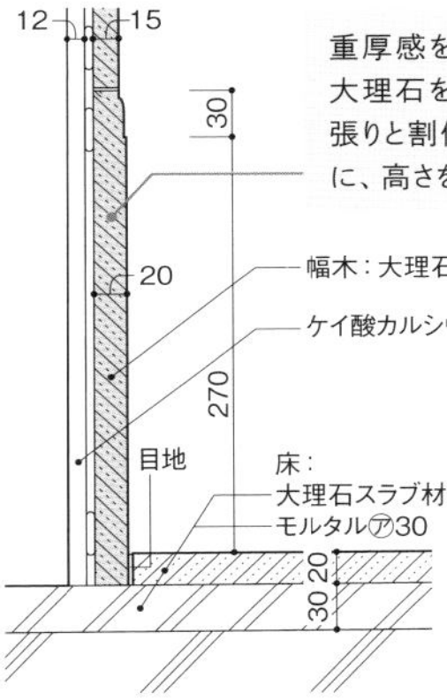

12
15
30
20
270
幅木：大理石㋐20 小口加工
ケイ酸カルシウム板㋐12
目地
床：
大理石スラブ材㋐20
モルタル㋐30
20
30

断面図［S＝1:8］

バー

4. 薄壁に幅木を納める

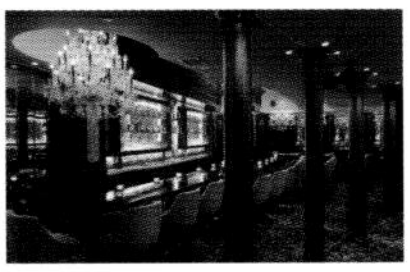

壁面に映った店内を見る。幅木まで風景が反射し、店内が広く感じる

店舗面積を確保するため、壁に25㎜厚のフラッシュパネルを採用し、なるべく薄くした。加えてバー側の壁面仕上げを鏡張りとし、幅木もステンレス鏡面仕上げとすることで店内を広く見せている

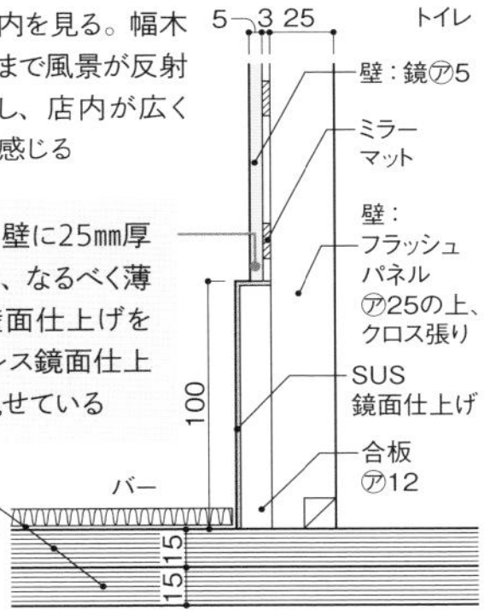

5
3
25
トイレ
壁：鏡㋐5
ミラーマット
壁：フラッシュパネル㋐25の上、クロス張り
SUS鏡面仕上げ
合板㋐12
100
床：
カーペット
合板㋐15 2重張り
バー
15
15

断面図［S＝1:5］

8. 出幅木は付け幅木が安い

コストと施工性の面から出幅木（付け幅木）を採用することも多い。幅木の高さ30㎜は、掃除機のヘッド部分が当たることなどを考慮したうえでできるだけ低くした寸法

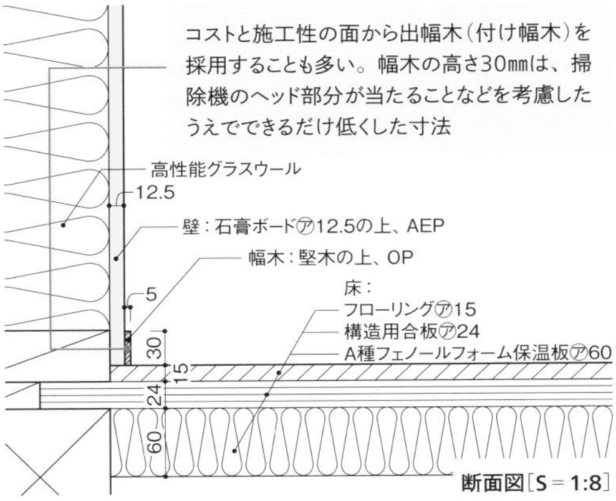

高性能グラスウール
12.5
壁：石膏ボード㋐12.5の上、AEP
幅木：堅木の上、OP
5
床：
フローリング㋐15
構造用合板㋐24
A種フェノールフォーム保温板㋐60
30
15
24
60

断面図［S＝1:8］

7. 出幅木の基本納まり

最も基本的な出幅木の納め方。幅木部分の形状が複雑になるため、あらかじめ工場で加工する必要があり、多少のコストアップにつながってしまう。付け幅木［8.］とは見た目には違いがでない

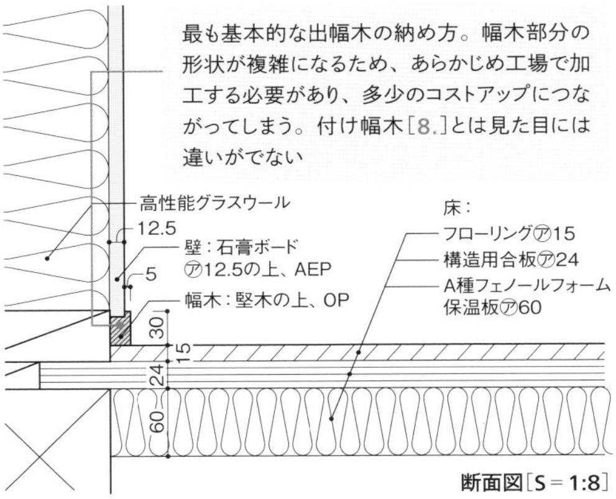

高性能グラスウール
12.5
壁：石膏ボード㋐12.5の上、AEP
5
幅木：堅木の上、OP
床：
フローリング㋐15
構造用合板㋐24
A種フェノールフォーム保温板㋐60
30
15
24
60

断面図［S＝1:8］

5 「Le Club de Tokyo」設計：ファンタスティックデザインワークス
6 「小平の住宅」設計：青木律典｜デザインライフ設計室
7 「板橋の二世帯住居」設計：青木律典｜デザインライフ設計室
8 「板橋の二世帯住居」設計：青木律典｜デザインライフ設計室

カフェ

9. スチールアングルの入幅木

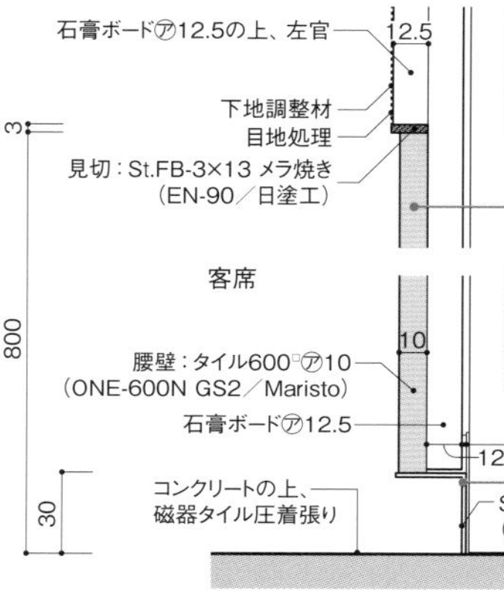
石膏ボード㋐12.5の上、左官
12.5
下地調整材
目地処理
3
見切：St.FB-3×13 メラ焼き
（EN-90／日塗工）
客席
800
10
腰壁：タイル600□㋐10
（ONE-600N GS2／Maristo）
石膏ボード㋐12.5
67
12.5
30
コンクリートの上、
磁器タイル圧着張り
St.Lアングル メラ焼き
（EN-90／日塗工）
断面図［S＝1:4］

すっきり見せるために壁仕上げよりも腰壁を薄くへこませて納めている

入幅木の高さは、スマートに見える最大寸法として30㎜にした

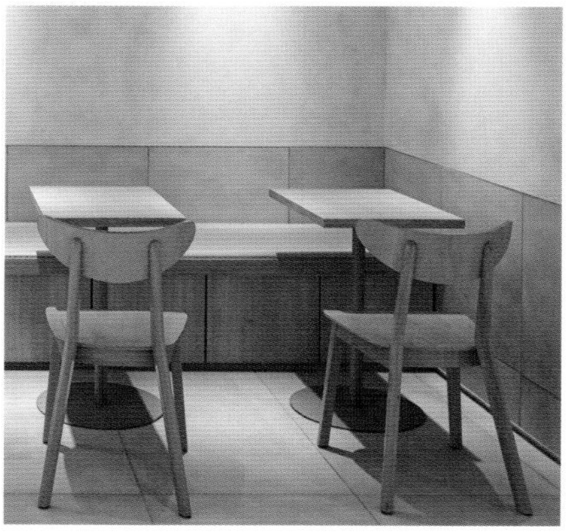

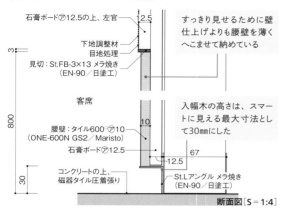

腰壁は椅子の腰板が当たる高さ（800㎜程度）を想定して、木製の腰板よりも丈夫なタイル仕上げとした

保育園

13. 子どもの背丈に合わせた腰壁

保育園では、腰下（床から900㎜程度）の壁には特に汚れや傷が付きやすいため、腰壁を設けた。壁仕上げが白のビニルクロスなのに対し、腰壁は合板+塗装として、補修のしやすさに配慮した。また、同様の高さに配置される造作家具や給気ガラリも同じ合板+塗装とし、デザインに統一性をもたせた

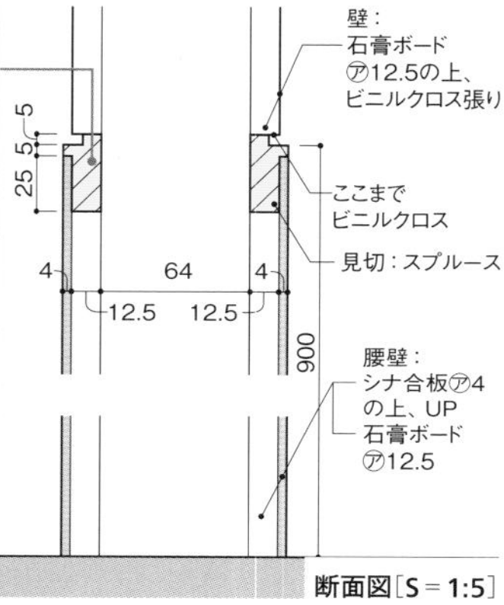
壁：
石膏ボード
㋐12.5の上、
ビニルクロス張り
5
5
25
ここまで
ビニルクロス
見切：スプルース
4
64
4
12.5
12.5
900
腰壁：
シナ合板㋐4
の上、UP
石膏ボード
㋐12.5
床：コルクタイル
断面図［S＝1:5］

小学校

12. 小学校のトイレに腰壁を設ける

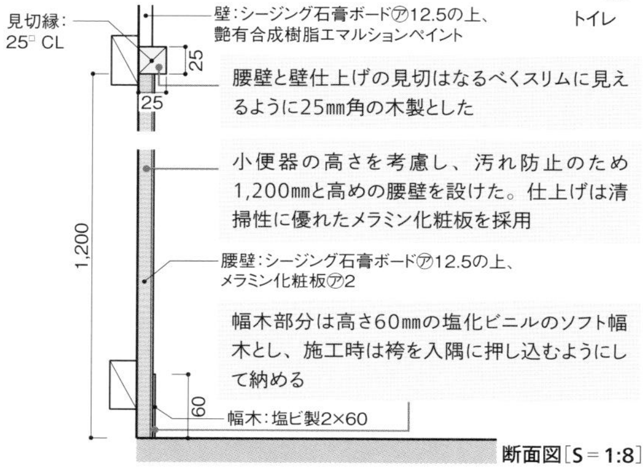
見切縁：
25□ CL
壁：シージング石膏ボード㋐12.5の上、
艶有合成樹脂エマルションペイント
トイレ
25
25
1,200
腰壁：シージング石膏ボード㋐12.5の上、
メラミン化粧板㋐2
60
幅木：塩ビ製2×60
断面図［S＝1:8］

腰壁と壁仕上げの見切はなるべくスリムに見えるように25㎜角の木製とした

小便器の高さを考慮し、汚れ防止のため1,200㎜と高めの腰壁を設けた。仕上げは清掃性に優れたメラミン化粧板を採用

幅木部分は高さ60㎜の塩化ビニルのソフト幅木とし、施工時は袴を入隅に押し込むようにして納める

16. 暖炉付近は耐火仕上げにする

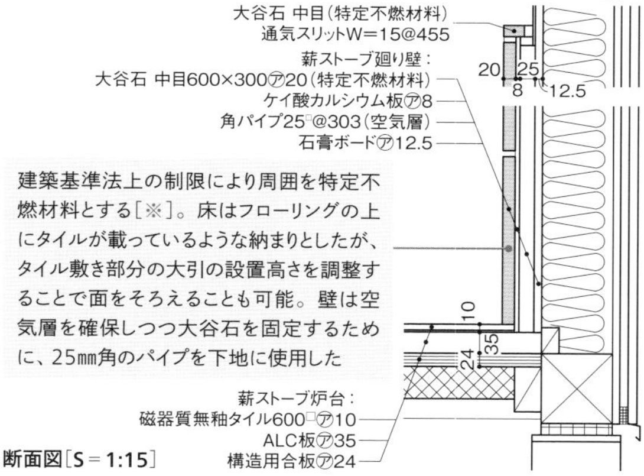
大谷石 中目（特定不燃材料）
通気スリットW＝15@455
薪ストーブ廻り壁：
大谷石 中目600×300㋐20（特定不燃材料）
ケイ酸カルシウム板㋐8
角パイプ25□@303（空気層）
石膏ボード㋐12.5
20
25
8
12.5
10
35
24
薪ストーブ炉台：
磁器質無釉タイル600□㋐10
ALC板㋐35
構造用合板㋐24
断面図［S＝1:15］

建築基準法上の制限により周囲を特定不燃材料とする［※］。床はフローリングの上にタイルが載っているような納まりとしたが、タイル敷き部分の大引の設置高さを調整することで面をそろえることも可能。壁は空気層を確保しつつ大谷石を固定するために、25㎜角のパイプを下地に使用した

15. 住宅での腰壁の納まり

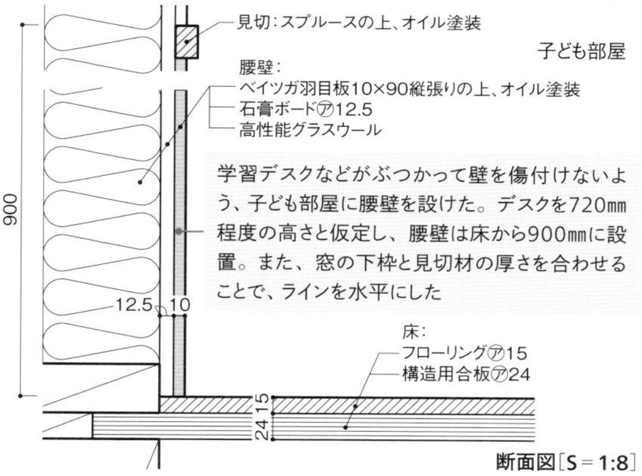
見切：スプルースの上、オイル塗装
子ども部屋
腰壁：
ベイツガ羽目板10×90縦張りの上、オイル塗装
石膏ボード㋐12.5
高性能グラスウール
900
12.5
10
床：
フローリング㋐15
構造用合板㋐24
15
24
断面図［S＝1:8］

学習デスクなどがぶつかって壁を傷付けないよう、子ども部屋に腰壁を設けた。デスクを720㎜程度の高さと仮定し、腰壁は床から900㎜に設置。また、窓の下枠と見切材の厚さを合わせることで、ラインを水平にした

※ 平21国交告225号に記載のある計算方法に基づいて、使用する薪ストーブの可燃物燃焼範囲を確認。この範囲内に入っている壁・天井は特定不燃材料としなければならない

9 「ナナズグリーンティー ルミネエスト新宿店」設計：KAMITOPEN、写真：宮本啓介
10 「都内某ホテル」設計：松田平田設計
11 「都内某ホテル」設計：松田平田設計
12 「能代市立第四小学校」設計：設計チーム木

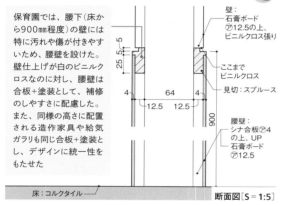

	12	11	10	9
見栄え	4	3	3	4
施工性	5	5	5	4
耐久性	5	5	5	5
メンテナンス性	5	5	5	5
コスト	4	3	3	4

11.幅木の交換を容易にしておく

ホテルの壁には掃除機が当たったり、トランクなどのモノがぶつかったりすることが多い。出幅木(付け幅木)とすることで壁への損傷をできるだけ少なくする。施工手間もかからず、幅木部分を容易に交換できる

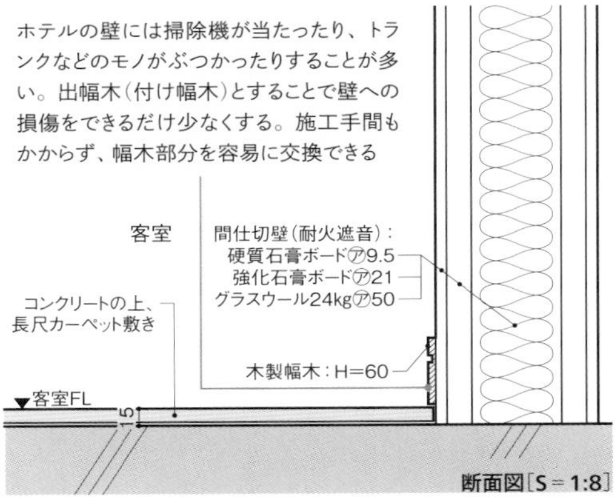

客室
間仕切壁(耐火遮音):
硬質石膏ボード㋐9.5
強化石膏ボード㋐21
グラスウール24kg㋐50
コンクリートの上、
長尺カーペット敷き
木製幅木:H=60
客室FL
15

断面図[S=1:8]

10.ホテルの排水スペースを確保する

ホテルの客室内において、床下に排水経路を設ける部分は2重床とし、パーティクルボードの下地に耐水合板を設け、その上にカーペットを敷く。床の振動が室間遮音壁に伝わりにくいよう、壁と縁を切ることが重要である

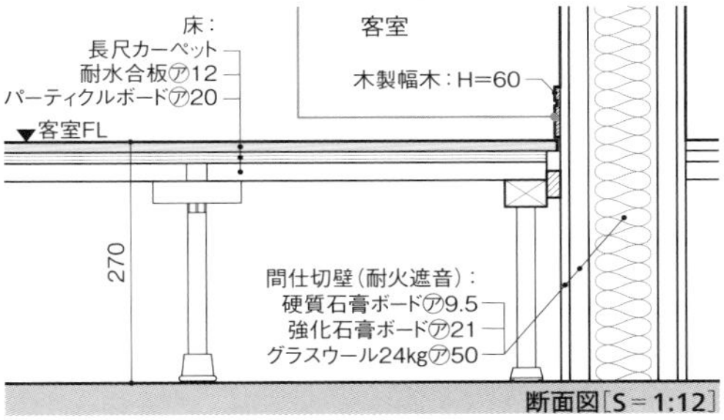

床:
長尺カーペット
耐水合板㋐12
パーティクルボード㋐20
客室
木製幅木:H=60
客室FL
270
間仕切壁(耐火遮音):
硬質石膏ボード㋐9.5
強化石膏ボード㋐21
グラスウール24kg㋐50

断面図[S=1:12]

	16	15	14	13
見栄え	5	5	5	4
施工性	2	3	3	3
耐久性	5	5	3	4
メンテナンス性	5	5	3	4
コスト	2	3	3	3

14.壁の凹凸を幅木まで延長させる

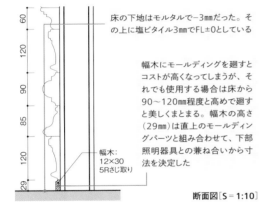

アパレル

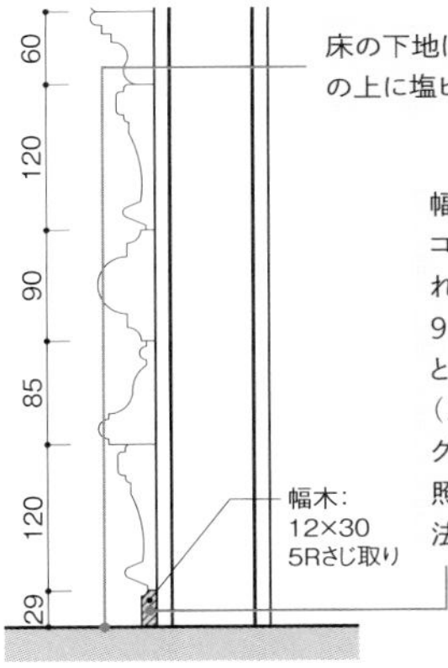

60
120
90
85
120
29
床の下地はモルタルで−3㎜だった。その上に塩ビタイル3㎜でFL±0としている
幅木:
12×30
5Rさじ取り

幅木にモールディングを廻すとコストが高くなってしまうが、それでも使用する場合は床から90〜120㎜程度と高めで廻すと美しくまとまる。幅木の高さ(29㎜)は直上のモールディングパーツと組み合わせて、下部照明器具との兼ね合いから寸法を決定した

断面図[S=1:10]

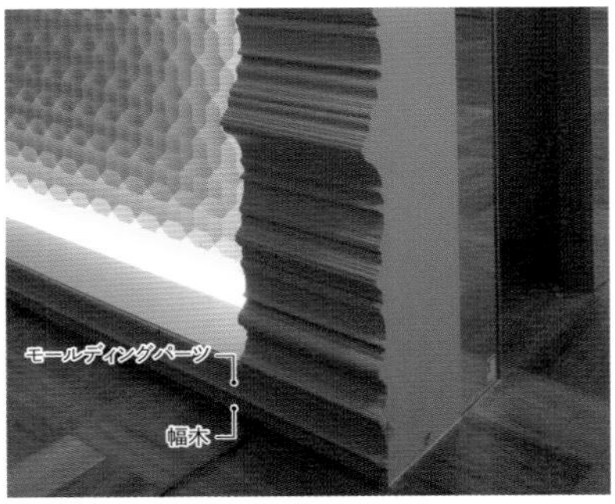

モールディングパーツ
幅木

店舗内のディスプレイとして照明を床と壁の入隅に設けた。幅木とその直上のモールディングパーツを合わせた高さ(149㎜)でちょうど照明器具が隠れる

	18	17
見栄え	5	5
施工性	2	3
耐久性	4	3
メンテナンス性	3	3
コスト	3	5

18.幅木なしの納まり

アトリエ

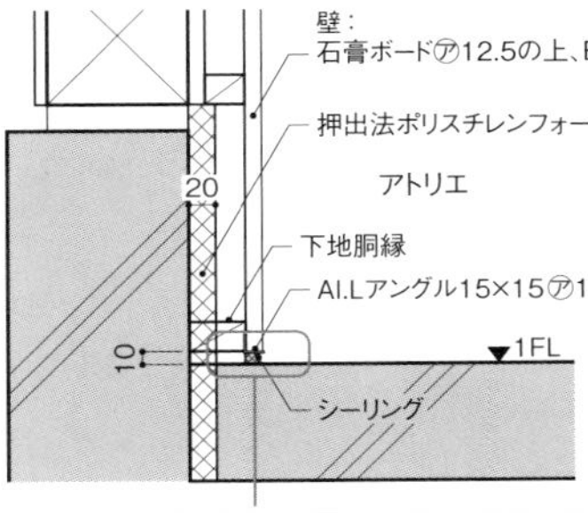

壁:
石膏ボード㋐12.5の上、EP
押出法ポリスチレンフォーム㋐20
アトリエ
20
下地胴縁
Al.Lアングル15×15㋐1.5
10
1FL
シーリング

断面図
[S=1:10]

土間床(コンクリート打放し)とボード壁の取合いを幅木を用いずに納めた。ボード下部にアルミアングルを用いて、アングルと床との隙間をシーリングでふさいでいる。さらに壁の下地胴縁と土間とは空隙を設け、縁を切って、湿気を吸わないようにする

17.後施工可能な幅木なしの納まり

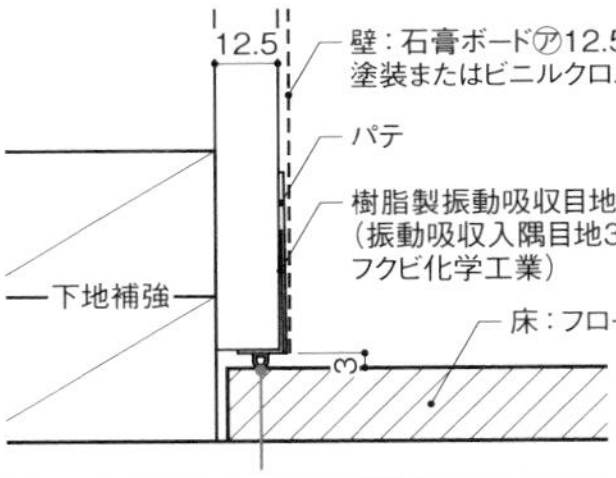

12.5
壁:石膏ボード㋐12.5の上、
塗装またはビニルクロス張り
パテ
樹脂製振動吸収目地
(振動吸収入隅目地3/
フクビ化学工業)
下地補強
3
床:フローリングなど

断面図
[S=1:3]

石膏ボード下地で塗装またはビニルクロス張りとする壁に幅木を付けたくない場合は、床と壁の取合い部に振動吸収入隅目地材を用いる。通常はあらかじめ下地にアルミアングルなどの見切材を取り付けておく必要があるが、この納まりでは石膏ボードの施工後に取り付けが可能。畳やカーペットなど軟らかい床の仕上げには向かないが、フローリングやタイルなど硬い材であればよい

13「こばと保育園たまご」設計:山崎壮一建築設計事務所
14「UNTITLED」設計・写真:cmyk Interior & Product
15「小川町の家」設計:青木律典|デザインライフ設計室
16「小川町の家」設計:青木律典|デザインライフ設計室
17「TWIST」設計:カスヤアーキテクツオフィス(KAO)
18「インターバルハウス」設計:古谷デザイン建築設計事務所

映画館

20. 劇場内の振動を外に漏らさない

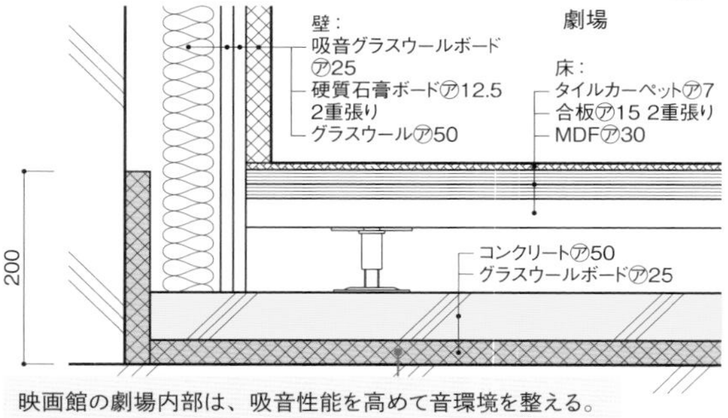
壁：
吸音グラスウールボード㋐25
硬質石膏ボード㋐12.5 2重張り
グラスウール㋐50
劇場
床：
タイルカーペット㋐7
合板㋐15 2重張り
MDF㋐30
200
コンクリート㋐50
グラスウールボード㋐25

映画館の劇場内部は、吸音性能を高めて音環境を整える。グラスウールボードを躯体床の上に入れるほか［30頁8.］、壁部分も床から200㎜ほど立上げて、その上にコンクリート床を打設することで音が床や壁を伝わらないようにしている

断面図［S＝1:10］

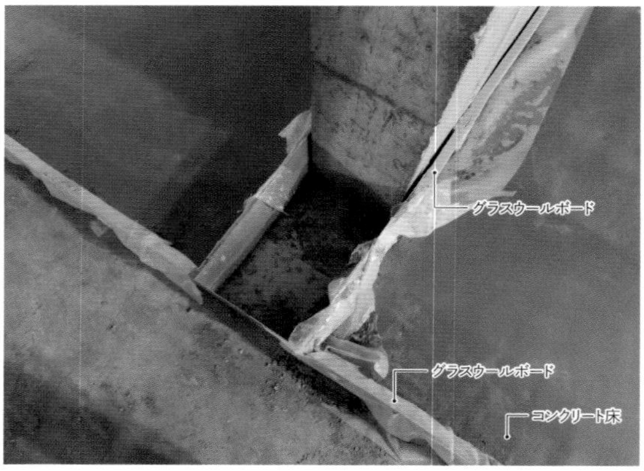
グラスウールボード
グラスウールボード
コンクリート床

写真は施工中のもの。床スラブの上に黄色いグラスウールボードを敷き、壁面まで立ち上げた上にコンクリート床を打設している。ここでは2つのスクリーンが壁を介して隣接しているが、この納まりで音環境や振動は問題ない

19. 厨房カウンターの簡易防水納まり

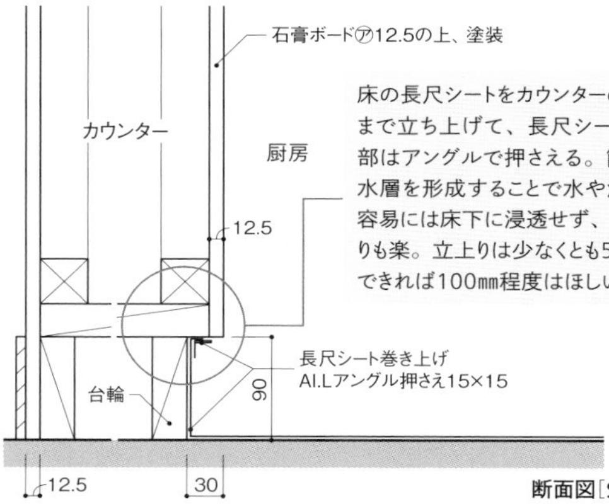
石膏ボード㋐12.5の上、塗装
カウンター
厨房
12.5
台輪
90
長尺シート巻き上げ
Al.Lアングル押さえ15×15
12.5
30

床の長尺シートをカウンターの台輪まで立ち上げて、長尺シートの端部はアングルで押さえる。簡易防水層を形成することで水や汚れが容易には床下に浸透せず、拭き取りも楽。立上りは少なくとも50㎜、できれば100㎜程度はほしい

断面図［S＝1:8］

23. 厨房内を改質アスファルトで完全防水に

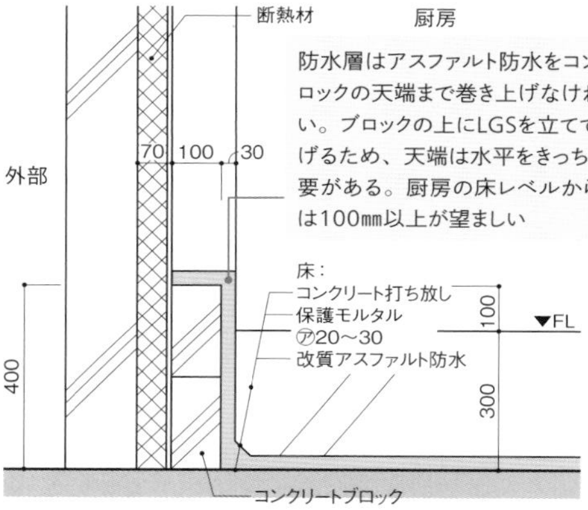
断熱材
厨房
外部
70
100
30
400
床：
コンクリート打ち放し
保護モルタル
㋐20〜30
改質アスファルト防水
100
▼FL
300
コンクリートブロック

防水層はアスファルト防水をコンクリートブロックの天端まで巻き上げなければならない。ブロックの上にLGSを立てて壁を仕上げるため、天端は水平をきっちりと出す必要がある。厨房の床レベルからの立上りは100㎜以上が望ましい

断面図［S＝1:20］

26. モルタル床と壁を突付けで納める

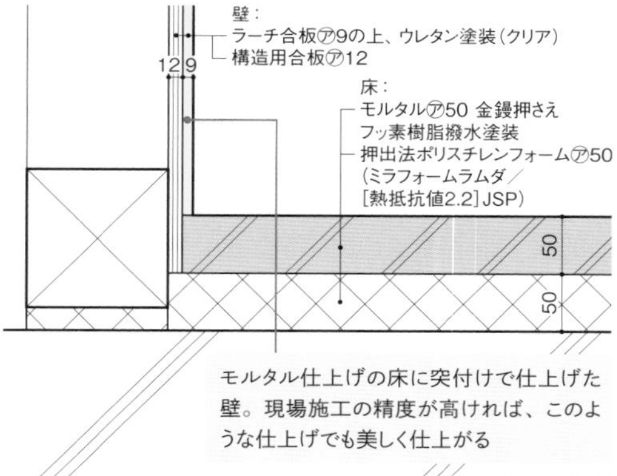
壁：
ラーチ合板㋐9の上、ウレタン塗装（クリア）
構造用合板㋐12
12
9
床：
モルタル㋐50 金鏝押さえ
フッ素樹脂撥水塗装
押出法ポリスチレンフォーム㋐50
（ミラフォームラムダ／［熱抵抗値2.2］JSP）
50
50

モルタル仕上げの床に突付けで仕上げた壁。現場施工の精度が高ければ、このような仕上げでも美しく仕上がる

断面図［S＝1:8］

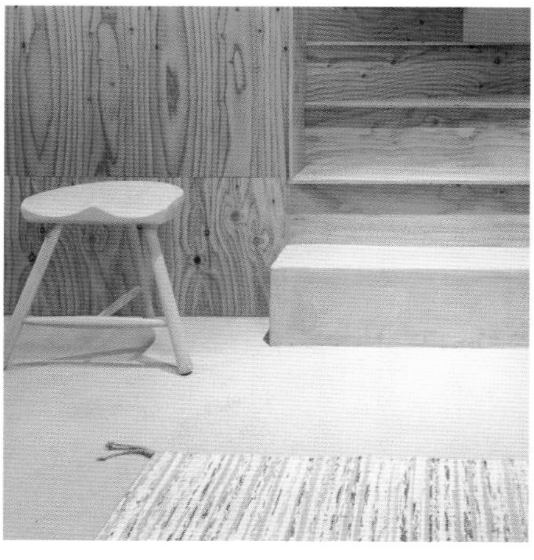

モルタル床と合板＋クリア塗装仕上げの壁とを突き付けて納めている。壁を塗装仕上げとする場合は、かなり難しくなるので、塗装職人の精度も必要となる

19「The WAREHOUSE」設計：Degins JP
20「新宿武蔵野館」設計：キー・オペレーション、写真：小山光｜キー・オペレーション
21「焼肉 白炭」設計：ファンタスティックデザインワークス
22「焼肉 白炭」設計：ファンタスティックデザインワークス
23「The WAREHOUSE」設計：Degins JP

	22	21	20	19
見栄え	5	3	3	3
施工性	2	4	3	4
耐久性	5	3	3	2
メンテナンス性	5	3	3	4
コスト	2	5	3	4

22.トイレは防水仕上げ+腰壁

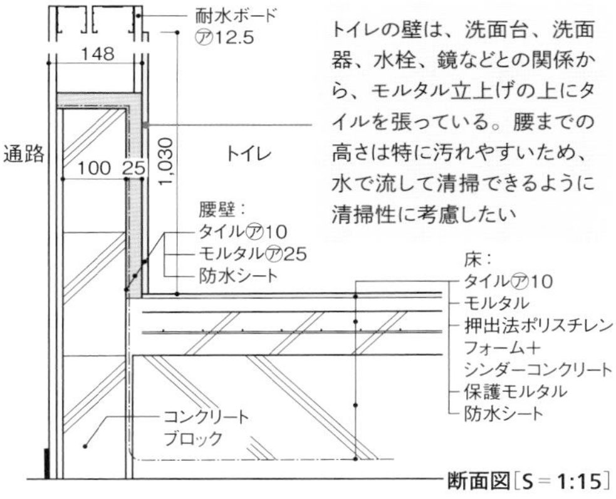
耐水ボード
㋐12.5
148
通路
100 25
1,030
トイレ
腰壁：
タイル㋐10
モルタル㋐25
防水シート
床：
タイル㋐10
モルタル
押出法ポリスチレン
フォーム＋
シンダーコンクリート
保護モルタル
防水シート
コンクリート
ブロック

トイレの壁は、洗面台、洗面器、水栓、鏡などとの関係から、モルタル立上げの上にタイルを張っている。腰までの高さは特に汚れやすいため、水で流して清掃できるように清掃性に考慮したい

断面図［S＝1:15］

21.厨房の内壁は必要最小限の仕上げ

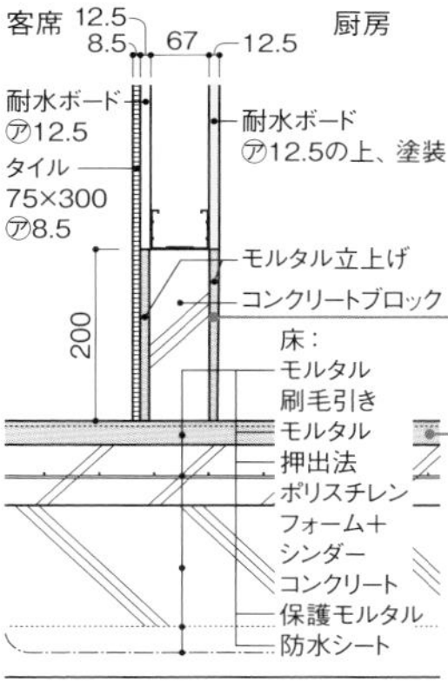
客席 12.5
8.5
67
12.5
厨房
耐水ボード
㋐12.5
タイル
75×300
㋐8.5
耐水ボード
㋐12.5の上、塗装
モルタル立上げ
コンクリートブロック
200
床：
モルタル
刷毛引き
モルタル
押出法
ポリスチレン
フォーム＋
シンダー
コンクリート
保護モルタル
防水シート

厨房と客席の間仕切壁。客席側は、意匠が目に楽しく、かつ水や汚れにも強いタイル仕上げ。厨房側は耐水ボード下地に塗装で必要最小限の仕上げ

床は水を流して洗うため、濡れてもよいモルタル刷毛引き仕上げ。水がかかる200㎜の高さまで床からモルタルを立ち上げている

断面図［S＝1:15］

	26	25	24	23
見栄え	5	5	3	3
施工性	2	3	4	3
耐久性	3	5	5	4
メンテナンス性	3	5	5	3
コスト	3	3	3	3

動物病院

25.床仕上げを壁まで立ち上げる

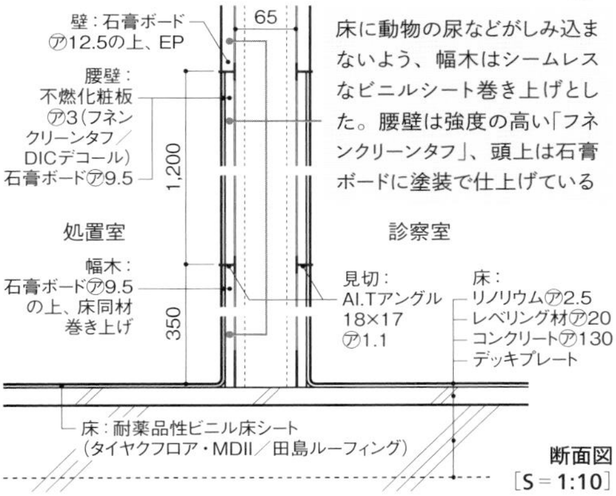
壁：石膏ボード
㋐12.5の上、EP
65
腰壁：
不燃化粧板
㋐3（フネン
クリーンタフ／
DICデコール）
石膏ボード㋐9.5
1,200
処置室
診察室
幅木：
石膏ボード㋐9.5
の上、床同材
巻き上げ
350
見切：
AI.Tアングル
18×17
㋐1.1
床：
リノリウム㋐2.5
レベリング材㋐20
コンクリート㋐130
デッキプレート
床：耐薬品性ビニル床シート
（タイヤクフロア・MDII／田島ルーフィング）

床に動物の尿などがしみ込まないよう、幅木はシームレスなビニルシート巻き上げとした。腰壁は強度の高い「フネンクリーンタフ」、頭上は石膏ボードに塗装で仕上げている

断面図［S＝1:10］

24.モルタル+ステンレスの厨房

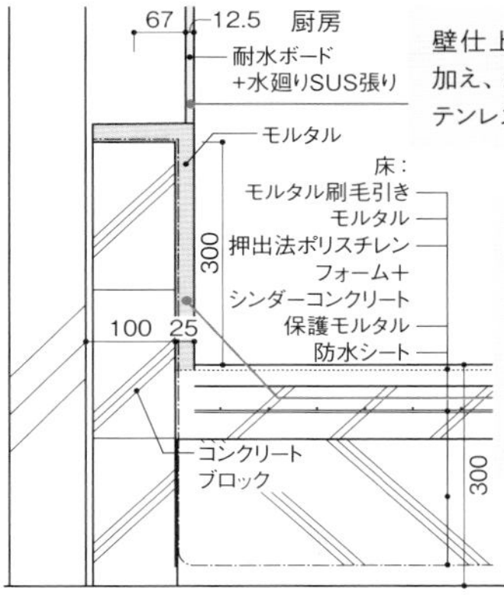
67
12.5
厨房
耐水ボード
＋水廻りSUS張り
モルタル
床：
モルタル刷毛引き
モルタル
押出法ポリスチレン
フォーム＋
シンダーコンクリート
保護モルタル
防水シート
300
100 25
コンクリート
ブロック
300

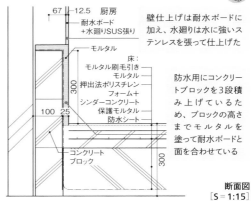

壁仕上げは耐水ボードに加え、水廻りは水に強いステンレスを張って仕上げた

防水用にコンクリートブロックを3段積み上げているため、ブロックの高さまでモルタルを塗って耐水ボードと面を合わせている

断面図［S＝1:15］

	28	27
見栄え	5	3
施工難易度	3	5
耐久性	5	5
メンテナンス性	5	5
コスト	3	3

28.住宅で平幅木を用いる

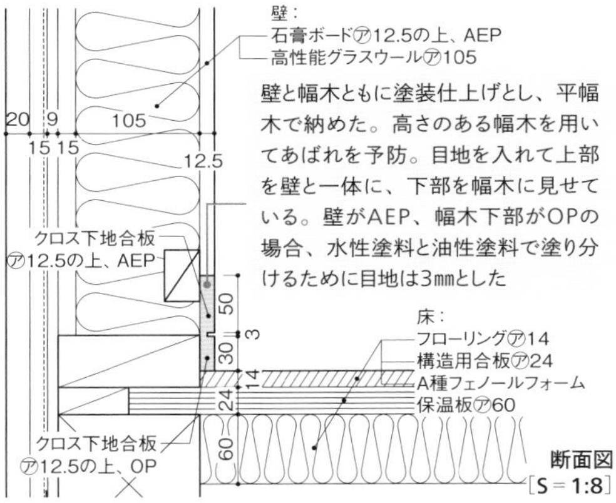
壁：
石膏ボード㋐12.5の上、AEP
高性能グラスウール㋐105
20 9
105
15 15
12.5
クロス下地合板
㋐12.5の上、AEP
50
30
3
14
24
60
床：
フローリング㋐14
構造用合板㋐24
A種フェノールフォーム
保温板㋐60
クロス下地合板
㋐12.5の上、OP

壁と幅木ともに塗装仕上げとし、平幅木で納めた。高さのある幅木を用いてあばれを予防。目地を入れて上部を壁と一体に、下部を幅木に見せている。壁がAEP、幅木下部がOPの場合、水性塗料と油性塗料で塗り分けるために目地は3mmとした

断面図［S＝1:8］

27.マンションの遮音床の納まり

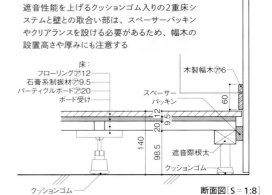

遮音性能を上げるクッションゴム入りの2重床システムと壁との取合い部は、スペーサーパッキンやクリアランスを設ける必要があるため、幅木の設置高さや厚みにも注意する

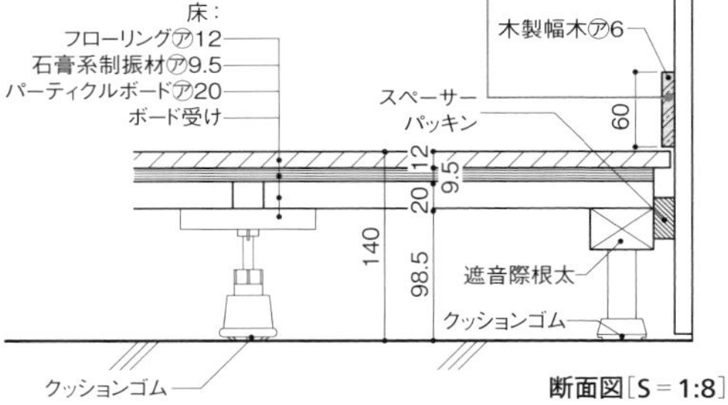
床：
フローリング㋐12
石膏系制振材㋐9.5
パーティクルボード㋐20
ボード受け
木製幅木㋐6
スペーサー
パッキン
60
12
9.5
20
140
98.5
遮音際根太
クッションゴム
クッションゴム

断面図［S＝1:8］

24「焼肉 白炭」設計：ファンタスティックデザインワークス
25「泉南動物病院」設計：古谷デザイン建築設計事務所
26「IDUMI」設計：.8／TENHACHI、写真：Kenya Chiba
27「都内某アパートメント」設計：松田平田設計
28「小平の住宅」設計：青木律典｜デザインライフ設計室

1.RFID［※］使用時にバックヤード内を遮る

アパレル

基本的には石膏ボードを2重に張って、この電磁波防止シールドのフィルムを間に挟んでいる。塗料タイプもあるが、強いRFIDの電波だと突き抜けることがある。天井部分は1,000㎜ほど折り返すようにする

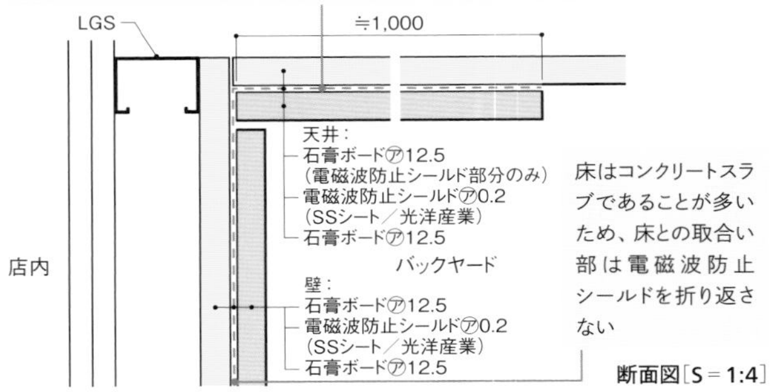
LGS
≒1,000
天井：
石膏ボード㋐12.5
（電磁波防止シールド部分のみ）
電磁波防止シールド㋐0.2
（SSシート／光洋産業）
石膏ボード㋐12.5
バックヤード
店内
壁：
石膏ボード㋐12.5
電磁波防止シールド㋐0.2
（SSシート／光洋産業）
石膏ボード㋐12.5
床はコンクリートスラブであることが多いため、床との取合い部は電磁波防止シールドを折り返さない

断面図［S＝1:4］

4.電磁波防止シールドをより小規模で簡易に納める

アパレル

小さいストックや壁面の折り返し部分、内寸が確保できない場合などは、電磁波防止シールドのフィルムを軽量鉄骨にあてて、そのまま石膏ボード1枚で押さえ付ける方法もある。小さい範囲であれば性能を保ちつつ、施工性を上げられる

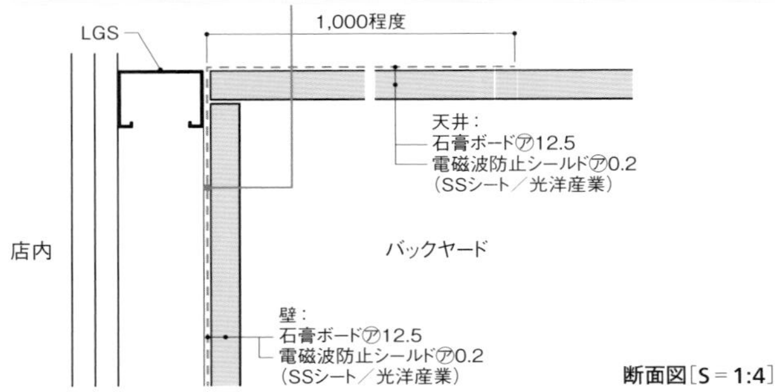
LGS
1,000程度
天井：
石膏ボード㋐12.5
電磁波防止シールド㋐0.2
（SSシート／光洋産業）
店内
バックヤード
壁：
石膏ボード㋐12.5
電磁波防止シールド㋐0.2
（SSシート／光洋産業）

断面図［S＝1:4］

非住宅では

性能を担保する素材と納め方を見極める

物販店舗では商品管理のため、電磁波防止シールドといった特殊な性質をもつ素材を用いるケースが多い。あらかじめ納まりや、製品によって変わってくる施工方法の違いなどを踏まえておきたい。ほかにも、要望により耐火性能を上げるための不燃素材を使ったり、トイレの手洗いなどでは防汚性能を担保するために塗装艶を増したりする必要もある。住宅に比べて求められる性能は用途ごとにシビアだ。

モールディングや廻り縁以外にも装飾的に冒険できる

飲食店の客席などでは、ある程度のプライバシーを保つため、一部を折り上げ天井として空間を緩やかに区切る場合がある。その際に天井の入隅出隅を装飾的に納めて雰囲気を切り替えることも多い。特殊仕上げ金属などの見切材を用いたり、あえて段差や仕上げの切り替えを用いて、異素材の組み合わせを強調して空間を区切ったりするなど、非住宅ならではの大胆な意匠にも取り組める。

6.入隅にLED照明を設ける

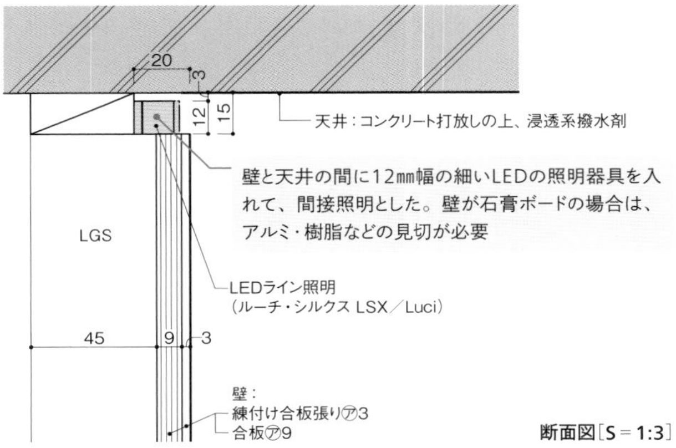
20
3
12
15
天井：コンクリート打放しの上、浸透系撥水剤
壁と天井の間に12㎜幅の細いLEDの照明器具を入れて、間接照明とした。壁が石膏ボードの場合は、アルミ・樹脂などの見切が必要
LGS
LEDライン照明
（ルーチ・シルクス LSX／Luci）
45
9
3
壁：
練付け合板張り㋐3
合板㋐9

断面図［S＝1:3］

住宅では

なるべくシンプルに納めるには廻り縁を設けない

床壁間と同様に、異なる仕上げや素材が取合う部分は、入目地としたり、廻り縁を設けたりすることがある。しかし床と異なり、天井は靴や掃除などのモノが当たって傷が付くことは少なく、手が届く位置にもない。そのため、デザイン的にシンプルに納めたい住宅では廻り縁を設けないことが多い。ただし、出隅で仕上げが切り替わる場合は見た目をよくするために見切材を用いる。

※ ID情報を埋め込んだタグ（RFタグ）から、電磁界や電波などを用いた近距離の無線通信によって情報をやりとりする技術。店舗内の商品在庫の確認などに用いる

1　「ZARA」設計：キー・オペレーション
2　「ホテル バンケット」設計：ワイズ・ラボ
3　「THE BAR 並木」設計：ファンタスティックデザインワークス

	4	3	2	1
見栄え	3	5	5	3
施工性	3	2	2	3
耐久性	2	3	5	3
メンテナンス性	3	3	4	3
コスト	4	2	2	3

	7	6	5
見栄え	3	5	5
施工性	5	2	2
耐久性	3	4	3
メンテナンス性	4	4	3
コスト	3	3	2

3. モールディングで意匠的に設える

バー

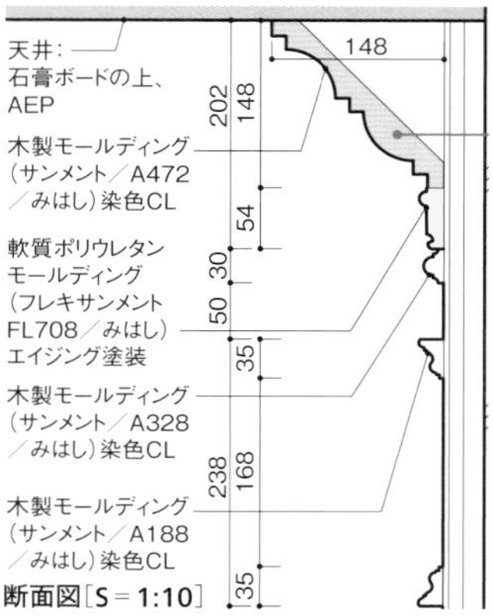
天井：
石膏ボードの上、
AEP
木製モールディング
（サンメント／A472
／みはし）染色CL
軟質ポリウレタン
モールディング
（フレキサンメント
FL708／みはし）
エイジング塗装
木製モールディング
（サンメント／A328
／みはし）染色CL
木製モールディング
（サンメント／A188
／みはし）染色CL
148
202
148
54
30
50
35
238
168
35

断面図［S＝1:10］

重厚感を出すためにモールディングを多用している物件では、天井と壁の出隅部分にもモールディング材を付けて見切兼意匠とすることが多い。不特定多数の人が利用するため強く長もちする素材で仕上げたい。モールディングの留め付けはほとんどが接着剤だが、隠し釘などで補強することもある

2. 勾配のついた折り上げ天井の納め方

ベースライトと折り上げ天井を組み合わせて、トップライトのような効果をつくった。開口を斜めに切り、光の反射や広がりといった視覚効果を得ている。勾配部分とベースライトの隙間を少なくすることで、底目地のラインが美しく見え、メンテナンス性も高まる

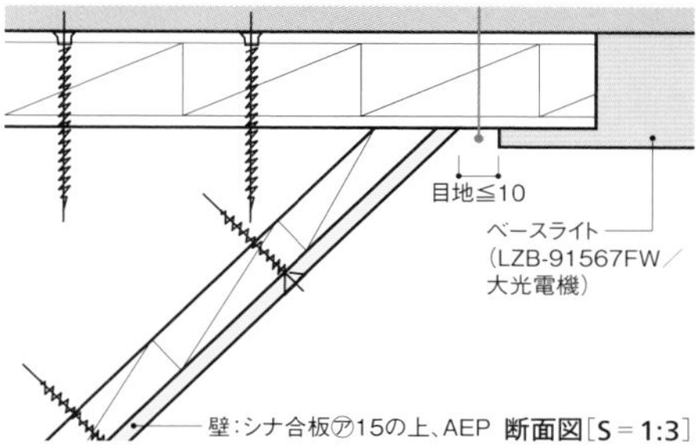
目地≦10
ベースライト
（LZB-91567FW／
大光電機）
壁：シナ合板㋐15の上、AEP

断面図［S＝1:3］

5. ラグジュアリーな空間で天井ギリギリまで鏡張りの装飾を施す

クラブ

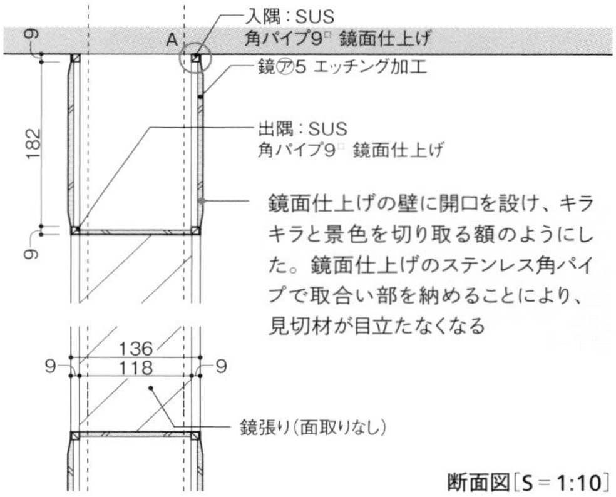
9
A
入隅：SUS
角パイプ9□ 鏡面仕上げ
鏡㋐5 エッチング加工
182
出隅：SUS
角パイプ9□ 鏡面仕上げ
9
136
118
9
9
鏡張り（面取りなし）

鏡面仕上げの壁に開口を設け、キラキラと景色を切り取る額のようにした。鏡面仕上げのステンレス角パイプで取合い部を納めることにより、見切材が目立たなくなる

断面図［S＝1:10］

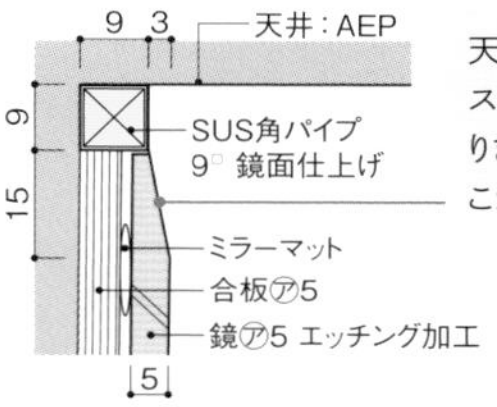
9
3
天井：AEP
9
15
SUS角パイプ
9□ 鏡面仕上げ
ミラーマット
合板㋐5
鏡㋐5 エッチング加工
5

天井との取合い部は鏡面ステンレスの角パイプを設けているが、よりきらびやかな意匠とするため、そこから壁面に15㎜面取りしている

A詳細図［S＝1:2］

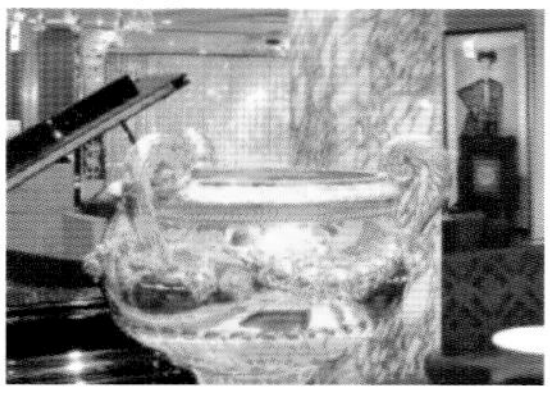

奥の壁面が左記図面部分。天井取合い部までエッチング加工の鏡で埋まっているため、きらびやか

7. 入目地での納まり

壁と天井の取合い部を入目地とすると、意匠的に壁の上に天井が載っているように見せる効果がある。加えて、壁と天井で異素材を採用する場合は目地を切った方が納めやすい。ここでは壁は漆喰（フェザーフィール／プラネットジャパン）仕上げ、天井はより光を反射させるためにクロス仕上げとしている

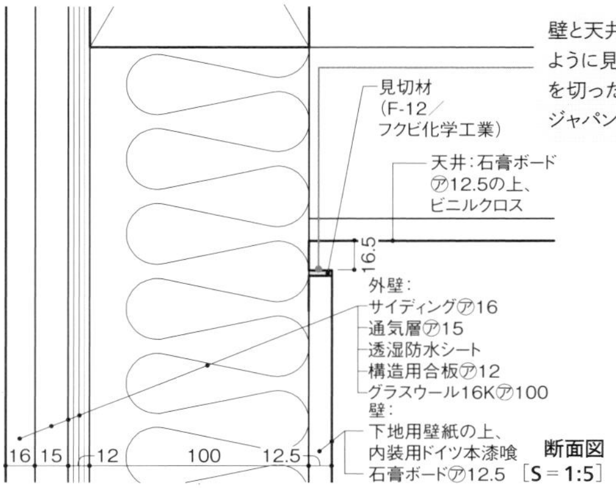
見切材
（F-12／
フクビ化学工業）
天井：石膏ボード
㋐12.5の上、
ビニルクロス
16.5
外壁：
サイディング㋐16
通気層㋐15
透湿防水シート
構造用合板㋐12
グラスウール16K㋐100
壁：
下地用壁紙の上、
内装用ドイツ本漆喰
石膏ボード㋐12.5
16
15
12
100
12.5

断面図［S＝1:5］

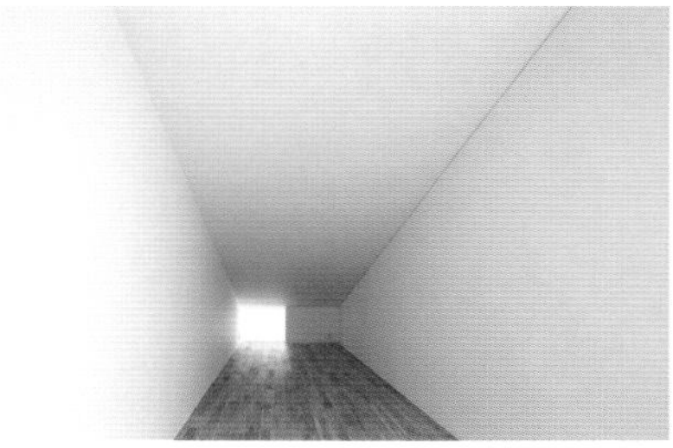

向かって右の壁と天井の取合い部を入目地で納めている。向かって左の壁と比べて壁に天井が載っているような印象となる

4　「ZARA」設計：キー・オペレーション
5　「六本木クラブチック」設計：ファンタスティックデザインワークス、写真提供：六本木クラブチック
6　「QUAD」設計：カスヤアーキテクツオフィス（KAO）、協力：ソノベデザインオフィス
7　「東大宮の家」設計：中島行雅・古谷野工務店・森田悠紀建築設計事務所、写真：西川公朗

8.下がり天井の出隅を装飾する

壁と天井面の一部を同じ仕上げ（AEP仕上げ）とし、大きな白い下がり天井の出隅に、後からH形鋼風の装飾を取り付けたような見た目にした。天井面は途中から木目調シートの仕上げに切り替えて、大きなワークスペース空間の雰囲気を切り分けている

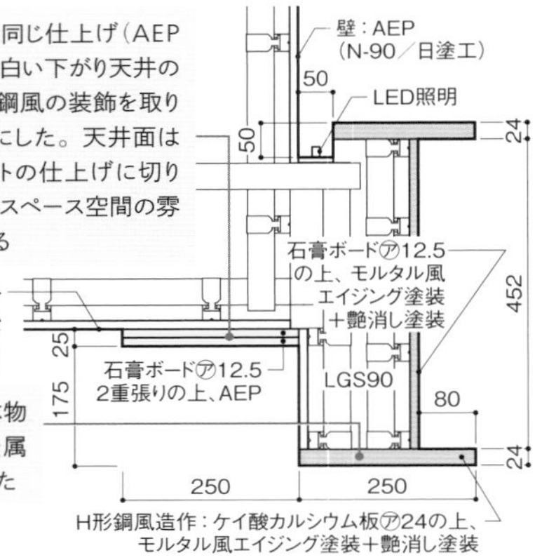

壁：AEP
（N-90／日塗工）
50
LED照明
50
24
石膏ボード㋐12.5の上、モルタル風エイジング塗装＋艶消し塗装
452
木目調硬質塩ビタックシート（ダイノックフィルム DW-1873MT／スリーエム ジャパン）
25
175
石膏ボード㋐12.5 2重張りの上、AEP
LGS90
80
24
250
250
H形鋼風造作：ケイ酸カルシウム板㋐24の上、モルタル風エイジング塗装＋艶消し塗装

H形鋼風の装飾は本物に見えるように、金属調の塗装仕上げとした

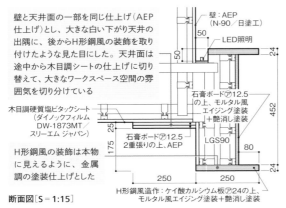

断面図［S＝1:15］

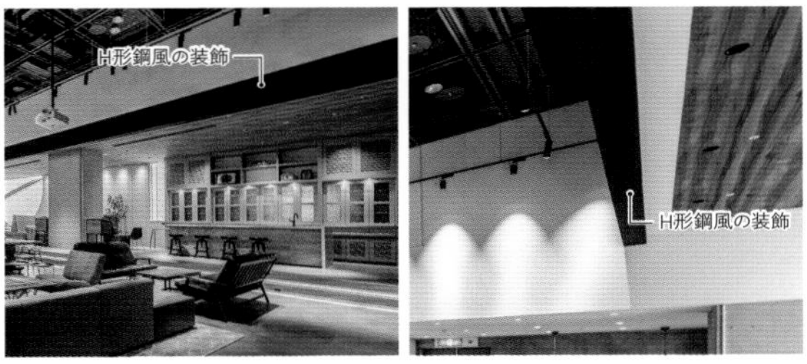

H形鋼風の装飾
H形鋼風の装飾

左：下がり天井の出隅を見る。白い壁に黒いH形鋼が取り付けてあるような見栄え。強い素材感と存在感で、手前のワークスペースと、奥の木目調の落ち着いた空間を緩やかに区切っている｜右：写真右上が下から見た下がり天井の出隅。木目調のシートとH形鋼風の意匠の間に壁と同じ仕上げの白い部分をあえて設けている。これにより白い下がり天井にH形鋼を後から付けた印象が強まって自然に見える

11.梁を露した下がり天井の出隅

小学校

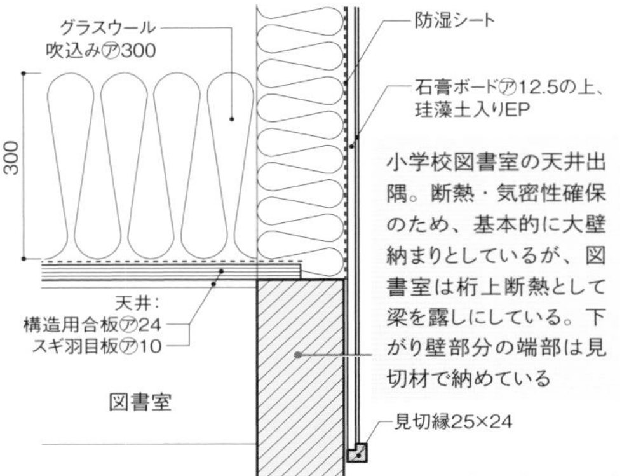

グラスウール吹込み㋐300
300
防湿シート
石膏ボード㋐12.5の上、珪藻土入りEP
天井：構造用合板㋐24 スギ羽目板㋐10
図書室
見切縁25×24

小学校図書室の天井出隅。断熱・気密性確保のため、基本的に大壁納まりとしているが、図書室は桁上断熱として梁を露しにしている。下がり壁部分の端部は見切材で納めている

断面図［S＝1:15］

10.奥行きの深い木フレームを壁に差し込む

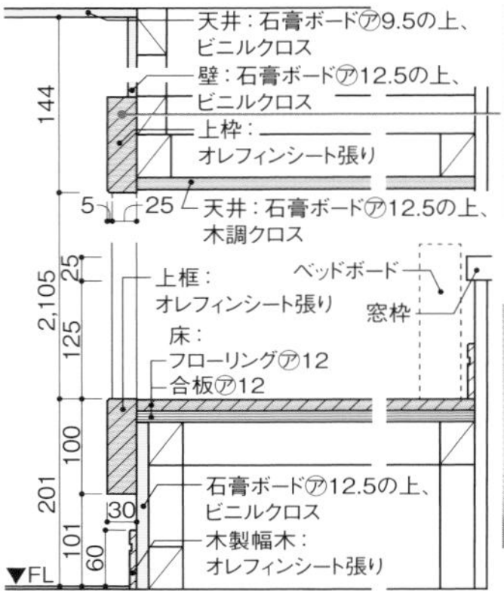

天井：石膏ボード㋐9.5の上、ビニルクロス
壁：石膏ボード㋐12.5の上、ビニルクロス
上枠：オレフィンシート張り
144
5
25
天井：石膏ボード㋐12.5の上、木調クロス
2,105
25
125
上框：オレフィンシート張り
ベッドボード
窓枠
床：フローリング㋐12 合板㋐12
100
201
30
101
60
石膏ボード㋐12.5の上、ビニルクロス
木製幅木：オレフィンシート張り
▼FL

下がり天井と床段差の出隅部に四方枠を設け、その内側の仕上げを木調に切替えることで、木のフレームが壁に差し込まれたような意匠としている

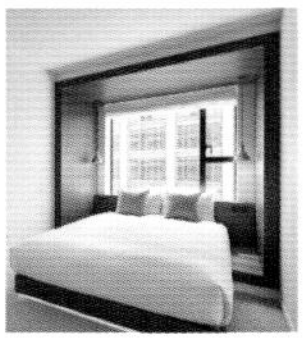

ベッドを覆う木フレーム。木に囲まれたベッド空間を演出することで居心地のよさをつくり出している

断面図［S＝1:12］

14.ビニルクロス張りの出隅納まり

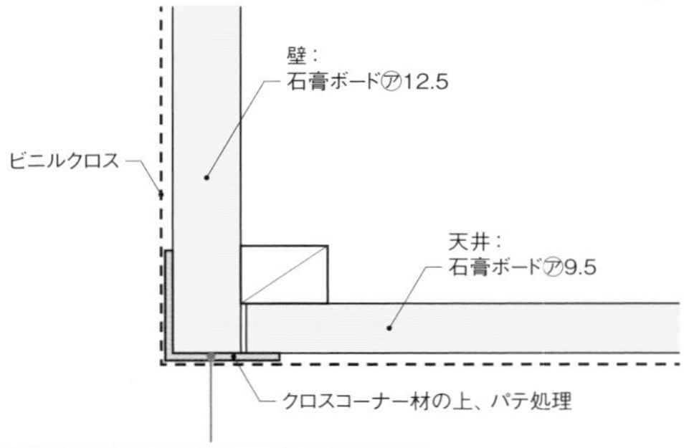

壁：石膏ボード㋐12.5
ビニルクロス
天井：石膏ボード㋐9.5
クロスコーナー材の上、パテ処理

天井出隅部分はクロスコーナー材＋パテ材で納め、ビニルクロスで覆って仕上げている

断面図［S＝1:2］

13.天井出隅を同じ素材のように見せる

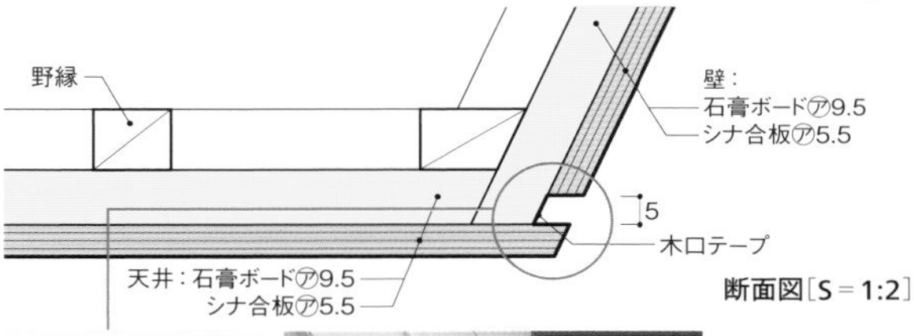

野縁
壁：石膏ボード㋐9.5 シナ合板㋐5.5
5
木口テープ
天井：石膏ボード㋐9.5 シナ合板㋐5.5

断面図［S＝1:2］

シナ合板で仕上げた天井の出隅（上部トップライト）に5㎜の目地を入れ、目地底に木口テープを張ることで同じ素材に見えるようにした

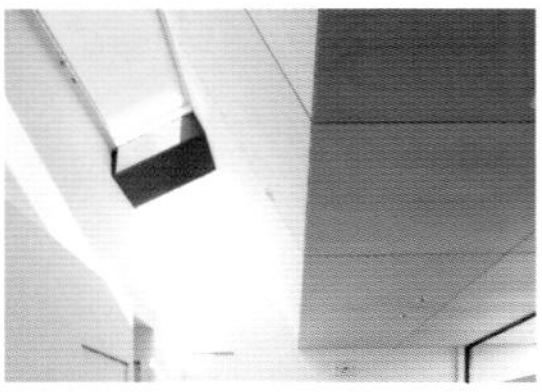

石膏ボードは縦勝ち、水平面のシナ合板は端部を斜めにカットしたうえで断面をやすり掛けして滑らかに見える仕上げに

8「NAGOYA INNOVATOR'S GARAGE」設計：DRAFT Inc.、写真：波多野功樹
9「eight days cafe」設計：Degins JP、写真：矢野紀行
10「都内某ホテル」設計：松田平田設計、デザイン監修・ホテル内装設計：UDS+the range design INC.、写真：ナカサアンドパートナーズ
11「能代市立第四小学校」設計：設計チーム木
12「ホテル バンケット」設計・写真：ワイズ・ラボ

	11	10	9	8
見栄え	4	5	5	5
施工性	2	4	5	4
耐久性	4	3	5	4
メンテナンス性	4	3	5	3
コスト	5	3	4	2

9.出隅をスチールアングルで納めてラインを強調させる

キッチン上部の下がり天井の出隅をスチールアングルで納めている。アングルの下部を天井と同じAEP仕上げとしているため、モルタル壁との仕上げの切り替えが美しくまとまる

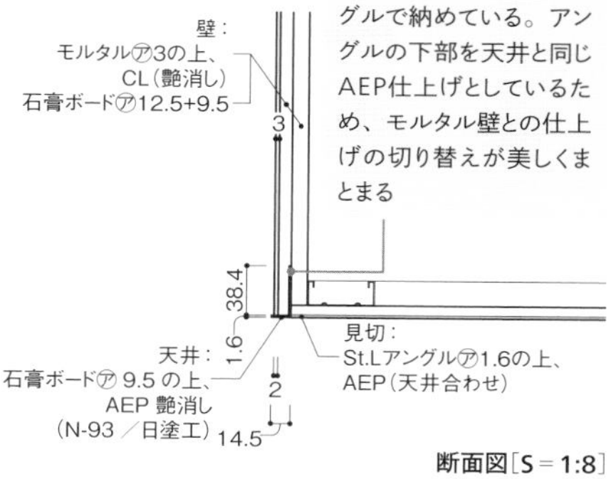

壁：
モルタル㋐3の上、
CL（艶消し）
石膏ボード㋐12.5+9.5
3
38.4
1.6
天井：
石膏ボード㋐ 9.5 の上、
AEP 艶消し
（N-93／日塗工）
2
14.5
見切：
St.Lアングル㋐1.6の上、
AEP（天井合わせ）

断面図［S＝1:8］

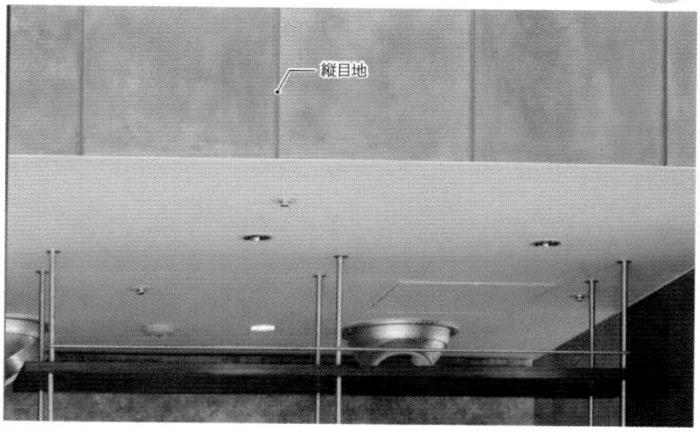

縦目地

壁仕上げには縦ラインを強調する縦目地を入れた。出隅に別部材を出さず、すっきりした意匠となっている

	15	14	13	12
見栄え	5	3	5	5
施工性	5	5	3	2
耐久性	4	4	3	5
メンテナンス性	3	3	3	4
コスト	2	5	3	2

12.勾配になっている折り上げ天井をシームレスに納める

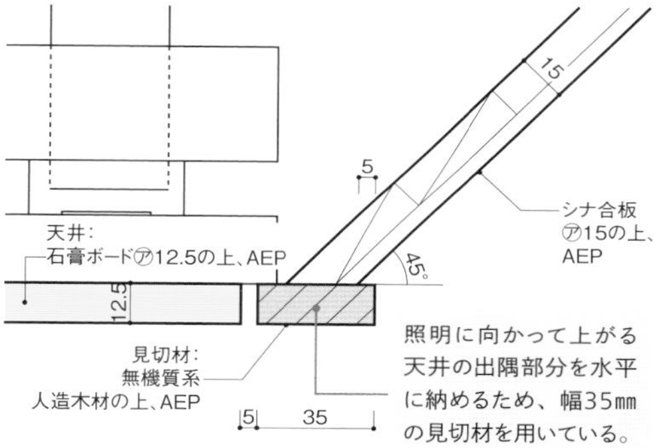

15
5
シナ合板
㋐15の上、
AEP
天井：
石膏ボード㋐12.5の上、AEP
45°
12.5
見切材：
無機質系
人造木材の上、AEP
5
35

照明に向かって上がる天井の出隅部分を水平に納めるため、幅35㎜の見切材を用いている。折り上げ天井の角度で見切材の幅は変わる

断面図［S＝1:3］

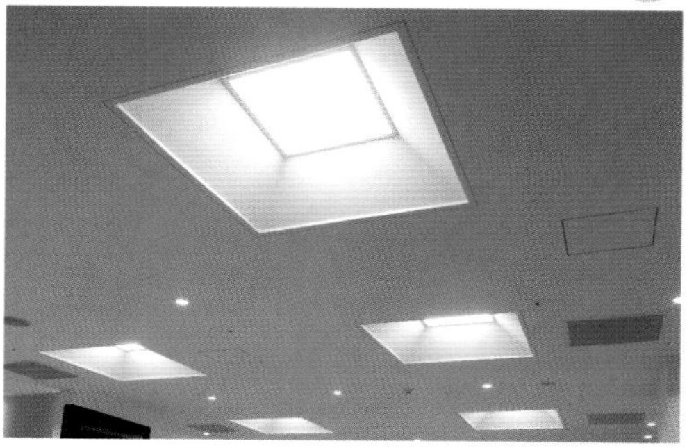

勾配をつけた折り上げ天井とすれば、天井奥の照明の光が周囲にまで回り、見切が目立たない［47頁2.］。まるでトップライトのような意匠

	16
見栄え	5
施工性	3
耐久性	4
メンテナンス性	3
コスト	5

キッチン

16.出隅に照明用配線ダクトを設ける

垂壁の出隅に照明用の配線ダクトを設けている。配線ダクトは梁（木部）にビス留め。下地の石膏ボードの位置を漆喰の塗り厚分だけ引っ込めておくと、美しく納まる

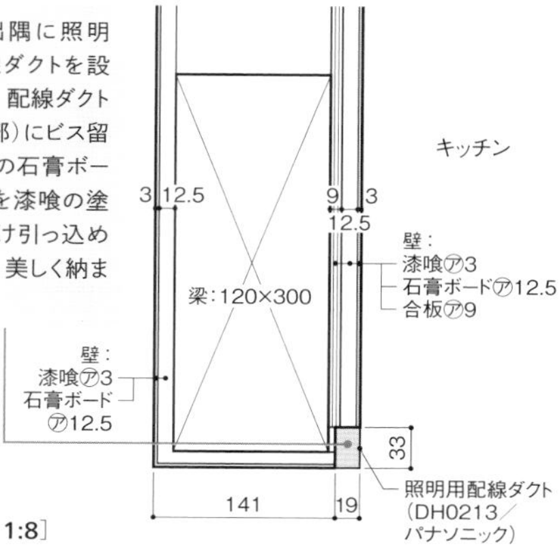

キッチン
3
12.5
9
3
12.5
梁：120×300
壁：
漆喰㋐3
石膏ボード㋐12.5
合板㋐9
壁：
漆喰㋐3
石膏ボード
㋐12.5
33
141
19
照明用配線ダクト
（DH0213／
パナソニック）

断面図［S＝1:8］

15.R曲面で出隅を納める

高い天井と低い天井をつなぐ下がり壁のコーナー部をRとした事例。低い天井の角が視野に入ると圧迫感を受けるため、このような納まりとした。R状の木下地を梁にビス留めし、木下地の不陸をモルタルで埋めて漆喰で仕上げている

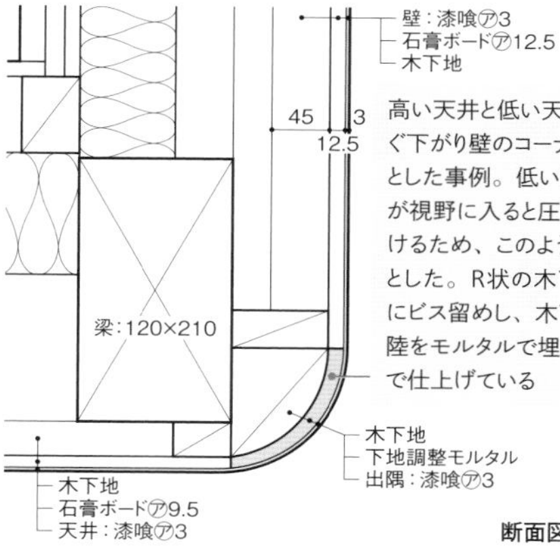

壁：漆喰㋐3
石膏ボード㋐12.5
木下地
45
3
12.5
梁：120×210
木下地
下地調整モルタル
出隅：漆喰㋐3
木下地
石膏ボード㋐9.5
天井：漆喰㋐3

断面図［S＝1:8］

13「SH邸」設計：TAGKEN（田口建設）
14「IT邸」設計：TAGKEN（田口建設）
15「戸塚の住宅」設計：青木律典｜デザインライフ設計室
16「小平の住宅」設計：青木律典｜デザインライフ設計室

1. 蹴込みを黒にして目立たせる

カフェ

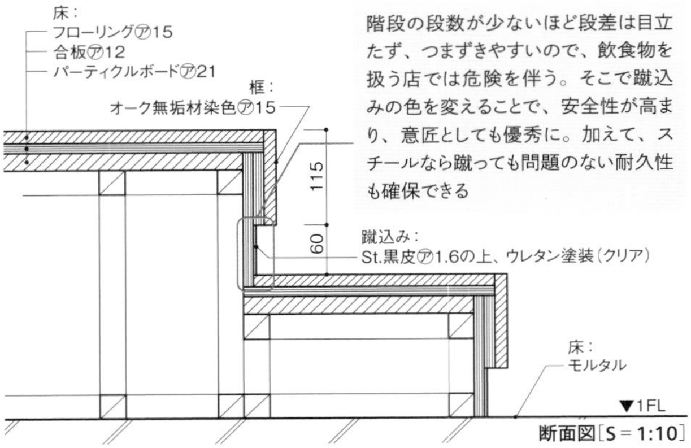
床：
フローリング㋐15
合板㋐12
パーティクルボード㋐21
框：
オーク無垢材染色㋐15
115
60
蹴込み：
St.黒皮㋐1.6の上、ウレタン塗装（クリア）
床：
モルタル
▼1FL
階段の段数が少ないほど段差は目立たず、つまずきやすいので、飲食物を扱う店では危険を伴う。そこで蹴込みの色を変えることで、安全性が高まり、意匠としても優秀に。加えて、スチールなら蹴っても問題のない耐久性も確保できる

断面図［S＝1:10］

2. 蹴込みを深くして安全性を高める

カフェ

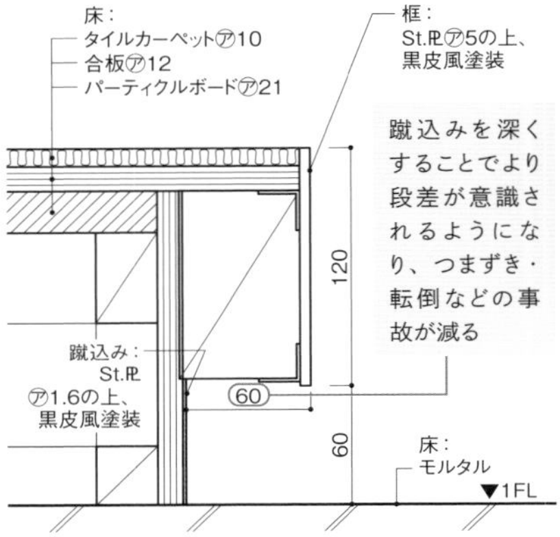
床：
タイルカーペット㋐10
合板㋐12
パーティクルボード㋐21
框：
St.PL㋐5の上、
黒皮風塗装
蹴込みを深くすることでより段差が意識されるようになり、つまずき・転倒などの事故が減る
120
60
60
蹴込み：
St.PL
㋐1.6の上、
黒皮風塗装
床：
モルタル
▼1FL

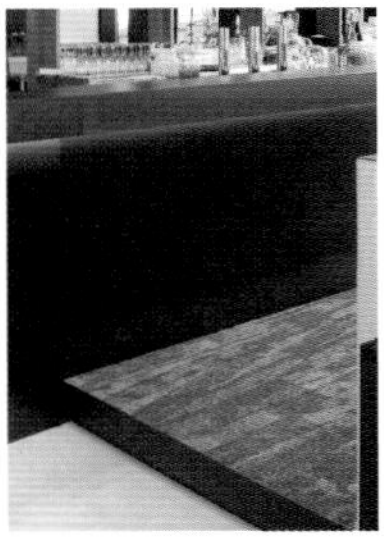

飲食物を運ぶ際は、足元に意識が向かないので階段の段差は気づきやすくする工夫が必須

断面図［S＝1:5］

非住宅では

物販店舗や飲食店の階段は転ばせない工夫を盛り込む

物販店舗や飲食店の階段では、つまずき防止のために蹴込みの素材を切り替えて目立たせたり［1.］、蹴込みを深くして段差を意識させたりする［2.］必要がある。蹴込みをスチールにすると耐久性も確保できてよい。また、小学校などの子どもが多い場所で転倒を防止するためには、視認性の高いノンスリップを付けたり、手摺を揺れないように工夫して安全性を確保する［次頁4.］。

土足利用を考慮して素材選びは耐久性と清掃性を優先

住宅と異なり内部空間でも土足で利用することが多いので、蹴上げは耐久性や清掃性を重視して素材を選ぶ。塩ビタイル、タイルカーペット、絨毯、モルタル、石などがよく使われる。段板だけ大理石などハイグレードで厚みのあるものを使って、塗装で仕上げることも。それ以外の金物や構造は主張しすぎないよう、存在感を弱め、塗装だけで仕上げると意匠性が保たれる。1段目の蹴上げと床の切り替え部分は、すっきり見せるため幅木は入れない。

5. 立上りを使って空間を一体化させる

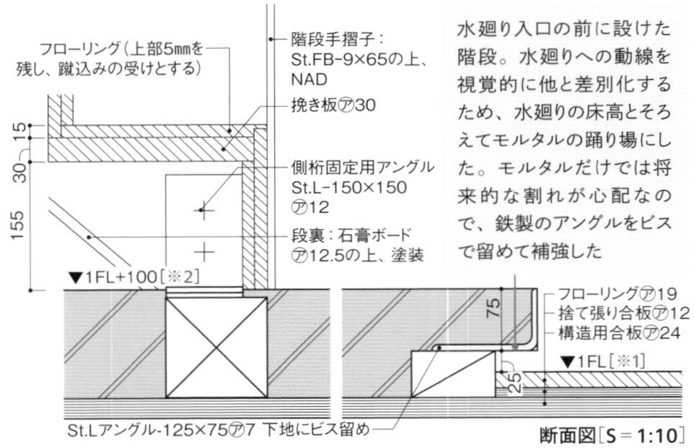
フローリング（上部5mmを残し、蹴込みの受けとする）
階段手摺子：
St.FB-9×65の上、
NAD
挽き板㋐30
側桁固定用アングル
St.L-150×150
㋐12
段裏：石膏ボード
㋐12.5の上、塗装
15
30
155
▼1FL+100［※2］
水廻り入口の前に設けた階段。水廻りへの動線を視覚的に他と差別化するため、水廻りの床高とそろえてモルタルの踊り場にした。モルタルだけでは将来的な割れが心配なので、鉄製のアングルをビスで留めて補強した
75
25
フローリング㋐19
捨て張り合板㋐12
構造用合板㋐24
▼1FL［※1］
St.Lアングル-125×75㋐7 下地にビス留め

断面図［S＝1:10］

住宅では

戸建住宅は意匠性を集合住宅は機能性を工夫する

階段は存在感があるため、住宅の雰囲気を壊さないよう意匠を工夫したい。シンプルな木階段であれば、大工が製作できるためコストを抑えられる。ただ、無骨さが気になるのであれば、手摺を鉄骨にするとすっきりする［53頁10.］。また、段板と床の素材をそろえたり、立上りを活用する［5.］と空間に統一感が生まれる。集合住宅の共用階段に断熱材を使えば、断熱性と遮音性を両立できる［52頁9.］。

※1 リビング廻りの床の高さ
※2 水廻りの床（立上り）の高さ
1 「eight days cafe」設計：Degins JP
2 「eight days cafe」設計：Degins JP、写真：矢野紀行
3 「Le Club de Tokyo」設計：ファンタスティックデザインワークス、写真：ナカサアンドパートナーズ

	4	3	2	1
見栄え	5	5	5	5
施工性	4	1	5	5
耐久性	4	5	5	5
メンテナンス性	4	5	5	5
コスト	5	1	4	4

	6	5
見栄え	5	5
施工性	2	3
耐久性	4	3
メンテナンス性	4	3
コスト	3	2

4. 木造校舎は広葉樹で耐久性を確保

小学校

手摺は補強のスチールを用いず、木材のみで構成。その際、揺れやたわみのないよう、硬さと強度のある広葉樹集成材を使った

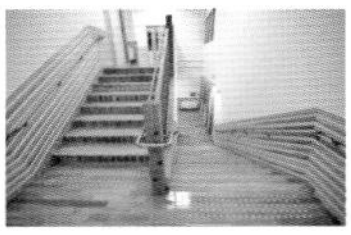

折返し階段の手摺が滑らかに連続するように、踊場からの上り始めと下り始めの高さをずらした

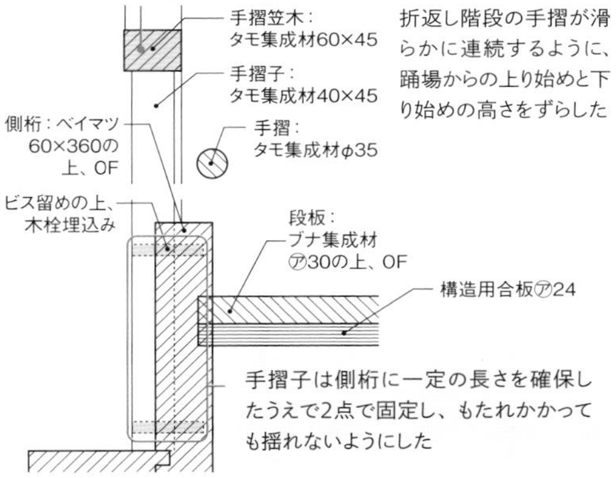
手摺笠木：
タモ集成材60×45
手摺子：
タモ集成材40×45
側桁：ベイマツ
60×360の
上、OF
手摺：
タモ集成材φ35
ビス留めの上、
木栓埋込み
段板：
ブナ集成材
㋐30の上、OF
構造用合板㋐24

手摺子は側桁に一定の長さを確保したうえで2点で固定し、もたれかかっても揺れないようにした

手摺詳細図［S＝1:10］

ノンスリップには、視覚的にすぐ認識できるように溝を3本つけ、そこにビビッドカラーで着色し、安全性を確保した

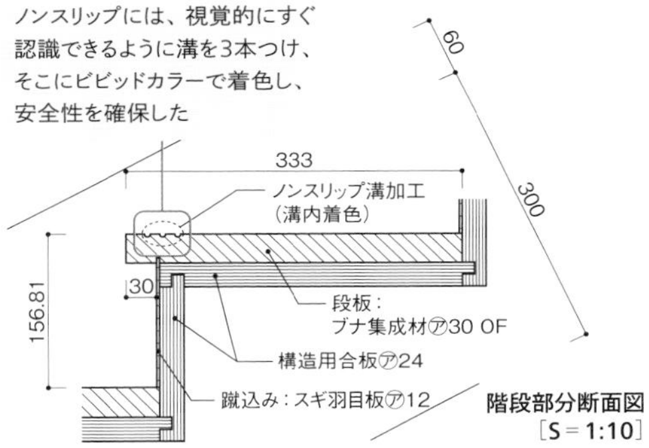
60
333
300
ノンスリップ溝加工
（溝内着色）
30
156.81
段板：
ブナ集成材㋐30 OF
構造用合板㋐24
蹴込み：スギ羽目板㋐12

階段部分断面図［S＝1:10］

3. 石を使って重厚な階段をつくる

クラブ

手摺には加工しやすいライムストーンを採用したことで、複雑な形状で重厚感のあるデザインを実現できた

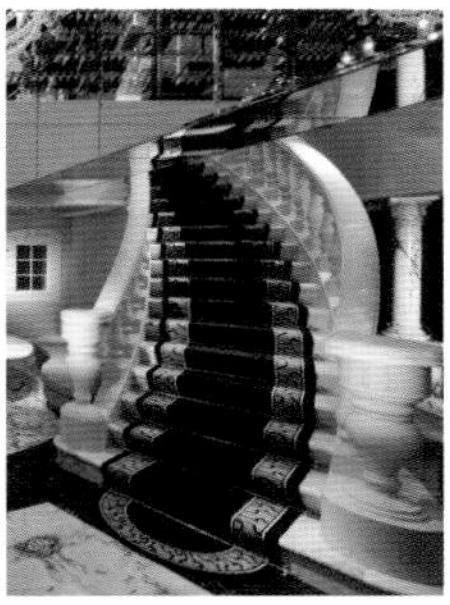

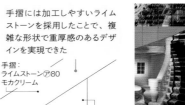

全体に石を使うと華やかになり重厚感のある階段となる

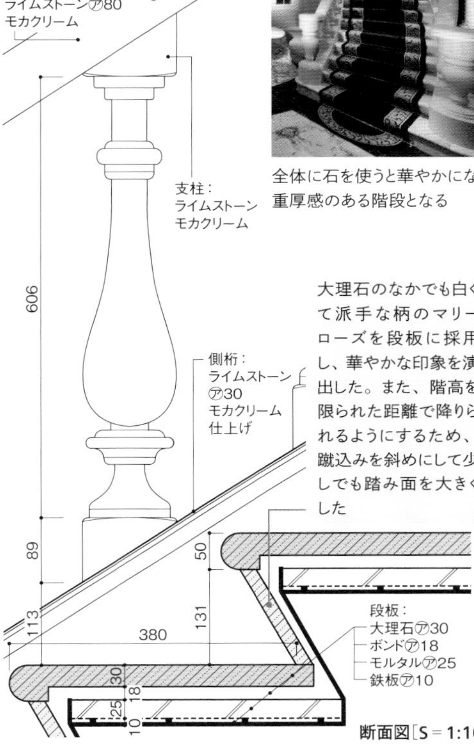
手摺：
ライムストーン㋐80
モカクリーム
支柱：
ライムストーン
モカクリーム
606
側桁：
ライムストーン
㋐30
モカクリーム
仕上げ
89
50
131
113
380
30
18
25
10
段板：
大理石㋐30
ボンド㋐18
モルタル㋐25
鉄板㋐10

大理石のなかでも白くて派手な柄のマリーローズを段板に採用し、華やかな印象を演出した。また、階高を限られた距離で降りられるようにするため、蹴込みを斜めにして少しでも踏み面を大きくした

断面図［S＝1:10］

6. カーペットを使って安全で温かみのある階段をつくる

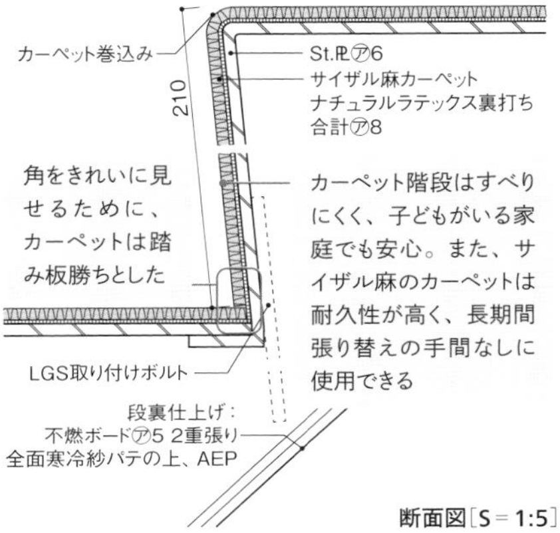
カーペット巻込み
St.PL㋐6
サイザル麻カーペット
ナチュラルラテックス裏打ち
合計㋐8
210
LGS取り付けボルト
段裏仕上げ：
不燃ボード㋐5 2重張り
全面寒冷紗パテの上、AEP

角をきれいに見せるために、カーペットは踏み板勝ちとした

カーペット階段はすべりにくく、子どもがいる家庭でも安心。また、サイザル麻のカーペットは耐久性が高く、長期間張り替えの手間なしに使用できる

断面図［S＝1:5］

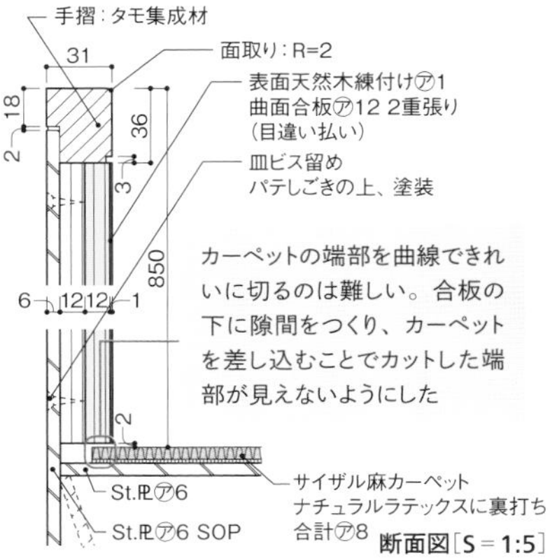
手摺：タモ集成材
面取り：R=2
表面天然木練付け㋐1
曲面合板㋐12 2重張り
（目違い払い）
皿ビス留め
パテしごきの上、塗装
31
18
2
36
3
850
6
12
12
1
2
St.PL㋐6
St.PL㋐6 SOP
サイザル麻カーペット
ナチュラルラテックスに裏打ち
合計㋐8

カーペットの端部を曲線できれいに切るのは難しい。合板の下に隙間をつくり、カーペットを差し込むことでカットした端部が見えないようにした

断面図［S＝1:5］

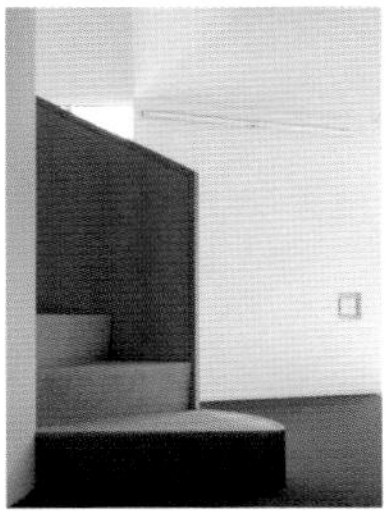

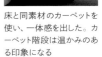

床と同素材のカーペットを使い、一体感を出した。カーペット階段は温かみのある印象になる

4 「能代市立第四小学校」設計・写真：設計チーム木
5 「成城の家」設計：ケース・リアル
6 「TWIST」設計：カスヤアーキテクツオフィス（KAO）、写真：吉村昌也

客室

7. 上階へと導くような螺旋階段をつくる

華奢に見える螺旋階段だが、2本の手摺の一方を太くして螺旋状にまわすことで強度を確保。また、上部に取り付けたダウンライトの光がステンレスヘアライン仕上げの手摺に当たり反射する仕掛けをつくった。キラッと光る手摺が上階へと誘導してくれる

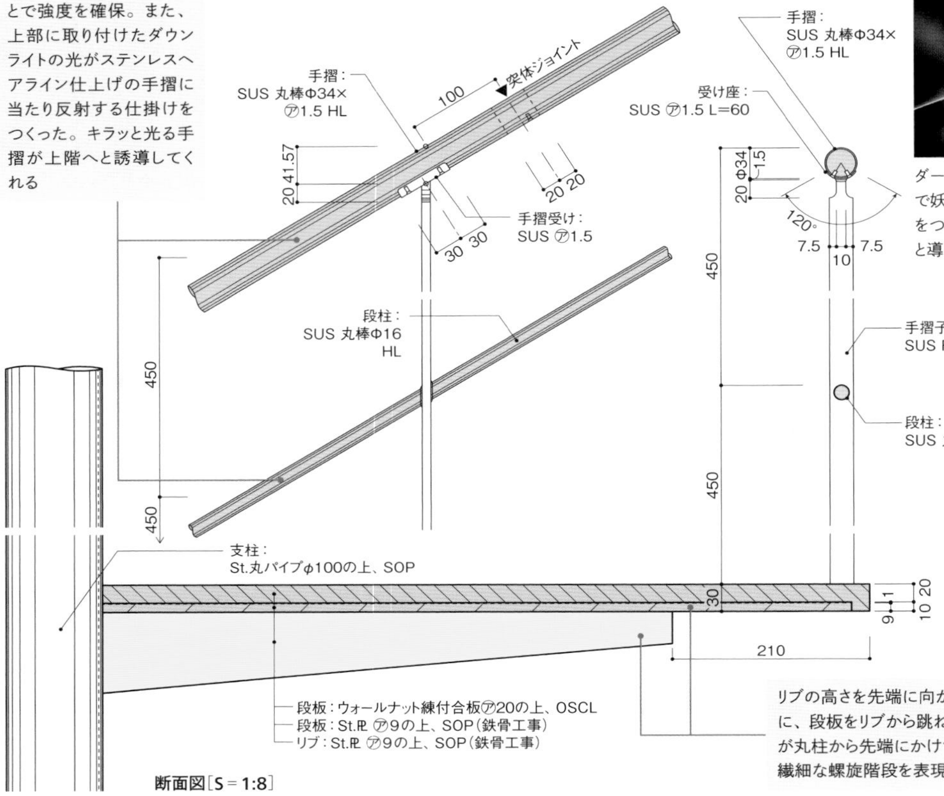

手摺：
SUS 丸棒Φ34×
㋐1.5 HL
100
突体ジョイント
20
41.57
20 20
手摺受け：
SUS ㋐1.5
30 30
450
450
段柱：
SUS 丸棒Φ16
HL
支柱：
St.丸パイプφ100の上、SOP
手摺：
SUS 丸棒Φ34×
㋐1.5 HL
受け座：
SUS ㋐1.5 L=60
20 Φ34
1.5
120°
7.5
10
7.5
450
450
手摺子：
SUS FB9×25 HL
段柱：
SUS 丸棒Φ16 HL
30
20
10
11
9
210
段板：ウォールナット練付合板㋐20の上、OSCL
段板：St.PL ㋐9の上、SOP（鉄骨工事）
リブ：St.PL ㋐9の上、SOP（鉄骨工事）

断面図［S＝1:8］

リブの高さを先端に向かって低くしていくとともに、段板をリブから跳ね出させたことで、段板が丸柱から先端にかけて薄くなるように見え、繊細な螺旋階段を表現した

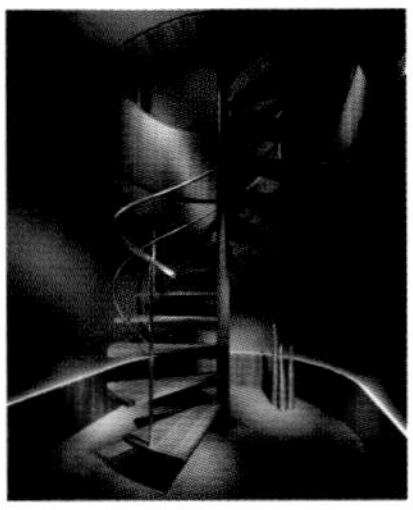

ダークな壁紙と照明の効果で妖艶な色合いの階段空間をつくり、光る手摺が上階へと導くように演出した

9. 階段を断熱材で遮音して静かな空間を手に入れる

階段の下に断熱材を敷いて断熱と同時に遮音の効果も生みだし、出入りの多い宿舎でも比較的静かで快適な空間となった

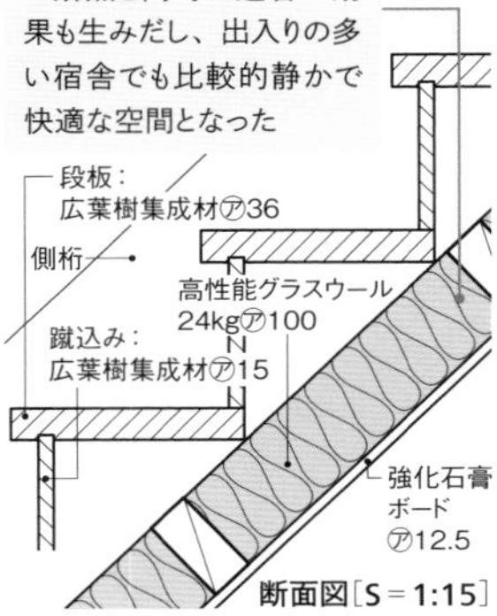

段板：
広葉樹集成材㋐36
側桁
高性能グラスウール
24kg㋐100
蹴込み：
広葉樹集成材㋐15
強化石膏
ボード
㋐12.5

断面図［S＝1:15］

階段の上り下りの音が気にならないよう、側桁と強化石膏ボードの間に隙間をあけ、段板を踏んだときの音の響きを防止している

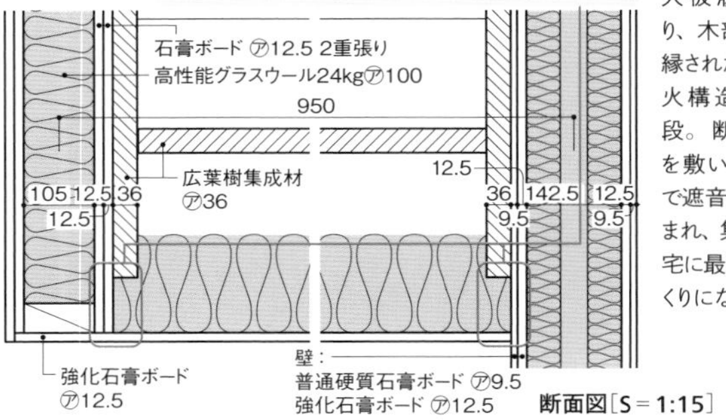

石膏ボード ㋐12.5 2重張り
高性能グラスウール24kg㋐100
950
12.5
広葉樹集成材
㋐36
105 12.5 36
12.5
36 142.5 12.5
9.5
9.5
強化石膏ボード
㋐12.5
壁：
普通硬質石膏ボード ㋐9.5
強化石膏ボード ㋐12.5

断面図［S＝1:15］

宿舎にある木造の共用階段であり、防火被覆により、木部が絶縁された準耐火構造の階段。断熱材を敷いたことで遮音性も生まれ、集合住宅に最適なつくりになった

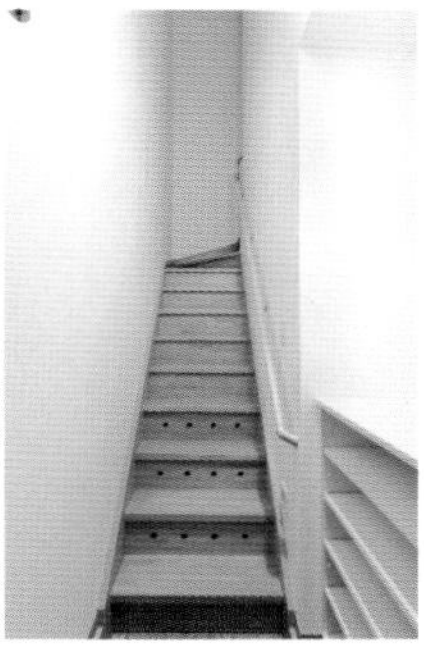

7 「赤坂グランベルホテル」設計：UDS、写真：ナカサアンドパートナーズ
8 「NAGOYA INNOVATOR'S GARAGE」設計：DRAFT Inc.、写真：波多野功樹

10	9	8	7	
5	3	5	5	見栄え
3	3	3	1	施工性
4	5	5	3	耐久性
4	5	3	3	メンテナンス性
5	3	2	2	コスト

多目的スペース

8. クッションを設置して「座れる階段」をつくる

セミナーやイベントが行われるスペースのため、クッションを設置して「座れる階段」とした。また、踏み面に対して座面を勝たせ、視覚的にベンチであることを強調した

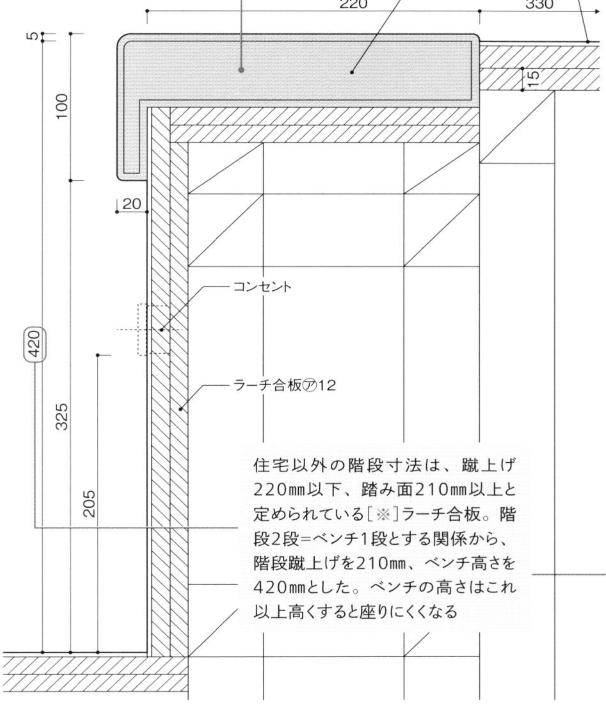

踏み面：
塩ビフローリング㋐3
クッション㋐50
220
330
5
100
15
20
コンセント
ラーチ合板㋐12
420
325
205

住宅以外の階段寸法は、蹴上げ220㎜以下、踏み面210㎜以上と定められている[※]ラーチ合板。階段2段=ベンチ1段とする関係から、階段蹴上げを210㎜、ベンチ高さを420㎜とした。ベンチの高さはこれ以上高くすると座りにくくなる

ベンチ部分断面図[S=1:5]

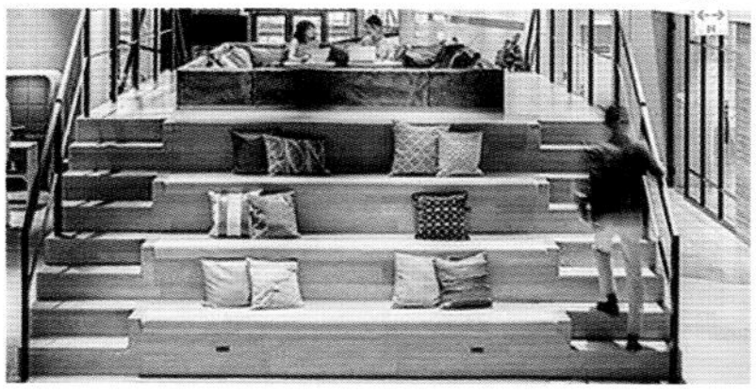

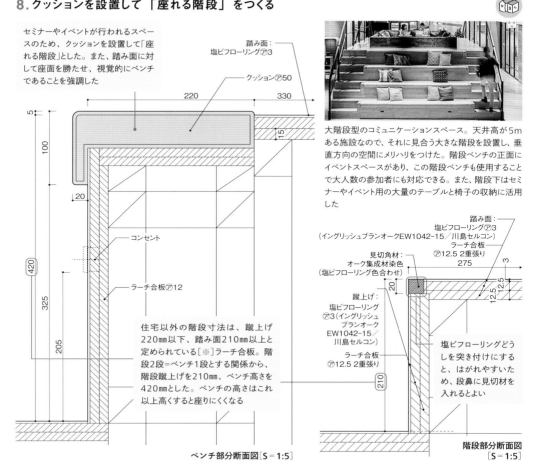

大階段型のコミュニケーションスペース。天井高が5mある施設なので、それに見合う大きな階段を設置し、垂直方向の空間にメリハリをつけた。階段ベンチの正面にイベントスペースがあり、この階段ベンチも使用することで大人数の参加者にも対応できる。また、階段下はセミナーやイベント用の大量のテーブルと椅子の収納に活用した

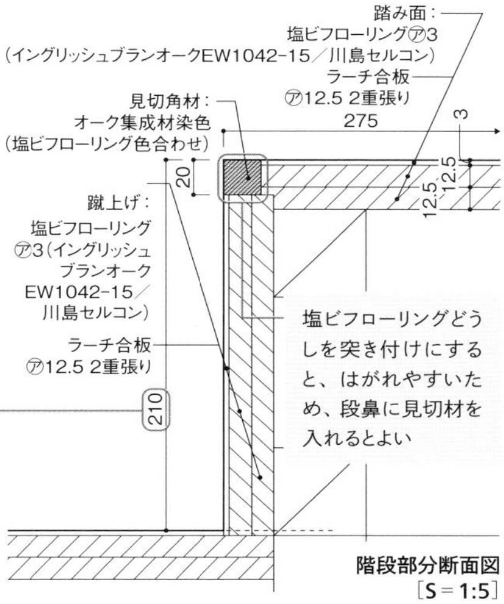

踏み面：
塩ビフローリング㋐3
（イングリッシュブランオークEW1042-15／川島セルコン）
ラーチ合板
㋐12.5 2重張り
見切角材：
オーク集成材染色
（塩ビフローリング色合わせ）
275
3
12.5
12.5
20
蹴上げ：
塩ビフローリング
㋐3（イングリッシュ
ブランオーク
EW1042-15／
川島セルコン）
ラーチ合板
㋐12.5 2重張り
210

塩ビフローリングどうしを突き付けにすると、はがれやすいため、段鼻に見切材を入れるとよい

階段部分断面図[S=1:5]

10. 木階段を手摺の工夫でシャープに見せる

揺れて壁にぶつかり傷付かないように、手摺と壁の間に10㎜の隙間を設けた

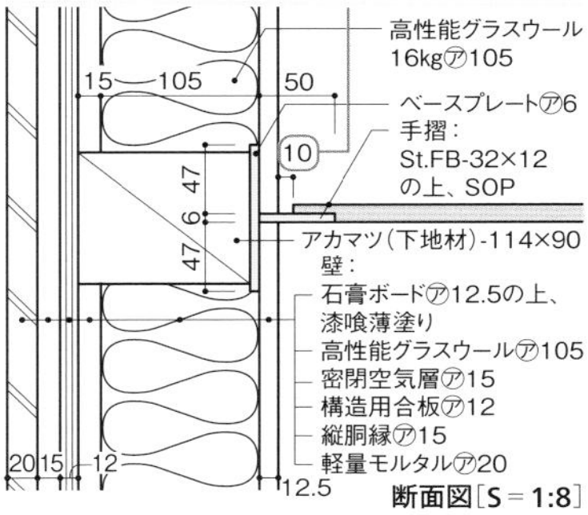

高性能グラスウール
16kg㋐105
15
105
50
ベースプレート㋐6
手摺：
St.FB-32×12
の上、SOP
10
47
6
47
アカマツ（下地材）-114×90
壁：
石膏ボード㋐12.5の上、
漆喰薄塗り
高性能グラスウール㋐105
密閉空気層㋐15
構造用合板㋐12
縦胴縁㋐15
軽量モルタル㋐20
20
15
12
12.5

断面図[S=1:8]

手摺の固定部。側桁に皿ビスで3カ所固定し、さらに別方向から段板の小口に皿ビスを1本留め、手摺の強度を確保。ビスはすべてパテ処理後に塗装を施し、シンプルに見えるようにした

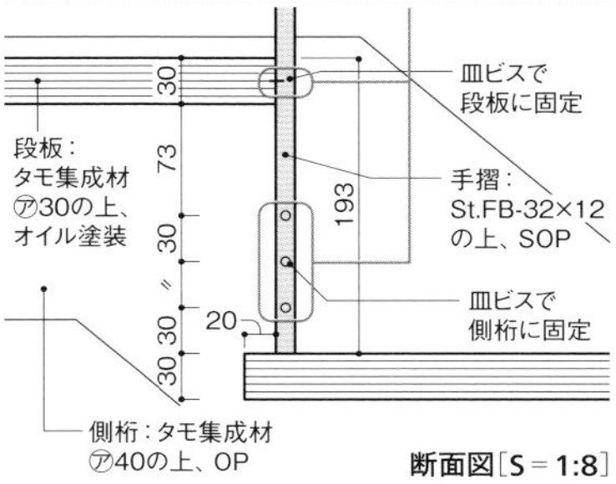

30
皿ビスで
段板に固定
段板：
タモ集成材
㋐30の上、
オイル塗装
73
193
手摺：
St.FB-32×12
の上、SOP
30
30
20
30
皿ビスで
側桁に固定
側桁：タモ集成材
㋐40の上、OP

断面図[S=1:8]

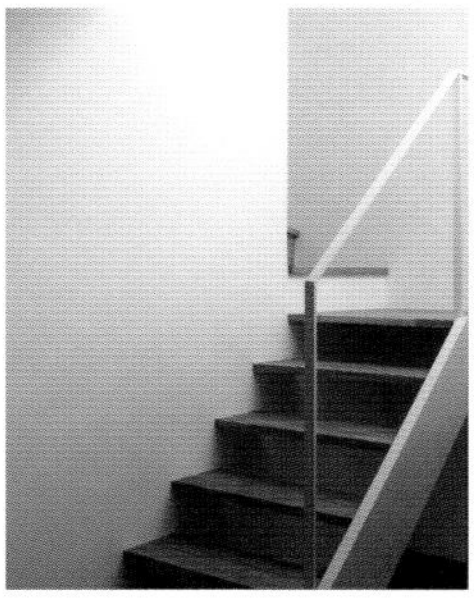

木階段の場合、手摺まで木にしてしまうと太くなり圧迫感を生む。手摺を細いスチールにするとシャープに見せられる

※ 次の（1）～（3）以外の階段。（1）小学校（児童用）、（2）中学校、高等学校、中等教育学校（生徒用）、物品販売業を営む店舗（物品加工修理業を含む）で床面積の合計1,500㎡超、劇場・映画館など（客用）、（3）直上階の居室床面積が合計200㎡超の地上階、居室の床面積合計が100㎡超の地階、地下工作物内におけるもの（令23条）

9 「国際教養大学学生宿舎」設計・写真：設計チーム木
10 「小平の住宅」設計・写真：青木律典｜デザインライフ設計室

1.防火シャッターを目立たせない意匠

クラブ

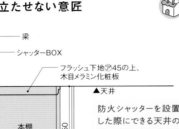

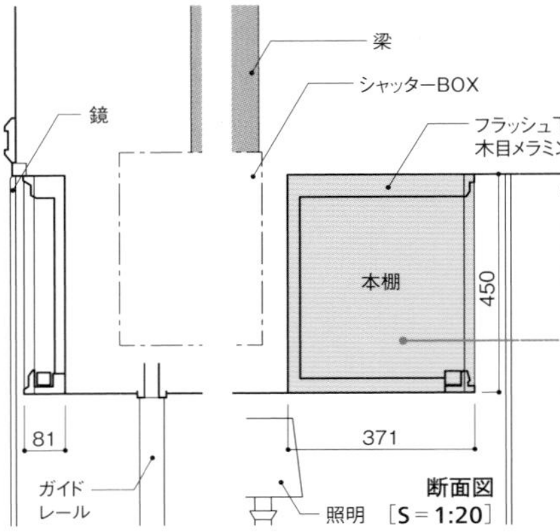
梁
シャッターBOX
鏡
フラッシュ下地㋐45の上、
木目メラミン化粧板
▲天井
本棚
450
81
371
ガイド
レール
照明

断面図［S＝1:20］

防火シャッターを設置した際にできる天井の出っ張りは気になるもの。そこでシャッターBOXを意識させないよう、意匠性のある本棚を同じ高さに設置し、店舗のデザインとなじませた

2.エントランスの自動ドア上部を壁となじませる

薬局

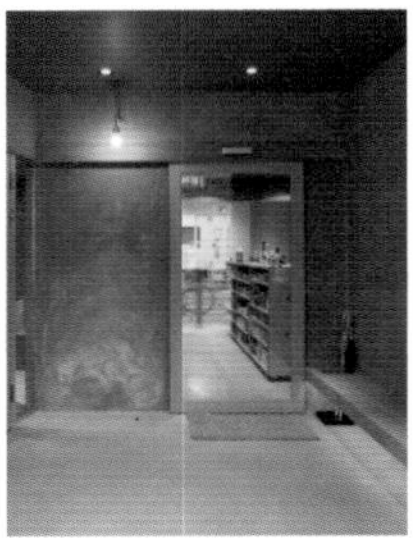

一般的にエントランス付近は部屋の雰囲気から浮いて見えがち。そこで、自動ドアの上部を壁と同材に仕上げれば部屋になじむ

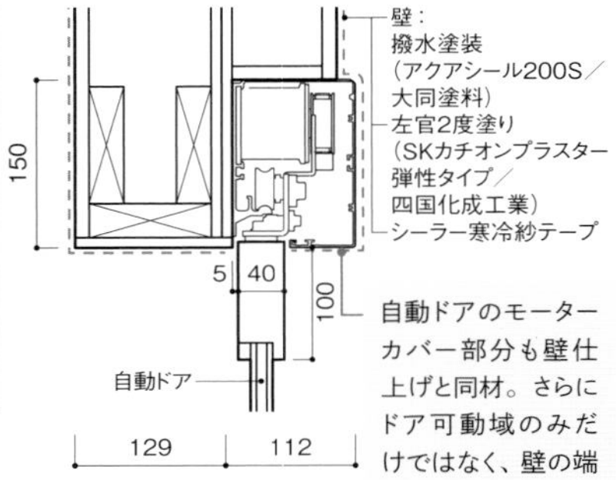
壁：
撥水塗装
（アクアシール200S／
大同塗料）
左官2度塗り
（SKカチオンプラスター
弾性タイプ／
四国化成工業）
シーラー寒冷紗テープ
150
5
40
100
自動ドア
129
112

断面図［S＝1:10］

自動ドアのモーターカバー部分も壁仕上げと同材。さらにドア可動域のみだけではなく、壁の端から端までモーターカバーを延長し、目立つのを防いだ

非住宅では

意匠性を損なう梁や出っ張りは機能性を持たせる

梁や不自然な出っ張りは意匠性を損ない、空間のデザインを壊してしまう。そこで、隠せない梁や出っ張りは逆手にとって、本棚や照明などを設置して機能性をもたせながら空間になじむようにする。ほかにも、商業空間の下地材や間柱に使われる軽量鉄骨のような、本来は壁の内部に隠れているものをあえて露しで使うなど、従来の使い方と異なるデザインも多くなっている。

造作として用いて柱によるデッドスペースをなくす

柱が店舗エリアの中央などにあり目立つ場合は、造作棚を設けて陳列スペースとして用いるとよい。さらにダボなどを仕込んでおき、イベントの際に目玉商品を並べて一時的に使うことにより、存在感の大きさを逆に利用するのも有効的だ。また、柱の存在自体を消したいときは、姿見をつける方法もある。その場合の梁に関しては、構造体自体に手をつけることはできないので塗装で仕上げるか、天井を張って隠す。

5.梁をふかして照明を設ける

梁の側面を90㎜ほどふかし、ライン照明を設置した。見上げたときの視線が照明に誘導させることで梁による圧迫感を抑える

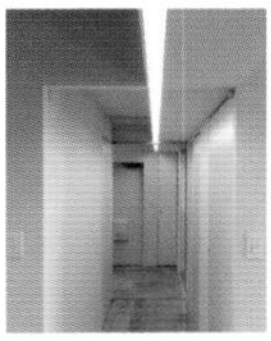

幅が狭く圧迫感のある廊下でもライン照明を設置すると天井が高く見え、すっきりした印象に

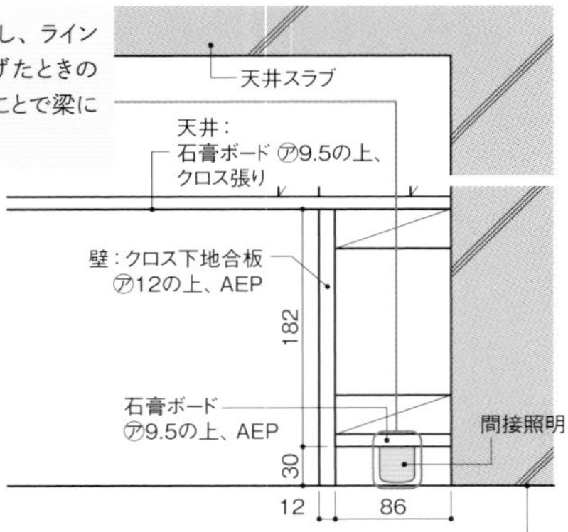
天井スラブ
天井：
石膏ボード ㋐9.5の上、
クロス張り
壁：クロス下地合板
㋐12の上、AEP
182
石膏ボード
㋐9.5の上、AEP
間接照明
30
12
86
梁：素地の上、AEP

断面図［S＝1:8］

住宅では

配線・配管のルートを考慮しつつ梁を生かす

法的な制約や個別の要件によって十分な天井高を確保することが難しい場合には、梁を露しにする方法があるが、配線や配管のスペースを確保する工夫が必要になる。梁露しは木の質感が好きであれば素地で、経年変化をケアしたい場合はオイル塗装を施すとよい。空間の雰囲気に合わせて塗装しても◎。また、配線ダクトを梁に沿って照明器具を配置すれば、機能的にもデザイン的にもすっきりする。

1「FABRIC LOUNGE SHINJUKU」設計：ファンタスティックデザインワークス
2「三木青雲堂薬局」設計・写真：一級建築士事務所ageha.
3「The Millennials Shibuya」設計：トサケン、写真提供：グローバルエージェンツ

4. 柱巻きで大きい柱を意匠的に見せる

薬局

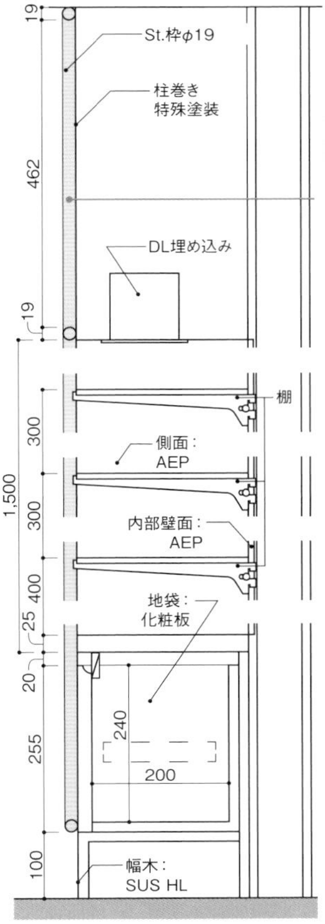

	4	3	2	1
見栄え	5	4	5	5
施工性	2	2	5	5
耐久性	4	3	5	5
メンテナンス性	3	3	4	3
コスト	2	2	5	2

断面図［S＝1:12］

St.枠φ19
柱巻き 特殊塗装
DL埋め込み
棚
側面：AEP
内部壁面：AEP
地袋：化粧板
幅木：SUS HL

ボリュームと高さがあり非常に目立つ柱は、スチールの黄色の丸パイプを焼き付け塗装し、意匠的に見せた。さらに柱の大きさを逆に生かして商品棚を設置して機能性も高いつくりにした

ボリュームと高さのある柱は陳列に最適。本事例では柱の2面をPP（ポイントプレゼンテーション）［※1］、もう2面をIP（アイテムプレゼンテーション）［※2］とした

3. 梁自体を照明器具にする

▲天井
鉄骨梁
内部照明器具：チューブLED（TL10-090DM／ATEX）
クリアガラス⑦6の上、ガラスフィルム張り（GF-719／サンゲツ）
光梁フレーム-22×12 SUS ML
内部梁型：石膏ボード⑦12.5 2重張りの上、モルタル風塗装

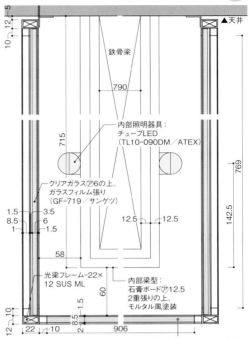

断面図［S＝1:5］

「ネオン管のような光」を放つライン照明を梁に仕込み、フロアの雰囲気づくりをした

鉄骨梁は耐火被履がされていて、見た目がきれいではない。そのためガラスの箱で周りを囲み、なかにLEDライン照明を仕込んで、梁全体がひとつの照明となるようにした

7. H形鋼の側面に木材をはめ込む

手摺受材：FB⑦12
集成材⑦15
窓
タモ集成材⑦30
H形鋼

断面図［S＝1:15］

梁の中間で上階の荷重を受ける箇所にH形鋼の梁を使用した。木製柱との接合部にガセットプレートが必要なため、梁の側面に集成材をはめ込んで断面を箱型とし、壁との取合いをよくしている

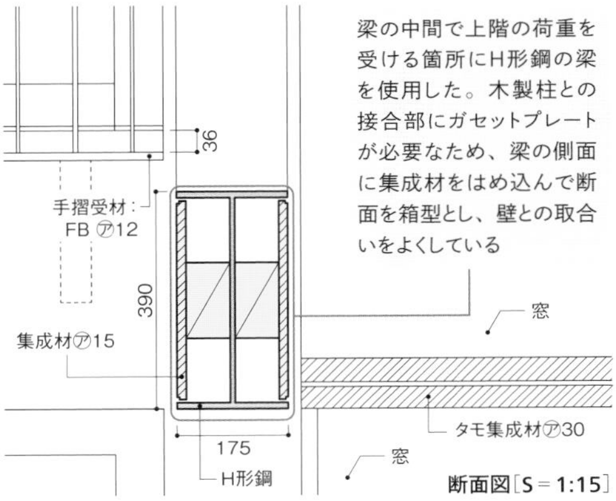

6. 梁を化粧でくるむ

▼2FL
床：フローリング⑦15
構造用合板⑦24
配線・配管スペース
天井：ラワン合板⑦5.5
配線ダクト
ラワン合板⑦12
ラワン合板⑦5.5

断面図［S＝1:8］

露し天井にすると、照明の配線経路に工夫が求められる。ここでは、梁をラワン合板でくるみ、その間を配線ダクトとして使用、梁下端に照明を設けた。梁自体に機能をもたせ、出っ張りの違和感をなくすこともできる

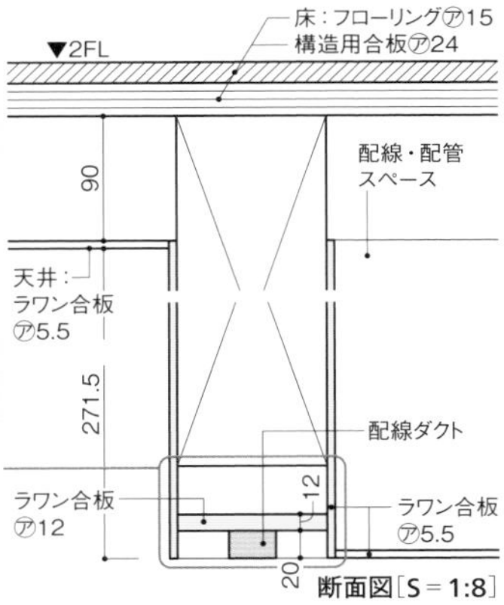

※1 売りたいものを視覚的表現で印象的に見せる場所
※2 商品を分類・整理し、手に取りやすいように配置・配列。フレキシブルに商品を変動させる場所
4 「アインズ＆トルペ」設計：丹青社、プロデュース：アインホールディングス、事業主：アインファーマシーズ、写真：御園生大地
5 「小平の改修住居」設計・写真：青木律典｜デザインライフ設計室
6 「国分寺の住宅」設計：青木律典｜デザインライフ設計室
7 「酒田の町家」設計：カスヤアーキテクツオフィス（KAO）

1.天井には安全のために軽い素材を用いる

照明ボックスは、合板にAEP仕上げなどでつくるのが定番だが、地下街または高層ビルの場合、内装制限のためスチールでつくる必要がある。照明ボックスの内壁は、光源の反射率を上げる白で塗装するか、表面が白色で塗装された電気亜鉛めっき鋼板を用いる

幕板は万が一落下しても安全なよう、軽いアクリル板やハイグロス[※1]の化粧板を使うのが基本。光源が隠れるよう、乳半色とするのがよい

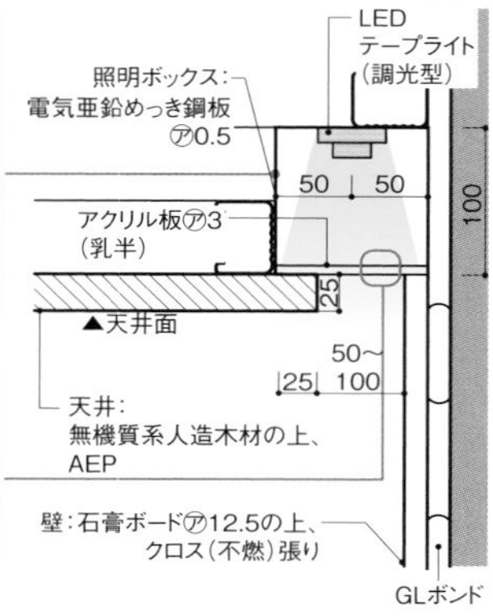

LED
テープライト
(調光型)
照明ボックス:
電気亜鉛めっき鋼板
㋐0.5
50
50
100
アクリル板㋐3
(乳半)
25
▲天井面
50〜
100
25
天井:
無機質系人造木材の上、
AEP
壁:石膏ボード㋐12.5の上、
クロス(不燃)張り
GLボンド

断面図[S=1:8]

4.壁を照らしてテクスチュアを見せる

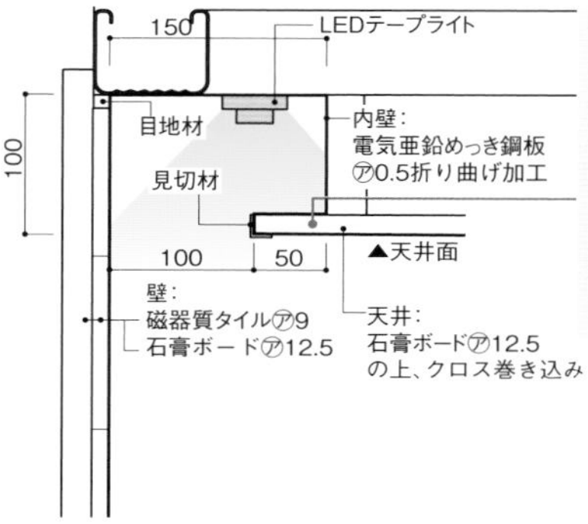

150
LEDテープライト
100
目地材
内壁:
電気亜鉛めっき鋼板
㋐0.5折り曲げ加工
見切材
100
50
▲天井面
壁:
磁器質タイル㋐9
石膏ボード㋐12.5
天井:
石膏ボード㋐12.5
の上、クロス巻き込み

凹凸のある素材を仕上げ材とする場合、コーニス照明[※2]を設けてテクスチュアを際立たせるのも一手。コーニス照明は光源が直接見えると眩しさを感じるため、天井材などを延長して照明を隠すとよい

断面図[S=1:8]

非住宅では

意匠性と安全性を両立させる納まりが求められる

空間のグレードアップに欠かせないのが間接照明。特に飲食店では、木やレンガなどのテクスチュアを色温度が低めの照明で照らすのが人気だ。部材を特注することもあるが、スチール角材など規格品のサイズを把握すれば、うまく組み合わせて安価に抑えることも可能。意匠性を高めるだけでなく、不特定多数の利用を想定したうえで、安全性や耐久性への目配りも必須だ。

壁照射なら100㎜以上、天井照射なら奥行き200㎜以上光源を壁から離す

天井に照明ボックスを設けて壁面を照射する場合は光源から壁まで100㎜以上、天井面を照射する場合は光源から壁まで200㎜以上をそれぞれ確保して、光を拡散させたい。照射対象が限定されている場合は、商品陳列棚に照明を収めるなどできるだけコンパクトに納める。幕板を設ける場合も斜めに取り付ければ、[60頁17.、61頁19.]下から見上げた際に幕板が目立ちにくい。

6.高照度のLED照明で空間全体に光を

LDK

子どもがいる場合は、夜間に保安灯としても使える仕様にするとよい

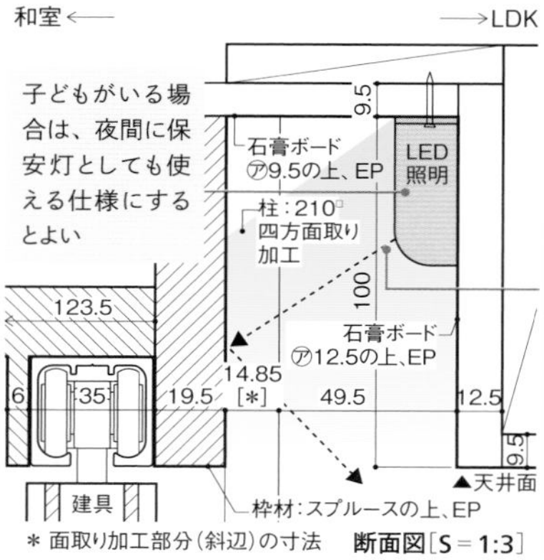

和室←
→LDK
9.5
石膏ボード
㋐9.5の上、EP
LED
照明
柱:210□
四方面取り
加工
100
123.5
石膏ボード
㋐12.5の上、EP
14.85
[*]
6
35
19.5
49.5
12.5
9.5
▲天井面
建具
枠材:スプルースの上、EP

* 面取り加工部分(斜辺)の寸法　断面図[S=1:3]

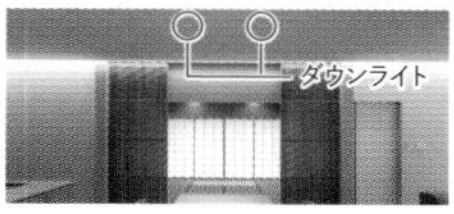

ダウンライト

LDより和室を見る。壁の仕上げは不陸が出ないよう注意

1,200lm/m以上の高照度またはハイパワーLEDの照明で壁を照らし、床(フローリング)までの反射光で隣接するLD空間全体を照らす。LDのダウンライトにはグレアレスタイプ[※3]を採用することで、調理時も快適な照度バランスを保てる

住宅では

快適性と機能性も必要。竣工後のメンテナンス方法にも十分配慮して

住宅は生活の場。使い勝手のよさや、眩しさを軽減するなどの工夫が必要だ。たとえば調理用に照度を要するキッチンと、さほど照度の必要がないリビング。両室は隣接することが多いが、照度のムラがあると不快に感じる。そこで、間接照明を設けて空間全体の照度を整えよう。建築主自身が自ら保守できるよう、複雑な構造はできるだけ避けたい。

※1 高光沢に仕上げる塗装方法。耐水性があり清掃性も高い。タイヤのホイールなどにも用いられる
※2 天井の壁の際に埋め込んだ照明ボックスの中に、壁に対し平行かつ下向きの光源を取り付け、壁面に光を照射する間接照明
※3 光源ができるだけ視界に入らないよう、光の仰角を調整した照明。器具に近づいても発光部が見えにくくなるため、眩しさを抑えられる
1　提供:ファンタスティックデザインワークス
2　提供:ファンタスティックデザインワークス
3　「絵本の国のアリス」設計:ファンタスティックデザインワークス

	4	3	2	1
見栄え	5	5	4	4
施工性	4	4	3	3
耐久性	5	5	3	4
メンテナンス性	5	4	3	4
コスト	2	4	2	2

	8	7	6	5
見栄え	4	3	4	5
施工性	5	3	3	4
耐久性	3	3	4	3
メンテナンス性	3	3	4	3
コスト	5	3	3	3

レストラン

3.ステンレスの框なら土足にも耐える

小上りの框の下部に設けた間接照明。土足で上る際に靴が当たって器具が壊れないよう、薄い材でも耐久性の高いステンレスを框に用いて照明を隠す

框と床の離隔が小さいと、下りる際にかかとが引っ掛かるおそれがある。また、光沢のある素材（石、タイルなど）を床に使うと光源が映りこんでしまうため、最低でも床との離隔を100㎜確保する

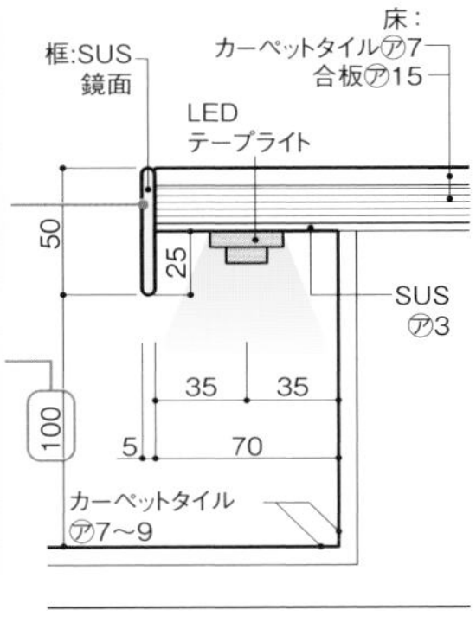

床：
カーペットタイル㋐7
合板㋐15
框:SUS
鏡面
LED
テープライト
50
25
SUS
㋐3
35
35
100
5
70
カーペットタイル
㋐7〜9

断面図［S＝1:5］

2.床照明を埋め込めば浮遊感アップ

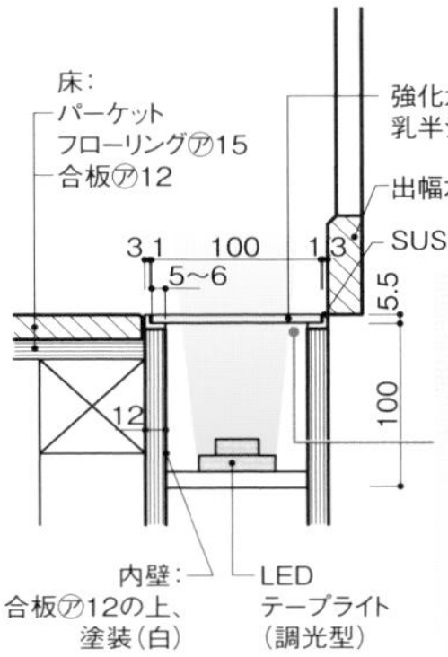

床：
パーケット
フローリング㋐15
合板㋐12
強化ガラス㋐5の下、
乳半シート張り 落し込み
出幅木：堅木の上、CL
SUS Lアングル㋐3 鏡面仕上げ
3.1
100
1.3
5〜6
5.5
12
100
内壁：
合板㋐12の上、
塗装（白）
LED
テープライト
（調光型）

踏んでも落ちないよう、照明カバーには強化ガラスを使用。強化ガラスは、光源が直接見えてしまうため、裏に乳半シートを張って光をやわらげるとよい。深さを100㎜程度確保できると、照明のドットが見えにくくなる

断面図［S＝1:8］

カフェ

5.C形鋼で施工性◎の床照明

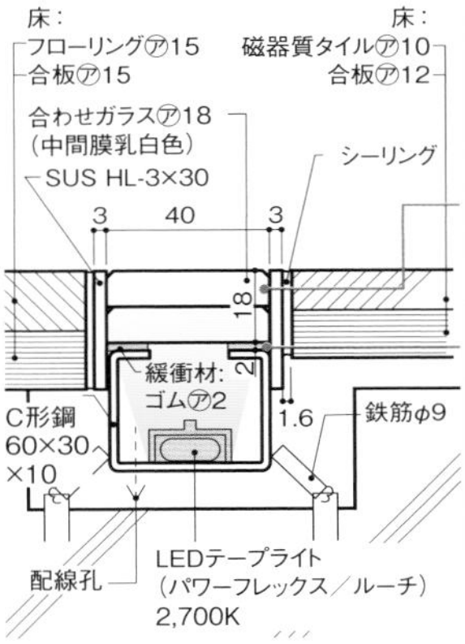

床：
フローリング㋐15
合板㋐15
床：
磁器質タイル㋐10
合板㋐12
合わせガラス㋐18
（中間膜乳白色）
SUS HL-3×30
シーリング
3
40
3
18
2
緩衝材：
ゴム㋐2
1.6
鉄筋φ9
C形鋼
60×30
×10
配線孔
LEDテープライト
（パワーフレックス／ルーチ）
2,700K

カウンターの見切部分（右写真）に設けた間接照明。C形鋼の内部にテープライトを入れ、合わせガラスでふたをするだけの簡単な仕組み

ガラスとC形鋼の間に緩衝材（ゴム）を挟み、振動による接触音を防ぐ。照射時にガラスの影にならないよう、ゴムやC形鋼は白く塗装する

断面図［S＝1:3］

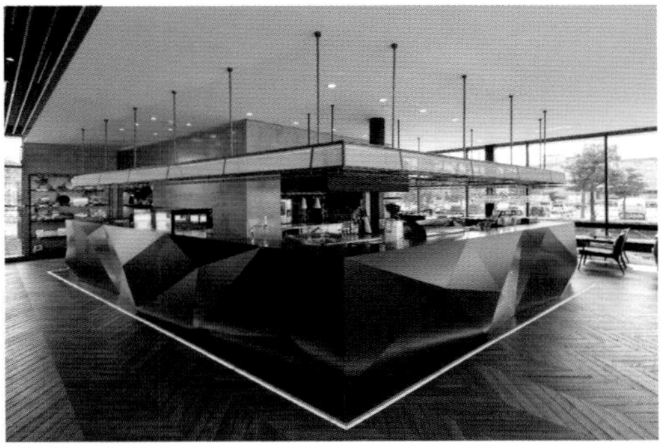

間接照明が金属製のカウンターに反射することで、彫刻のように削られたカウンター形状が映える

玄関

8.玄関照明は汚れを目立たせないように

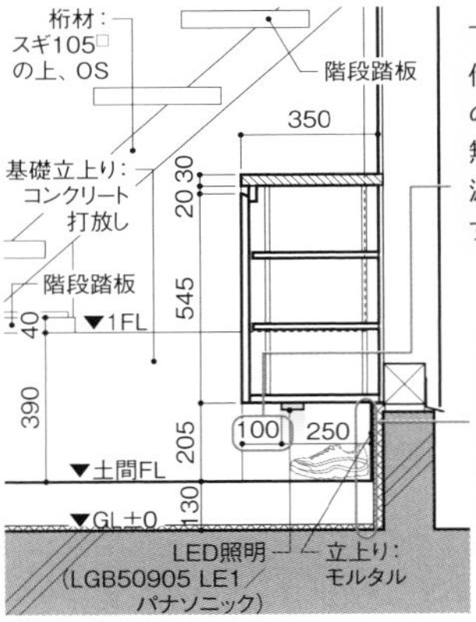

桁材：
スギ105□
の上、OS
階段踏板
350
基礎立上り：
コンクリート
打放し
20
30
545
階段踏板
40
▼1FL
390
100
250
205
▼土間FL
130
▼GL±0
LED照明
（LGB50905 LE1／
パナソニック）
立上り：
モルタル

下駄箱の下部に照明を仕込む場合、普段履きの靴を真上から照らすと無粋になってしまう。光源の奥行き位置に注意するとよい

光を反射させるには白がよいが、下駄箱下の立上り部分は汚れやすいため、汚れの目立ちにくいモルタル仕上げとした

断面図［S＝1:30］

廊下

7.廊下を削って光の幅木に

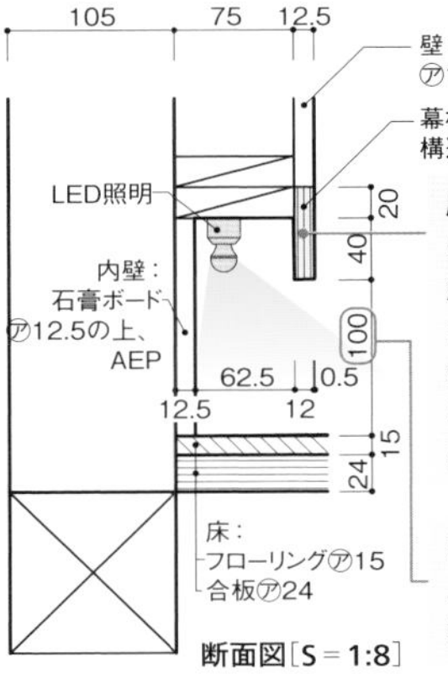

105
75
12.5
壁：石膏ボード
㋐12.5の上、クロス張り
幕板：
構造用合板㋐12の上、クロス巻き込み
LED照明
20
40
内壁：
石膏ボード
㋐12.5の上、
AEP
100
62.5
0.5
12.5
12
15
24
床：
フローリング㋐15
合板㋐24

廊下など狭くなりがちな空間には、壁下を一部削って間接照明を設け、浮遊感をプラス。モノがぶつかって壊れないよう、幕板部分は合板を用い、壁仕上げ材のクロスを巻き込む

照明と床の離隔は100㎜以上確保して床への光源の映り込みを防ぐ

断面図［S＝1:8］

4 提供：ファンタスティックデザインワークス
5 「メルセデス・ベンツ 和歌山」設計：Degins JP、撮影：ナカサアンドパートナーズ
6 「MS邸」設計：SURF Architects、照明デザイン：*CYPHER、写真：小川重雄
7 提供：古谷野工務店
8 「スキップフロアをもつガレージハウス」設計：充総合計画

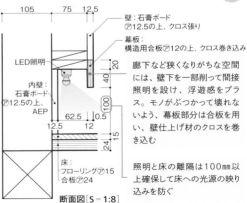

トイレ

9. 鏡にバーチカル照明を仕込む

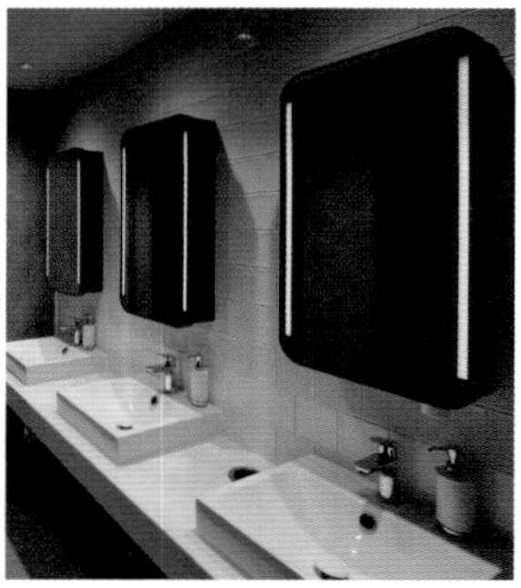

LED照明がフロストガラスによって柔らかい印象に。モノトーンのシンプルな内装に調和する

鏡の銀部分を一部除去（銀抜き加工）すれば、幕板は不要。鏡1枚でフラットに納められる

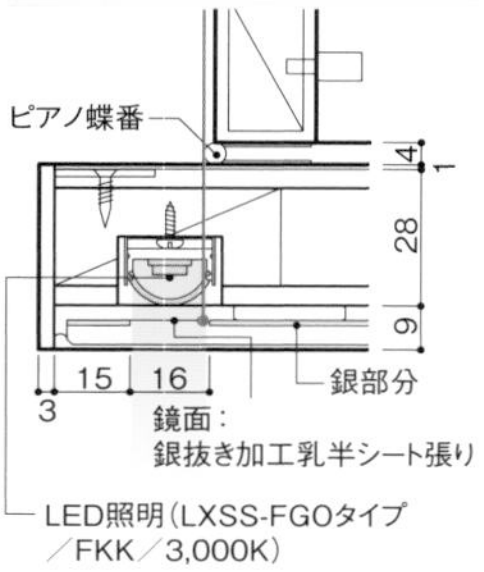

ピアノ蝶番
4
1
28
9
15
16
3
銀部分
鏡面：
銀抜き加工乳半シート張り
LED照明（LXSS-FGOタイプ／FKK／3,000K）

A詳細図［S＝1:3］

バーチカル照明なら、鏡に映る人の身長を問わず、均一な光を浴びて身支度を整えることができる。ただし光源が目に入りやすいので、LEDの粒が見えないよう、カバー付きの器具とする

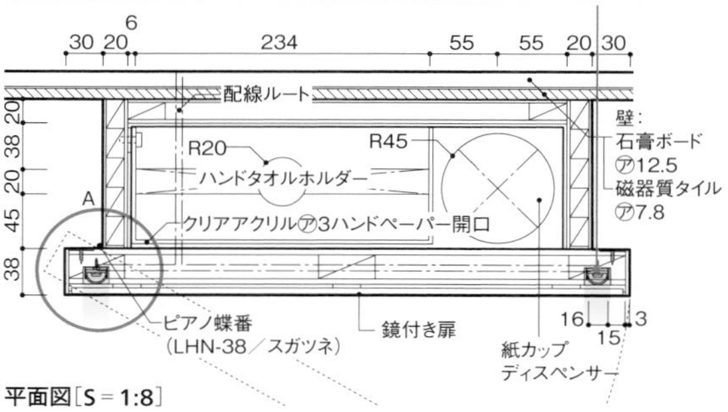

6
30 20
234
55
55
20 30
配線ルート
20
38
20
45
38
R20
R45
ハンドタオルホルダー
A
クリアアクリル㋐3ハンドペーパー開口
壁：
石膏ボード
㋐12.5
磁器質タイル
㋐7.8
ピアノ蝶番
（LHN-38／スガツネ）
鏡付き扉
16
3
15
紙カップ
ディスペンサー

平面図［S＝1:8］

カフェ

13. フラットバーでRを納める

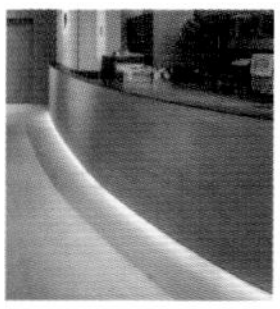

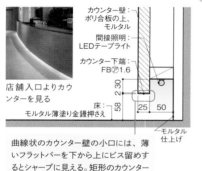

店舗入口よりカウンターを見る

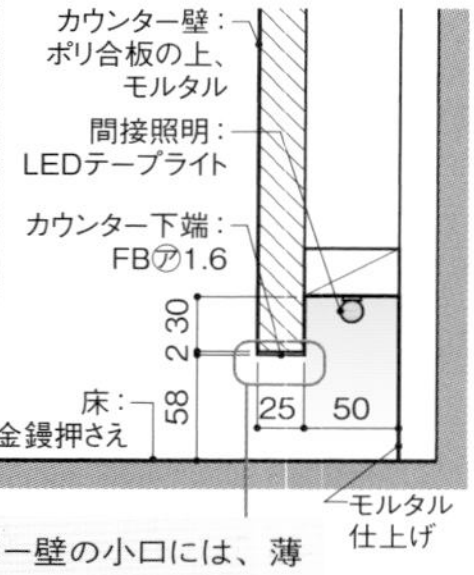

カウンター壁：
ポリ合板の上、
モルタル
間接照明：
LEDテープライト
カウンター下端：
FB㋐1.6
2
30
58
25
50
床：
モルタル薄塗り金鏝押さえ
モルタル
仕上げ

曲線状のカウンター壁の小口には、薄いフラットバーを下から上にビス留めするとシャープに見える。矩形のカウンターであればL字アングルなどで横からビス留めするのが基本だ

断面図［S＝1:8］

カフェ

12. 鏡裏に間接照明を仕込む

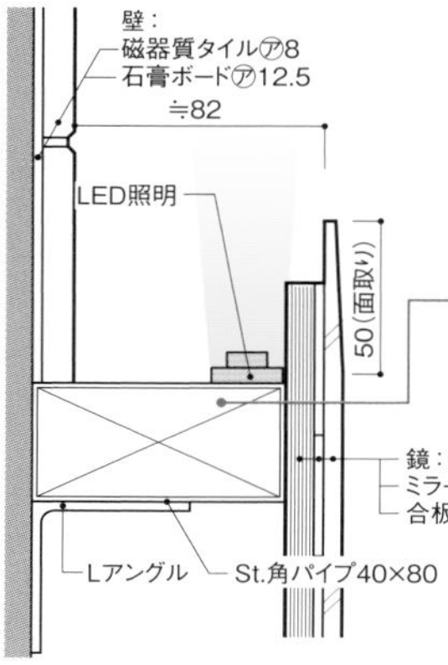

壁：
磁器質タイル㋐8
石膏ボード㋐12.5
≒82
LED照明
50（面取り）
鏡：面取りクリアミラーW500×H925㋐5
ミラーマット㋐3
合板㋐12
Lアングル
St.角パイプ40×80

洗面台鏡の上下に仕込んだ間接照明。角パイプを鏡上下端に取り付けるだけの簡単施工。光源が直接目に入らず、また手に触れる位置にもないので、上部にガラスなどを落とし込む必要もない。照明器具が見えないよう、照明は鏡側に寄せるとよい

断面図［S＝1:4］

洗面・脱衣室

15. 鏡めっきの一部を加工して照明カバーを省略

電球型LEDはメーカーによって電球の仕様が大きく異なる。居住者が今後汎用的なランプに交換する可能性も考慮し、光を照明ボックス内部で拡散させたうえで、正面に透過させる計画とすることが望ましい

1枚の鏡が照明カバーと照明ボックスのふたを兼ねるつくりとした。電球型照明の心（垂直方向）に沿って、鏡めっきをフロスト加工し、光を通している

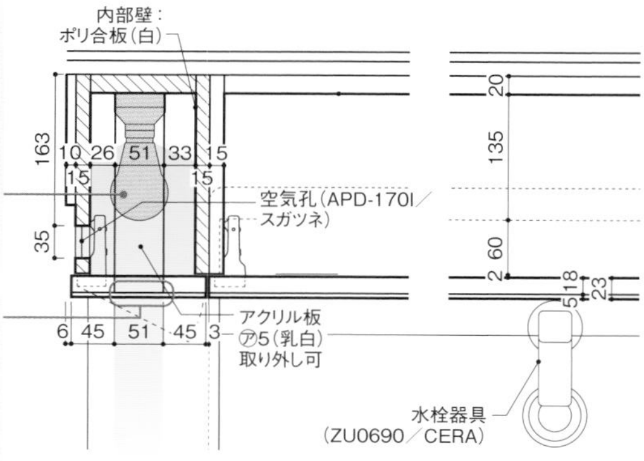

内部壁：
ポリ合板（白）
163
10 26 51 33 15
15
15
35
空気孔（APD-170I／スガツネ）
20
135
2 60
5 18
23
6 45 51 45 3
アクリル板
㋐5（乳白）
取り外し可
水栓器具
（ZU0690／CERA）

平面図［S＝1:10］

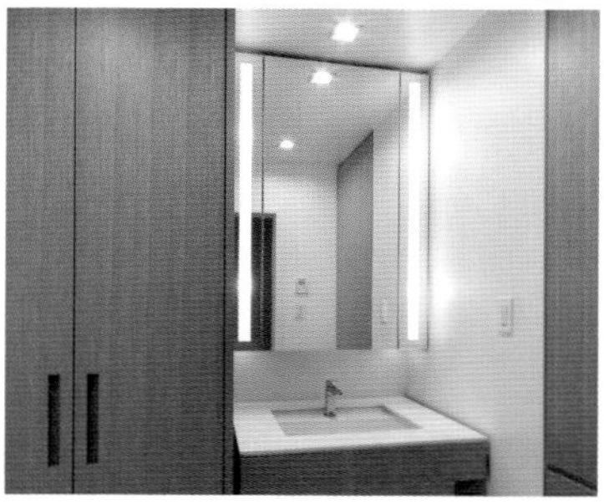

正面より洗面台を見る。電球型LEDの場合は、メーカーごとにランプの仕様や光の回り方が大きく異なる。内部である程度拡散したうえで正面に光が抜けるような設計が望ましい

9 「The Millennials Shibuya」設計：トサケン、写真提供：グローバルエージェンツ
10 「The WAREHOUSE」設計：Degins JP
11 「両国橋茶房」設計：cmyk Interior & Product
12 「cafe carioca」設計：ファンタスティックデザインワークス

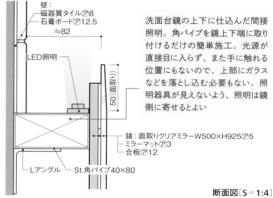

	12	11	10	9
見栄え	5	5	5	3
施工性	3	3	3	4
耐久性	5	4	3	4
メンテナンス性	3	4	5	3
コスト	3	2	3	4

	16	15	14	13
見栄え	4	4	5	5
施工性	3	4	3	3
耐久性	4	5	4	2
メンテナンス性	4	5	4	3
コスト	3	4	4	4

カフェ

11. ソファ裏にアッパー照明をつくる

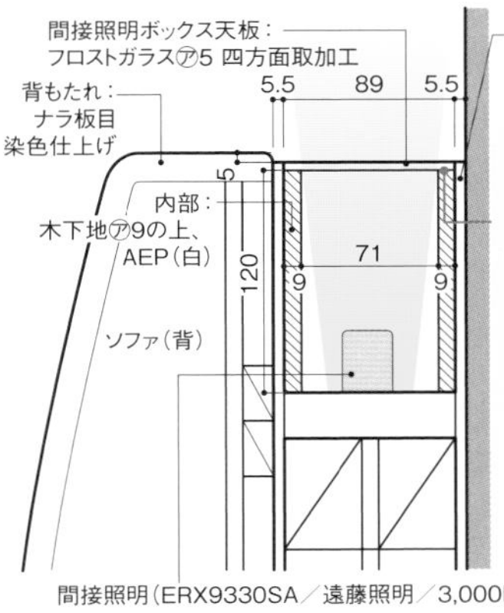

間接照明ボックス天板：フロストガラス㋐5 四方面取加工
ナラ板目染色仕上げ
背もたれ：ナラ板目染色仕上げ
5.5
89
5.5
内部：木下地㋐9の上、AEP（白）
71
120
9
9
ソファ（背）
間接照明（ERX9330SA／遠藤照明／3,000K）

ソファからの光で空間全体を明るく照らすため、拡散配光タイプの器具を採用し、開口部幅89㎜を確保。ふたには、アクリル板に比べ光がよく拡散し、熱に対しても伸縮しにくいフロストガラスを使用

断面図［S＝1:6］

バー

10. LED照明で酒瓶の前面を照らす

バーカウンターの酒瓶棚に設けた照明。酒瓶の前面をアッパー照明で照らすと、瓶の形状を美しく浮き上がらせることができる。後方の間仕切壁が防火区画のため、天井から棚柱の中を経由して配線している

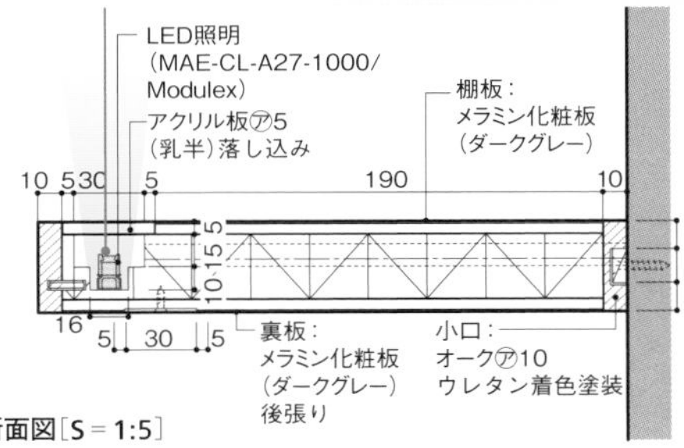

LED照明（MAE-CL-A27-1000/Modulex）
アクリル板㋐5（乳半）落し込み
棚板：メラミン化粧板（ダークグレー）
10 5 30 5
190
10
12.5
15
12.5
16
5 30 5
裏板：メラミン化粧板（ダークグレー）後張り
小口：オーク㋐10 ウレタン着色塗装

断面図［S＝1:5］

テーラー

14. 棚裏のクリアランスを照明ボックスに

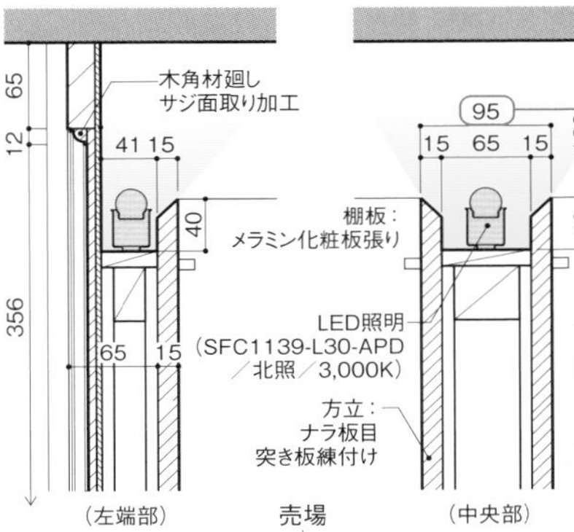

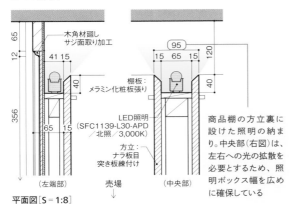

木角材廻し サジ面取り加工
65
12
41 15
95
15 65 15
120
40
40
棚板：メラミン化粧板張り
356
LED照明（SFC1139-L30-APD／北照／3,000K）
65 15
方立：ナラ板目突き板練付け
（左端部）
売場
（中央部）

平面図［S＝1:8］

商品棚の方立裏に設けた照明の納まり。中央部（右図）は、左右への光の拡散を必要とするため、照明ボックス幅を広めに確保している

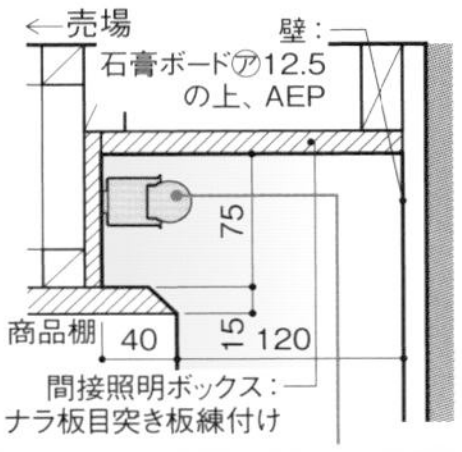

←売場
壁：石膏ボード㋐12.5の上、AEP
75
商品棚
40
15
120
間接照明ボックス：ナラ板目突き板練付け

商品棚上部裏側に設けた照明。鉛直面に沿って光が拡散するので、棚板本体に照明を設けるよりも、売場全体を明るくする効果が期待できる

断面図［S＝1:8］

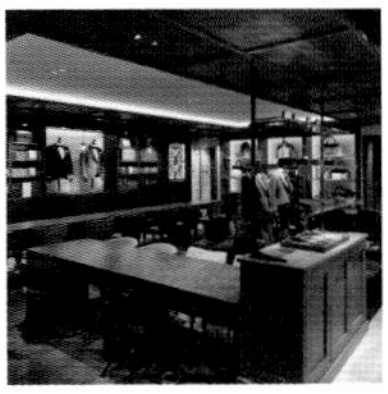

商品棚（写真右奥）を見る。広範囲を照らす間接照明を新たにつくると、手間もコストもかさむ。ここでは棚裏と壁の間にクリアランスを設け、照明ボックスとして使用した

玄関

16. 下駄箱の天板にLEDをすっきり納める

アクリル板を上から外すためのかかり代をつくる際、ジョイント部および壁とのクリアランスが2㎜以下となるよう板の長さを現場調整する。クリアランスが大きいと光漏れが目立ち、間接照明の効果も半減するので注意

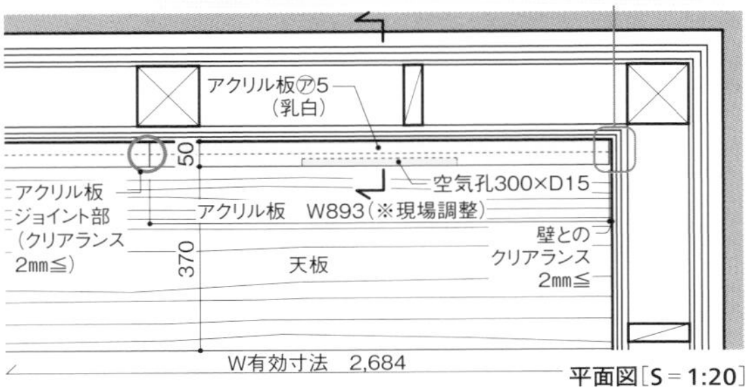

アクリル板㋐5（乳白）
50
空気孔300×D15
アクリル板ジョイント部（クリアランス2mm≦）
アクリル板 W893（※現場調整）
壁とのクリアランス2mm≦
370
天板
W有効寸法 2,684

平面図［S＝1:20］

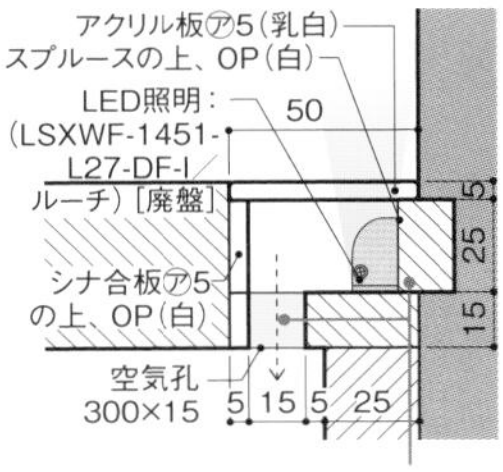

アクリル板㋐5（乳白）
スプルースの上、OP（白）
LED照明：（LSXWF-1451-L27-DF-I ルーチ）［廃盤］
50
5
25
15
シナ合板㋐5の上、OP（白）
空気孔300×15
5 15 5 25

受け材を壁に埋め込めば、アクリル板と左官仕上げの壁を見切材なしで納めることができる。下駄箱内の換気を促す空気孔もマスト

断面図［S＝1:4］

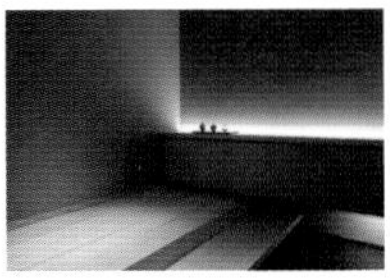

下駄箱天板の壁際に間接照明を設けている。光量はそれほど必要ないので、器具サイズを優先して奥行き12mmのシームレスLED照明を使用

13「comma tea 青山表参道店」設計：Degins JP、写真：スターリン エルメンドルフ
14「azabu tailor & C」設計：cmyk Interior & Product、写真：ナカサアンドパートナーズ
15「MS邸」設計：SURF Architects、照明デザイン：*CYPHER、写真：小川重雄
16「MS邸」設計：SURF Architects、照明デザイン：*CYPHER、写真：小川重雄

17. 高さ・奥行き150㎜以上でシームレスな光

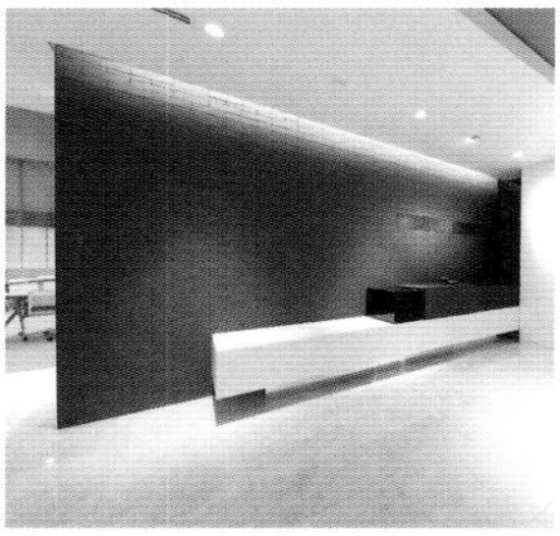

レンガ調の壁と天井の際に設けた間接照明。タイルなど素材感の強い仕上げ材を用いた壁を照らすなら、上（天井）から光を当てるのがお勧め。素材の凸凹感がより浮かび上がる

間接照明の位置が壁・天井などの反射面に近すぎると、光の当たりムラができるため、間接照明ボックスは高さ・奥行きのどちらも150㎜以上確保したい

間接照明を設けた壁の左側通路（壁の断面方向が見える）から、照明ボックスの断面が直接見えてしまう。そこで、目立たないよう、幕板の立上りに50°の傾斜をつけた

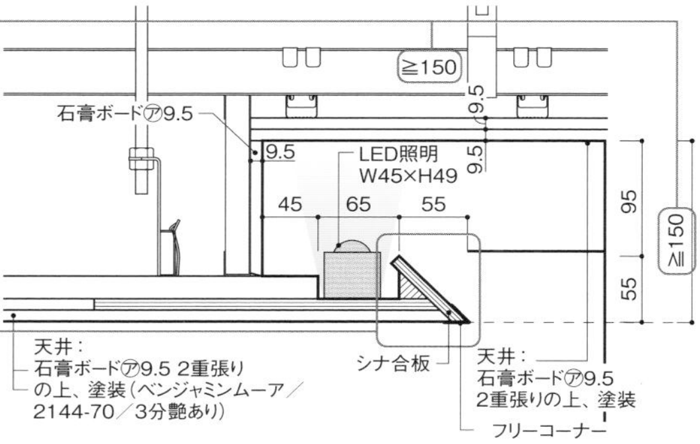

≧150
石膏ボード㋐9.5
9.5
9.5
9.5
LED照明
W45×H49
45
65
55
95
55
≧150
天井：
石膏ボード㋐9.5 2重張り
の上、塗装（ベンジャミンムーア／
2144-70／3分艶あり）
シナ合板
天井：
石膏ボード㋐9.5
2重張りの上、塗装
フリーコーナー

断面図［S＝1:8］

20. バーチカル照明でバックウォール（ファブリックガラス）に奥行き感をプラス

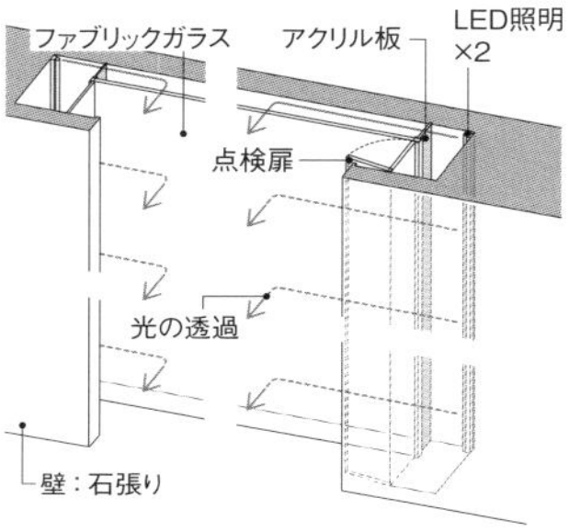

ファブリックガラス
アクリル板
LED照明
×2
点検扉
光の透過
壁：石張り

壁面の両サイドにバーチカル照明を設けると、中央部に視線が誘導されて見せ場となる。住宅であれば、リビングのテレビ背面の壁などに設けるとよい

バーチカル照明は光源が目に入りやすいので、乳白アクリル板などでカバーするのが基本。ここでは、壁の前面にファブリックガラス［※2］を加えてより柔らかい印象に

外からは直接アクリル板を着脱できないため、点検用の扉を設置。照明ボックスの袖壁先端にゴムを付けて、点検扉の戸当りとした

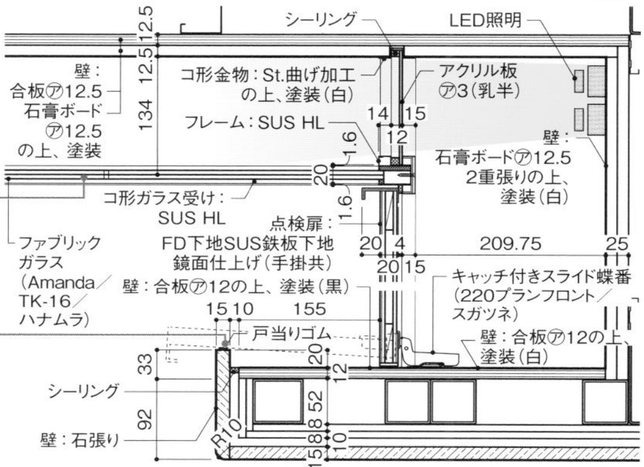

12.5
12.5
134
シーリング
LED照明
壁：
合板㋐12.5
石膏ボード
㋐12.5
の上、塗装
コ形金物：St.曲げ加工
の上、塗装（白）
アクリル板
㋐3（乳半）
フレーム：SUS HL
14
15
12
1.6
20
1.6
壁：
石膏ボード㋐12.5
2重張りの上、
塗装（白）
コ形ガラス受け：
SUS HL
点検扉：
FD下地SUS鉄板下地
鏡面仕上げ（手掛共）
20
4
209.75
25
20
15
ファブリック
ガラス
（Amanda／
TK-16／
ハナムラ）
壁：合板㋐12の上、塗装（黒）
キャッチ付きスライド蝶番
（220プランフロント／
スガツネ）
15
10
155
戸当りゴム
壁：合板㋐12の上、
塗装（白）
33
20
12
シーリング
52
92
8
8
10
15
R10
壁：石張り

断面図［S＝1:10］

書斎

23. シンプルで美しいデスク廻りの納まり

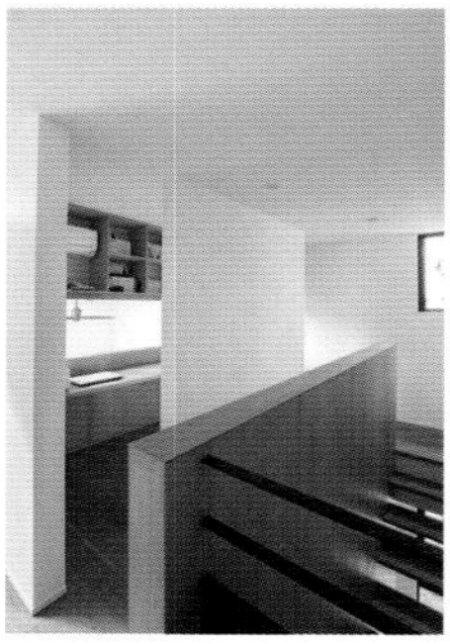

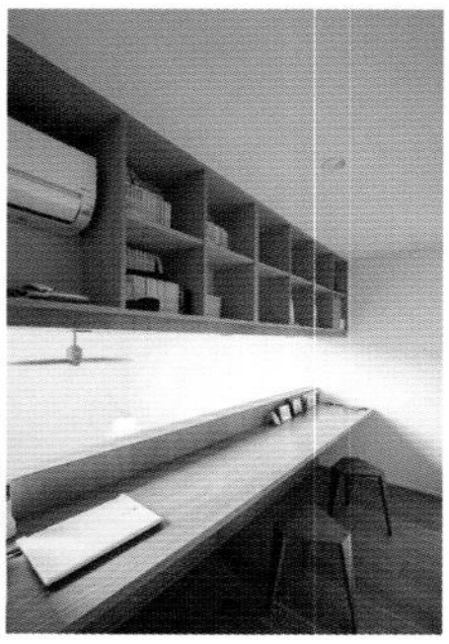

左：照明スイッチは壁、天井内配線でデスク後方の間仕切壁にまとめている｜右：デスク上部の固定棚には、エアコンやモデムも収納できる

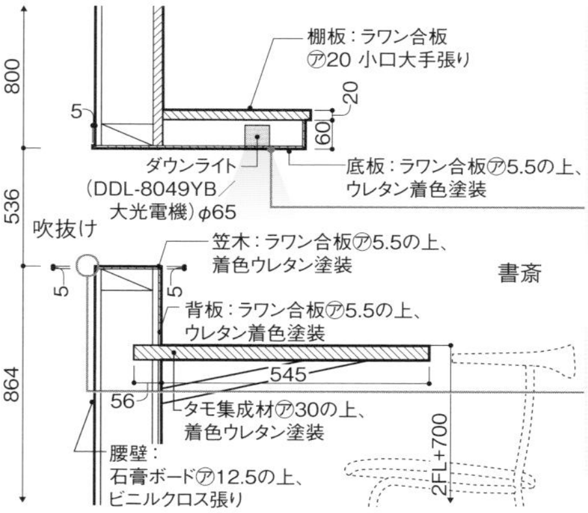

800
536
864
棚板：ラワン合板
㋐20 小口大手張り
5
20
60
ダウンライト
（DDL-8049YB／
大光電機）φ65
底板：ラワン合板㋐5.5の上、
ウレタン着色塗装
吹抜け
笠木：ラワン合板㋐5.5の上、
着色ウレタン塗装
書斎
5
5
背板：ラワン合板㋐5.5の上、
ウレタン着色塗装
545
56
タモ集成材㋐30の上、
着色ウレタン塗装
腰壁：
石膏ボード㋐12.5の上、
ビニルクロス張り
2FL+700

2階吹抜けに接してつくられた家族の書斎。天板以外の部材は硬くて丈夫なラワン合板を採用。垂れ壁と照明ボックスの底板、腰壁と笠木は、突付けで納めている

ラワン合板の小口は塗装で仕上げるのみ。施工も容易ながらすっきりとした納まりに

断面図［S＝1:20］

※1 間接照明などの照射面において、光が充分に拡散されないことで発生する明暗の境界線
※2 合わせガラスの一種。素材感のある布などを透明ガラスで挟んだもの
17「E社オフィス」設計：ワイズ・ラボ
18「U社オフィス」設計：ワイズ・ラボ
19「S社オフィス」設計：ワイズ・ラボ

	20	19	18	17	
見栄え	5	5	5	5	
施工性	1	2	3	2	
耐久性	4	5	5	5	
メンテナンス性	3	5	5	4	
コスト	1	2	3	2	

19. 折上げ天井なら幕板を斜めに

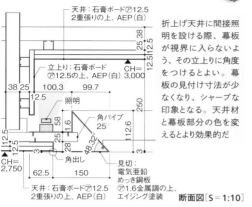

折上げ天井に間接照明を設ける際、幕板が視界に入らないよう、その立上りに角度をつけるとよい。幕板の見付け寸法が少なくなり、シャープな印象となる。天井材と幕板部分の色を変えるとより効果的だ

断面図［S＝1:10］

18. 折上げ高さは200mm以上確保する

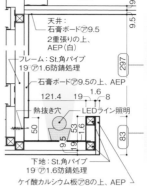

照明器具と天井の離隔を、200mm以上確保することで光の拡散率が高まり、折上げ天井内をくまなく照らすことができる

折上げ天井部分に設けた間接照明。カットライン［※1］が出ないよう、照明器具と幕板の高さをそろえるとよい

断面図［S＝1:8］

	24	23	22	21	
見栄え	4	4	4	5	
施工性	3	3	5	3	
耐久性	3	3	5	3	
メンテナンス性	3	3	5	4	
コスト	4	2	4	2	

22. 低め小上りなら照明隠しはいらない

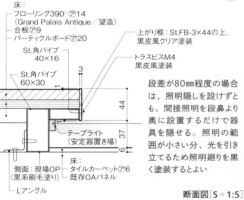

段差が80mm程度の場合は、照明隠しを設けずとも、間接照明を段鼻より奥に設置するだけで器具を隠せる。照明の範囲が小さい分、光を引き立てるため照明廻りを黒く塗装するとよい

断面図［S＝1:5］

21. 框の段差は簡素に

カフェ

小上りの床仕上げ（フローリング）を框まで伸ばしその下部を間接照明とすれば、施工を簡略化できる

間接照明の光が広い範囲で視野に入るよう、框の高さは最小限（床材の厚みと間接照明の高さを加えた数値）に抑える

断面図［S＝1:5］

24. ブラケット型照明は器具の角度が命

書斎

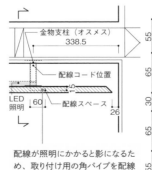

上：間接照明の仕上げには、障子（中央）と同じ和紙を用いている｜下：間接照明を下から見ても、照明器具や配線が視界に入らない

配線が照明にかかると影になるため、取り付け用の角パイプを配線ルートとして兼用

平面図［S＝1:15］

快適性を重視し、手元の照度は別付けのタスクライト［※3］で確保。空間全体は壁付けのブラケット照明で柔らかく照らす。照明器具の取り付け角度は、光の拡散状態に応じて調整すること

端部はテーパーとしてシャープさを演出。和紙を巻き込んで柔らかく落ち着いたデザインに

断面図［S＝1:6］

※3　作業のために必要な明るさが届くよう配慮された機能的照明。デスクライトなどが該当する
20 「M店舗」設計：ワイズ・ラボ
21 「両国橋茶房」設計：cmyk Interior & Product
22 「VOYEGE GROUP 新オフィス」設計：船場
23 「SK邸」設計・写真：TAGKEN（田口建設）
24 「MS邸」設計：SURF Architects、照明デザイン：*CYPHER、写真：小川重雄（上）、大和建設（下）

カフェ

1. 高回転率の奥行き浅め×座面高めなベンチ

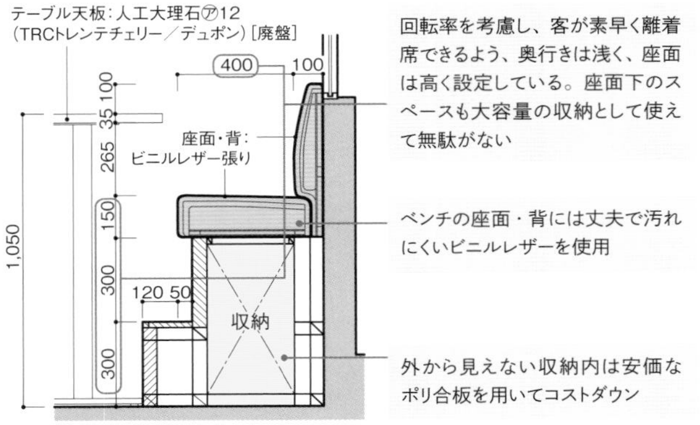
テーブル天板：人工大理石㋐12
(TRCトレンテチェリー／デュポン)［廃盤］
400
100
35
100
265
150
300
300
1,050
座面・背：
ビニルレザー張り
120 50
収納
回転率を考慮し、客が素早く離着席できるよう、奥行きは浅く、座面は高く設定している。座面下のスペースも大容量の収納として使えて無駄がない
ベンチの座面・背には丈夫で汚れにくいビニルレザーを使用
外から見えない収納内は安価なポリ合板を用いてコストダウン

断面図［S＝1:30］

飲食店では

客の滞在時間で客席廻りの設えは変わる

飲食店では造作家具の設えが客の滞在時間をコントロールする鍵。たとえば客単価の低い飲食店なら、客席の回転率を高めるため、立ち座りをスピーディに行える奥行き浅めのハイチェア［1.］とし、逆に滞在時間の長い飲食店（バーや居酒屋など）なら、長時間座っても体を痛めないクッション材を用いるとよい［65頁14.］。業態に応じて適した素材・寸法を設定しよう。

鞄店

4. 商品棚の天板に照明を納める

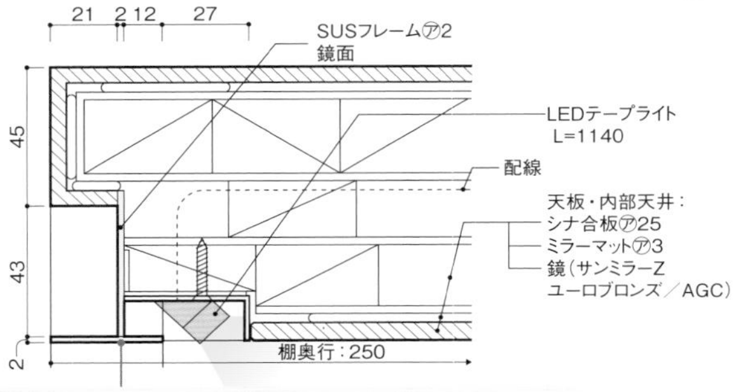
21
2
12
27
SUSフレーム㋐2
鏡面
LEDテープライト
L=1140
配線
天板・内部天井：
シナ合板㋐25
ミラーマット㋐3
鏡（サンミラーZ
ユーロブロンズ／AGC）
45
43
2
棚奥行：250

商品棚の天板端部に設けた間接照明の納まり。棚枠材のブロンズミラーに合わせ、開口部四方に角材を用いるのではなく、鏡面仕上げのスチールを曲げ加工して納めている

断面図［S＝1:3］

物販店舗では

商品棚はシンプルなデザインで売り上げアップ

物販店舗はなんといっても商品が主役。主役の並ぶ商品棚は、照明を設置するとしても、照明ボックスや配線は隠してシンプルで商品の視認性を高めるデザインとするのが売上げアップにつながる。棚受けレールによる可動棚は、金物が悪目立ちするのを避けたいもの。内装仕上げと連続性をもたせて存在感を消すなど、客が商品に集中できる設えとするのが望ましい［3.］。

廊下

7. 小さな間柱のスペースにも棚はつくれる

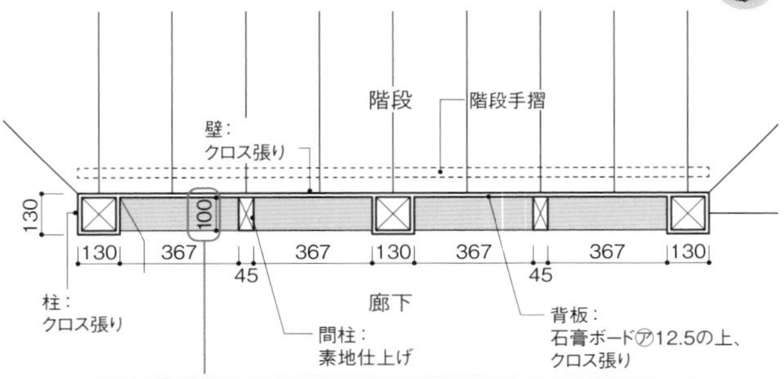
階段
階段手摺
壁：
クロス張り
130
100
130
367
367
130
367
367
130
45
45
柱：
クロス張り
廊下
間柱：
素地仕上げ
背板：
石膏ボード㋐12.5の上、
クロス張り

階段の間仕切壁に丈夫なラワン材で棚板を設け、ディスプレイ用のオープンラックとして活用。奥行き100㎜程度あれば、小物のディスプレイだけでなく、新書や文庫本も収納できる

平面図［S＝1:30］

住宅では

限られた面積に据え付けるのだから、「多機能性」が欲しい

たとえばリビングなら、椅子のように使える本棚［65頁17.］など、部屋での行為に応じた機能をもたせたい。また、一見デッドスペースに感じる小さな空間は、収納に有効活用できる［7.］。棚部分は大工工事、扉などは建具工事に分ければ、すべてを家具工事で行うよりも低コストだ。オープンラックでもモノが置かれて見えなくなる部分には安価な材料を用いて、予算への目配りも心がけたい［次頁8.］。

1 「cafe carioca」設計：ファンタスティックデザインワークス
2 「CLUB OLGA」設計：ファンタスティックデザインワークス
3 提供：丹青社

	4	3	2	1
見栄え	5	5	3	3
施工性	2	2	4	4
耐久性	4	4	5	3
メンテナンス性	3	3	5	4
コスト	1	3	4	4

	8	7	6	5
見栄え	4	3	5	5
施工性	4	2	5	1
耐久性	5	3	5	4
メンテナンス性	3	2	5	3
コスト	4	2	5	2

3. 棚柱の存在感を消す

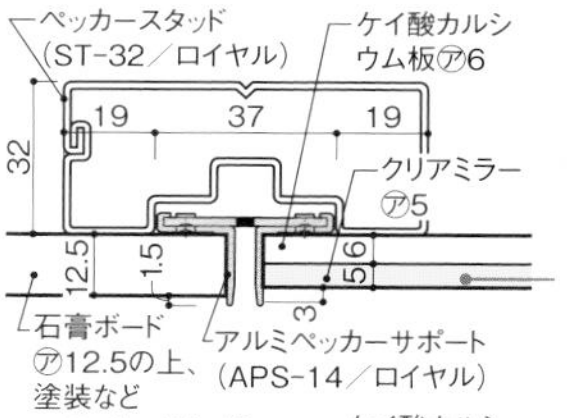

ペッカースタッド (ST-32/ロイヤル)
ケイ酸カルシウム板㋐6
19 37 19
32
クリアミラー㋐5
12.5 1.5 5.6
3
石膏ボード㋐12.5の上、塗装など
アルミペッカーサポート (APS-14/ロイヤル)

壁の一部を鏡張りとし、左右をペッカーサポート、棚受け金物の上下をフラットバーで見切れば鏡枠のように見せられる

平面図[S=1:3]

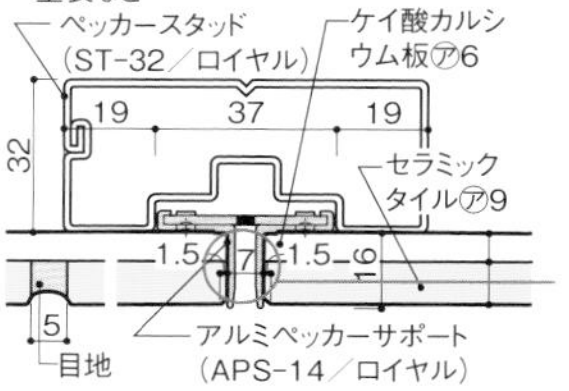

ペッカースタッド (ST-32/ロイヤル)
ケイ酸カルシウム板㋐6
19 37 19
32
セラミックタイル㋐9
1.5 7 1.5 16
5
目地
アルミペッカーサポート (APS-14/ロイヤル)

壁仕上げ材をタイルにする場合は、目地幅を棚柱(ペッカーサポート)の見付け幅に近づけることで、金物の存在感を消すことができる

平面図[S=1:3]

クラブ

2. メラミンでソファ下の幅木を保護

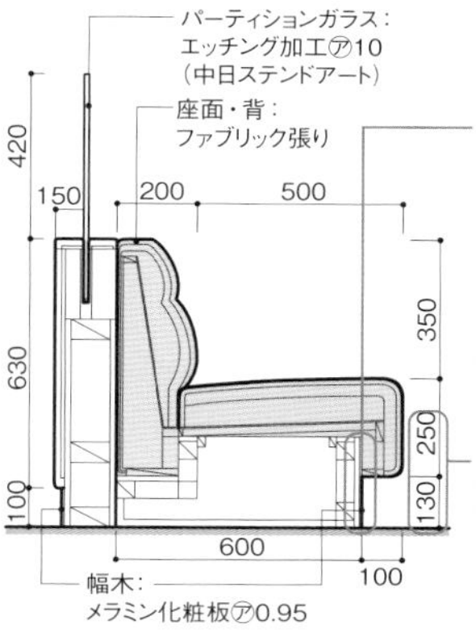

パーティションガラス:エッチング加工㋐10 (中日ステンドアート)
座面・背:ファブリック張り
420
150 200 500
350
630
250
100
130
600
100
幅木:メラミン化粧板㋐0.95

土足で使うことを考慮し、足首の高さ(ここでは130㎜)まで清掃性・耐久性の高いメラミン化粧板(0.95㎜厚)で仕上げている

座面高さが低すぎると着席時に腿が上がって疲れやすい。最低でも350㎜は確保したい。同様に、座面と背や膝の間にも隙間ができないよう配慮する

断面図[S=1:30]

薬局

6. 棚小口の設えで在庫管理をサポート

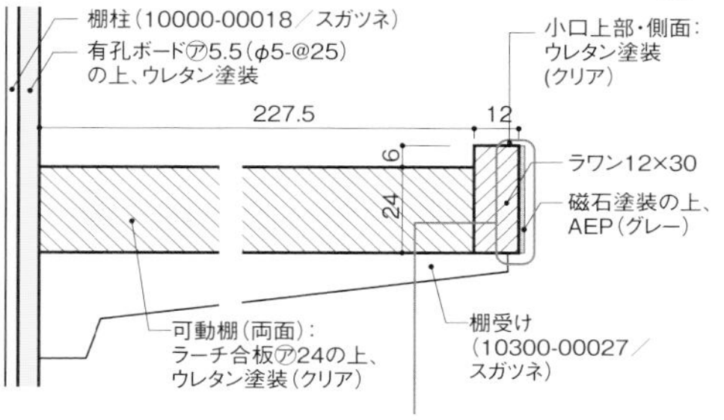

棚柱(10000-00018/スガツネ)
有孔ボード㋐5.5(φ5-@25)の上、ウレタン塗装
小口上部・側面:ウレタン塗装(クリア)
227.5
12
6
24
ラワン12×30
磁石塗装の上、AEP(グレー)
可動棚(両面):ラーチ合板㋐24の上、ウレタン塗装(クリア)
棚受け (10300-00027/スガツネ)

バーコードを入れる既製品のラベルホルダー(EA781ES-1/エスコ)を付けられるよう、棚の小口を磁石塗装とした。また、フック陳列の商品にも対応できるよう、棚背面は有孔ボードを使用

断面図[S=1:3]

鞄店

5. 付けられないなら彫り込めばいい

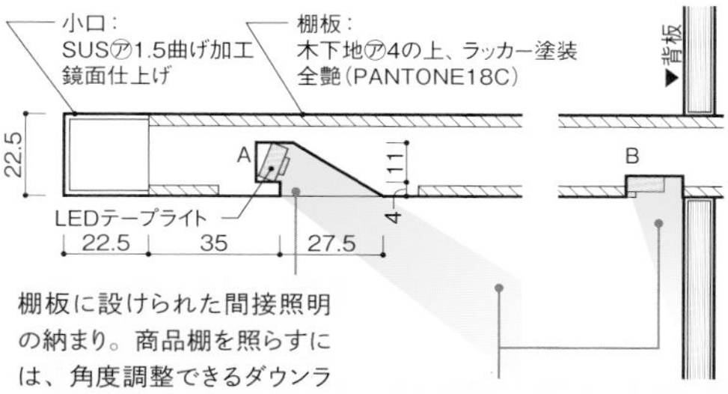

小口:SUS㋐1.5曲げ加工 鏡面仕上げ
棚板:木下地㋐4の上、ラッカー塗装 全艶(PANTONE18C)
背板
22.5
A
11
4
B
LEDテープライト
22.5 35 27.5

棚板に設けられた間接照明の納まり。商品棚を照らすには、角度調整できるダウンライトが便利だが、薄い棚板には納まらない。テープライトなら実現可能で、商品棚の棚板に彫り込みを設けて納めるとよい

照明Aに角度をつけ、照明Bとのハイライトをずらすことで照射面(棚の背板)をムラなく照らすことが可能

断面図[S=1:3]

キッチン

8. 必要十分で使いやすい。コスパ◎のキッチン棚

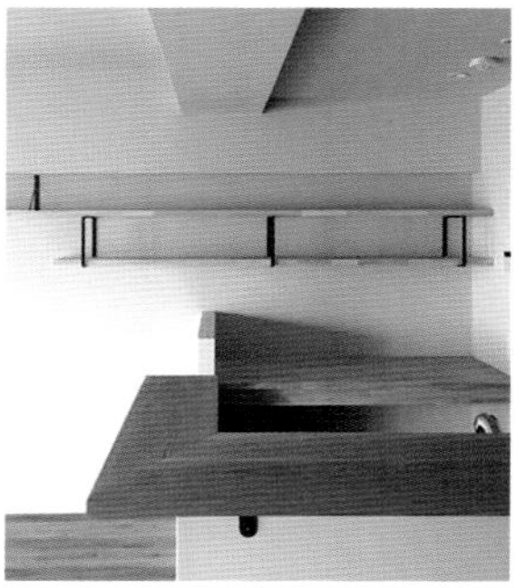

正面よりキッチン棚を見る。棚板の仕上げは、インテリアに合わせてオイル塗装すれば格が上がる

基本的にはモノが置かれ、棚自体の素材は見えなくなるため、安価なバットジョイント[※]のゴム集成材と既製品の金物を使用

不陸がでないよう、棚板のジョイント部には、補強金物を設ける

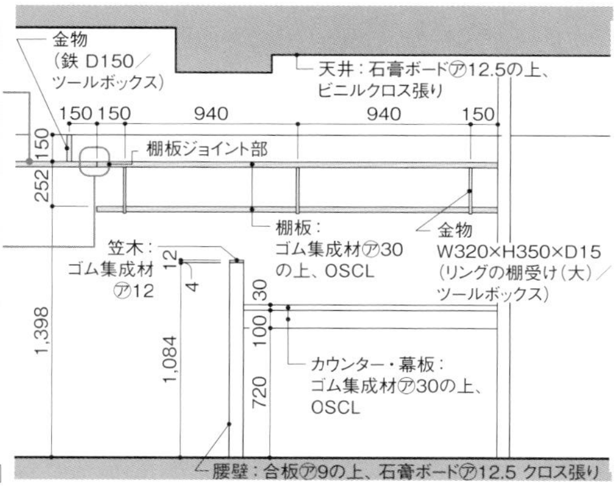

金物 (鉄 D150/ツールボックス)
天井:石膏ボード㋐12.5の上、ビニルクロス張り
150 150 940 940 150
150
棚板ジョイント部
252
棚板:ゴム集成材㋐30の上、OSCL
金物 W320×H350×D15 (リングの棚受け(大)/ツールボックス)
笠木:ゴム集成材㋐12
12
4
30
100
1,398
1,084
720
カウンター・幕板:ゴム集成材㋐30の上、OSCL
腰壁:合板㋐9の上、石膏ボード㋐12.5 クロス張り

展開図[S=1:50]

※ 木片を縦横直線で張り合わせる継手の呼称
4 「T店舗」設計:ワイズ・ラボ
5 「T店舗」設計:ワイズ・ラボ
6 「三木青雲堂薬局」設計:一級建築士事務所ageha.
7 「IT邸」設計:TAGKEN(田口建設)
8 「大井町の家」設計・写真:古谷野工務店

カフェ

10. 曲げ加工でつくる極薄カウンター

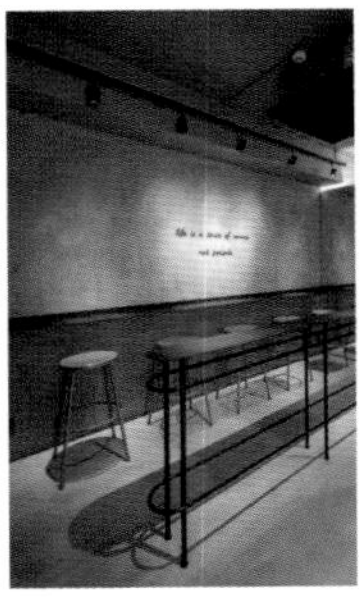

入口よりカウンターを見る。飲料のみを提供するカフェなので、奥行き250㎜と浅めの設計

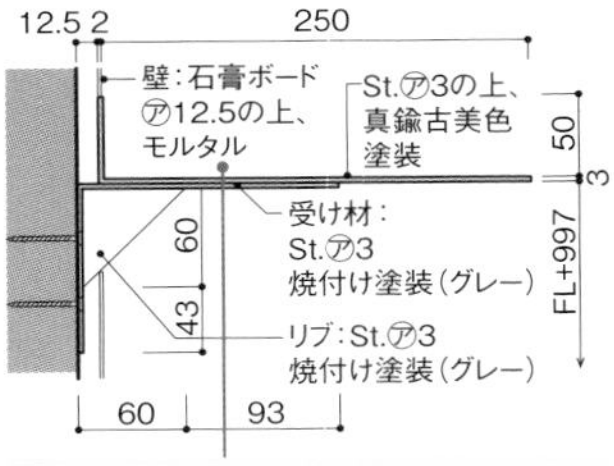

12.5 2
250
壁：石膏ボード㋐12.5の上、モルタル
St.㋐3の上、真鍮古美色塗装
50
3
FL+997
受け材：St.㋐3焼付け塗装（グレー）
60
43
リブ：St.㋐3焼付け塗装（グレー）
60
93

3㎜厚のスチールを曲げ加工したのみの薄い天板を、3㎜厚の受け材で壁に留め、圧迫感のない軽やかな印象に。体が触れてけがをしないよう、先端部は糸面取り[※]している

断面図[S＝1:8]

ロビー

9. 棚っぽさを消した「間仕切棚」

ホテルのロビー空間に間仕切として利用される固定収納棚。高級感を演出する仕上げ材の銅板は、ウレタン塗装を施して清掃性を担保[31頁10.写真]

棚の扉を一部切り欠いて手掛とし、フラットな面にすることで「壁」としての存在感を高めた

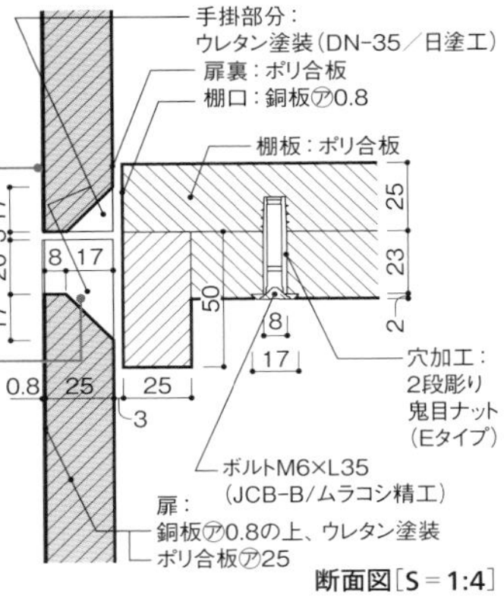

手掛部分：ウレタン塗装（DN-35／日塗工）
扉裏：ポリ合板
棚口：銅板㋐0.8
棚板：ポリ合板
17
3
20
17
8
17
25
23
50
2
8
17
0.8
25
25
3
穴加工：2段彫り鬼目ナット（Eタイプ）
ボルトM6×L35（JCB-B／ムラコシ精工）
扉：
銅板㋐0.8の上、ウレタン塗装
ポリ合板㋐25

断面図[S＝1:4]

客室

13. 美しく空調を隠す長さ60㎜ルーバー

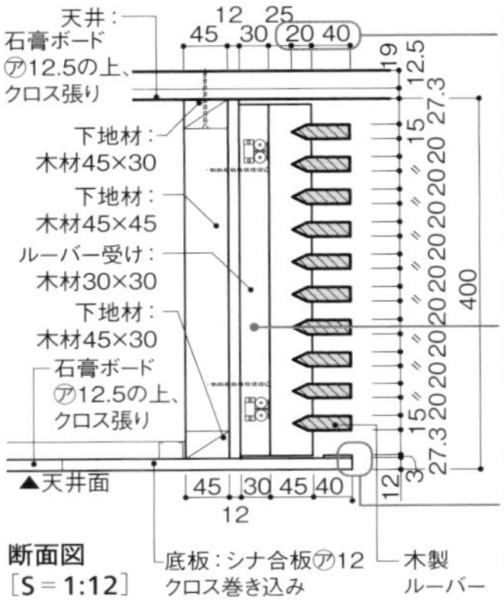

天井：石膏ボード㋐12.5の上、クロス張り
12 25
45 30 20 40
19
12.5
27.3
15
20
400
下地材：木材45×30
下地材：木材45×45
ルーバー受け：木材30×30
下地材：木材45×30
石膏ボード㋐12.5の上、クロス張り
27.3
▲天井面
45 30 45 40
12
12
3
底板：シナ合板㋐12 クロス巻き込み
木製ルーバー

断面図[S＝1:12]

ホテル客室の空調隠蔽部。ルーバー奥行きは、斜め下から吹出し口が見えないよう、60㎜と長めに設定。木材の場合はこれ以上長いと反る

下地の木材は、目立たないようチャコールグレーで塗装している

底板は、12㎜厚の合板に3㎜厚の合板を張り合わせて、ルーバーの見付け寸法15㎜にそろえている

会議室

12. 卓上コンセントは斜めに納める

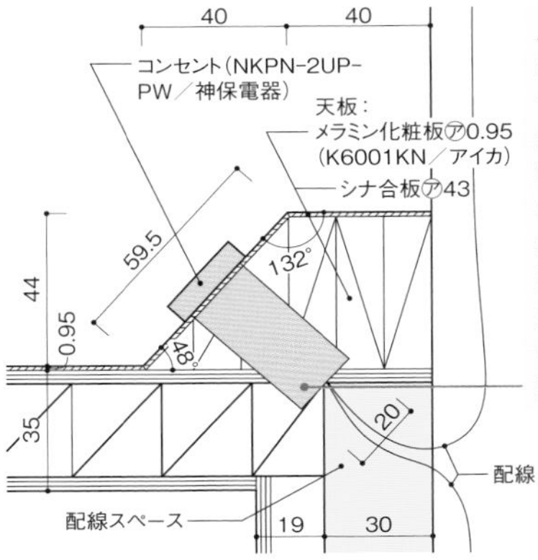

40
40
コンセント（NKPN-2UP-PW／神保電器）
天板：メラミン化粧板㋐0.95（K6001KN／アイカ）
シナ合板㋐43
59.5
132°
44
0.95
48°
35
20
配線
配線スペース
19
30

卓上コンセントを天板に対し約50°振ることで、プラグの抜き差しがしやすくなり、飲み物がこぼれてもコンセント内に浸水しない形状に。この立上りは天板と同材で工場加工しているが、視認性を高めるために色を変えるのも◎

断面図[S＝1:3]

ダイニング

16. 空調は天井に飲み込ませて配線を隠す

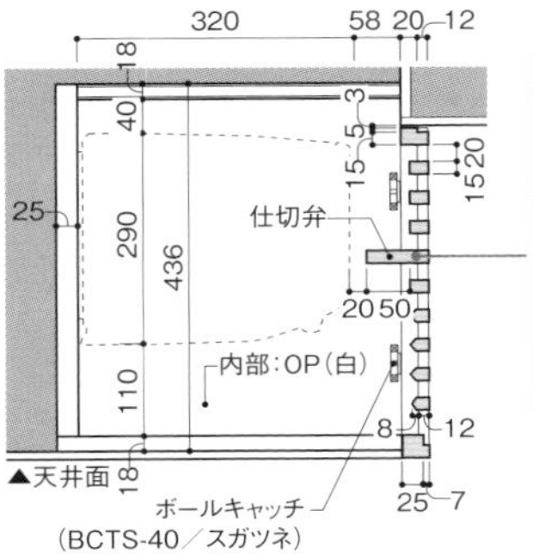

320
58 20 12
18
40
3
5
15
15 20
25
290
436
仕切弁
20 50
110
内部：OP（白）
8
12
▲天井面
18
ボールキャッチ（BCTS-40／スガツネ）
25 7

天井内に空調を埋め込み、本体・配線とも納めた例。ルーバーは塗装仕上げのため、丈夫で安価なスプルース材を使用。ガラリはボールキャッチを用いてはめ込み式とし、居住者自身でもメンテナンスしやすい構造に

断面図[S＝1:15]

キッチン

15. キッチンカウンターは機能的につくる

散らかりがちなキッチンがリビングから見えないよう、高さ1,100㎜以上とすることが望ましい

キッチン前のカウンター幅は、コンロからLD側へ油が飛ばないよう250㎜以上確保する

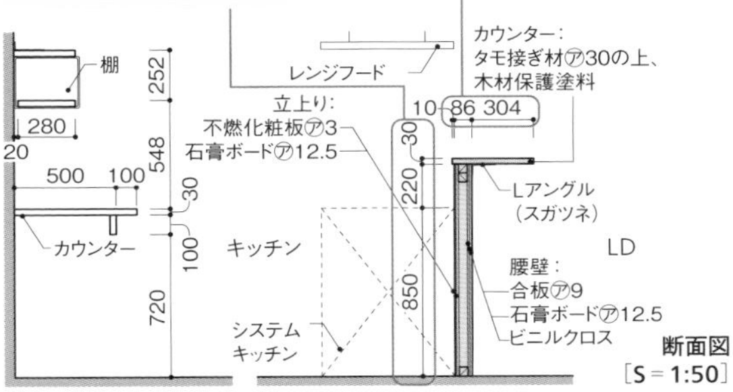

棚
252
280
20
548
500 100
30
カウンター
100
720
レンジフード
カウンター：タモ接ぎ材㋐30の上、木材保護塗料
立上り：不燃化粧板㋐3
石膏ボード㋐12.5
10 86 304
30
220
Lアングル（スガツネ）
キッチン
LD
850
システムキッチン
腰壁：
合板㋐9
石膏ボード㋐12.5
ビニルクロス

断面図[S＝1:50]

※ 部材の角面をごく薄く削いで、そこに新しい面をつくること
9 「OMO5東京大塚（おも）by 星野リゾート」設計：佐々木達郎建築設計事務所
10 「comma tea 青山表参道店」設計：Degins JP、写真：スターリン エルメンドルフ
11 「京都グランベルホテル」設計：UDS+the range design
12 「Uオフィス」設計：ワイズ・ラボ
13 「ガーデンテラス佐賀」設計：小川博央建築都市設計事務所

	12	11	10	9
見栄え	3	5	5	5
施工性	5	1	2	1
耐久性	5	5	3	5
メンテナンス性	5	3	3	5
コスト	5	2	3	1

客室

11. シャープで機能的なTVスタンドフレーム

ステンレスを曲げ加工したスタンドフレームの中央部を切り欠き、AppleTVの本体(98㎜角)をはめている。盗難防止のために六角ネジを用いて、通常のドライバーでは開けられない仕様とした

ホテルでは、メンテナンスの手間がかかる素材は敬遠される。スタンドフレームは、汚れや傷が目立ちにくいよう、ムラのある黒皮色の塗装で仕上げている

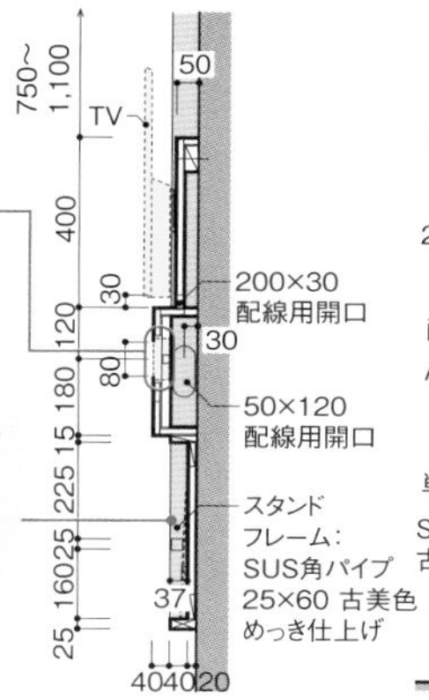

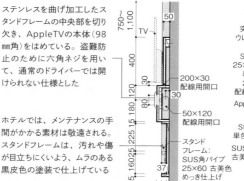

750〜1,100
TV
50
400
30
120
80
30
180
15
225
25
160
25
37
40 40 20
200×30 配線用開口
50×120 配線用開口
スタンドフレーム:SUS角パイプ 25×60 古美色めっき仕上げ

断面図[S=1:30]

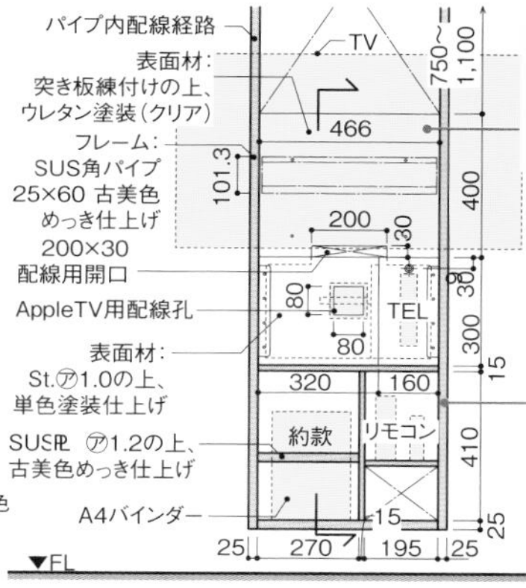

パイプ内配線経路
TV
表面材:突き板練付けの上、ウレタン塗装(クリア)
フレーム:SUS角パイプ 25×60 古美色めっき仕上げ
200×30 配線用開口
AppleTV用配線孔
表面材:St.㋐1.0の上、単色塗装仕上げ
SUS㋐ ㋐1.2の上、古美色めっき仕上げ
A4バインダー
466
101.3
200
30
80
80
TEL
320
160
約款
リモコン
15
750〜1,100
400
30
300
15
410
25
25
270
195
25
FL

スタンドフレームに電話、リモコン、AppleTVなど、客室に必要な設備を集約

耐火・遮音の間仕切で壁内配線できないため、ステンレス角材でスタンドフレームをつくり、フレーム内を天井からの配線ルートとして使うとともに、シャープな印象の意匠に仕上げた

立面図[S=1:30]

	16	15	14	13
見栄え	4	3	5	5
施工性	3	3	2	3
耐久性	3	3	3	4
メンテナンス性	4	3	3	5
コスト	4	3	2	3

バー

14. バーカウンターは先端のディテールにこだわる

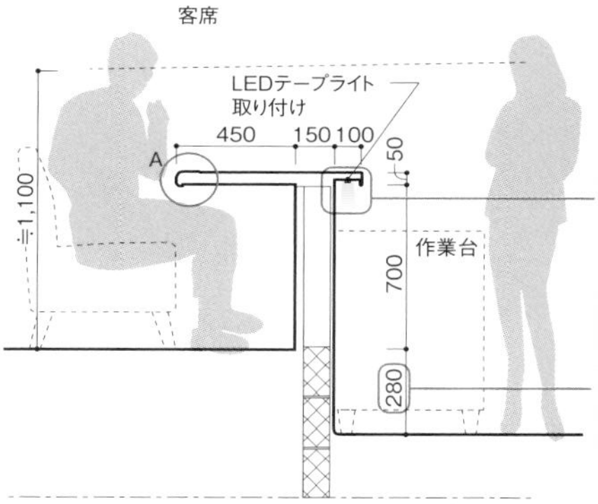

客席
LEDテープライト取り付け
450
150
100
A
50
≒1,100
700
作業台
280

店内の照度が低いため、店員側のカウンターには、天板下に照明(LEDテープライト)を設置し、作業時の照度を確保する

客が席に座った際の目線と、立って接客している店員の目線とが同じレベルになるよう、客席側と店員側に280㎜の段差を設けている

断面図[S=1:40]

カウンター越しでの会話が多い飲食店は、カウンターにひじを乗せやすいよう、先端から90㎜程度をクッション張りにするのが◎。飲み物などがこぼれても清掃しやすいよう、張り地はビニルレザーなどを選ぶとよい

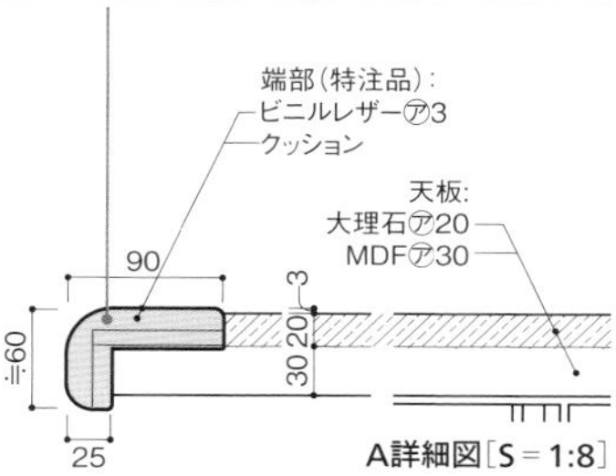

端部(特注品):
ビニルレザー㋐3
クッション
天板:
大理石㋐20
MDF㋐30
90
3
20
30
≒60
25

A詳細図[S=1:8]

	17
見栄え	5
施工性	3
耐久性	5
メンテナンス性	5
コスト	2

リビング

17. 本棚に奥行きを加えてベンチにする

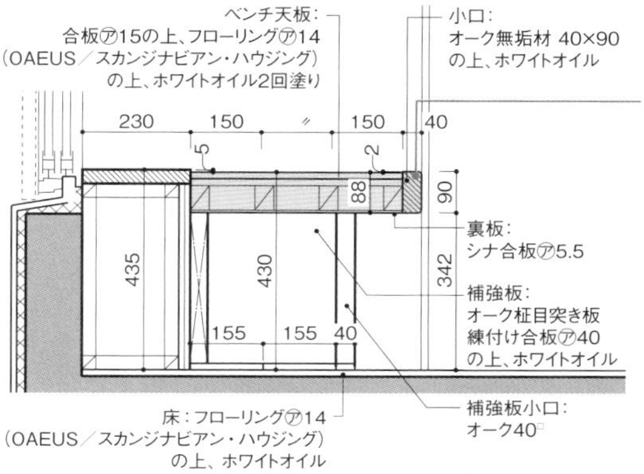

ベンチ天板:合板㋐15の上、フローリング㋐14(OAEUS/スカンジナビアン・ハウジング)の上、ホワイトオイル2回塗り
小口:オーク無垢材 40×90の上、ホワイトオイル
230
150
150
40
5
2
88
90
435
430
342
155
155
40
裏板:シナ合板㋐5.5
補強板:オーク柾目突き板練付け合板㋐40の上、ホワイトオイル
補強板小口:オーク40
床:フローリング㋐14(OAEUS/スカンジナビアン・ハウジング)の上、ホワイトオイル

断面図[S=1:20]

収納に対する建築主のニーズは常に高いもの。ただの収納で終わるのでは面積の利用効率が悪い。窓の下部空間を本棚として活用するのに加え、天板を本棚の奥行きよりも張り出させれば、ベンチとしても十分にくつろげる造作家具となる

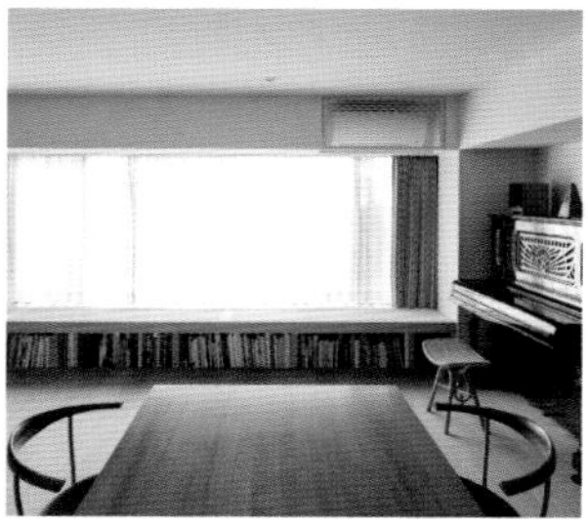

前面からベンチを見る。開口部上部の垂壁は、梁を隠しつつエアコン高さと同じ見付け寸法とすることでエアコンも梁も目立たないように配慮されている

14「FABRIC LOUNGE SHINJUKU」設計:ファンタスティックデザインワークス
15「大井町の家」設計:古谷野工務店
16「MS邸」設計:SURF Architects
17「K邸」設計:ケース・リアル、写真:志摩大輔

1. 毎日の清掃性重視なら埋込み型シンクが最適

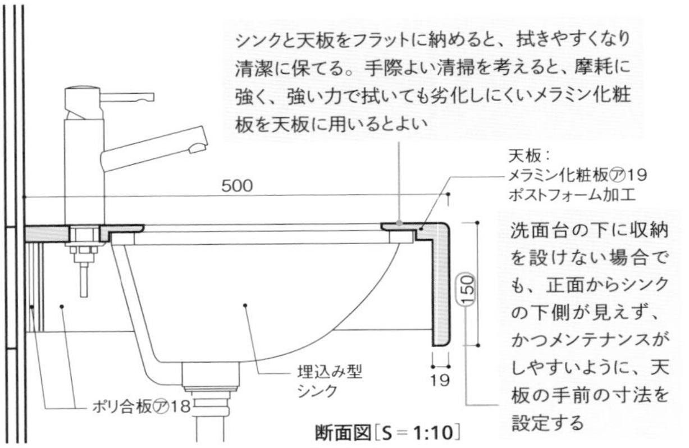

シンクと天板をフラットに納めると、拭きやすくなり清潔に保てる。手際よい清掃を考えると、摩耗に強く、強い力で拭いても劣化しにくいメラミン化粧板を天板に用いるとよい
天板：メラミン化粧板㋐19 ポストフォーム加工
500
洗面台の下に収納を設けない場合でも、正面からシンクの下側が見えず、かつメンテナンスがしやすいように、天板の手前の寸法を設定する
150
19
埋込み型シンク
ポリ合板㋐18
断面図［S＝1:10］

非住宅では

不特定多数が使用することを念頭に、清掃性重視の素材選び！

非住宅の用途ではまず、不特定多数の人間が、土足で使用することを考慮する。さらに毎日の効率よい清掃が求められるので、御影石など衝撃や摩擦に強い素材が選ばれることが多い。また、洗面室は高級感を演出したいところだが、大理石は水や汚れに弱く、曇りやすい。代わりに人工大理石や大理石風のプリントタイルなどを用いれば、機能的で意匠性にも優れた洗面室が実現できる［68頁1.］。

4. 半埋込み型シンクに御影石仕上げの天板で印象を変える

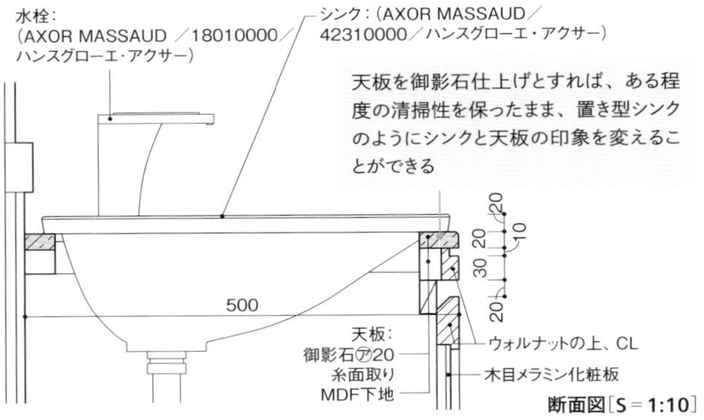

水栓：（AXOR MASSAUD ／18010000／ハンスグローエ・アクサー）
シンク：（AXOR MASSAUD／42310000／ハンスグローエ・アクサー）
天板を御影石仕上げとすれば、ある程度の清掃性を保ったまま、置き型シンクのようにシンクと天板の印象を変えることができる
20
10
20
30
20
500
天板：御影石㋐20 糸面取り MDF下地
ウォルナットの上、CL
木目メラミン化粧板
断面図［S＝1:10］

飲食店では

使用する頻度と場面を想定して適した器具・設えを選ぶ

多くの客が次々と手洗いを使用する飲食店では、手動の水栓、特にハンドル部分がシンクの外側に出ているタイプを用いると、濡れた手で操作することで天板が水びたしになりやすい。流しっぱなしを防止する意味でも、自動水栓や、ハンドルがシンクの内側にくるタイプ［4.］を選ぼう。また商業施設では、基本的に男女の手洗いは別々。それぞれの用途に配慮し、設えや寸法に工夫を凝らしたい［次頁3.］。

7. 置き型シンクは水がこぼれにくい

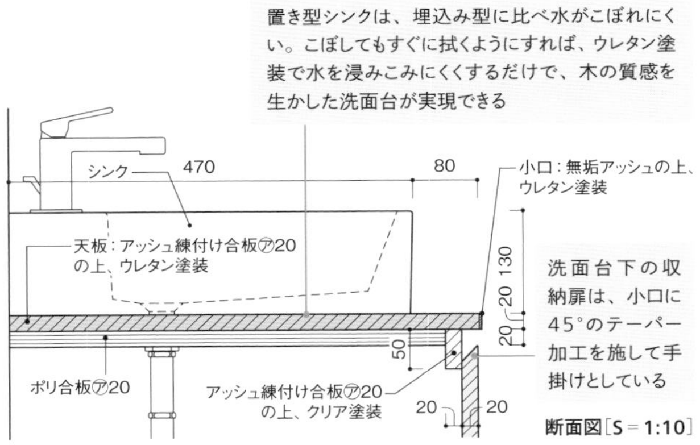

置き型シンクは、埋込み型に比べ水がこぼれにくい。こぼしてもすぐに拭くようにすれば、ウレタン塗装で水を浸みこみにくくするだけで、木の質感を生かした洗面台が実現できる
シンク
470
80
小口：無垢アッシュの上、ウレタン塗装
天板：アッシュ練付け合板㋐20の上、ウレタン塗装
130
20
20
50
洗面台下の収納扉は、小口に45°のテーパー加工を施して手掛けとしている
ポリ合板㋐20
アッシュ練付け合板㋐20の上、クリア塗装
20
20
断面図［S＝1:10］

住宅では

意匠性を優先しつつ広範囲の水はね・汚れにも配慮

カウンター天板の素材は、商業施設ほど清掃性は求められないが、シンクとの相性を考慮する。埋込み型は小口から水を吸い込むおそれがあるため、木よりもメラミン化粧板や人工大理石がよい。一方、半埋込み型や置き型は比較的水がこぼれにくく、木にウレタン塗装でも十分だ。また住宅では手洗いのほか、洗顔、歯磨きなど用途が多様な分、水はねの範囲も広い。特に鏡は汚れが目立つので、配置には要注意。

1 「Slash kawasaki」設計：トサケン
2 「cafe carioca」設計：ファンタスティックデザインワークス
3 「都内オフィスビル」設計：ワイズ・ラボ

4	3	2	1	
4	5	5	3	見栄え
3	2	4	4	施工性
5	5	5	3	耐久性
5	4	5	4	メンテナンス性
4	2	3	4	コスト

3. 男性用と女性用で用途に合う設えを

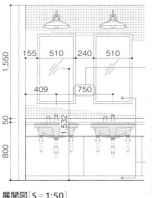

展開図［S＝1：50］

複数のシンクを並べる際は、心心で700mm以上の間隔をとる。化粧スペースを兼ねる場合は、800mm程度確保できるとよい

一般的に、女性は男性よりも鏡に顔を近づけて使用する傾向がある。鏡を100〜200mm程度壁から持ち出す、足元を入幅木にするなど、鏡との距離を縮める工夫を施す

2. 土足で使う洗面室の床にはセラミック

カフェ

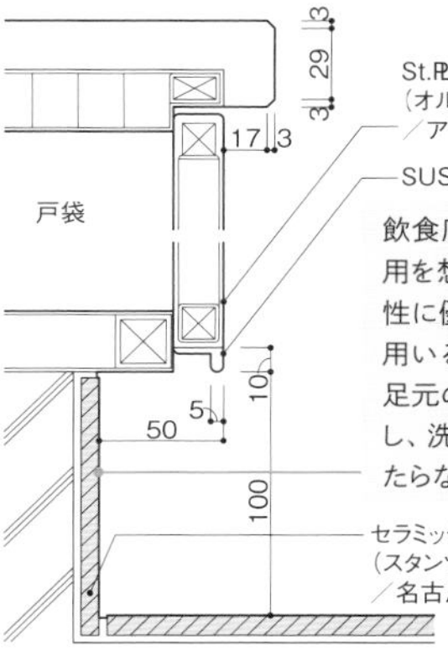

St.足の上、不燃木目シート張り（オルティノ／VG-572A／アイカ工業）
洗面室
SUS鏡面
戸袋

セラミックタイル200　⑦8.5（スタンツァ2／VA-L7130YS／名古屋モザイク工業）

洗面台断面図［S＝1：5］

飲食店の洗面室は、土足での使用を想定し、床は防水性・防汚性に優れたセラミックタイルなどを用いる。スペースが狭い場合は足元の奥行き（50mm程度）を確保し、洗面台に近づいた時に足が当たらないようにするとよい

8	7	6	5	
4	5	5	4	見栄え
3	3	2	3	施工性
3	3	5	5	耐久性
4	4	4	5	メンテナンス性
4	4	2	3	コスト

6. 衛生設備は使いやすい位置に配置

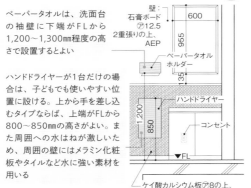

展開図［S＝1：50］

壁：石膏ボード⑦12.5　2重張りの上、AEP
ペーパータオルホルダー
ハンドドライヤー
コンセント
▽FL
ケイ酸カルシウム板⑦8の上、磁器タイル

ペーパータオルは、洗面台の袖壁に下端がFLから1,200〜1,300mm程度の高さに設置するとよい

ハンドドライヤーが1台だけの場合は、子どもでも使いやすい位置に設ける。上から手を差し込むタイプならば、上端がFLから800〜850mmの高さがよい。また周囲への水はねが激しいため、周囲の壁にはメラミン化粧板やタイルなど水に強い素材を用いる

5. 御影石のバックガードで耐久性UP

クラブ

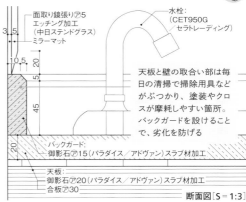

断面図［S＝1：3］

面取り鏡張り⑦5　エッチング加工（中日ステンドグラス）
ミラーマット
水栓：（CET950G／セラトレーディング）
バックガード：御影石⑦15（パラダイス／アドヴァン）スラブ材加工
天板：御影石⑦20（パラダイス／アドヴァン）スラブ材加工
合板⑦30

天板と壁の取合い部は毎日の清掃で掃除用具などがぶつかり、塗装やクロスが摩耗しやすい箇所。バックガードを設けることで、劣化を防げる

9	
5	見栄え
3	施工性
5	耐久性
5	メンテナンス性
3	コスト

9. 洗面室廻りの収納はすっきり見せる

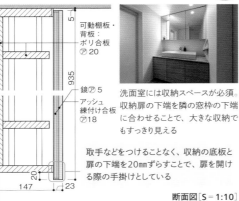

可動棚板・背板：ポリ合板⑦20
鏡⑦5
アッシュ練付け合板⑦18

断面図［S＝1：10］

洗面室には収納スペースが必須。収納扉の下端を隣の窓枠の下端に合わせることで、大きな収納でもすっきり見える

取手などをつけることなく、収納の底板と扉の下端を20mmずらすことで、扉を開ける際の手掛けとしている

8. バックガードを高くして鏡の水垢防止

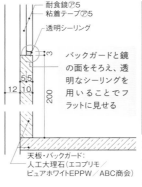

耐食鏡⑦5
粘着テープ⑦5
透明シーリング
バックガードと鏡の面をそろえ、透明なシーリングを用いることでフラットに見せる
天板・バックガード：人工大理石（エコプリモ／ピュアホワイトEPPW／ABC商会）

断面図［S＝1：3］

天板と同じ素材で200mm立ち上げることで、水しぶきでの汚れがつきにくくなるうえ、水栓が鏡に映り込まないのですっきりとした印象に

4　提供：ファンタスティックデザインワークス
5　「CLUB OLGA」設計：ファンタスティックデザインワークス
6　「T百貨店」設計：ワイズ・ラボ
7　「戸塚の住宅」設計：青木律典｜デザインライフ設計室
8　「MS邸」設計・写真：SURF Architects
9　「戸塚の住宅」設計：青木律典｜デザインライフ設計室、写真：花岡慎一

カフェ

1. 小便器の廻りは清掃性重視

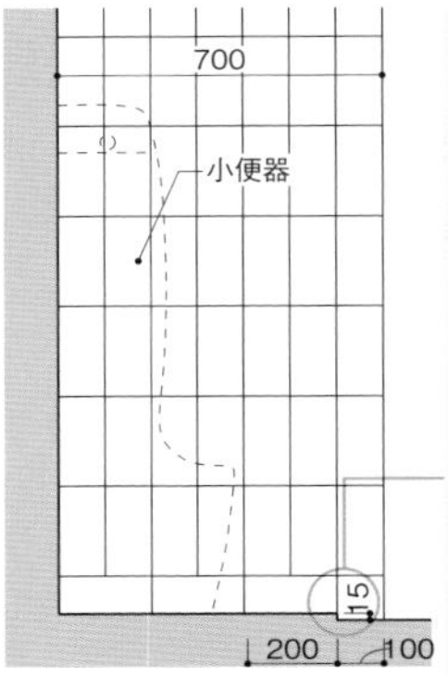
700
小便器
15
200
100

断面図[S＝1:30]

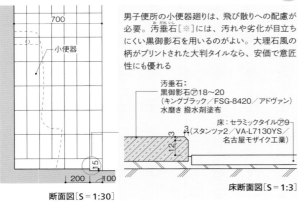

男子便所の小便器廻りは、飛び散りへの配慮が必要。汚垂石（おだれいし）[※]には、汚れや劣化が目立ちにくい黒御影石を用いるのがよい。大理石風の柄がプリントされた大判タイルなら、安価で意匠性にも優れる

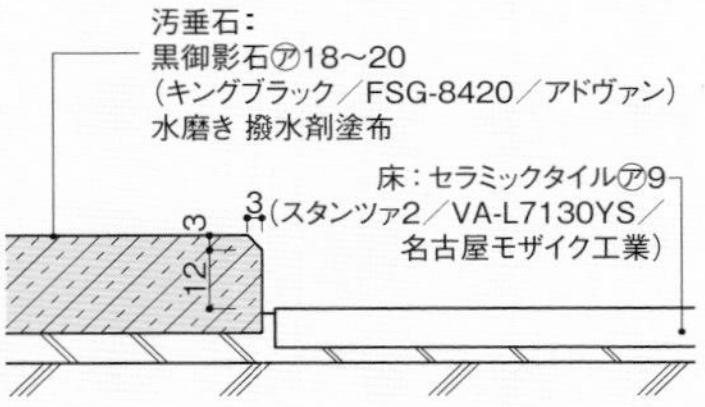
汚垂石：
黒御影石㋐18〜20
（キングブラック／FSG-8420／アドヴァン）
水磨き 撥水剤塗布
床：セラミックタイル㋐9
（スタンツァ2／VA-L7130YS／
名古屋モザイク工業）
3
3
12

床断面図[S＝1:3]

保育園

4. 安全性も考慮して床材を使い分ける

大判タイルは清掃性・撥水性に優れるが、子どもにとってはすべりやすくなる。汚れやすい小便器の廻りのみをタイルとし、ほかは長尺シートと使い分けるのがよい。下地を調整してなるべく段差を小さくし、つまずかないように配慮する

汚れがたまりやすい目地の面積を少なくするため、目地幅は施工性に配慮しつつ3〜5㎜程度に小さくするのがよい。また、便器の真下に目地が通ることがないよう、割付にも注意する

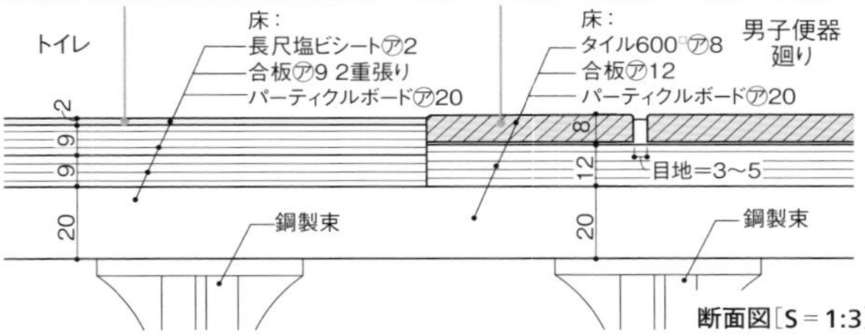
トイレ
床：
長尺塩ビシート㋐2
合板㋐9 2重張り
パーティクルボード㋐20
床：
タイル600□㋐8
合板㋐12
パーティクルボード㋐20
男子便器
廻り
2
9
9
20
8
12
20
目地＝3〜5
鋼製束
鋼製束

断面図[S＝1:3]

非住宅では

住宅とは異なる清掃方法・頻度、根本的な考え方の違いに注意

多くの物販店舗や飲食店では清掃が毎日行われる。加えて、床全体に水をまいてからモップがけをする大がかりな掃除も定期的に行われる。水が大量に流れるので、防水層を設けて床と幅木の接合部からの浸水を防ぐなど工夫が必要だ。また、長尺シートの接着剤は大量の水に弱く、はがれやすくなるため、こうした清掃方法とは相性が悪い。強度も考慮し、御影石などの水に強い石か、タイルを選ぶのが安全だ。

「水に強い」「劣化しにくい」「すべらない」プラス「意匠性」

トイレの床に求められる性能は耐水性・耐久性・安全性（すべらない）が基本だが、ホテルや飲食店では、トイレの清潔さが施設の印象に直結する。タイル仕上げは清掃性に優れるが、目地に汚れがたまりやすい。床の仕上げには大判のタイルを用い、目地面積を減らすようにするとよい。さらには、そもそも汚れが目立ちにくい黒系の色の素材を用いる、排水口はなるべく目立たないように工夫する［次頁6.］など、清掃性だけでなく意匠性にも配慮したい。

7. 住宅ならクッションフロアが定番

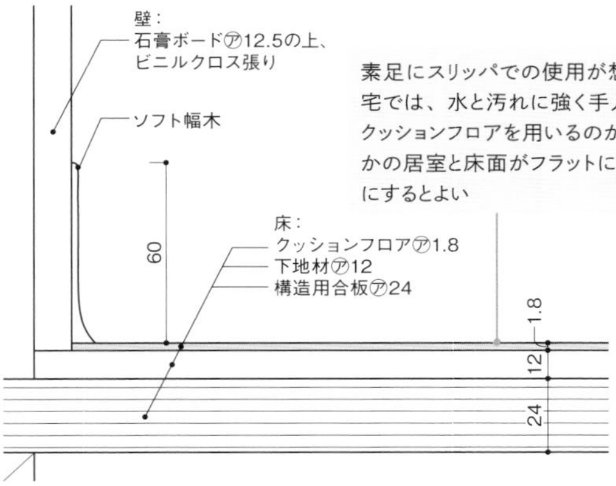
壁：
石膏ボード㋐12.5の上、
ビニルクロス張り
ソフト幅木
60
床：
クッションフロア㋐1.8
下地材㋐12
構造用合板㋐24
1.8
12
24

素足にスリッパでの使用が想定される住宅では、水と汚れに強く手入れしやすいクッションフロアを用いるのが一般的。ほかの居室と床面がフラットにつながるようにするとよい

断面図[S＝1:3]

住宅では

長年使用するトイレでは意匠性よりも清掃性を優先

住宅のトイレは、市販の掃除シートや乾いた雑巾で拭く前提で、清掃性を第一に考える。床と壁の取合い部は汚れがたまりにくい出幅木がよい。床の仕上げに木を使用する場合はオイル塗装か、清掃性をさらに高めるならばウレタン塗装とする。定番のクッションフロアなどのビニル系シートや塩ビタイルは、拭き掃除が簡単なのが長所だ。そのほか、壁仕上げであれば防臭や抗菌など、機能性のクロスを用いるのもよい。

※ 男子便器の周囲で、床の材料を切り替えた部位をさす。用を足す時に飛び散った小便がしみこみにくい素材が使用され、変色や雑菌の繁殖を防止する役割がある

1 「cafe carioca」設計：ファンタスティックデザインワークス
2 「Le Club de Tokyo」設計：ファンタスティックデザインワークス
3 「CLUB OLGA」設計：ファンタスティックデザインワークス

	4	3	2	1
見栄え	3	5	5	5
施工性	4	2	3	3
耐久性	4	5	5	5
メンテナンス性	4	5	5	5
コスト	4	2	2	3

	8	7	6	5
見栄え	3	1	4	4
施工性	4	3	2	3
耐久性	3	4	4	4
メンテナンス性	4	4	4	4
コスト	5	5	3	3

	9
見栄え	3
施工性	5
耐久性	3
メンテナンス性	4
コスト	5

2. 御影石なら幅木は不要

クラブ

床材と同じ御影石を壁材としても使用した納まり。水や汚れに強い素材のため、幅木を設ける必要がなく、すっきりとした意匠に

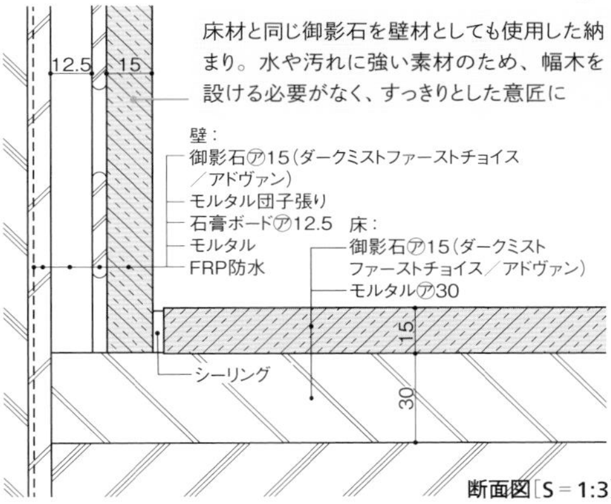
12.5
15
壁:
御影石㋐15(ダークミストファーストチョイス／アドヴァン)
モルタル団子張り
石膏ボード㋐12.5
モルタル
FRP防水
床:
御影石㋐15(ダークミストファーストチョイス／アドヴァン)
モルタル㋐30
15
30
シーリング

断面図[S=1:3]

3. 効率よく清掃できる水返しを

クラブ

飲食店のトイレでは、床一面に水をまいての掃除を定期的に行う。水をまいても水が外に流れ出ないよう、入口には水に強い御影石で水返しをつけるとよい

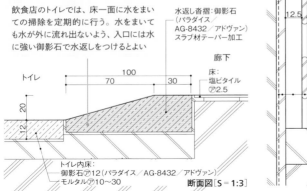

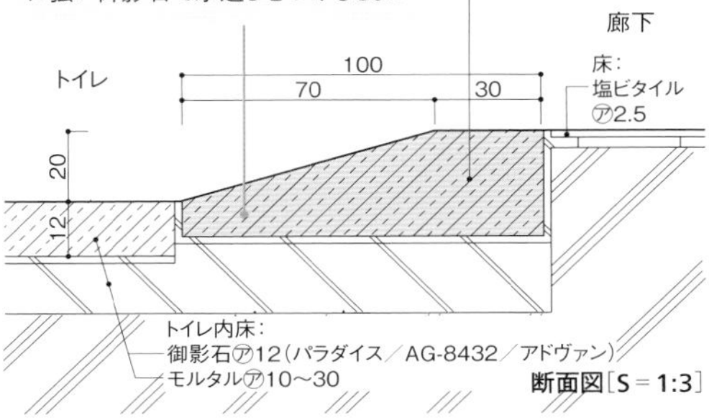
水返し沓摺:御影石
(パラダイス／AG-8432／アドヴァン)
スラブ材テーパー加工
廊下
トイレ
100
70
30
床:
塩ビタイル
㋐2.5
20
12
トイレ内床:
御影石㋐12(パラダイス／AG-8432／アドヴァン)
モルタル㋐10〜30

断面図[S=1:3]

5. セラミックは大量の水にも強い

焼鳥店

水を大量に流して清掃するトイレでは、長尺シートや塩ビタイルだと接着剤がはがれやすくなる。セラミックタイルを用い、接着剤で接着すると耐久性が高まる

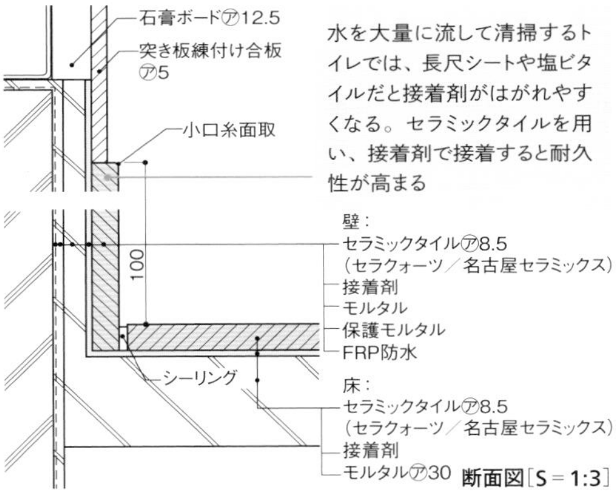
石膏ボード㋐12.5
突き板練付け合板
㋐5
小口糸面取
100
壁:
セラミックタイル㋐8.5
(セラクォーツ／名古屋セラミックス)
接着剤
モルタル
保護モルタル
FRP防水
シーリング
床:
セラミックタイル㋐8.5
(セラクォーツ／名古屋セラミックス)
接着剤
モルタル㋐30

断面図[S=1:3]

6. タイル割りに合わせて排水口を隠す

クラブ

丸型の排水目皿などの場合、排水口を露出させるとタイルを割ることになり、意匠上望ましくない。角型の排水ユニットのふたを、タイルと同じ大きさのパネルに取り替えるとよい

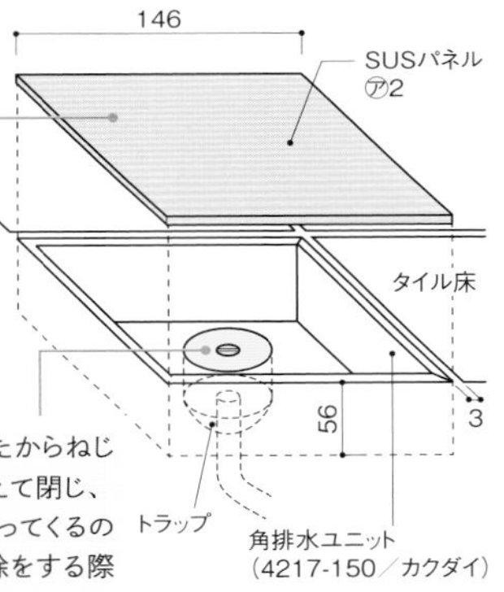
146
SUSパネル
㋐2
タイル床
56
3
トラップ
角排水ユニット
(4217-150／カクダイ)

排水口を孔のあいたふたからねじ込み式のふたに取り替えて閉じ、トラップから臭気が上がってくるのを防ぐ。水を流して掃除をする際はこれを外して行えばよい

トイレ床排水口

8. 子どもには清掃性の高い腰壁が安心

男児がいる家庭の場合は、立って用を足すことを想定して、高さ方向の清掃性に配慮が必要。トイレに付随するカウンターの天端(高さ800㎜程度)に合わせて、水と汚れに強い素材で腰壁を設けると、意匠性と清掃性を両立できる

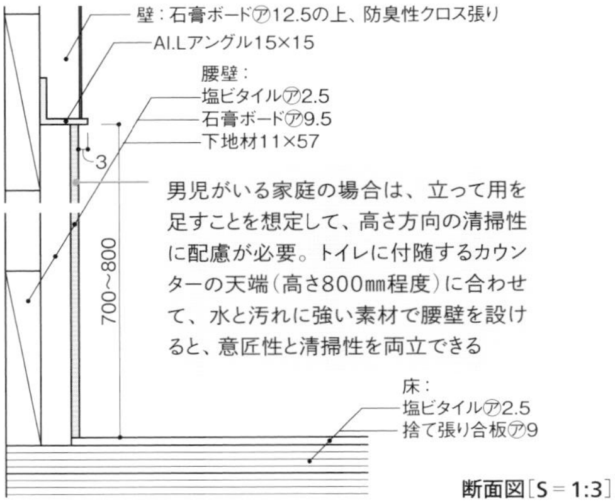
壁:石膏ボード㋐12.5の上、防臭性クロス張り
Al.Lアングル15×15
腰壁:
塩ビタイル㋐2.5
石膏ボード㋐9.5
下地材11×57
3
700〜800
床:
塩ビタイル㋐2.5
捨て張り合板㋐9

断面図[S=1:3]

9. 素材の相性で見切り方を変える

腰壁には塩ビタイル[8.]のほか、拭き取りやすいキッチンパネルなどを、壁には脱臭効果のある調湿タイルなどを用いるのもよい。腰壁の仕上げ材の厚さに合わせて石膏ボードを用いて厚さを調整し、見切アングルの方向を変えて納める

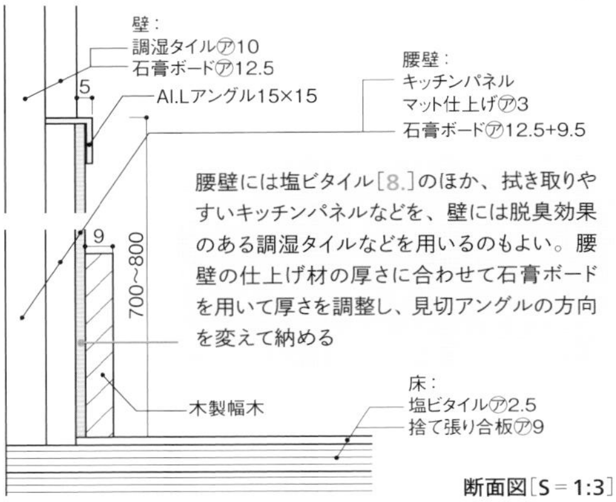
壁:
調湿タイル㋐10
石膏ボード㋐12.5
5
Al.Lアングル15×15
腰壁:
キッチンパネル
マット仕上げ㋐3
石膏ボード㋐12.5+9.5
9
700〜800
木製幅木
床:
塩ビタイル㋐2.5
捨て張り合板㋐9

断面図[S=1:3]

4 「こばとこどもえん」設計:山崎壮一建築設計事務所
5 「焼鶏 しの田」設計:ファンタスティックデザインワークス
6 「FABRIC LOUNGE SHINJUKU」設計:ファンタスティックデザインワークス
7 提供:古谷野工務店
8 提供:SURF Architects
9 提供:SURF Architects

1. 沓摺を設けて洗面室と浴室をフラットに

扉の上部を80mmあけ、蒸気が浴室内にこもらない仕組みとしている[次頁2.]。800×1,400mmと小さな浴室なので、浴室と洗面室の2つの換気設備で対応し、効率的に換気を行う

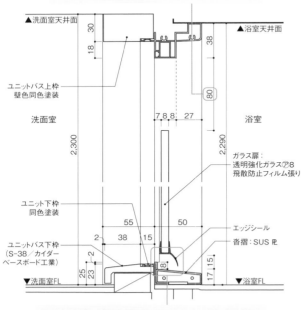

洗面室と浴室の床面をフラットにそろえ、ガラス扉に框を設けない意匠とするため、水に強いステンレスで沓摺を設けた。シャワーから降り注ぐ水はエッジシールで漏出を防ぎ、足元はステンレスを8mm立ち上げて2段構えの防水としている

扉断面図[S＝1:4]

非住宅 では

浴室廻りは5年の耐用年数を見込んでつくるべし

水廻りの耐用年数はほかの用途に比べて短い。とはいえ、数年で修繕が必要となるようなことは避けたい。営業しながらの工事で修繕を行うと工期が長引きやすく、人件費もかさむ。全面リニューアルの場合は営業停止して工事をしなければならず、その間の売上が見込めなくなる。いずれにしても負担の大きさを考えれば、一般的な瑕疵期間の1年ではなく、5年程度の耐用年数を見込んでつくっておきたい。

ホテル では

ホテルならではの高級感を演出。安全性にも十分配慮

土足や室内履きを前提とするホテルの客室でも、浴室は素足での使用が想定される。特にホテルの水廻りは、ガラスや鏡などを使用して高級感を演出することが多い。飛散防止フィルムを張るなど、安全性への対策は十分に講じよう。また、スペースが限られる客室では、シャワーユニットや、浴槽のみのケースが多い。洗面脱衣室も含めた換気システムとして、浴室内に蒸気が籠もらないように配慮したい。

5. ライニングとエプロンの段差に水をためない

ライニングの上面と、浴槽の縁の立上りとの間[次頁6.]に水がたまると、汚れの原因となりやすい。洗い場の排水口側に向かって水勾配を設け、自然に水が洗い場側に流れるようにしている

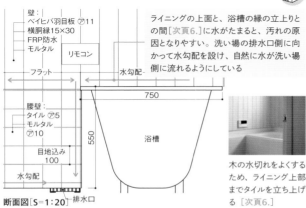

断面図[S＝1:20]

木の水切れをよくするため、ライニング上部までタイルを立ち上げる[次頁6.]

住宅 では

水切れのよい納まりで長もちする工夫を

浴室の仕上げ材は水に強いことが大前提だが、建築主が求める雰囲気を踏まえた選択が大切。硬質な印象のタイルは水に強く、清掃性もよいので床や壁に多く使用される。柔らかい印象としたい場合は天井や壁に木を用いるのがよいが、サワラ、ヒバ、ヒノキなど水に強い樹種を用い、小口から浸水しない納まりを検討する必要がある[次頁6.]。いずれの場合も、水がたまりやすい箇所をつくらない工夫が重要だ。

1　「Mホテル」設計：ワイズ・ラボ
2　「Mホテル」設計：ワイズ・ラボ

	4	3	2	1
見栄え	5	5	5	5
施工性	4	3	1	1
耐久性	4	5	4	4
メンテナンス性	5	5	4	4
コスト	5	3	1	2

	7	6	5
見栄え	5	5	5
施工性	2	3	3
耐久性	3	4	4
メンテナンス性	3	4	4
コスト	3	2	2

ショールーム

4. 防水性と視認性を兼ね備える

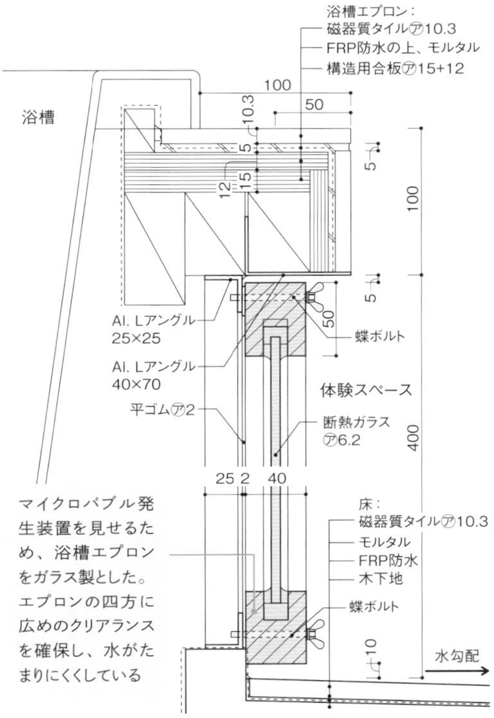
浴槽エプロン:
磁器質タイル㋐10.3
FRP防水の上、モルタル
構造用合板㋐15+12
浴槽
100
50
10.3
5
15
12
5
100
5
50
Al. Lアングル
25×25
Al. Lアングル
40×70
平ゴム㋐2
蝶ボルト
体験スペース
断熱ガラス
㋐6.2
400
25 2 40
床:
磁器質タイル㋐10.3
モルタル
FRP防水
木下地
蝶ボルト
10
水勾配

マイクロバブル発生装置を見せるため、浴槽エプロンをガラス製とした。エプロンの四方に広めのクリアランスを確保し、水がたまりにくくしている

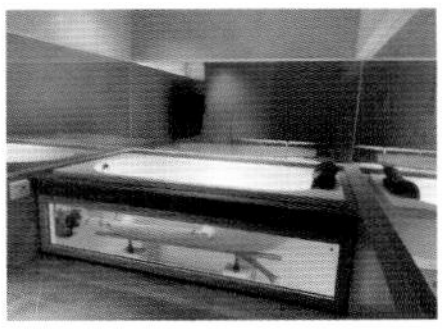

浴槽エプロン断面図[S=1:5]

装置のメンテナンスをしやすくするため、エプロンは完全に取り外せるよう、工具なしでも取り外しできる蝶ボルトを使用

2. ガラス扉は安全に要注意

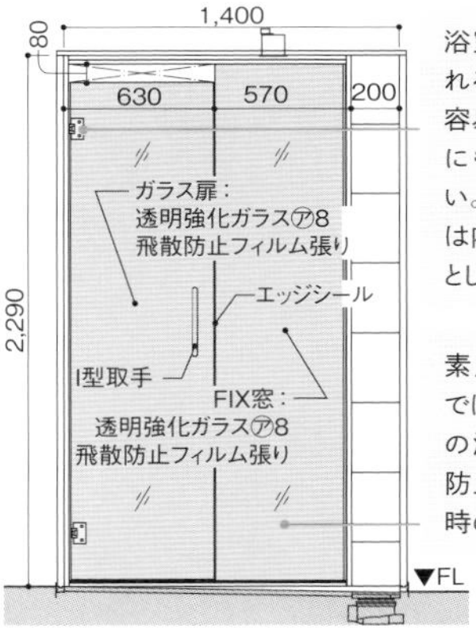
1,400
80
630
570
200
ガラス扉:
透明強化ガラス㋐8
飛散防止フィルム張り
エッジシール
2,290
I型取手
FIX窓:
透明強化ガラス㋐8
飛散防止フィルム張り
▼FL

浴室の扉は、中で人が倒れるなどの事態にそなえ、容易に取り外せるか、外側にも開くようにしておきたい。自由蝶番ならば、普段は内開き、緊急時は外開きとして対応できる

素足で利用する浴室廻りでは、ガラスの扱いに細心の注意を払う。必ず飛散防止フィルムを張り、衝突時の破片の飛び散りを防ぐ

展開図[S=1:50]

ショールーム

3. 防水性と意匠性を備えた左官材

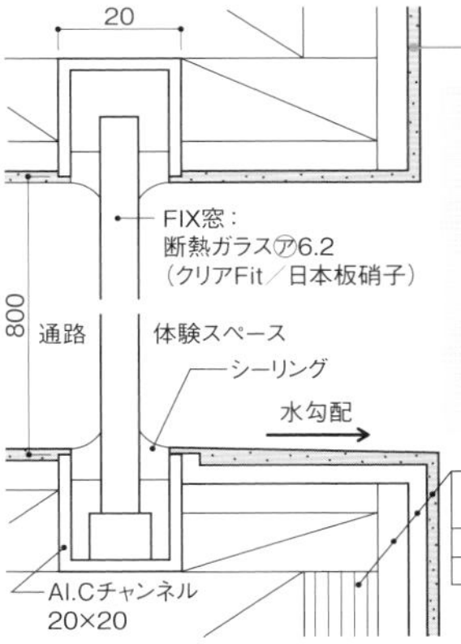
20
FIX窓:
断熱ガラス㋐6.2
(クリアFit/日本板硝子)
800
通路
体験スペース
シーリング
水勾配
Al.Cチャンネル
20×20
特殊セメントモルタル
(MORART/フッコー)
FRP防水㋐3
ケイ酸カルシウム板㋐5
構造用合板㋐12

「MORART」(フッコー)は、モルタル+撥水剤塗布に比べると3.5倍ほどのコストがかかる。しかし浴室に使えば、モルタルの厚さ・割れといったデメリットを補うとともに、防水性も発揮する

断面図[S=1:2]

7. カーテンだけの仕切りでローコストに

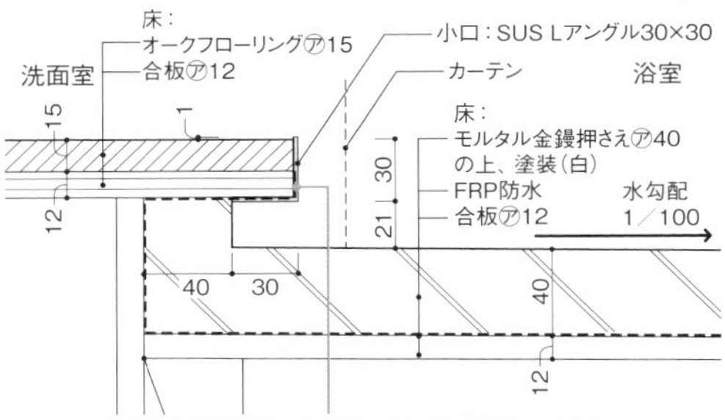
床:
オークフローリング㋐15
合板㋐12
洗面室
15
1
12
小口:SUS Lアングル30×30
カーテン
浴室
床:
モルタル金鏝押さえ㋐40
の上、塗装(白)
FRP防水
合板㋐12
水勾配
1/100
30
21
40
30
40
12

フローリングをステンレスアングルで見切り、水返しを設けて浴室と洗面脱衣室を直接つなげた納まり。カーテンだけで仕切ることができ、浴室を使わない時には開けておけば広く感じられる。コストも抑えられる

断面図[S=1:5]

6. 木の小口は水から離す

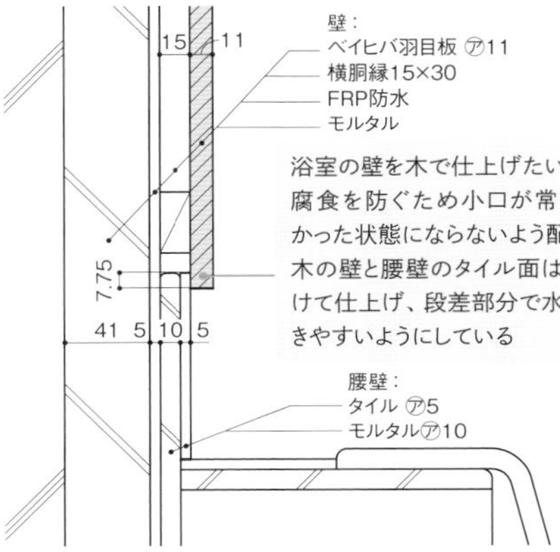
15
11
壁:
ベイヒバ羽目板 ㋐11
横胴縁15×30
FRP防水
モルタル
7.75
41 5 10 5
腰壁:
タイル ㋐5
モルタル㋐10
浴槽

浴室の壁を木で仕上げたい場合は、腐食を防ぐため小口が常に水に浸かった状態にならないよう配慮する。木の壁と腰壁のタイル面は段差をつけて仕上げ、段差部分で水が切れ乾きやすいようにしている

断面図[S=1:5]

3 「堅城」設計:一級建築士事務所ageha.
4 「堅城」設計・写真:一級建築士事務所ageha.
5 「品朴の間」設計・写真:青木律典|デザインライフ設計室
6 「品朴の間」設計:青木律典|デザインライフ設計室
7 「IDUMI」設計:.8/TENHACHI

1. ガイドレールを意匠のなかに溶け込ませる

レストラン

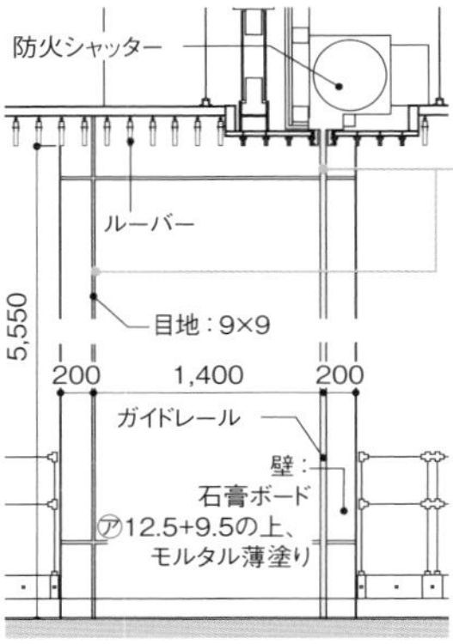
防火シャッター
ルーバー
目地：9×9
5,550
200
1,400
200
ガイドレール
壁：
石膏ボード
㋐12.5+9.5の上、
モルタル薄塗り

展開図[S＝1:80]

柱や壁に出てしまう防火シャッターのガイドレールを目立たせないために、対称的な位置にガイドレールのような目地を意匠として設けている

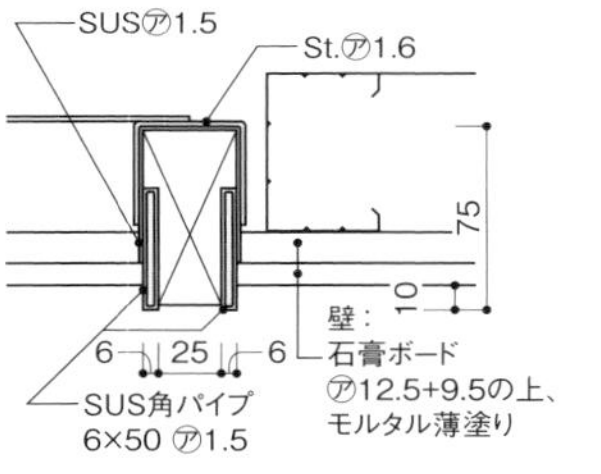
SUS㋐1.5
St.㋐1.6
75
10
壁：
石膏ボード
㋐12.5+9.5の上、
モルタル薄塗り
6
25
6
SUS角パイプ
6×50 ㋐1.5

ガイドレール平面図[S＝1:6]

4. ガイドレールを柱と面一に納める

土産物店

防火シャッターのガイドレールと鋼板の面がなるべく面一に見えるよう、鋼板の塗装と同じ色のシーリングでビス頭を隠す。シャッター稼動時の振動を吸収する役目もある

賃貸物件のため、既存のコンクリート柱を傷つけないように鋼板で柱を覆い、その中に防火シャッターのガイドレールを納めている

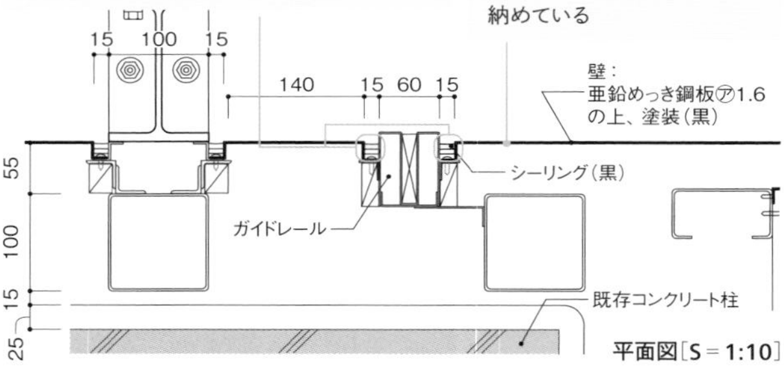
15
100
15
140
15
60
15
壁：
亜鉛めっき鋼板㋐1.6
の上、塗装（黒）
シーリング（黒）
ガイドレール
既存コンクリート柱
55
100
15
25

平面図[S＝1:10]

飲食店では

客に見える部分は意匠性を重視、見えない部分は実用性を重視する

戸枠は、時に内装デザインの統一性を阻害してしまう。意匠性を重視する飲食店では、戸枠を客の視線から隠す納まりがよい[75頁16.]。一方、厨房廻りは、水や油の汚れで劣化しやすいため、ステンレスなどの耐食性に優れた素材を用いるのが鉄則。厨房と客席をつなぐ扉は、スタッフが食器などで両手がふさがった状態で通行することが多い。軽い力で開き、自重で閉まるスイングドアなどを用いるとよい。

オフィスでは

会議に集中できる防音性能は必須 社風に合わせた工夫をプラスする

会議室は防音性能を高めることが基本[16頁]。しかし風通しのよさを重んじる社風の企業では、会議の様子が共有できる透明性などを求められることもある。建築主の要望を確認しつつ、集中できる環境と開放感のバランスのとれた開口を検討したい。また、室温や気圧差など実際の使用環境は、空調の影響で施工時とは異なる。扉が閉まるスピードや振動・音は、空調稼働下で検討することが必須だ。

7. あえて開口枠の見付けを見せる

壁下地と同じ合板で開口枠をつくり、小口見せとした納まり。合板の厚みと同じだけチリを出し、開口枠を縁取るような意匠としている

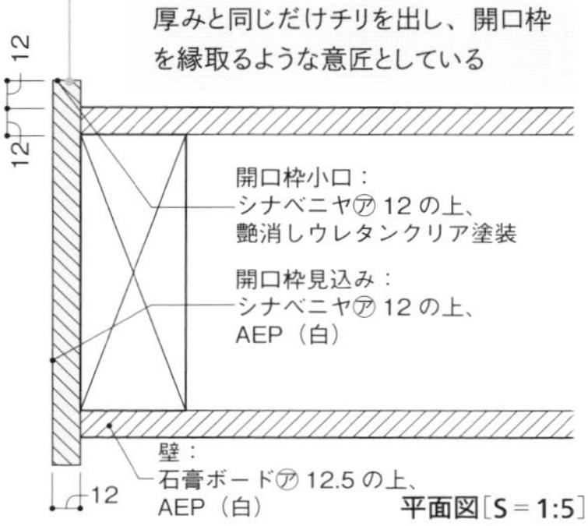
12
12
開口枠小口：
シナベニヤ㋐12の上、
艶消しウレタンクリア塗装
開口枠見込み：
シナベニヤ㋐12の上、
AEP（白）
壁：
石膏ボード㋐12.5の上、
AEP（白）
12

平面図[S＝1:5]

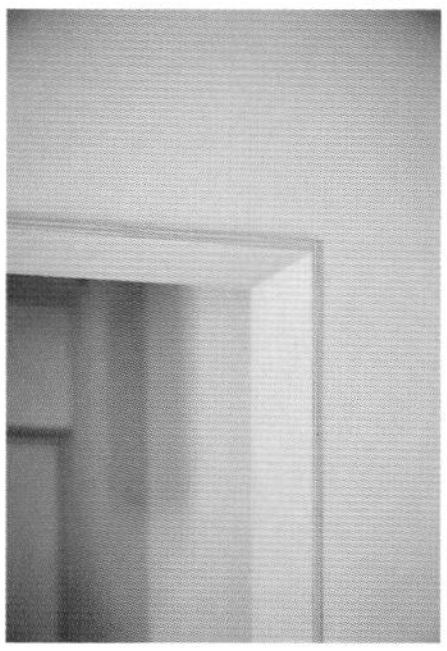

あえて開口枠の存在を際立たせた意匠。施工も容易なのでコストを低く抑えられる

住宅では

戸のタイプは適材適所の選択を！ 戸枠の見付け寸法が意匠の要

住宅の内部建具は、どの部屋をつなぐ開口かによって選び分けることが第一。普段は閉じておく戸ならば開き戸、開放する戸なら引戸や引込み戸と、適したタイプを選択しよう。また住宅全体で統一感のある意匠とするうえで、戸枠は設計者の腕の見せ所。見付け幅は20㎜前後とすることが多いが、10㎜前後にすればシャープに[7.]、太くすれば既製品と調和させることができる[74頁17.]。

1 「都内某ホテル レストラン」本体建物設計：松田平田設計、内装設計：A.N.D.+乃村工藝社
2 「GPSSホールディングス株式会社」設計：DRAFT Inc.、写真：木下誠
3 提供：SAKUMAESHIMA

	4	3	2	1
見栄え	5	5	5	4
施工性	2	3	4	2
耐久性	5	3	3	4
メンテナンス性	4	4	4	3
コスト	2	3	3	2

	8	7	6	5
見栄え	5	5	3	5
施工性	5	3	3	2
耐久性	4	3	3	4
メンテナンス性	4	3	3	4
コスト	5	4	2	2

	9
見栄え	3
施工性	3
耐久性	5
メンテナンス性	4
コスト	1

会議室

2. 徹底的に壁と同化した遊び心ある扉

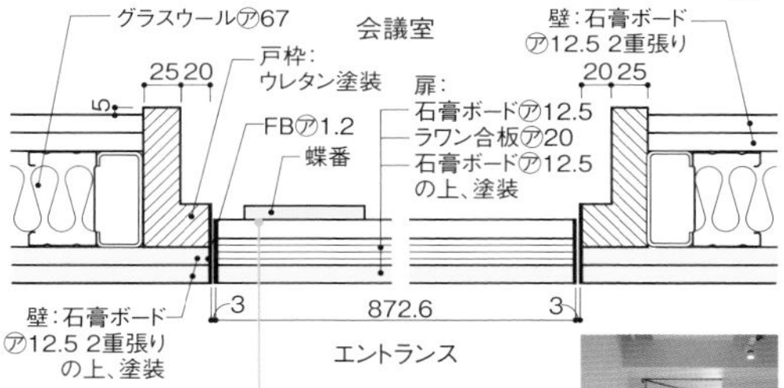
グラスウール㋐67
会議室
壁：石膏ボード
㋐12.5 2重張り
戸枠：
ウレタン塗装
25 20
20 25
5
FB㋐1.2
蝶番
扉：
石膏ボード㋐12.5
ラワン合板㋐20
石膏ボード㋐12.5
の上、塗装
壁：石膏ボード
㋐12.5 2重張り
の上、塗装
3
872.6
3
エントランス

上下蝶番で金具を、壁材を伸ばして戸枠を隠し、壁と扉の表面に同じ材を使用。徹底的に壁と扉を同一に見せている

表面には扉のアートデザインを施し、絵の扉が開くサプライズを演出

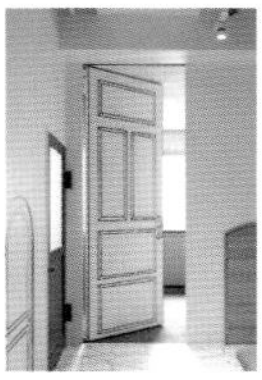

平面図［S＝1:8］

会議室

3. オフィス内の開口部は遮視性に配慮

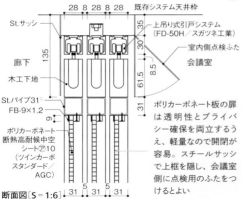

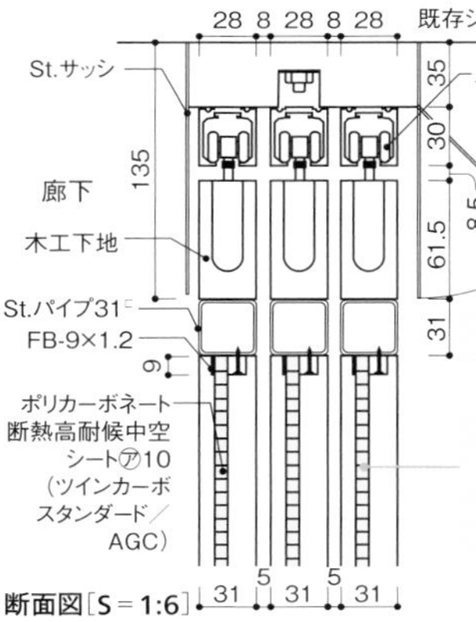
28 8 28 8 28
既存システム天井枠
St.サッシ
上吊り式引戸システム
（FD-50H／スガツネ工業）
室内側点検ふた
会議室
廊下
135
35
30
8.5
61.5
31
木工下地
St.パイプ31□
FB-9×1.2
9
ポリカーボネート
断熱高耐候中空
シート㋐10
（ツインカーボ
スタンダード／
AGC）
31 5 31 5 31

断面図［S＝1:6］

ポリカーボネート板の扉は透明性とプライバシー確保を両立するうえ、軽量なので開閉が容易。スチールサッシで上框を隠し、会議室側に点検用のふたをつけるとよい

客室

5. 扉の防音は素材の切り替え部に注意

壁と戸枠の間にグラスウールを充填することで、開閉時の振動を吸収している

扉の素材を切り替えた部分は音漏れの要因となりやすい。互いに金物で見切ったうえで、框のスチールの継目をガラスとの接合部とずらし、振動が伝わるのを防いでいる

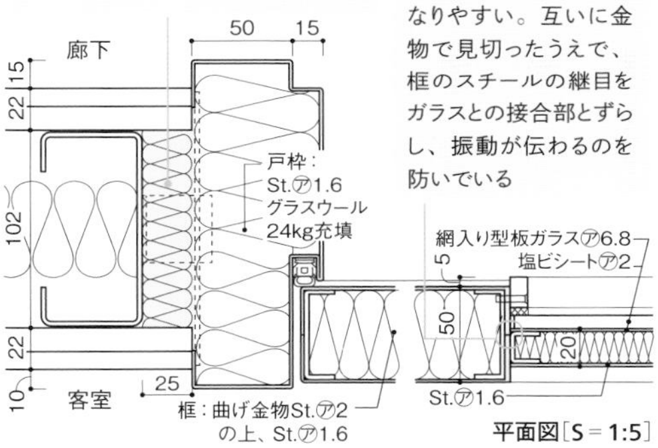
廊下
50 15
15
22
102
22
10
戸枠：
St.㋐1.6
グラスウール
24kg充填
網入り型板ガラス㋐6.8
塩ビシート㋐2
5
50
20
St.㋐1.6
25
客室
框：曲げ金物St.㋐2
の上、St.㋐1.6

平面図［S＝1:5］

映画館

6. 透過性と防音性を両立した窓

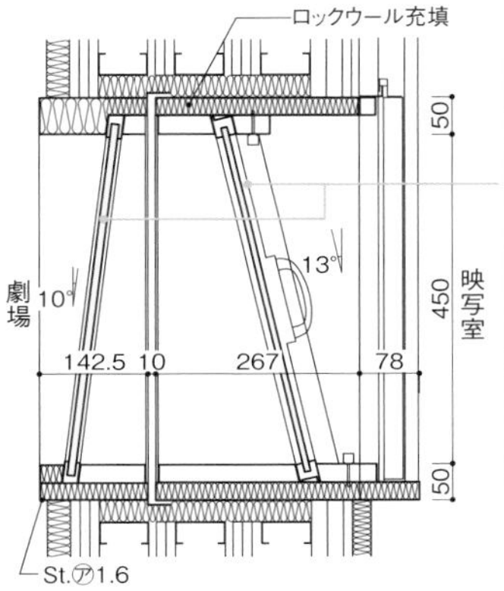
ロックウール充填
50
劇場
10°
13°
450
映写室
142.5 10 267 78
50
St.㋐1.6

映写室から劇場を見通す、特定防火設備の窓。映写時の光が乱反射しないよう、透過率の高い特殊ガラスを用いている。さらに2重ガラスとして、映写機の動作音などが漏れないようにしている

断面図［S＝1:15］

8. 開口枠にクロスを巻き込む

クロスを開口枠の見込みまで巻き込んで仕上げれば、塗装仕上げに比べて壁下地の石膏ボードは1枚で済み、ジョイントテープも不要のため、コストが抑えられる。壁下地と開口枠の取合い部分はパテしごきで処理すると美しく納めることができ、枠のないシャープな開口に見える

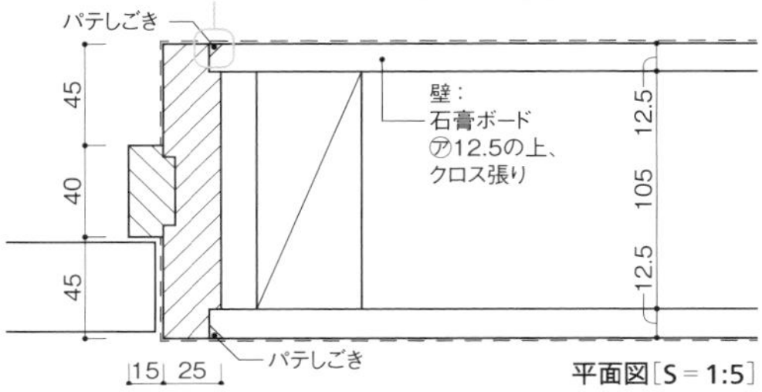
パテしごき
45
40
45
壁：
石膏ボード
㋐12.5の上、
クロス張り
12.5
105
12.5
15 25
パテしごき

平面図［S＝1:5］

防音室

9. 防音性能は開口部が鍵

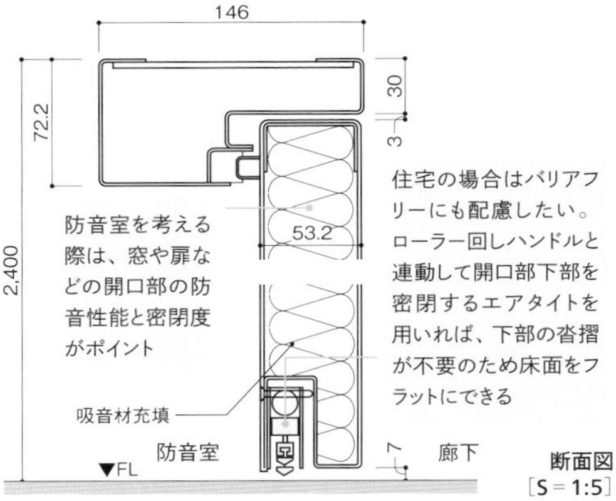
146
30
3
72.2
53.2
2,400
吸音材充填
防音室
廊下
7
▼FL

防音室を考える際は、窓や扉などの開口部の防音性能と密閉度がポイント

住宅の場合はバリアフリーにも配慮したい。ローラー回しハンドルと連動して開口部下部を密閉するエアタイトを用いれば、下部の沓摺が不要のため床面をフラットにできる

断面図［S＝1:5］

4 提供：船場
5 「Cオフィス」設計：ワイズ・ラボ
6 「新宿武蔵野館」設計：キー・オペレーション
7 「IDUMI」設計：.8／TENHACHI、写真：Kenya Chiba
8 提供：小川博央建築都市設計事務所
9 「YD邸」設計：TAGKEN（田口建設）

カフェ

11. 扉の枠をシャープに見せる

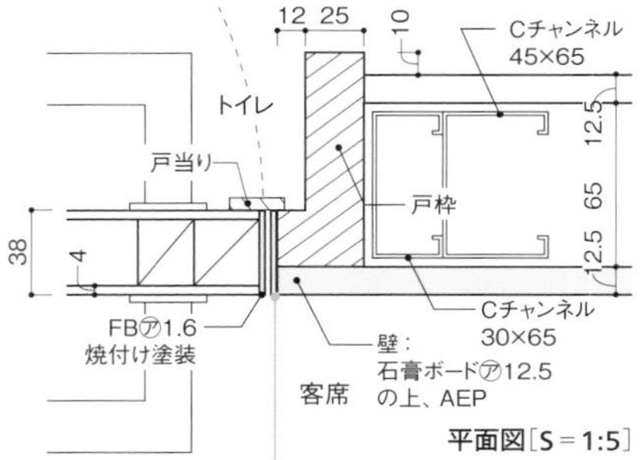
12 25
10
Cチャンネル
45×65
トイレ
戸当り
戸枠
12.5
65
12.5
38
4
Cチャンネル
30×65
FB㋐1.6
焼付け塗装
壁：
石膏ボード㋐12.5
の上、AEP
客席

平面図［S＝1:5］

戸枠と扉の小口にフラットバーを設け、壁の仕上げを伸ばして戸枠を隠す。店内からはフラットバーの小口だけが見え、薄い枠のように見せることができる

10. 間仕切の上部開放で煙感知器を省略

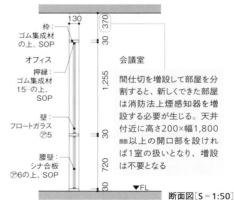

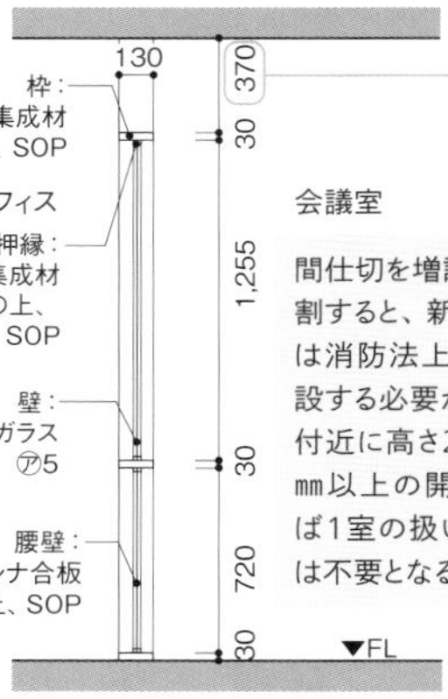
130
370
30
1,255
30
720
30
枠：
ゴム集成材
の上、SOP
オフィス
押縁：
ゴム集成材
15□の上、
SOP
壁：
フロートガラス
㋐5
腰壁：
シナ合板
㋐6の上、SOP
会議室
▼FL

断面図［S＝1:50］

間仕切を増設して部屋を分割すると、新しくできた部屋は消防法上煙感知器を増設する必要が生じる。天井付近に高さ200×幅1,800㎜以上の開口部を設ければ1室の扱いとなり、増設は不要となる

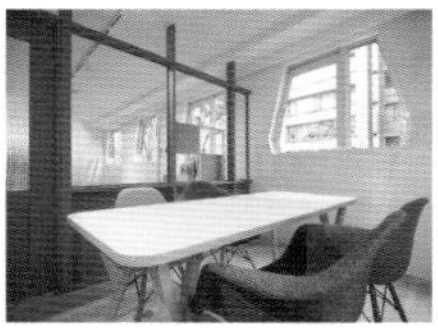

上桟と既製品扉の高さをそろえ、扉とともに現場で同色に塗装。壁と扉を一体にすることで、小さなオフィスでも閉塞感のない間仕切壁になる

動物病院

14. 動物ならではの行動に対策を

犬や猫などの動物が動き回る場所では、壁や戸枠をつめで引っ掻くので仕上げ材に注意が必要。木製戸枠は傷みやすいので、アルミの戸枠ですっきりと納めるのがよい

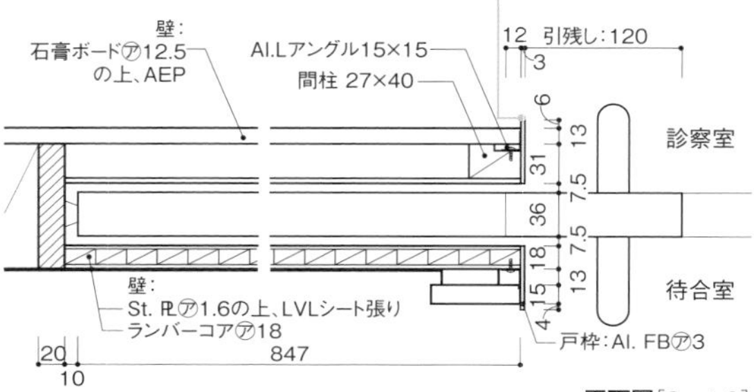
壁：
石膏ボード㋐12.5
の上、AEP
Al.Lアングル15×15
間柱 27×40
12 引残し：120
3
6
13
31
7.5
36
7.5
18
13
15
4
診察室
待合室
壁：
St. PL㋐1.6の上、LVLシート張り
ランバーコア㋐18
戸枠：Al. FB㋐3
20
10
847

平面図［S＝1:8］

保育園

13. 開口枠の角部は角を取って安全性に配慮

子どもが動き回る場所では、衝突したときにけがをしにくいように柱の隅に丸みをつけるなど安全性への配慮が必要

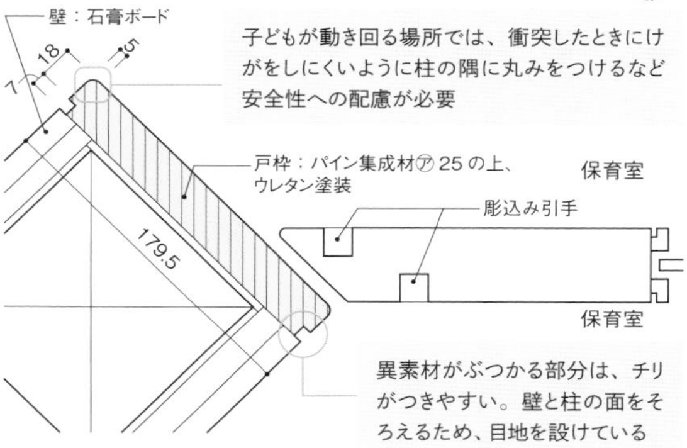
壁：石膏ボード
7
18
5
戸枠：パイン集成材㋐25の上、
ウレタン塗装
179.5
保育室
彫込み引手
保育室

異素材がぶつかる部分は、チリがつきやすい。壁と柱の面をそろえるため、目地を設けている

平面図［S＝1:5］

トイレ

17. 既製品の建具に寄せた寸法計画で住宅全体の意匠の調和を図る

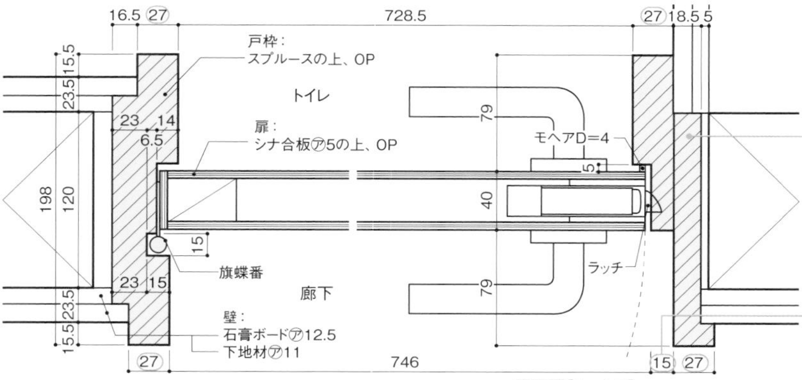
16.5 27
728.5
27 18.5 5
15.5
23.5
23 14
6.5
198
120
15
23 15
23.5
15.5
戸枠：
スプルースの上、OP
トイレ
扉：
シナ合板㋐5の上、OP
79
モヘアD＝4
5
40
79
旗蝶番
ラッチ
廊下
壁：
石膏ボード㋐12.5
下地材㋐11
27
746
15 27

平面図［S＝1:5］

表裏どちらからも見付け幅が27㎜になるように加工した戸枠。住宅全体で木部の見付け幅を太めの寸法に統一することで、25、30㎜といった既製品建具の見付け幅とも調和する意匠とした。さらに旗蝶番が隠れるように納めることで、すっきりとした印象に

トイレの戸は、救助が必要な緊急事態に備えて外開きが基本。開閉時にラッチがこすれて塗装が劣化することを防ぐため、開く側の戸枠はセットバックさせる必要がある。廊下側から見えるほかの内開きの扉と開口幅を統一するため、寸法は15㎜とした

10「ism campus」設計：古谷野工務店、写真：小暮和音
11「comma tea 青山表参道店」設計：Degins JP
12「VogLe」設計・写真：一級建築士事務所ageha.
13「こばとこどもえん」設計：山崎壮一建築設計事務所
14「泉南動物病院」設計：古谷デザイン建築設計事務所

	13	12	11	10
見栄え	4	5	5	3
施工性	2	4	3	4
耐久性	4	5	3	3
メンテナンス性	3	5	4	3
コスト	2	5	3	4

	17	16	15	14
見栄え	4	5	5	5
施工性	4	2	5	3
耐久性	4	3	4	5
メンテナンス性	4	3	5	4
コスト	4	2	5	3

	19	18
見栄え	5	5
施工性	3	2
耐久性	4	4
メンテナンス性	4	3
コスト	3	3

12. コーナー部で素材を切り替える

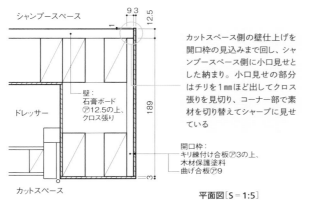

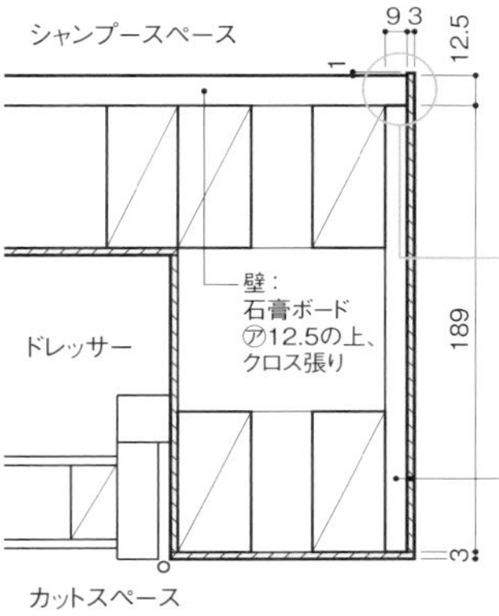
シャンプースペース
9 3
12.5
1
壁：
石膏ボード
㋐12.5の上、
クロス張り
ドレッサー
189
3
カットスペース
開口枠：
キリ練付け合板㋐3の上、
木材保護塗料
曲げ合板㋐9

カットスペース側の壁仕上げを開口枠の見込みまで回し、シャンプースペース側に小口見せとした納まり。小口見せの部分はチリを1㎜ほど出してクロス張りを見切り、コーナー部で素材を切り替えてシャープに見せている

平面図[S＝1:5]

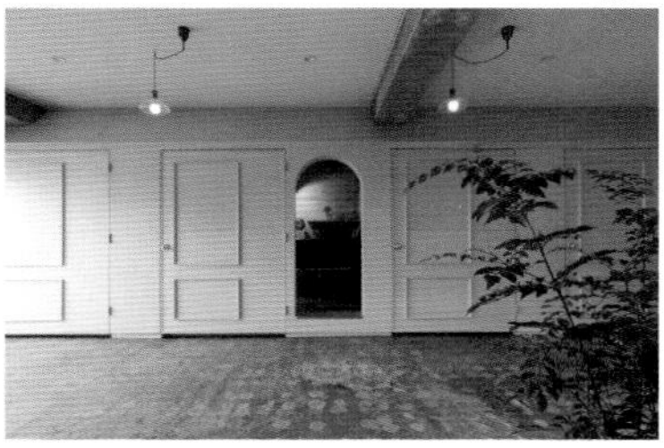

カットスペースからシャンプースペース（奥）を見る。開口枠の仕上げ材のジョイントがずれると角が出てしまい、開口のラインを阻害してしまうので、アーチ開口の場合はジョイントが直線部分にくるようにすると美しく納められる。開口脇の扉は、開けるとドレッサーが現れ、カットスペースの間仕切壁にもなる

ショールーム

16. フラットな意匠でスマートに

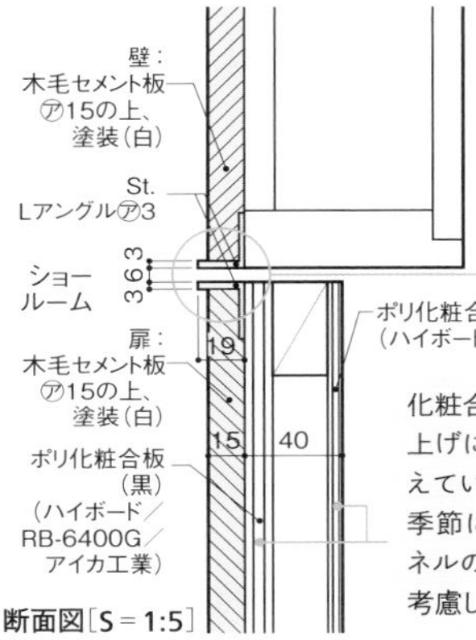
壁：
木毛セメント板
㋐15の上、
塗装（白）
St.
Lアングル㋐3
3 6 3
ショー
ルーム
扉：
木毛セメント板
㋐15の上、
塗装（白）
19
15
40
ポリ化粧合板
（黒）
（ハイボード／
RB-6400G／
アイカ工業）
バックヤード
ポリ化粧合板（白）
（ハイボード／RB-5414G／アイカ工業）

扉の木枠を隠しつつ、仕上げ材と見切り材を壁と統一することで壁と扉を一体化させたデザインとしている

化粧合板は、室内と外観の仕上げに合わせて内外で色を変えている。木毛セメント板は季節により伸縮するため、パネルの隙間から見えた状態も考慮して色を選択している

断面図[S＝1:5]

酵素風呂

15. 決りで気密性を高める

酵素風呂施設の部屋と廊下を区切る扉。においや湿気・熱が外にもれないよう、四方に決りとパッキンを設けて気密性を高めている。植毛加工のパッキンは、ゴム製のものに比べ結露を起こしにくい

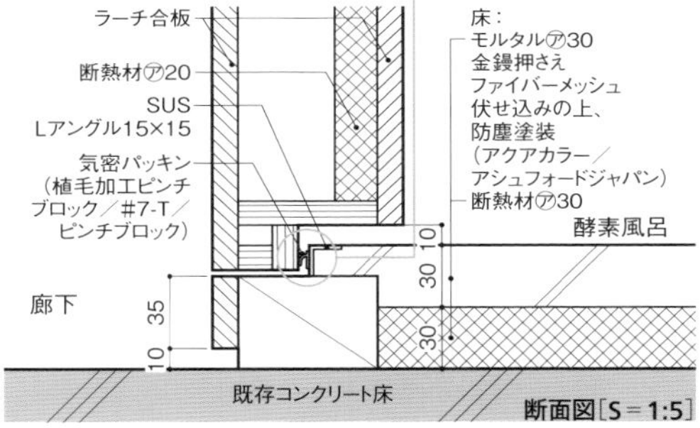
ラーチ合板
断熱材㋐20
SUS
Lアングル15×15
気密パッキン
（植毛加工ピンチ
ブロック／#7-T／
ピンチブロック）
床：
モルタル㋐30
金鏝押さえ
ファイバーメッシュ
伏せ込みの上、
防塵塗装
（アクアカラー／
アシュフォードジャパン）
断熱材㋐30
酵素風呂
廊下
10
30
30
35
10
既存コンクリート床

断面図[S＝1:5]

19. 更新性抜群の簡易な内部建具

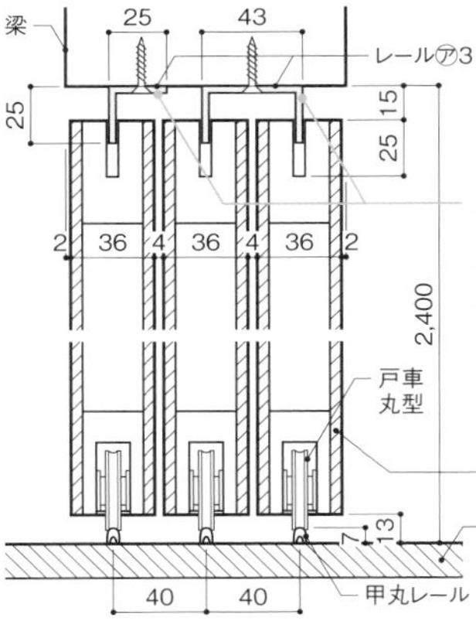
梁
25
43
レール㋐3 皿ビス孔加工
25
15
25
2
36
4
36
4
36
2
2,400
戸車
丸型
戸：
ラワン合板㋐5
床：
フローリング
7
13
40
40
甲丸レール

梁にレールをビス留めしただけの簡易な建具。レールを移動・追加すれば、将来の間取り変更が容易に対応できる

断面図[S＝1:5]

18. カーペットにレールを埋め込む

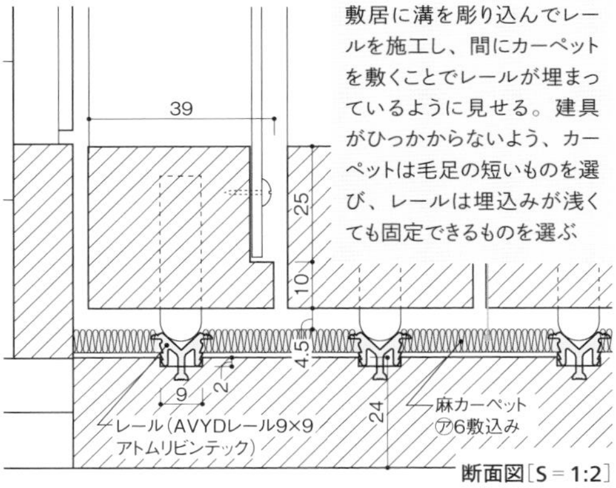
39
25
10
4.5
9
2
24
レール（AVYDレール9×9
アトムリビンテック）
麻カーペット
㋐6敷込み

敷居に溝を彫り込んでレールを施工し、間にカーペットを敷くことでレールが埋まっているように見せる。建具がひっかからないよう、カーペットは毛足の短いものを選び、レールは埋込みが浅くても固定できるものを選ぶ

断面図[S＝1:2]

15「米ぬか酵素 zan」設計：一級建築士事務所ageha.
16 提供：SAKUMAESHIMA
17「MS邸」設計：SURF Architects
18「TWIST」設計：カスヤアーキテクツオフィス（KAO）
19「小俣邸」設計：SAKUMAESHIMA

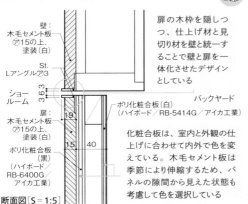

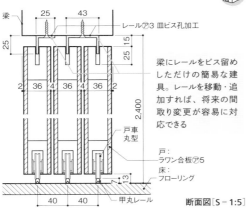

非住宅では

物件の顔となる外部開口部は コストがかかっても意匠性を優先!

外部開口部は、その物件の第一印象を大きく左右する。意匠性を保つため、自動扉やサッシは框を壁や床に飲み込ませ、見せないようにすることが多い。自動扉なら、モーター部分を壁面と同じ仕上げとしたり、下レールを細い溝にする仕上げ［2.］にしたりすると目立たない。物販店舗では建具などの既製品を使うことはあまりない。意匠重視で特注でつくることが多いが、その分保証は薄いので注意。

既存設備との取合いも意識し 外的要因から守る納まりを

エントランスや防火シャッターなど、既存設備との折り合いをよくするために、見切の取り付けやシーリング処理を施す。外気にさらされ天候の影響も大きく受けるので、扉や窓廻りには断熱対策［81頁16.］や、雨水などが室内に浸水しない工夫［次頁4.］などが必要。また自動ドアには衝突防止シールを張ったり、引込み防止ポールを設けたりして、不特定多数の老若男女が利用することを考慮した安全対策をしっかりと講じたい。

1. きりっとした外観をつくる

書店

サッシ枠をなるべくシャープに見せるとともに、素材感と立体的な陰影がつく部材寸法としている

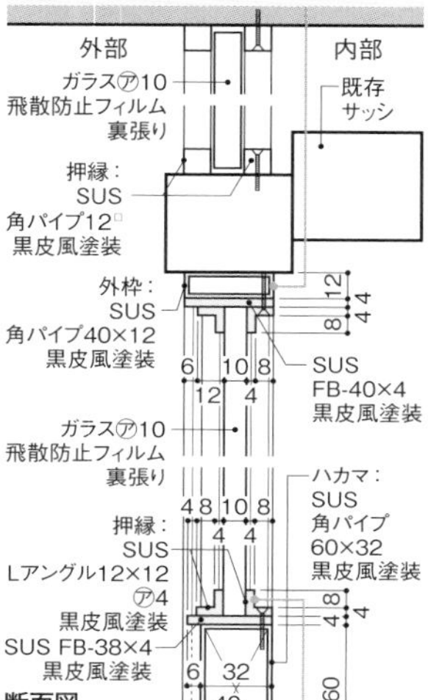

外部
内部
ガラス㋐10
飛散防止フィルム
裏張り
既存
サッシ
押縁：
SUS
角パイプ12□
黒皮風塗装
外枠：
SUS
角パイプ40×12
黒皮風塗装
SUS
FB-40×4
黒皮風塗装
ガラス㋐10
飛散防止フィルム
裏張り
ハカマ：
SUS
角パイプ
60×32
黒皮風塗装
押縁：
SUS
Lアングル12×12
㋐4
黒皮風塗装
SUS FB-38×4
黒皮風塗装
12
4
8
4
6
10
8
12
4
4
8
10
8
4
4
4
8
4
6
32
40
60

断面図［S＝1:5］

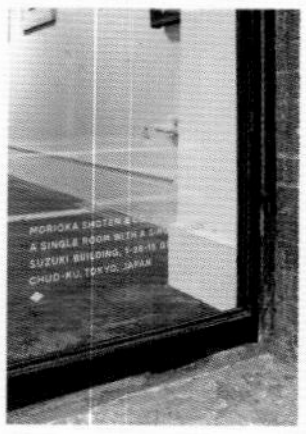

シリコンを使用せずLアングルのみで留めているため、余計な線が出ずすっきりとした納まりを実現している

2. レールをアルミアングルで納める

薬局

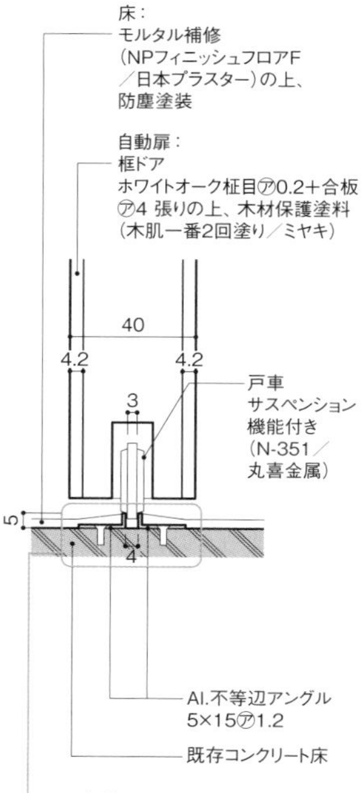

床：
モルタル補修
（NPフィニッシュフロアF
／日本プラスター）の上、
防塵塗装
自動扉：
框ドア
ホワイトオーク柾目㋐0.2+合板
㋐4 張りの上、木材保護塗料
（木肌一番2回塗り／ミヤキ）
40
4.2
4.2
3
戸車
サスペンション
機能付き
（N-351／
丸喜金属）
5
4
Al.不等辺アングル
5×15㋐1.2
既存コンクリート床

自動扉レール詳細図［S＝1:3］

引戸で一般的な下部レールを設置すると、幅45㎜程度、高さ3㎜の長いレールが見えてしまう。レールの存在感をなくすため、アルミアングルを用い、床に溝を残すのみの仕上がりとした［※］。レールの高さをなくすことで、バリアフリーにも配慮

住宅では

性能を確保し、かつ 内外からの見た目にも配慮したい

外部開口部（製作）の枠廻りには気密材を使用するなど、断熱性・気密性への配慮が不可欠。より高断熱・高気密としたい場合は既製品を選択する。玄関戸を木製とすれば外観の表情がつくりやすい。窓は、室内の機能や用途に応じて大きさや配置を考えることが第一ではあるが、家の外観をつくる大事な要素でもあるので、内外のバランスも重視したい。外壁と一体となる工夫をして、外観を整える手もある。

5. 外壁とシャッターを同化させる

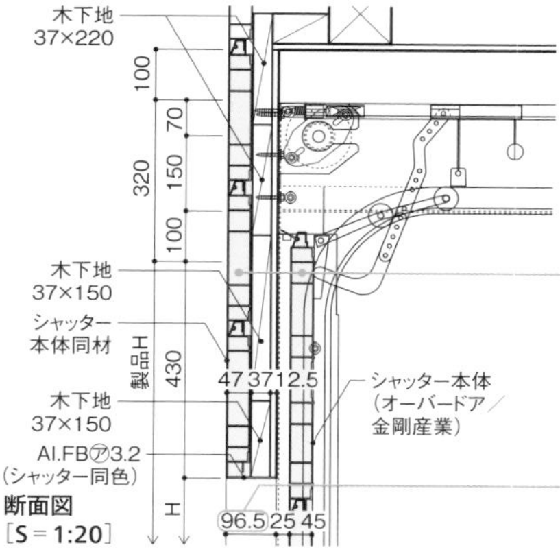

木下地
37×220
100
70
320
150
100
木下地
37×150
シャッター
本体同材
製品H
430
47
37
12.5
木下地
37×150
Al.FB㋐3.2
（シャッター同色）
H
96.5
25
45
シャッター本体
（オーバードア／
金剛産業）

断面図
［S＝1:20］

シャッターのスラットを外壁にも使用して連続性をもたせ、シャッターの設備感を薄めるとともに外観の意匠を整えている

シャッターと上部のスラット張り面の段差や見切を極力小さくし、左右の壁の板張りの目地と合わせるよう考慮した

※ 下部レールを設けない自動扉もあるが、風などの影響を考慮し、木製框ドアの反りを抑えるため、上下2点ずつの振れ止めを兼ねた下部レールは不可欠と考えた。施工の際、溝の中に左官仕上げなどが入らないように留意する

1 「森岡書店」設計：cmyk Interior & Product、写真：ナカサアンドパートナーズ
2 「三木青雲堂薬局」設計：一級建築士事務所ageha.
3 「ATON AOYAMA」設計：ケース・リアル、写真：水崎浩志
4 「Hair Salon SUNNY」設計：古谷野工務店、写真：古谷野裕一

	4	3	2	1
見栄え	4	5	5	4
施工性	2	3	5	3
耐久性	2	5	4	5
メンテナンス性	3	4	4	5
コスト	3	2	5	4

	7	6	5
見栄え	4	5	5
施工性	4	3	2
耐久性	5	5	4
メンテナンス性	5	4	4
コスト	5	3	3

4. 低コストにエントランス扉をつくる

予算が限られていたため、エントランスの既存シャッターなどを残したまま、既存建具枠を新規の枠で覆って引戸を設置。上枠は強度を補うためスチールプレートを挟み込んでいる

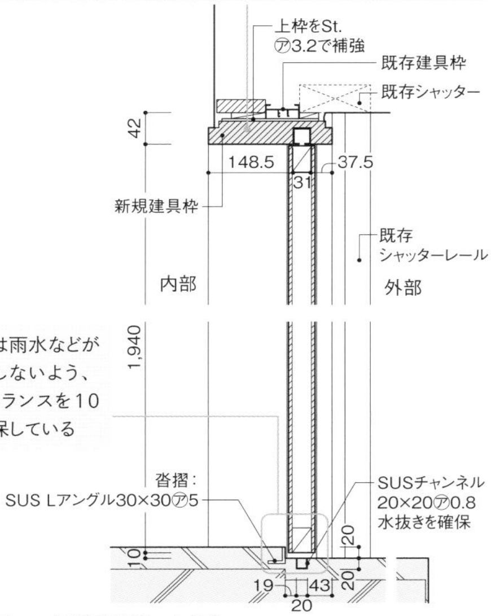

上枠をSt.
㋐3.2で補強
既存建具枠
既存シャッター
42
148.5
31
37.5
新規建具枠
既存
シャッターレール
内部
外部
1,940
沓摺：
SUS Lアングル30×30㋐5
SUSチャンネル
20×20㋐0.8
水抜きを確保
10
20
19
43
20
20

下部は雨水などが浸入しないよう、クリアランスを10㎜確保している

エントランス扉断面図［S＝1:15］

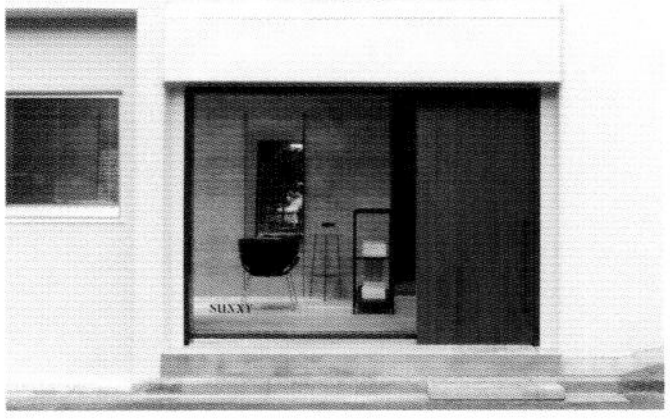

エントランスの引戸横はFIXガラスで内部が見えるファサードとした。コストを抑えながら意匠性を高めた

3. 既存サッシとなじませる

アパレル

既存サッシとなじむよう、新設した自動扉のエンジンボックスを既存サッシの色と合わせて焼付け塗装にした。また、撤去したサッシ（開き戸）がもともとあった部分をすべて既存サッシと同色に焼き付けたプレートで覆い、既存サッシと一体に見えるようにしている

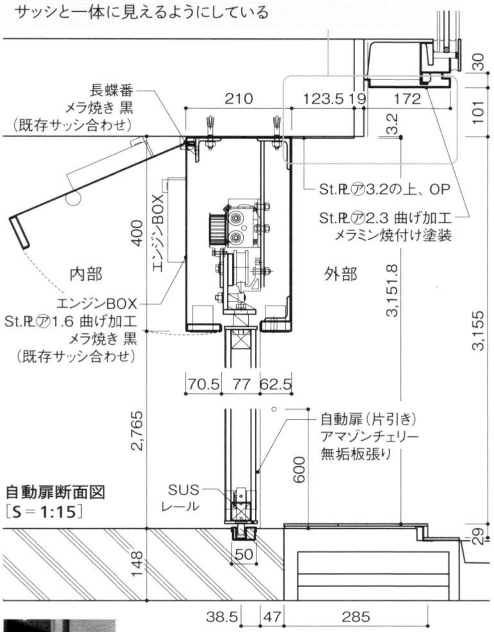

長蝶番
メラ焼き 黒
（既存サッシ合わせ）
210
123.5
19
172
30
101
3.2
St.PL㋐3.2の上、OP
St.PL㋐2.3 曲げ加工
メラミン焼付け塗装
400
エンジンBOX
内部
外部
エンジンBOX
St.PL㋐1.6 曲げ加工
メラ焼き 黒
（既存サッシ合わせ）
3,151.8
3,155
70.5
77
62.5
自動扉（片引き）
アマゾンチェリー
無垢板張り
2,765
600
SUS
レール
29
148
50
38.5
47
285

自動扉断面図［S＝1:15］

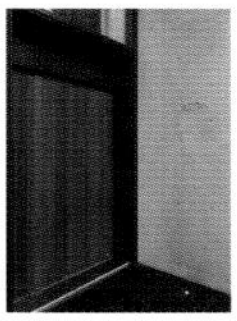

既存サッシと自動扉のエンジンボックスとを同色の塗装としているので、サッシ全体でひとかたまりに見える。また、扉の仕上げにアマゾンチェリーを張ったことで意匠のアクセントになっている

7. 玄関引戸の気密をUP

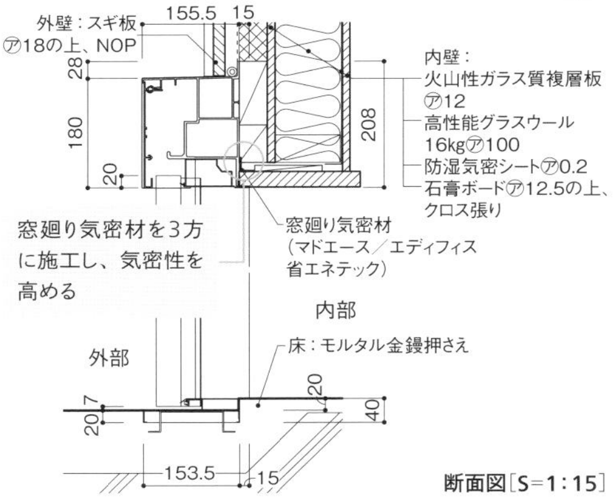

外壁：スギ板
㋐18の上、NOP
155.5
15
28
180
20
208
内壁：
火山性ガラス質複層板
㋐12
高性能グラスウール
16kg㋐100
防湿気密シート㋐0.2
石膏ボード㋐12.5の上、
クロス張り
窓廻り気密材
（マドエース／エディフィス
省エネテック）
内部
外部
床：モルタル金鏝押さえ
7
20
20
40
153.5
15

窓廻り気密材を3方に施工し、気密性を高める

断面図［S＝1：15］

6. 車庫のシャッターをすっきり納める

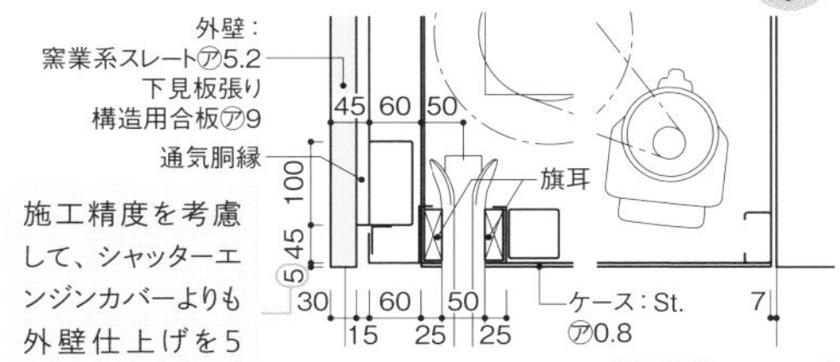

外壁：
窯業系スレート㋐5.2
下見板張り
構造用合板㋐9
通気胴縁
45
60
50
100
45
5
旗耳
30
60
50
15
25
25
ケース：St.
㋐0.8
7

施工精度を考慮して、シャッターエンジンカバーよりも外壁仕上げを5㎜勝たせておく

断面図［S＝1:15］

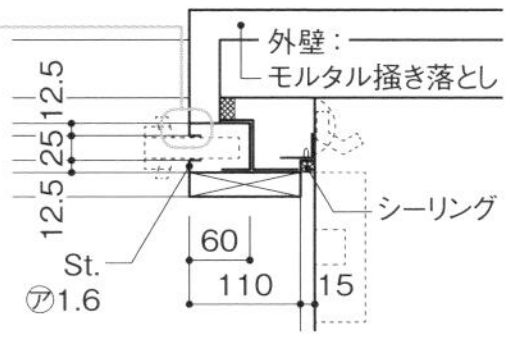

外壁：
モルタル掻き落とし
12.5
25
12.5
シーリング
60
110
15
St.
㋐1.6

壁は左官仕上げで枠をガイドにしてきれいに納めることが可能なので、面一で納めている

平面図［S＝1:15］

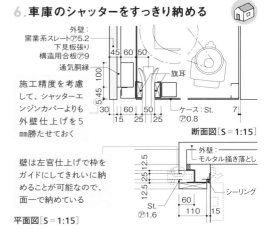

5 「深大寺ガーデン」設計：古谷デザイン建築設計事務所
6 「中央の家」設計：石川素樹建築設計事務所
7 「市営松山町住宅」設計：設計チーム木

8. 庇替わりの門型フレーム

カフェ

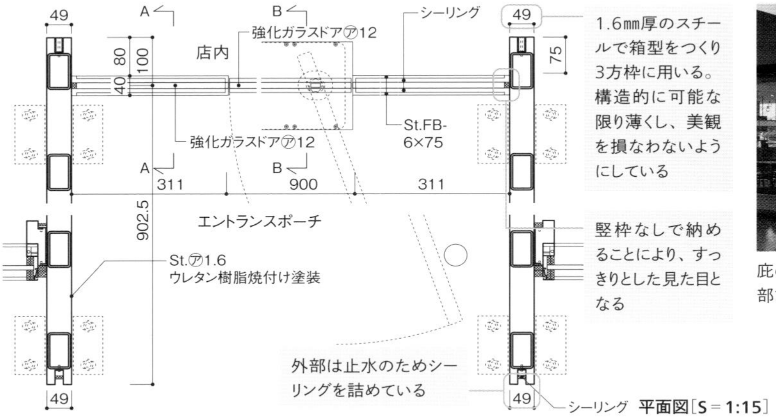
49
A
B
強化ガラスドア㋐12
シーリング
49
80
100
40
店内
75
1.6mm厚のスチールで箱型をつくり3方枠に用いる。構造的に可能な限り薄くし、美観を損なわないようにしている
St.FB-6×75
強化ガラスドア㋐12
311
900
311
902.5
エントランスポーチ
St.㋐1.6
ウレタン樹脂焼付け塗装
竪枠なしで納めることにより、すっきりとした見た目となる
外部は止水のためシーリングを詰めている
49
シーリング
平面図［S＝1:15］

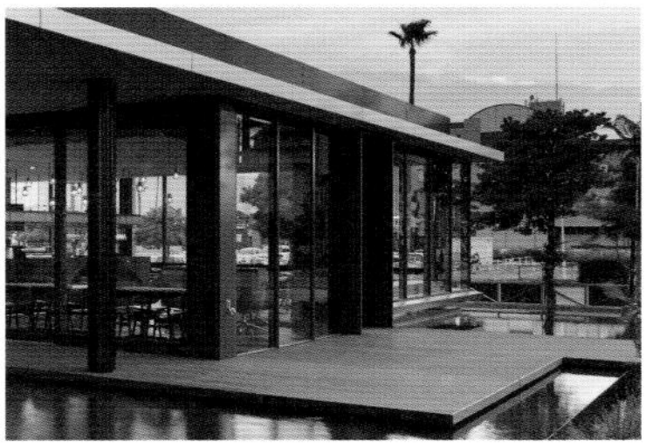

庇の出があまりない入口のため、門型フレームを内部まで入れ込むことで雨除けとなる場所を確保した

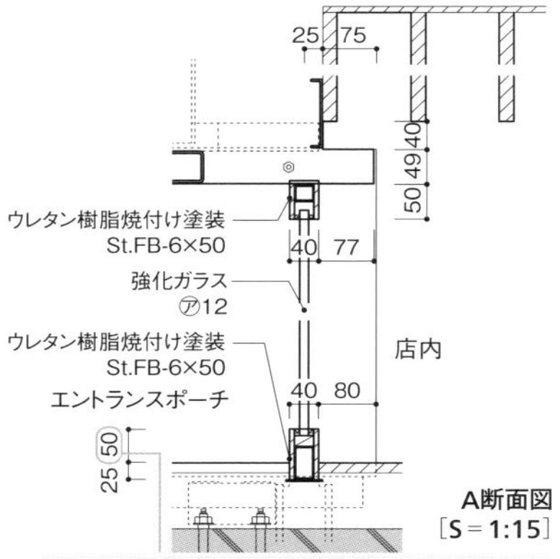
25
75
40
49
50
ウレタン樹脂焼付け塗装
St.FB-6×50
40
77
強化ガラス
㋐12
ウレタン樹脂焼付け塗装
St.FB-6×50
店内
40
80
エントランスポーチ
50
25
A断面図
［S＝1:15］

下枠は3方枠の49mmという見付けとほぼそろえることで、見た目に統一感を生んでいる

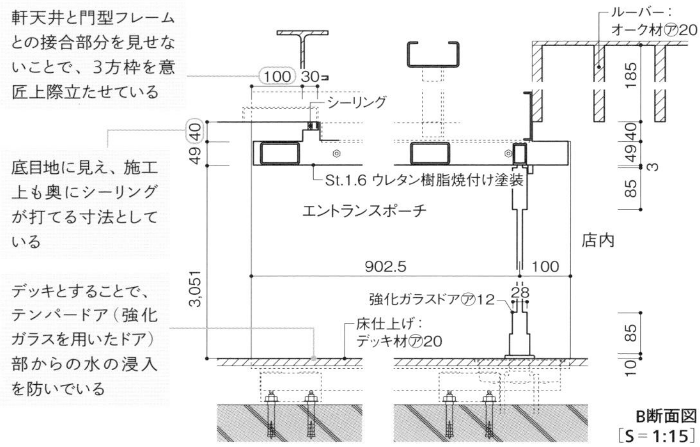
軒天井と門型フレームとの接合部分を見せないことで、3方枠を意匠上際立たせている
底目地に見え、施工上も奥にシーリングが打てる寸法としている
デッキとすることで、テンパードア（強化ガラスを用いたドア）部からの水の浸入を防いでいる
100
30
シーリング
40
49
St.1.6 ウレタン樹脂焼付け塗装
エントランスポーチ
3,051
902.5
100
28
強化ガラスドア㋐12
床仕上げ：
デッキ材㋐20
ルーバー：
オーク材㋐20
185
40
49
3
85
店内
85
10
B断面図
［S＝1:15］

11. サッシ枠を隠す

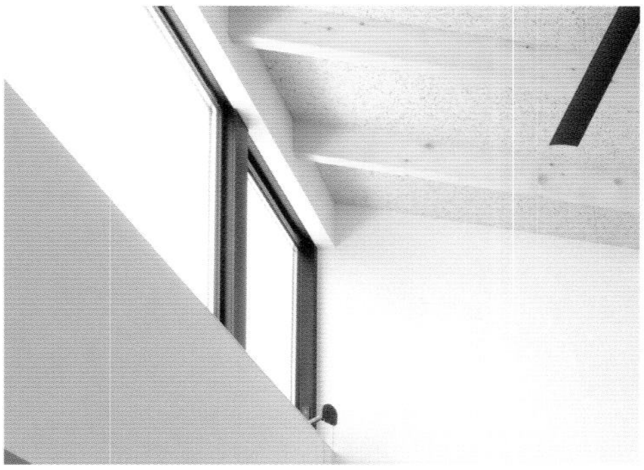

窓枠がなく壁面がサッシまで伸びていくのですっきりとした見た目になる

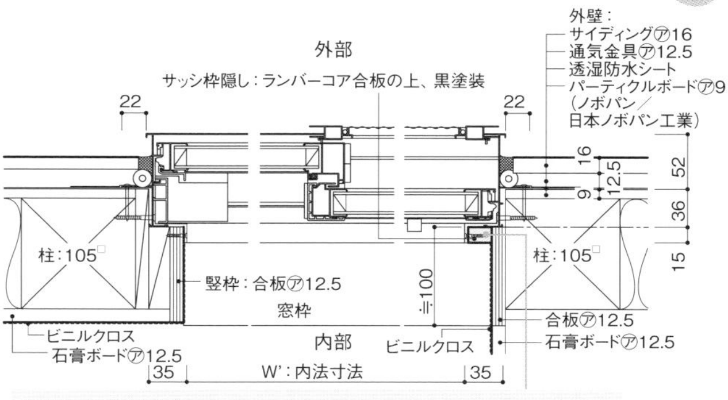
外部
サッシ枠隠し：ランバーコア合板の上、黒塗装
外壁：
サイディング㋐16
通気金具㋐12.5
透湿防水シート
パーティクルボード㋐9
（ノボパン／
日本ノボパン工業）
22
22
16
12.5
9
52
36
15
柱：105□
柱：105□
竪枠：合板㋐12.5
窓枠
≒100
ビニルクロス
石膏ボード㋐12.5
内部
ビニルクロス
合板㋐12.5
石膏ボード㋐12.5
35
W'：内法寸法
35

竪枠をなくし合板とランバーコアで代用している。ランバーコア表面をサッシと同色にすることでサッシと一体化して見え、目立たない

［S＝1:8］

8 「メルセデス・ベンツ 和歌山」設計：Degins JP、写真：ナカサアンドパートナーズ
9 「Aqua garden」設計：小川博央建築都市設計事務所
10 「san grams」設計：小川博央建築都市設計事務所

	11	10	9	8
見栄え	5	5	5	5
施工性	5	4	3	4
耐久性	5	5	5	4
メンテナンス性	5	3	3	3
コスト	5	5	2	3

	13	12
見栄え	4	4
施工性	3	4
耐久性	3	3
メンテナンス性	3	4
コスト	4	3

10. ガラスのみの壁面にする

カフェ

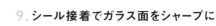

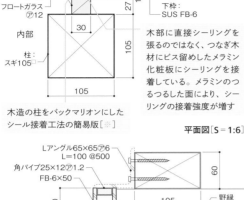

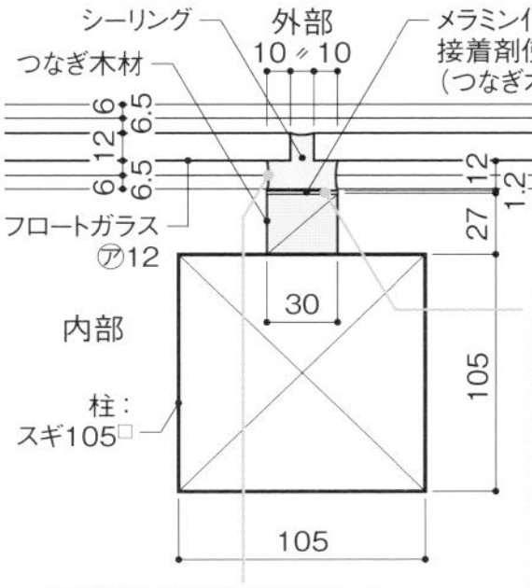
シーリング
外部
10
10
メラミン化粧板(黒艶)㋐1.2
接着剤使用の上、正面からビス留め
(つなぎ木材を貫通して柱と固定)
つなぎ木材
6
6.5
12
6.5
6
6.5
12
12
フロートガラス
㋐12
27
下枠:
SUS FB-6
30
内部
105
柱:
スギ105□
105

木部に直接シーリングを張るのではなく、つなぎ木材にビス留めしたメラミン化粧板にシーリングを接着している。メラミンのつるつるした面により、シーリングの接着強度が増す

木造の柱をバックマリオンにしたシール接着工法の簡易版[※]

平面図[S=1:6]

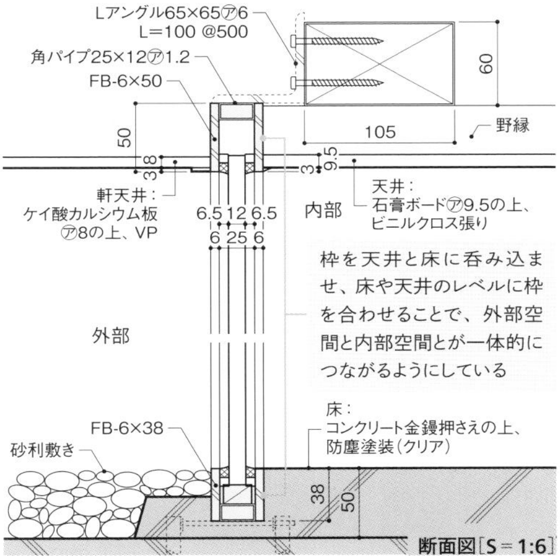
Lアングル65×65㋐6
L=100 @500
角パイプ25×12㋐1.2
FB-6×50
60
105
野縁
50
3
8
3
9.5
軒天井:
ケイ酸カルシウム板
㋐8の上、VP
6.5 12 6.5
6 25 6
内部
天井:
石膏ボード㋐9.5の上、
ビニルクロス張り
外部
FB-6×38
砂利敷き
床:
コンクリート金鏝押さえの上、
防塵塗装(クリア)
38
50

枠を天井と床に呑み込ませ、床や天井のレベルに枠を合わせることで、外部空間と内部空間とが一体的につながるようにしている

断面図[S=1:6]

9. シール接着でガラス面をシャープに

教会

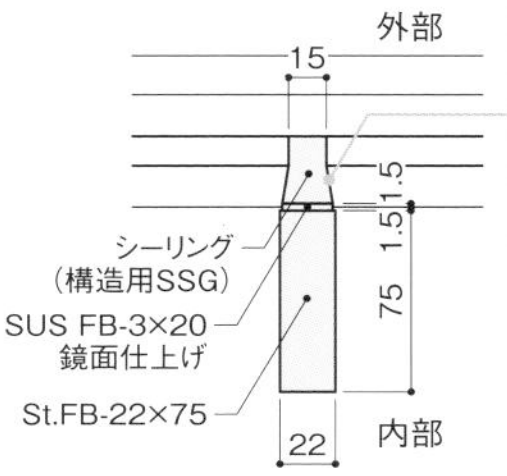
外部
15
1.5
1.5
シーリング
(構造用SSG)
SUS FB-3×20
鏡面仕上げ
75
St.FB-22×75
22
内部

FIXガラスの竪枠をなくしシーリングだけで納め、ガラス面をシャープに見せている。10.の木造の柱での納まりよりも、スチールフラットバーなどの方立にガラスをつなげるほうが、寸法などの自由度が高く、よりシャープに仕上げられる

平面図[S=1:6]

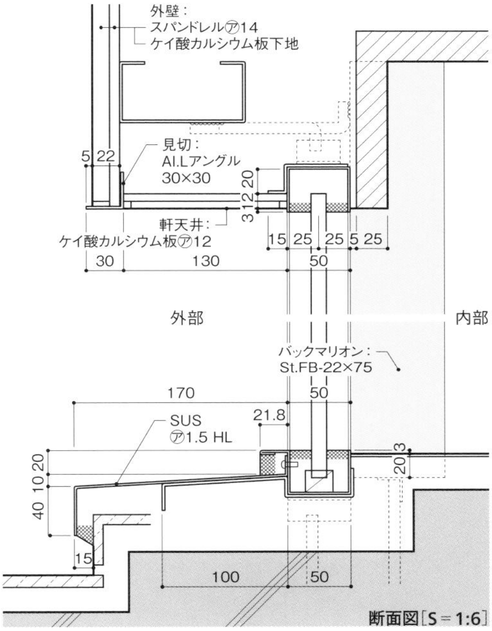
外壁:
スパンドレル㋐14
ケイ酸カルシウム板下地
5 22
見切:
Al.Lアングル
30×30
20
12
3
軒天井:
ケイ酸カルシウム板㋐12
15 25 25 5 25
30
130
50
外部
内部
バックマリオン:
St.FB-22×75
170
50
SUS
㋐1.5 HL
21.8
20
10
20
40
20
3
15
100
50

断面図[S=1:6]

13. 窓枠を薄くしてシャープに

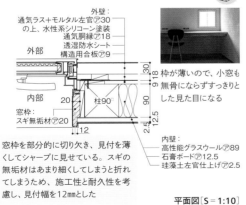

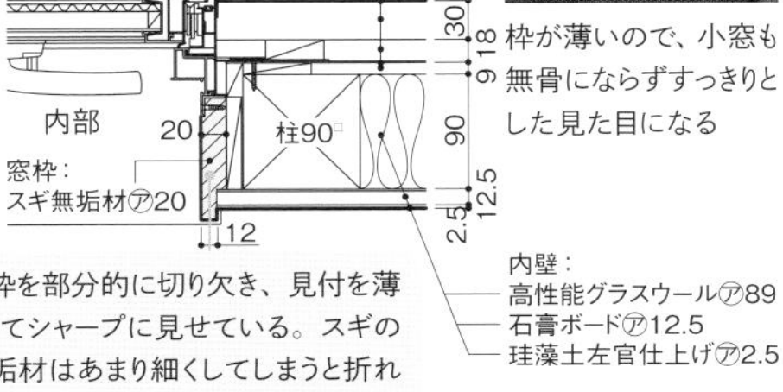
外壁:
通気ラス+モルタル左官㋐30
の上、水性系シリコーン塗装
通気胴縁㋐18
透湿防水シート
構造用合板㋐9
外部
30
18
9
90
12.5
2.5
内部
20
柱90□
窓枠:
スギ無垢材㋐20
12
内壁:
高性能グラスウール㋐89
石膏ボード㋐12.5
珪藻土左官仕上げ㋐2.5

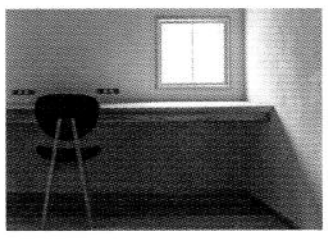

枠が薄いので、小窓も無骨にならずすっきりとした見た目になる

窓枠を部分的に切り欠き、見付を薄くしてシャープに見せている。スギの無垢材はあまり細くしてしまうと折れてしまうため、施工性と耐久性を考慮し、見付幅を12㎜とした

平面図[S=1:10]

12. 既製サッシを目立たせない

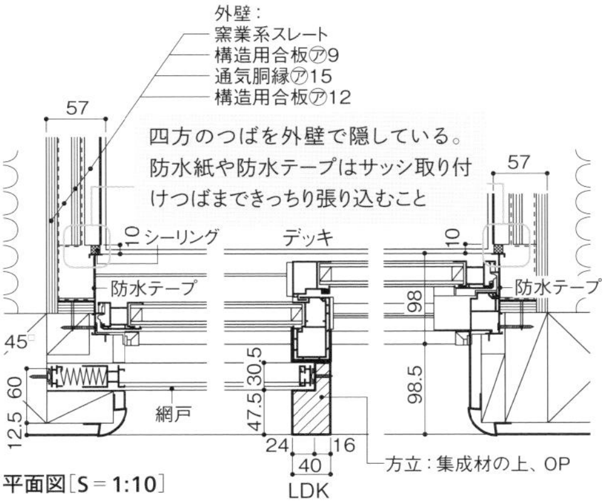
外壁:
窯業系スレート
構造用合板㋐9
通気胴縁㋐15
構造用合板㋐12
57
57
10
シーリング
デッキ
10
防水テープ
防水テープ
98
45
30.5
47.5
98.5
60
12.5
網戸
24
40
16
LDK
方立:集成材の上、OP

四方のつばを外壁で隠している。防水紙や防水テープはサッシ取り付けつばまできっちり張り込むこと

平面図[S=1:10]

※ ガラスメーカーの推奨する納まりではないため、耐風圧を考慮し平屋か2階建ての2階部分など、構造強度があまり求められない場合にのみ使用するのがよい。また、あまりにも大きなガラス面への使用は控えたい
11「SHM邸」設計・写真:TAGKEN(田口建設)
12「中央の家」設計:石川素樹建築設計事務所
13「白鷺の家」設計:ボタンデザイン、写真:淺川敏

クラブハウス

14. 連窓方立を柱裏に納める

雨仕舞いや、落ち葉などの清掃性を考慮し、柱とサッシとの間は80㎜としている

サッシの角部は2方向からの見付け寸法をそろえることで、見た目の統一感を生んでいる

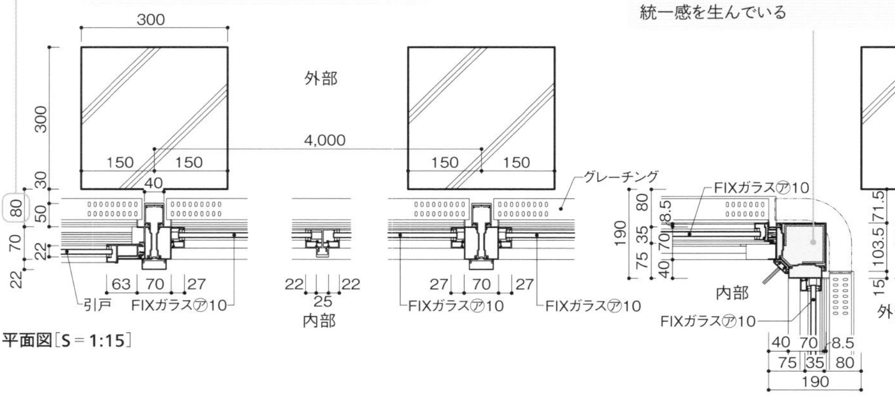

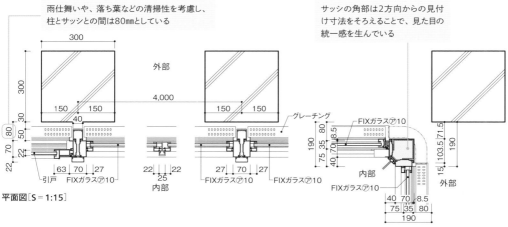

300
外部
4,000
150
150
40
グレーチング
FIXガラス㋐10
80
50
70
22
63
27
25
引戸
FIXガラス㋐10
内部
190
8.5
35
75
71.5
103.5
15
外部
40
8.5

平面図［S＝1:15］

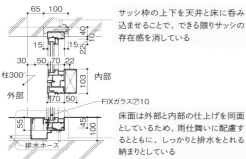

サッシ枠の上下を天井と床に呑み込ませることで、できる限りサッシの存在感を消している

床面は外部と内部の仕上げを同面としているため、雨仕舞いに配慮するとともに、しっかりと排水をとれる納まりとしている

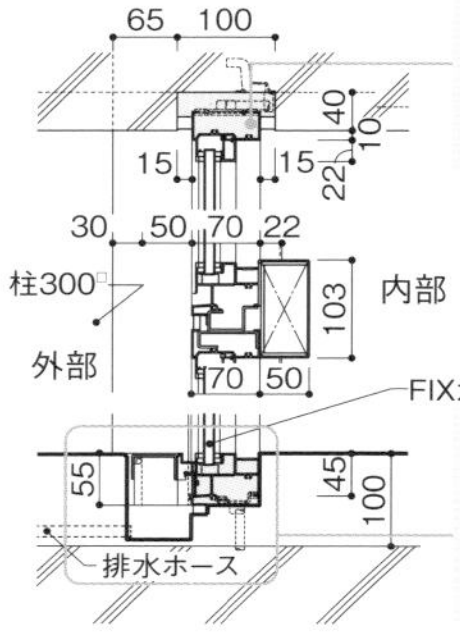

65
100
40
10
15
22
30
50
70
柱300
103
内部
外部
FIXガラス㋐10
55
45
100
排水ホース

断面図［S＝1:15］

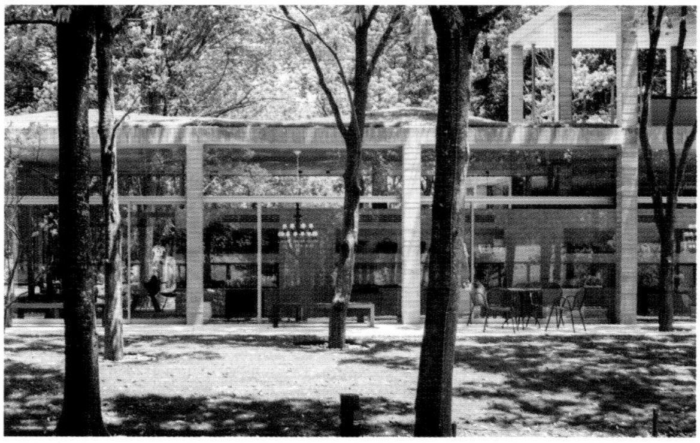

サッシを柱の裏に隠すことで、シャープな構造体（300㎜角の柱・梁）を引き立たせている

18. プラスアルファで意匠を整える

付け木で雨水の浸入を防ぐのではなく、サッシ間をシーリングでしっかり防水するとともに、メンテナンスのため付け木は取り替え可能とする

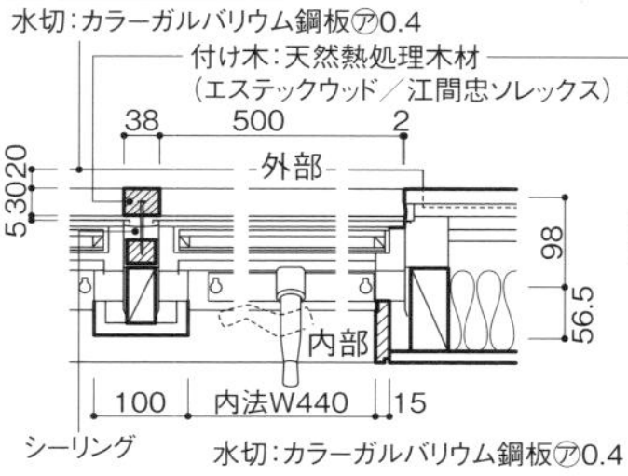

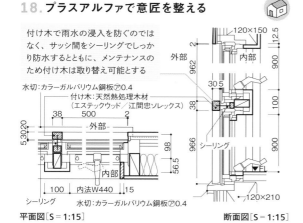

水切：カラーガルバリウム鋼板㋐0.4
付け木：天然熱処理木材
（エステックウッド／江間忠ソレックス）
38
500
2
外部
98
56.5
内部
100
内法W440
15
シーリング
水切：カラーガルバリウム鋼板㋐0.4

平面図［S＝1:15］

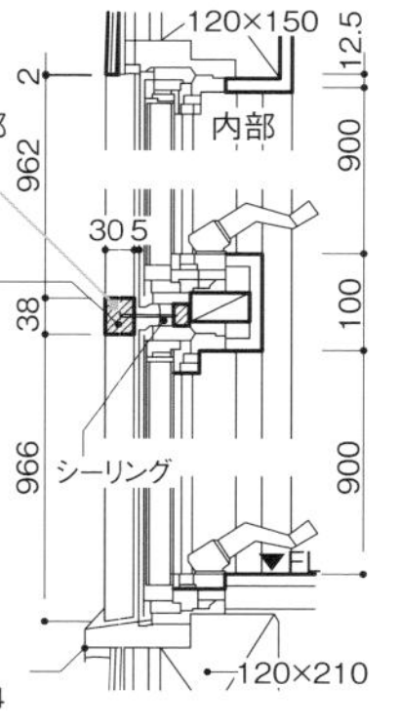

120×150
12.5
外部
内部
962
900
30 5
38
100
966
シーリング
900
FL
120×210

断面図［S＝1:15］

17. アルミのサッシとパネルで一体に見せる

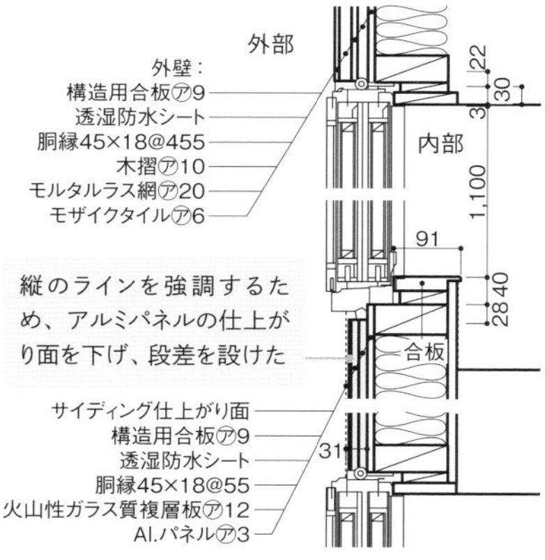

外部
外壁：
構造用合板㋐9
透湿防水シート
胴縁45×18@455
木摺㋐10
モルタルラス網㋐20
モザイクタイル㋐6
内部
22
30
1,100
91
28
40
合板
31
サイディング仕上がり面
構造用合板㋐9
透湿防水シート
胴縁45×18@55
火山性ガラス質複層板㋐12
Al.パネル㋐3

縦のラインを強調するため、アルミパネルの仕上がり面を下げ、段差を設けた

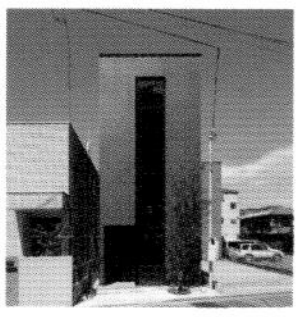

アルミサッシの下をアルミパネル張りの外壁とすることで、外壁とサッシ部分が一体となった面となり、意匠が整う

断面図［S＝1:15］

14「東京クラシッククラブ 森のクラブハウス」設計：古谷デザイン建築設計事務所、写真：山内紀人
15「道の駅ふたつい」設計：設計チーム木
16「能代市立第四小学校」設計：設計チーム木

	17	16	15	14
見栄え	5	5	5	5
施工性	3	3	5	3
耐久性	3	5	5	3
メンテナンス性	3	5	3	3
コスト	3	3	2	2

	20	19	18
見栄え	3	5	4
施工性	5	5	4
耐久性	5	3	3
メンテナンス性	5	3	4
コスト	5	3	3

16. 高断熱化には木造でもサッシを抱きに

小学校

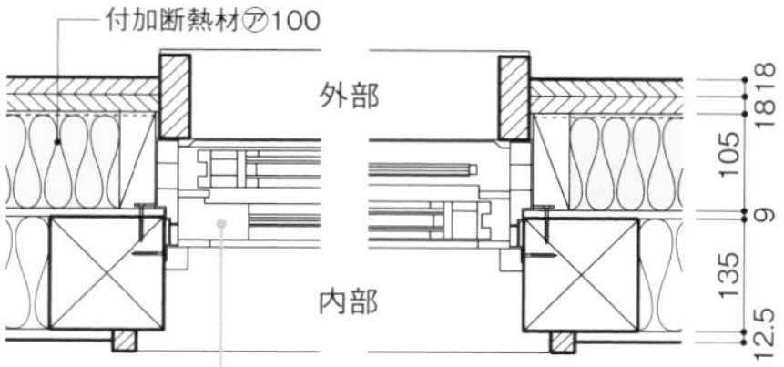
付加断熱材㋐100
外部
内部
18
18
105
9
135
12.5

サッシを抱きにすることで、熱橋を防ぎψ(プサイ)値を[※1]を小さくすることができる

平面図[S=1:12]

気密材と防水テープの施工をしっかり行うことで、高断熱・高気密を損なわない窓廻りとなる

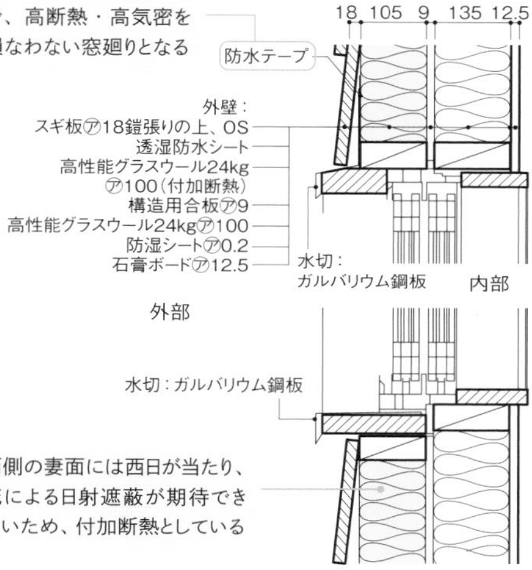
18 105 9 135 12.5
防水テープ
外壁：
スギ板㋐18鎧張りの上、OS
透湿防水シート
高性能グラスウール24kg
㋐100(付加断熱)
構造用合板㋐9
高性能グラスウール24kg㋐100
防湿シート㋐0.2
石膏ボード㋐12.5
水切：
ガルバリウム鋼板
内部
外部
水切：ガルバリウム鋼板

西側の妻面には西日が当たり、庇による日射遮蔽が期待できないため、付加断熱としている

断面図[S=1:12]

15. 木造にビル用サッシを使う

道の駅

ビル用サッシを使用する場合、そのままでは木部に取り付けられない。アルミアングルを取り付けたうえで、ビス留めする

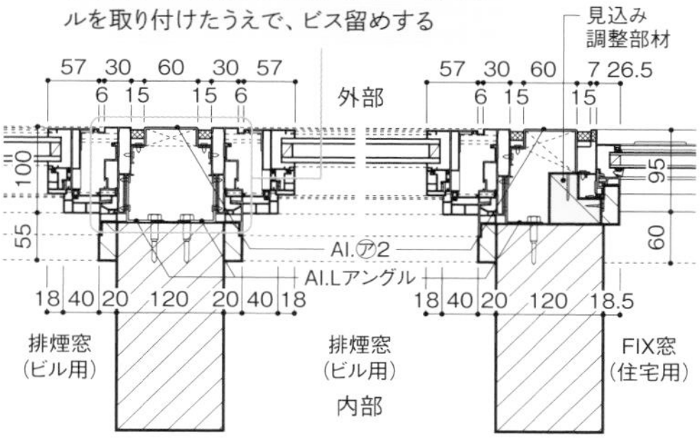
見込み
調整部材
57 30 60 30 57
6 15 15 6
外部
57 30 60 7 26.5
6 15 15
100
55
95
60
Al.㋐2
Al.Lアングル
18 40 20 120 20 40 18
18 40 20 120 18.5
排煙窓
(ビル用)
排煙窓
(ビル用)
内部
FIX窓
(住宅用)

平面図[S=1:12]

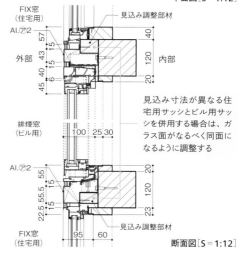

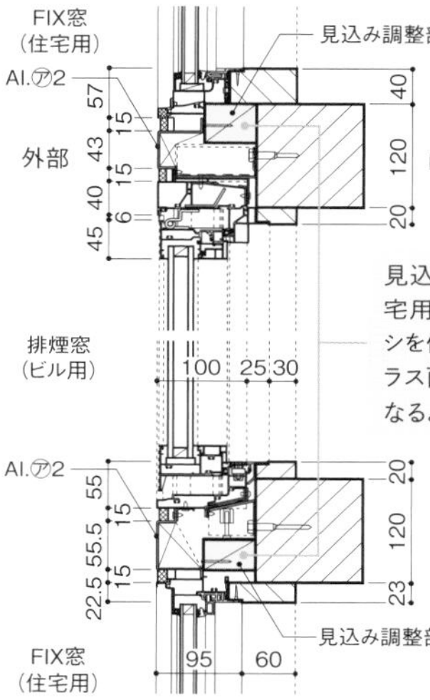
FIX窓
(住宅用)
Al.㋐2
見込み調整部材
57
15
43
15
40
6
45
40
120
20
外部
内部
排煙窓
(ビル用)
100 25 30
Al.㋐2
55
15
55.5
15
22.5
20
120
23
見込み調整部材
FIX窓
(住宅用)
95 60

見込み寸法が異なる住宅用サッシとビル用サッシを併用する場合は、ガラス面がなるべく同面になるように調整する

断面図[S=1:12]

20. 断熱サッシの納まり

多雨、風を伴う雨、特に北国では吹雪(による水の浸入)といった特徴のある日本の気候では、水切れのよい半外付け納まりが主流

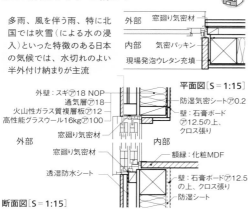

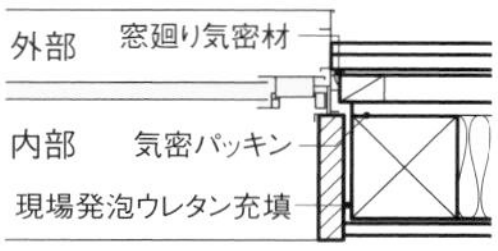
外部
窓廻り気密材
内部
気密パッキン
現場発泡ウレタン充填

平面図[S=1:15]

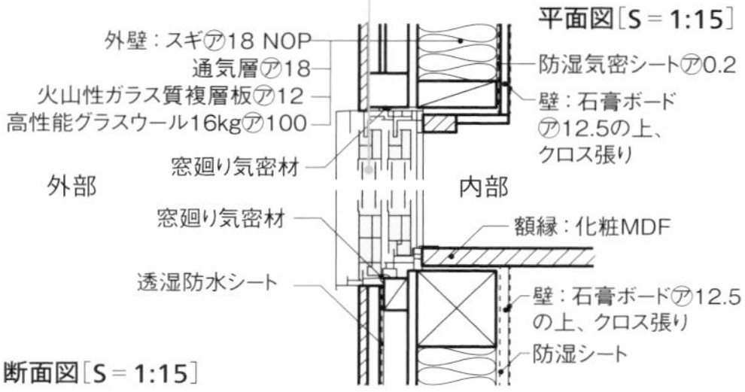
外壁：スギ㋐18 NOP
通気層㋐18
火山性ガラス質複層板㋐12
高性能グラスウール16kg㋐100
窓廻り気密材
外部
窓廻り気密材
透湿防水シート
防湿気密シート㋐0.2
壁：石膏ボード
㋐12.5の上、
クロス張り
内部
額縁：化粧MDF
壁：石膏ボード㋐12.5
の上、クロス張り
防湿シート

断面図[S=1:15]

19. 窓枠なしで納める

柱間に開口部を設け、枠を設けずに納めることで見栄えもよくなり、さらにコストダウンにもつながる

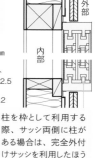

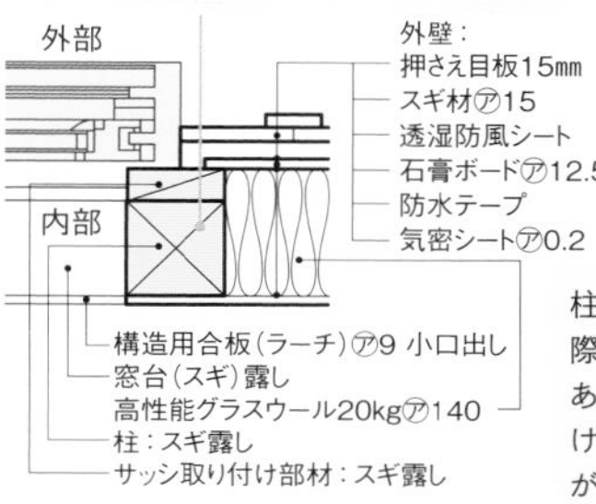
外部
外壁：
押さえ目板15㎜
スギ材㋐15
透湿防風シート
石膏ボード㋐12.5
防水テープ
気密シート㋐0.2
内部
構造用合板(ラーチ)㋐9 小口出し
窓台(スギ)露し
高性能グラスウール20kg㋐140
柱：スギ露し
サッシ取り付け部材：スギ露し

平面図[S=1:15]

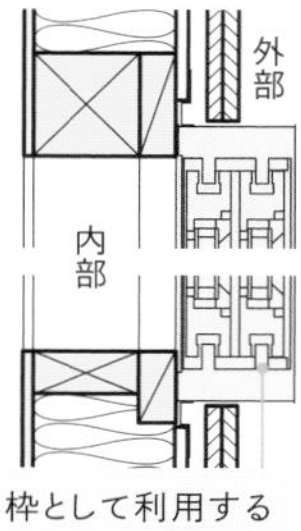
外部
内部

柱を枠として利用する際、サッシ両側に柱がある場合は、完全外付けサッシを利用したほうがすっきり納まる[※2]

断面図[S=1:15]

※1 ψ値(線熱貫流率[W/(mk)])は、熱橋部位の熱損失を表す数値。値が小さいほど熱橋部位からの熱損失が少ないことを表す
※2 片側のみに柱がある場合には、柱があるほうに片寄せし、柱がないほうの窓受け材で調整する。その場合は半外付けサッシでも対応可能
17「YD邸」設計：TAGKEN(田口建設)、写真：今村壽博
18「中央の家」設計：石川素樹建築設計事務所
19「桜庭邸」設計：今井ヒロカズ設計事務所
20「市営松山町住宅」設計：設計チーム木

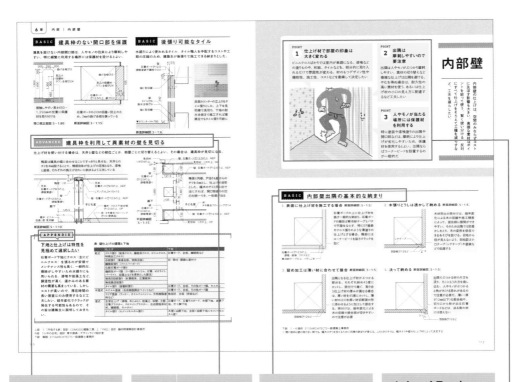

APPENDIX
部位の納まりや材料、仕上げを決めるうえで知っておきたい材料の基礎知識や寸法などの資料集成です

ADVANCED
基本とは異なるやり方や、イレギュラーなケース、設計・施工・材料などにこだわった応用編の納まりを説明しています

BASIC
基本に則ったベーシックな納まりを解説。どのようなことに気をつけて納まりを決めていくかを説明しています

メインイラスト
部位ごとの設計を考えるうえで、最初に押さえておきたいポイントをピックアップしています

第**2**部

学び直し!
新しい住宅の
基本ディテール

納まりは機能に直結するので、なかなかチャレンジしづらいもの。そこで第2部では、現役で活躍する設計者が実際に使っているベーシックな納まりを収集しました。基本のポイントからおさらいしつつ、いつもの納まりをアップデートしてみませんか?

5章　**外部**

6章　**内部**

7章　**設備**

8章　**建材資料集成**

屋根

屋根は形状も材質もさまざま。意匠にもこだわりたいが、雨仕舞いが大前提。また、メンテナンスには足場工事などを伴いコストがかかるので、メンテナンス頻度を減らせる耐久性の高さも求められる。

POINT 1
屋根断熱には必ず屋根通気を確保する

屋根通気を確保していないと、湿気が断熱材内に溜まり、断熱性能を低下させるおそれがある。外壁から棟につながる通気層は30㎜以上の厚みを確保すること[138頁]。また外壁下端から棟に抜ける空気の道（通気層）を邪魔しないように注意する。軒裏や外壁上部に効率よく通気孔を設けることで、断熱性能を保ちながら意匠性も損なわないつくりにできる

POINT 2
屋根の形状はシンプルが一番

屋根面に雨や雪が溜まるとトラブルの原因に。雨雪がしっかりと流れるように、屋根の形状は谷が生じることを極力避け、なるべく単純にして、樋を設置する必要がある

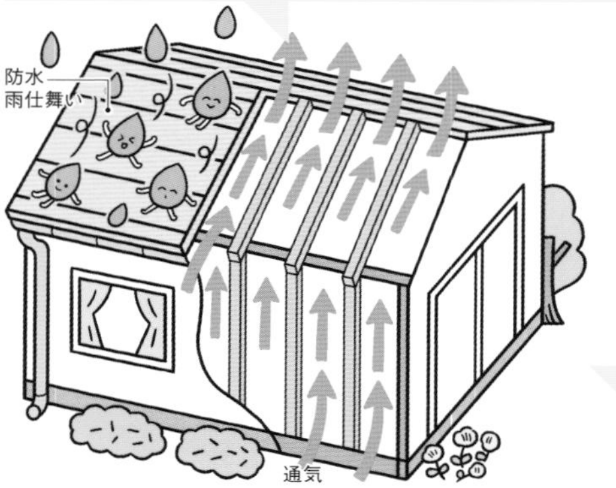
防水
雨仕舞い
通気

POINT 3
高性能かつスマートに

軒先の厚みは外観を決定づける。意匠の観点からは、軒先は薄く軽く見せたい。しかし、構造や性能を確保するには、材に一定の厚みも必要だ。部材の納め方を工夫して、高性能でありながら、すっきりとした意匠の軒先を目指したい

BASIC 金属屋根は耐久性と意匠性を高める

1. 軒先をシャープに見せる 断面詳細図［S＝1:10］

屋根にギングロ、軒先にはシルバーメタリックの色の異なる板金を使用することで、軒先の厚みを薄く見せている

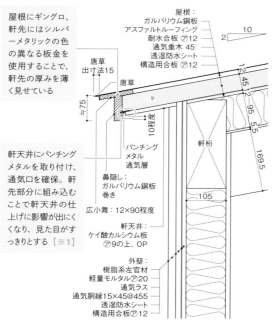

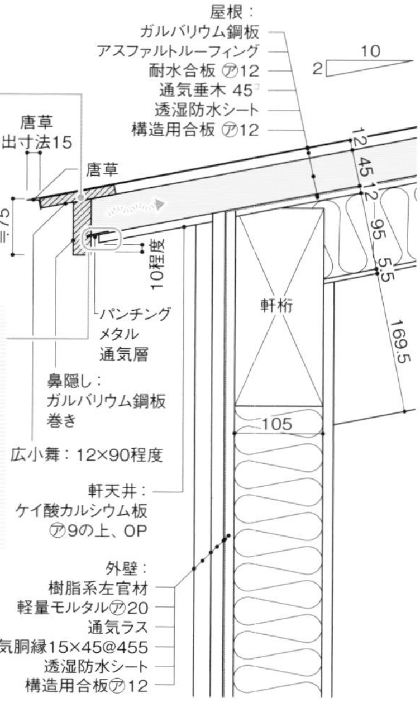
屋根：
ガルバリウム鋼板
アスファルトルーフィング
耐水合板㋐12
通気垂木45□
透湿防水シート
構造用合板㋐12
10
2
唐草
出寸法15
唐草
≒75
10程度
12
45
12
95
5.5
169.5
105
軒桁
パンチング
メタル
通気層
鼻隠し：
ガルバリウム鋼板
巻き
広小舞：12×90程度
軒天井：
ケイ酸カルシウム板
㋐9の上、OP
外壁：
樹脂系左官材
軽量モルタル㋐20
通気ラス
通気胴縁15×45@455
透湿防水シート
構造用合板㋐12

軒天井にパンチングメタルを取り付け、通気口を確保。軒先部分に組み込むことで軒天井の仕上げに影響が出にくくなり、見た目がすっきりとする［※1］

2. 幕板の見え方を意識する 断面詳細図［S＝1:10］

幕板は雨風を受けるので、劣化しやすい。屋根材から幕板まで板金巻きにすることで、耐久性を高めている

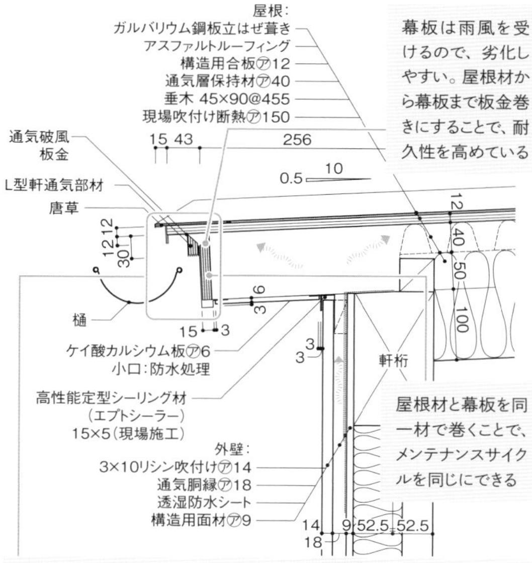
屋根：
ガルバリウム鋼板立はぜ葺き
アスファルトルーフィング
構造用合板㋐12
通気層保持材㋐40
垂木 45×90@455
現場吹付け断熱㋐150
通気破風
板金
15 43
256
0.5
10
L型軒通気部材
唐草
12
12
30
12
40
50
100
樋
9
3
15
3
3
3
ケイ酸カルシウム板㋐6
小口：防水処理
軒桁
高性能定型シーリング材
（エプトシーラー）
15×5（現場施工）
外壁：
3×10リシン吹付け㋐14
通気胴縁㋐18
透湿防水シート
構造用面材㋐9
14
18
9
52.5
52.5

屋根材と幕板を同一材で巻くことで、メンテナンスサイクルを同じにできる

軒先の仕上げ面の上に、広小舞・軒通気部材・幕板と3つの段差を設けている。通気口は軒天井に設けることが一般的だが、あえて段差を多く設けることで、表面に見えてくる厚みを抑える効果がある

1. 提供：青木律典｜デザインライフ設計室、2. 提供：CKF

※1 この事例は法22条地域のため、軒先通気部材に制約がなかった。防火地域や準防火地域の場合は防火認定品を使用する必要がある。求められる性能は地域によって異なるので、適切な部材を選定すること

BASIC　けらばを薄く見せすっきりと

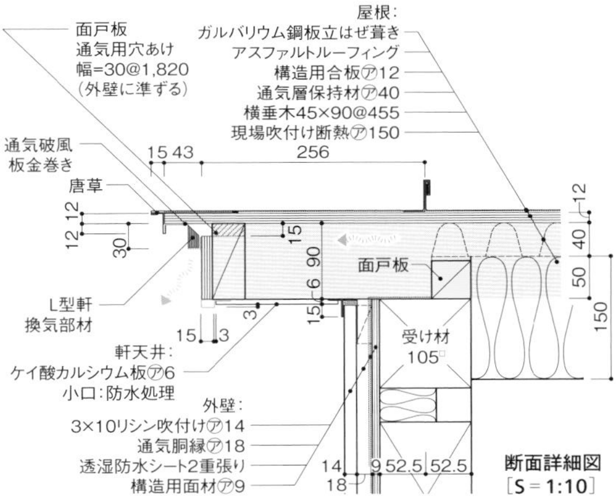
面戸板
通気用穴あけ
幅=30@1,820
（外壁に準ずる）
屋根：
ガルバリウム鋼板立はぜ葺き
アスファルトルーフィング
構造用合板㋐12
通気層保持材㋐40
横垂木45×90@455
現場吹付け断熱㋐150
通気破風
板金巻き
唐草
15 43
256
面戸板
L型軒
換気部材
15 3
軒天井：
ケイ酸カルシウム板㋐6
小口：防水処理
受け材
105□
外壁：
3×10リシン吹付け㋐14
通気胴縁㋐18
透湿防水シート2重張り
構造用面材㋐9
14 9 52.5 52.5
18
断面詳細図［S＝1:10］

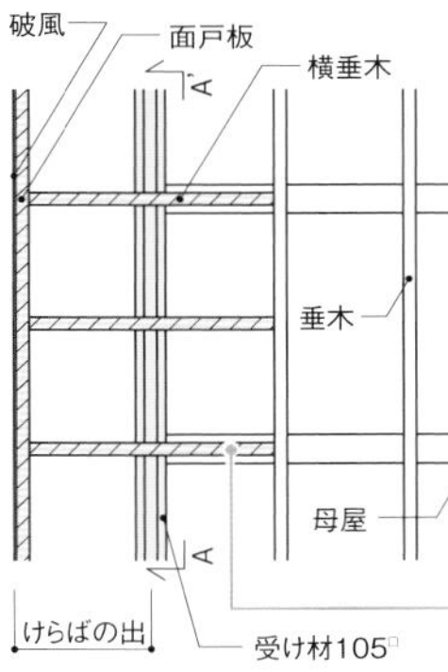
破風
面戸板
横垂木
垂木
母屋
けらばの出
受け材105□
小屋伏図［S＝1:50］

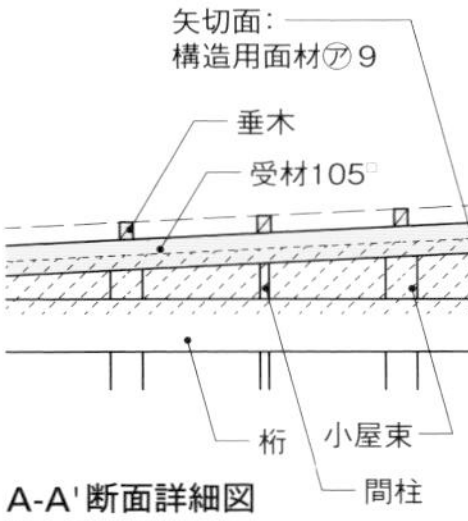
矢切面：
構造用面材㋐9
垂木
受材105□
桁
小屋束
間柱
A-A'断面詳細図
［S＝1:50］

けらば側に母屋をそのまま出すと、けらばが厚くなってしまう。薄く見せるには、母屋の先端部分に垂木を組んで設置するとよい

BASIC　瓦金属屋根のすっきり納まり

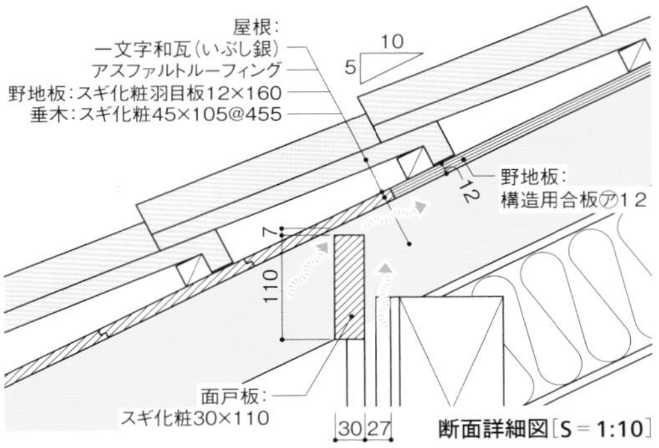
屋根：
一文字和瓦（いぶし銀）
アスファルトルーフィング
野地板：スギ化粧羽目板12×160
垂木：スギ化粧45×105@455
10
5
野地板：
構造用合板㋐12
7
110
面戸板：
スギ化粧30×110
30 27
断面詳細図［S＝1:10］

平屋で軒高さを抑え、瓦の仕上げは一文字葺きとし、かつ樋を設けていないためすっきりとした印象に［※2］。垂木サイズは金属屋根の場合は45×90㎜だが、瓦屋根の場合は重量があるので45×105㎜にする［※3］

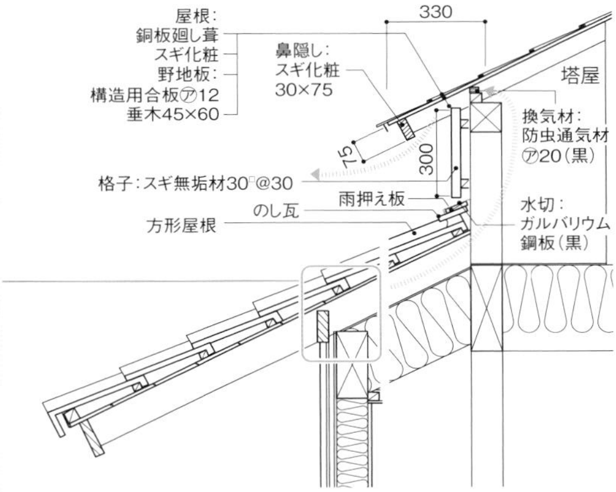
屋根：
銅板廻し葺
スギ化粧
野地板：
構造用合板㋐12
垂木45×60
330
鼻隠し：
スギ化粧
30×75
塔屋
換気材：
防虫通気材
㋐20（黒）
75
300
格子：スギ無垢材30□@30
雨押え板
のし瓦
方形屋根
水切：
ガルバリウム
鋼板（黒）
断面詳細図［S＝1:30］

BASIC　軒を出さない場合の軒先納まり

豪雨や暴風雨が発生すると、風で水が回り込み、通気部材から水が浸入することがある。そこで、通気部材も挟まない納まりとした。外壁内を通る通気層をそのまま屋根の通気層とつなげれば、水の浸入を防ぐことができる

鼻隠しの下端まで板金を巻けば、雨風から部材を守ることができるので腐朽も防げる。軒裏の通気を設けていないので軒の出を最低限にすることが可能になり、きれいに納められる

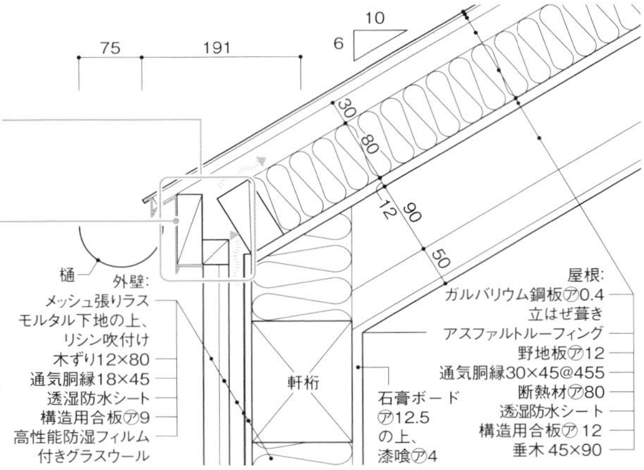
10
6
75
191
30
80
12
90
50
樋
外壁：
メッシュ張りラス
モルタル下地の上、
リシン吹付け
木ずり12×80
通気胴縁18×45
透湿防水シート
構造用合板㋐9
高性能防湿フィルム
付きグラスウール
軒桁
石膏ボード
㋐12.5
の上、
漆喰㋐4
屋根：
ガルバリウム鋼板㋐0.4
立はぜ葺き
アスファルトルーフィング
野地板㋐12
通気胴縁30×45@455
断熱材㋐80
透湿防水シート
構造用合板㋐12
垂木45×90
断面詳細図［S＝1:10］

上段　提供：CKF｜中段　提供：COMODO建築工房｜下段　提供：3110ARCHITECTS一級建築士事務所
※2 樋を設けない場合は、屋根を伝った水が鼻隠しにかからず下に落ちるよう、軒先から鼻隠しまでを30㎜程度離す
※3 金属屋根の場合でも、庇を1,000㎜以上出す場合は45×105㎜にするとよい

BASIC 軒天井の素材と加工

1. ケイ酸カルシウム板の軒天井 断面詳細図［S＝1:8］

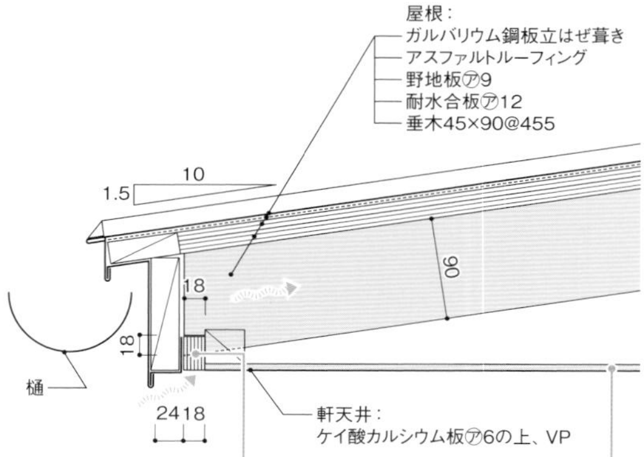

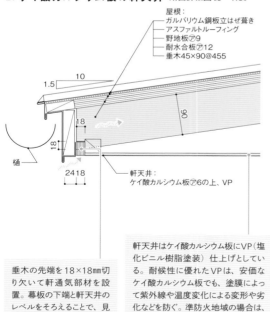

屋根：
ガルバリウム鋼板立はぜ葺き
アスファルトルーフィング
野地板㋐9
耐水合板㋐12
垂木45×90@455
10
1.5
90
18
18
樋
2418
軒天井：
ケイ酸カルシウム板㋐6の上、VP

垂木の先端を18×18mm切り欠いて軒通気部材を設置。幕板の下端と軒天井のレベルをそろえることで、見付けが薄くなり、すっきりとした印象になる

軒天井はケイ酸カルシウム板にVP（塩化ビニル樹脂塗装）仕上げとしている。耐候性に優れたVPは、安価なケイ酸カルシウム板でも、塗膜によって紫外線や温度変化による変形や劣化などを防ぐ。準防火地域の場合は、法62条の基準を満たすケイ酸カルシウム板の厚みで施工する

2. 木板の軒天井 断面詳細図［S＝1:8］

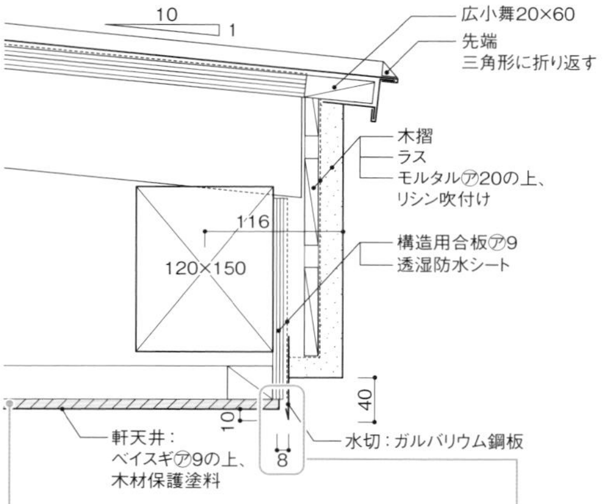

10
1
広小舞20×60
先端
三角形に折り返す
木摺
ラス
モルタル㋐20の上、
リシン吹付け
116
120×150
構造用合板㋐9
透湿防水シート
40
10
8
軒天井：
ベイスギ㋐9の上、
木材保護塗料
水切：ガルバリウム鋼板

けらば側の軒天井にはベイスギを採用。木材保護塗料によって軒先同様に耐候性をもたせている。木材の表面に塗膜タイプの塗料を使用すると、水分を含んだ際に塗料が蓋となって乾燥せず、腐敗を促してしまう。「キシラデコール」（大阪ガスケミカル）などの浸透するタイプの塗料を使用すると、水分にも強い状態になりやすい

ガルバリウム鋼板の水切と軒天井の間には8mmのクリアランスを設け、雨水が軒天井に回り込むのを防ぐ

3. 目透かしで通気をとる 断面詳細図［S＝1:8］

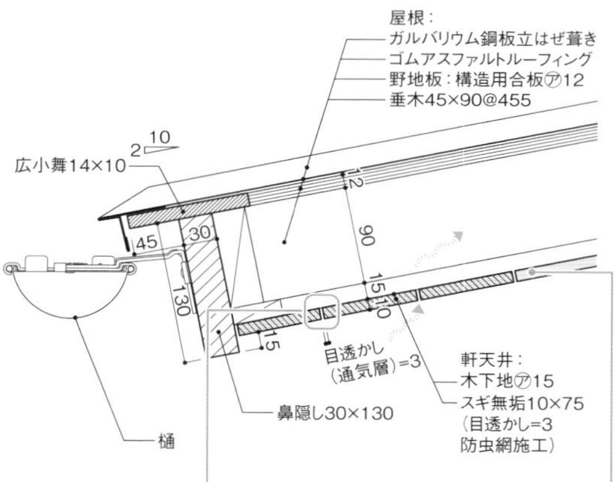

屋根：
ガルバリウム鋼板立はぜ葺き
ゴムアスファルトルーフィング
野地板：構造用合板㋐12
垂木45×90@455
2
10
広小舞14×10
12
45
30
90
15
10
130
15
目透かし
（通気層）=3
軒天井：
木下地㋐15
スギ無垢10×75
（目透かし=3
防虫網施工）
鼻隠し30×130
樋

室内から軒天井が見える開口の構成のため、意匠性を重視して無垢材（スギ）を張った。既製品の軒換気部材を取り付けると、軒先要素が多くなり厚みも出る。そこで、軒天井材に3mmの目透かしを設け、通気口とした。目透かし部分には防虫網を設置し、虫の侵入を防いでいる

準防火地域では、延焼のおそれのある部分の軒裏は防火構造としなければならない（法62条）ため、軒天井に木を使用することはできない。ここは法22条地域［※1］のため木板張りとしている

BASIC 雨水の浸入を防ぐけらば

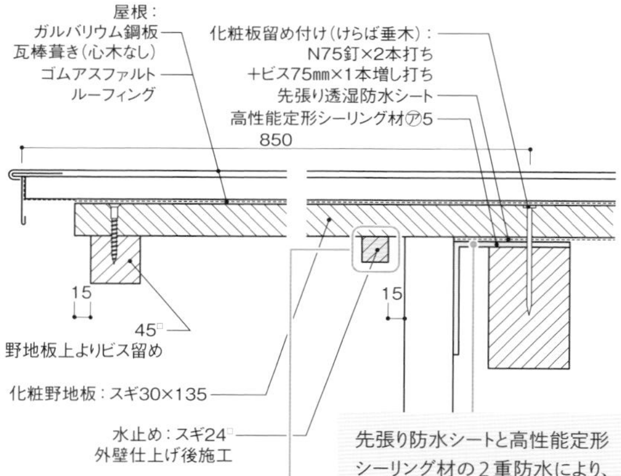

屋根：
ガルバリウム鋼板
瓦棒葺き（心木なし）
ゴムアスファルト
ルーフィング
化粧板留め付け（けらば垂木）：
N75釘×2本打ち
+ビス75mm×1本増し打ち
先張り透湿防水シート
高性能定形シーリング材㋐5
850
15
45□
野地板上よりビス留め
15
化粧野地板：スギ30×135
水止め：スギ24□
外壁仕上げ後施工

断面詳細図［S＝1:8］

先張り防水シートと高性能定形シーリング材の2重防水により、雨水の浸入を防ぐ

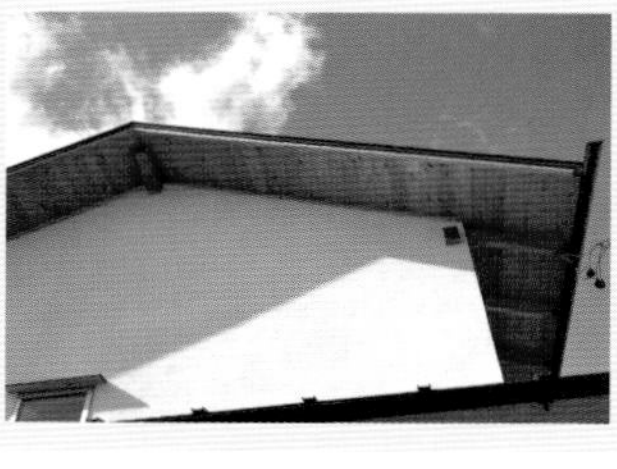

風の吹き上げによって、雨水が野地板の隙間を伝い室内に入るのを防ぐため、角材（水止め）を取り付けた。横殴りの暴風雨や、建物内の負圧によって外気を吸引することに伴う雨水の浸入も防げる

上段 1.～2.提供：3110ARCHITECTS一級建築士事務所
下段左 3.提供：COMODO建築工房｜下段右 提供：扇建築工房
※1 屋根を不燃材料など、延焼のおそれのある部分の外壁を準防火構造としなければならない（法23条）

ADVANCED 内樋で軒先を軽く見せる

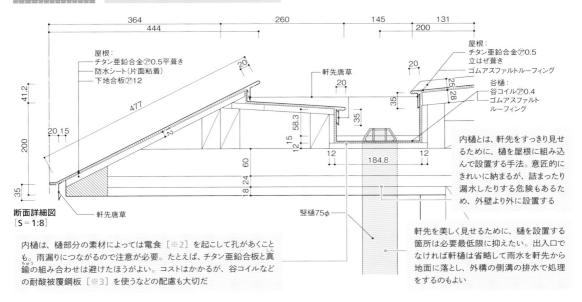

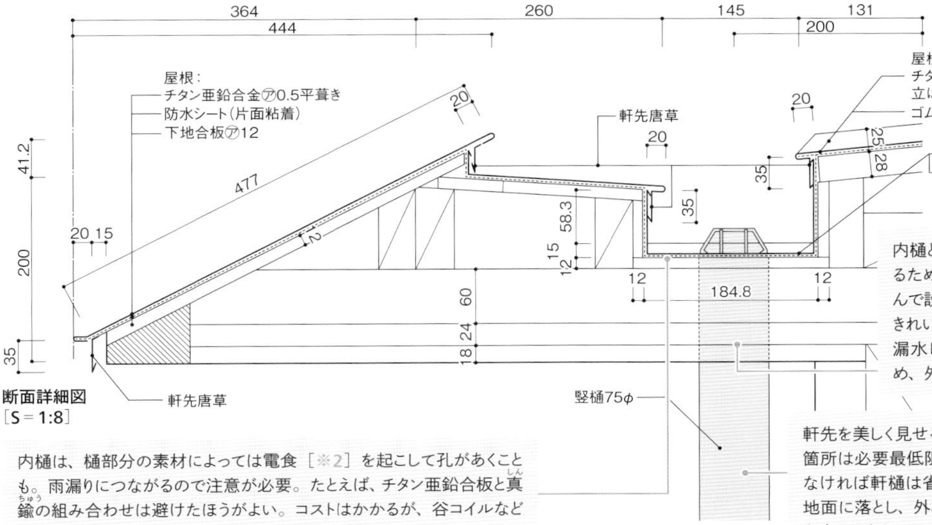
364
444
260
145
131
200
屋根：
チタン亜鉛合金㋐0.5平葺き
防水シート(片面粘着)
下地合板㋐12
20
477
41.2
200
35
20 15
軒先唐草
20
58.3
35
15
12
60
24
18
12
184.8
12
20
35
屋根：
チタン亜鉛合金㋐0.5
立はぜ葺き
ゴムアスファルトルーフィング
25
28
谷樋：
谷コイル㋐0.4
ゴムアスファルト
ルーフィング
竪樋75φ
軒先唐草

断面詳細図［S＝1:8］

内樋とは、軒先をすっきり見せるために、樋を屋根に組み込んで設置する手法。意匠的にきれいに納まるが、詰まったり漏水したりする危険もあるため、外壁より外に設置する

軒先を美しく見せるために、樋を設置する箇所は必要最低限に抑えたい。出入口でなければ軒樋は省略して雨水を軒先から地面に落とし、外構の側溝の排水で処理をするのもよい

内樋は、樋部分の素材によっては電食［※2］を起こして孔があくことも。雨漏りにつながるので注意が必要。たとえば、チタン亜鉛合板と真鍮（しんちゅう）の組み合わせは避けたほうがよい。コストはかかるが、谷コイルなどの耐酸被覆鋼板［※3］を使うなどの配慮も大切だ

ADVANCED 谷樋は念入りな防水処理を

強風などにより板金が外れてしまうと雨漏りにつながる。谷樋に使用する板金は耐久性の高いものを採用すること

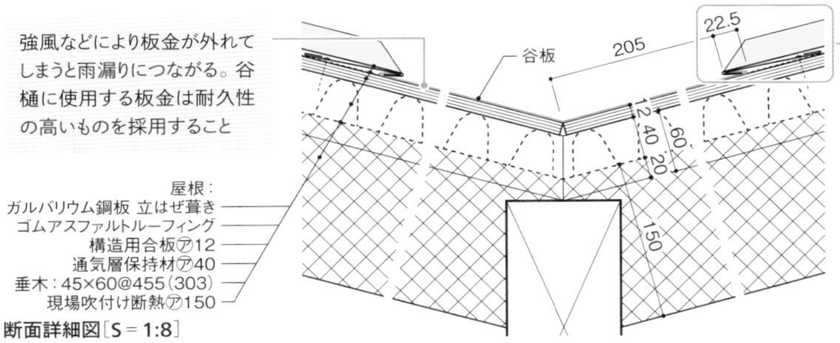
22.5
谷板
205
12
40
60
20
150
屋根：
ガルバリウム鋼板 立はぜ葺き
ゴムアスファルトルーフィング
構造用合板㋐12
通気層保持材㋐40
垂木：45×60@455(303)
現場吹付け断熱㋐150

断面詳細図［S＝1:8］

屋根材を葺く箇所の吊り金物をハンマーで叩き、ルーフィングとなじませることで、屋根材の施工性が上がる。ただし谷板の返しは内部に水を浸入させないための水返しとなるので、角度を確保しなくてはならない。谷樋の寸法は谷板に用いる板金のサイズから算出する。ここでは幅455㎜の板金を使用。返し部分に45㎜（1カ所22.5㎜）確保したため、谷樋が410㎜（片方205㎜）となっている

APPENDIX

樋の素材と施工方法は地域に合わせて考える

屋根に設置される要素の1つとして重要な樋。積雪地では、標準仕様よりも堅固に施工することが必要だ。上吊り仕様の金物は積雪の重さで外れやすくなるため、標準仕様の2倍の300㎜間隔で金物を設置するとよい。耐久性が高まり、積雪地でも問題なく使用できる。以下は一般的に使用される樋の例。屋根の形状や意匠に合わせて検討する。

タニタハウジングウェア
スタンダード半丸（105系列）

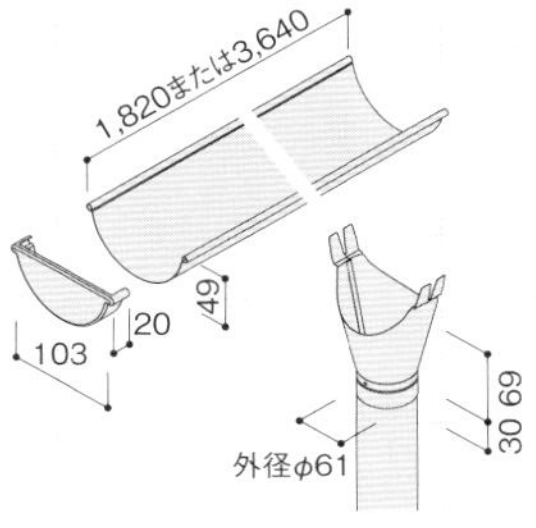
1,820または3,640
103
20
49
30
69
外径φ61

タニタハウジングウェア
HACO（H6号系列）

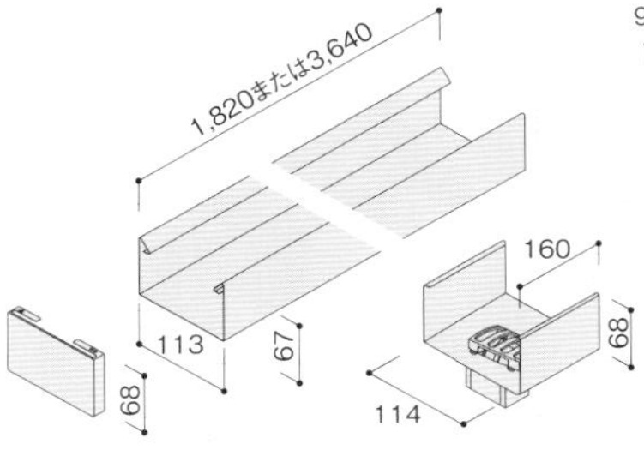
1,820または3,640
113
67
68
160
68
114

パナソニック
Archi-spec TOI（AG120）

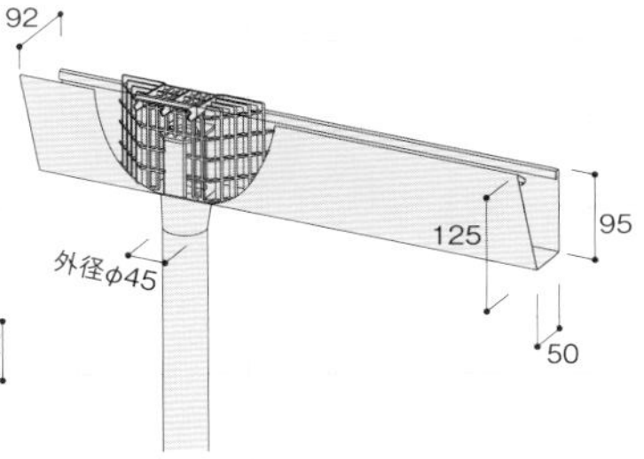
92
125
95
50
外径φ45

上段 提供：横関正人+横関万貴子／NEOGEO｜中段 提供：CKF｜下段 解説：岡沢公成（暮らしの工房）、CKF
※2 電気により金属が腐食すること。異なる素材の金属（電位差が大きい金属）を接合すると発生しやすい
※3 フッ素系塗料やシリコン系塗料などで表層を被覆した鋼板。耐久性が高い

BASIC 垂木露しの軒天井と軒先

1. 屋根断熱ありの場合 断面詳細図［S＝1:8］

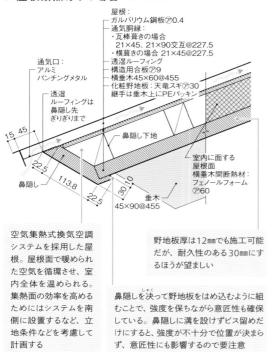

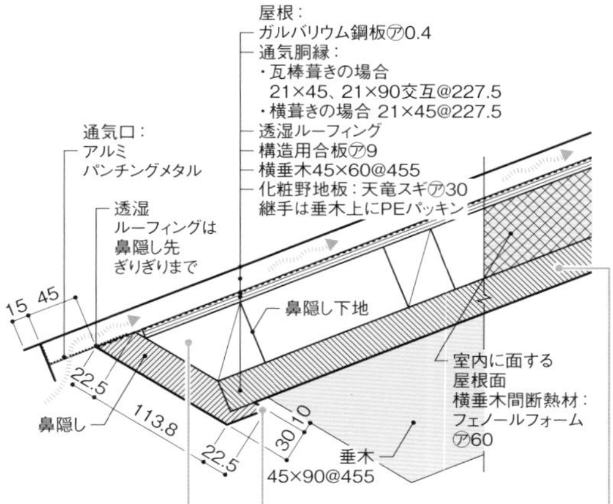
屋根：
ガルバリウム鋼板㋐0.4
通気胴縁：
・瓦棒葺きの場合
21×45、21×90交互@227.5
・横葺きの場合 21×45@227.5
透湿ルーフィング
構造用合板㋐9
横垂木45×60@455
化粧野地板：天竜スギ㋐30
継手は垂木上にPEパッキン
通気口：
アルミ
パンチングメタル
透湿
ルーフィングは
鼻隠し先
ぎりぎりまで
15
45
鼻隠し下地
22.5
113.8
鼻隠し
22.5
30
10
室内に面する
屋根面
横垂木間断熱材：
フェノールフォーム
㋐60
垂木
45×90@455

空気集熱式換気空調システムを採用した屋根。屋根面で暖められた空気を循環させ、室内全体を温められる。集熱面の効率を高めるためにはシステムを南側に設置するなど、立地条件などを考慮して計画する

野地板厚は12㎜でも施工可能だが、耐久性のある30㎜にするほうが望ましい

鼻隠しを決(しゃく)って野地板をはめ込むように組むことで、強度を保ちながら意匠性も確保している。鼻隠しに溝を設けずビス留めだけにすると、強度が不十分で位置が決まらず、意匠性にも影響するので要注意

2. 屋根断熱なしの場合 断面詳細図［S＝1:8］

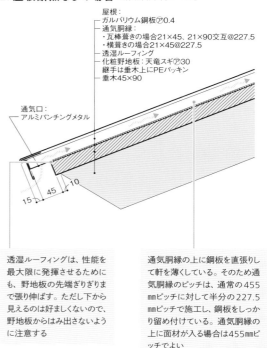

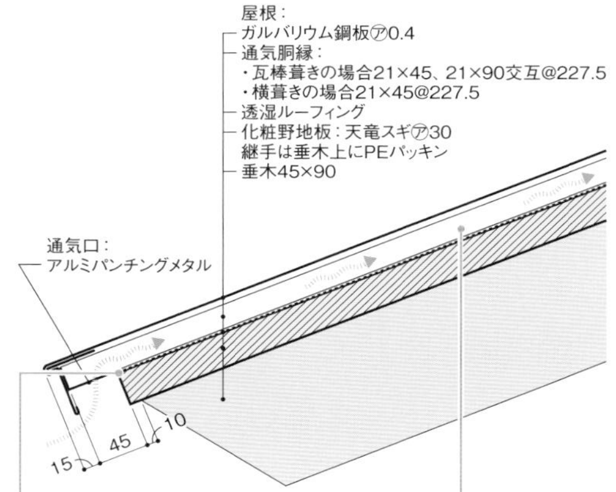
屋根：
ガルバリウム鋼板㋐0.4
通気胴縁：
・瓦棒葺きの場合21×45、21×90交互@227.5
・横葺きの場合21×45@227.5
透湿ルーフィング
化粧野地板：天竜スギ㋐30
継手は垂木上にPEパッキン
垂木45×90
通気口：
アルミパンチングメタル
15
45
10

透湿ルーフィングは、性能を最大限に発揮させるためにも、野地板の先端ぎりぎりまで張り伸ばす。ただし下から見えるのは好ましくないので、野地板からはみ出さないように注意する

通気胴縁の上に鋼板を直張りして軒を薄くしている。そのため通気胴縁のピッチは、通常の455㎜ピッチに対して半分の227.5㎜ピッチで施工し、鋼板をしっかり留め付けている。通気胴縁の上に面材が入る場合は455㎜ピッチでよい

BASIC 棟の納まりは雨仕舞いが重要

1. 棟換気は換気部材を設置 断面詳細図［S＝1:8］

雨水が内部に回り込まないように、棟換気部材と下地の間に挟む板金の内側に返しをつくることが必須。事前に板金施工会社と打ち合わせをして、返しをつくってもらうこと

一般的な棟換気の納め方。既製品の換気部材で棟を持ち上げ、屋根面を上がってきた空気が外に抜けるようになっている

屋根仕上げが立てはぜ葺きの場合、棟換気部材の下地高さは、はぜ20㎜＋5㎜で25㎜とするのが一般的

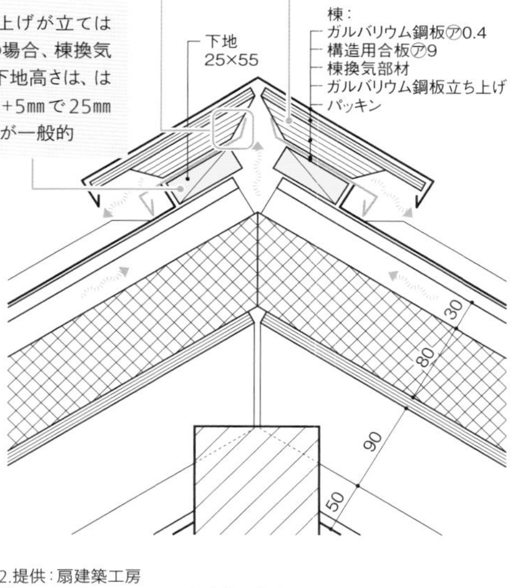
下地
25×55
棟：
ガルバリウム鋼板㋐0.4
構造用合板㋐9
棟換気部材
ガルバリウム鋼板立ち上げ
パッキン
30
80
90
50

2. 異なる勾配の屋根は金物を設置 断面詳細図［S＝1:8］

左右で勾配が異なる屋根は、既製品の金物を利用するとよい。0.5寸などの緩勾配に対応した製品もある。メーカーにより対応勾配や形状が異なるので、あらかじめ確認する

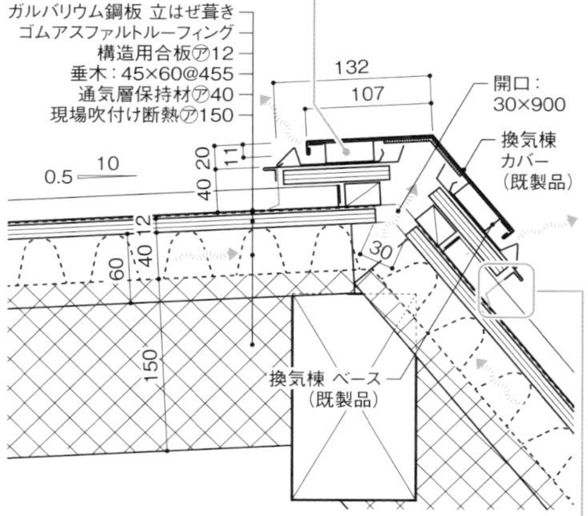
ガルバリウム鋼板 立はぜ葺き
ゴムアスファルトルーフィング
構造用合板㋐12
垂木：45×60@455
通気層保持材㋐40
現場吹付け断熱㋐150
132
107
開口：
30×900
換気棟
カバー
（既製品）
0.5
10
20
11
40
12
40
60
30
150
換気棟 ベース
（既製品）

板金の折り返し部分は、雨水がオーバーフローしないように設けられている（台風面戸とも呼ばれる）。ここが一次側の受けとなって雨水を切り、残った少量の雨水が二次側に流れ込んで浸入を防ぎ、漏水を防ぐ

上段 1.～2.提供：扇建築工房
下段 1.提供：3110ARCHITECTS一級建築士事務所、2.提供：CKF

BASIC　庇は通気層の確保と意匠性を大切に

1. 垂木で庇をつくる　断面詳細図［S＝1:8］

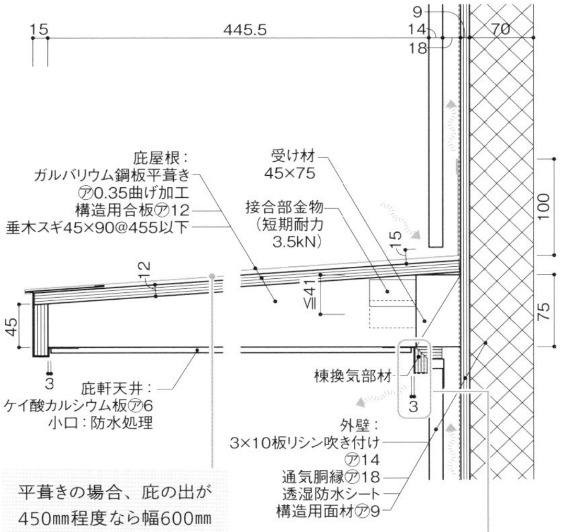

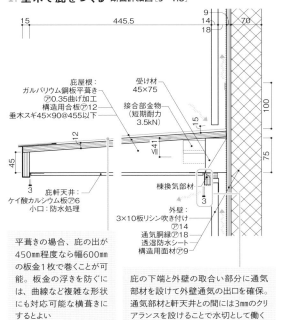

15
445.5
9
14
18
70
庇屋根：
ガルバリウム鋼板平葺き
㋐0.35曲げ加工
構造用合板㋐12
垂木スギ45×90@455以下
受け材
45×75
接合部金物
（短期耐力
3.5kN）
100
15
12
≧41
45
75
3
庇軒天井：
ケイ酸カルシウム板㋐6
小口：防水処理
棟換気部材
3
外壁：
3×10板リシン吹き付け
㋐14
通気胴縁㋐18
透湿防水シート
構造用面材㋐9

平葺きの場合、庇の出が450㎜程度なら幅600㎜の板金1枚で巻くことが可能。板金の浮きを防ぐには、曲線など複雑な形状にも対応可能な横葺きにするとよい

庇の下端と外壁の取合い部分に通気部材を設けて外壁通気の出口を確保。通気部材と軒天井との間には3㎜のクリアランスを設けることで水切として働く

2. 戸袋上部の庇　断面詳細図［S＝1:8］

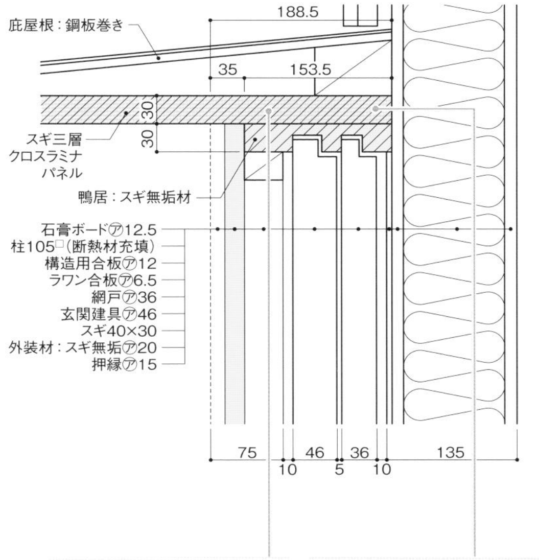

188.5
庇屋根：鋼板巻き
35
153.5
30
30
スギ三層
クロスラミナ
パネル
鴨居：スギ無垢材
石膏ボード㋐12.5
柱105□（断熱材充填）
構造用合板㋐12
ラワン合板㋐6.5
網戸㋐36
玄関建具㋐46
スギ40×30
外装材：スギ無垢㋐20
押縁㋐15
75
46
36
135
10
5
10

戸袋上部の庇屋根には鋼板を巻き、30㎜と薄く仕上げて軽さを出した

外壁と鴨居にはスギの無垢材を使用。同じ木材で統一感を出し、一体感をもたせた

3. 薄い庇にはスギ三層クロスラミナパネル＋方杖を採用　断面詳細図［S＝1:15］

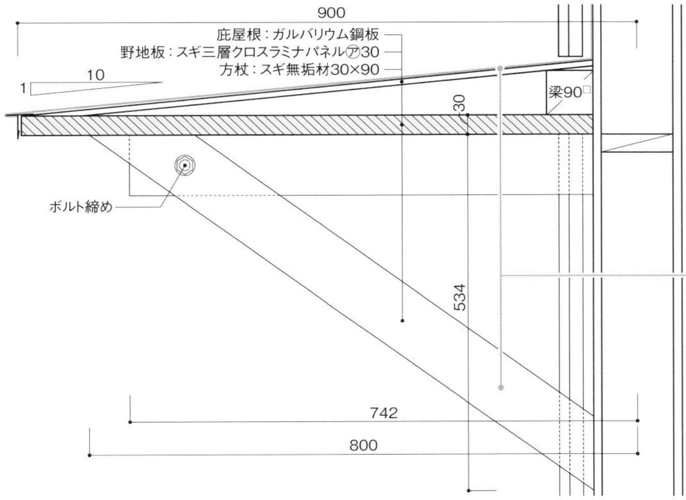

900
庇屋根：ガルバリウム鋼板
野地板：スギ三層クロスラミナパネル㋐30
方杖：スギ無垢材30×90
1
10
30
梁90□
ボルト締め
534
742
800

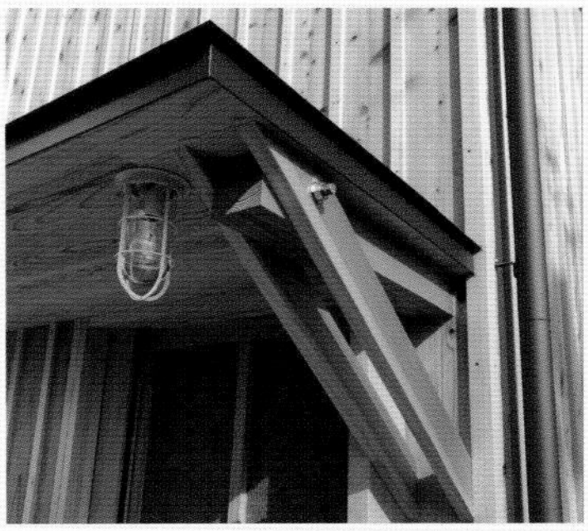

庇は、奥行きが長すぎると将来垂れてくるという懸念も。庇の深さは、方杖を設ける場合では柱心から1,000㎜以下程度、設けない場合では柱心から600㎜以下程度がよい。また、スギ三層クロスラミナパネル［143頁］に照明を仕込み、明るさを確保している

4. サッシ上に設ける庇　断面詳細図［S＝1:8］

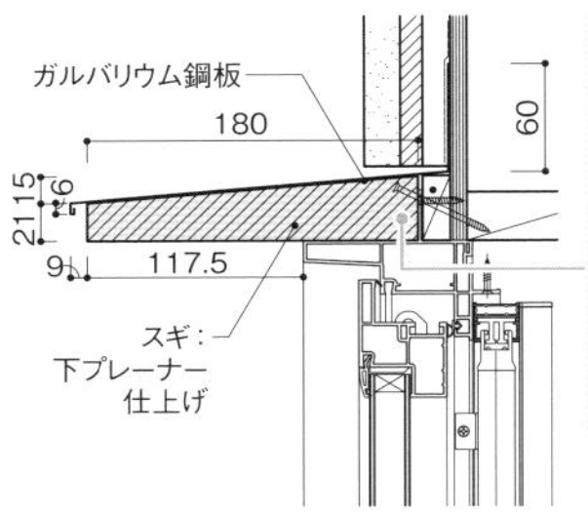

ガルバリウム鋼板
180
60
15
6
21
9
117.5
スギ：
下プレーナー
仕上げ

屋外に木材を使用する場合は、スギの赤身（心材）を用いることが望ましい。赤身は白身（辺材）よりも脂を多く含んでいるため、耐久性に優れる

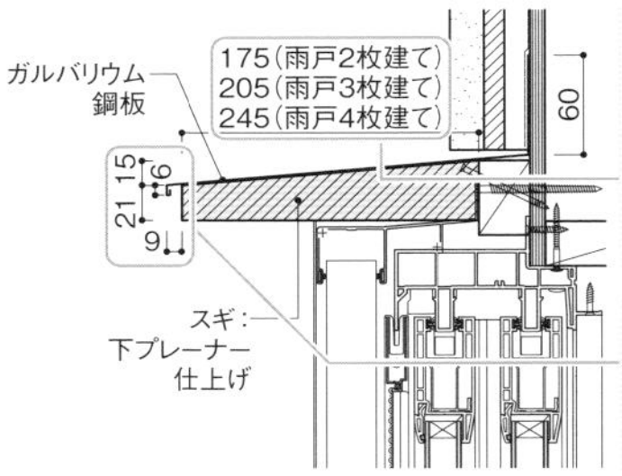

ガルバリウム
鋼板
175（雨戸2枚建て）
205（雨戸3枚建て）
245（雨戸4枚建て）
60
15
6
21
9
スギ：
下プレーナー
仕上げ

サッシに雨戸を設置する場合の納まり。雨戸の枚数によって、庇の深さを変える。庇の出は意匠のバランスを考慮し100㎜ほどにするのが一般的

板金は先端を6㎜内側に巻き込む。スギとの間に9㎜のクリアランスを設け、雨水が小口に回ることを防ぐ

1.提供：CKF、2.～3.「love coffee」設計：COMODO建築工房、写真：飯田亮、4.提供：扇建築工房

外壁

私たちの住まいにとって、外壁は暑さや寒さ、風雨や湿気から室内の暮らしを守る外皮の要だ。適切な断熱構造とその納まりを理解することで、断熱性はもちろん耐震性、耐久性の向上にもつながる。

POINT 1
外壁の基本的な断熱構造を理解する［※1］

外壁は、室内側から、内装材+防湿層（気密層）+断熱層+透湿防水層+通気層+外装材の順で構成される［※2］。防湿層と透湿防水層にはそれぞれ専用のシートを用いる場合が多い。近年普及が進む柱外に耐力面材を張る工法では、気密は主にこの耐力面材が担う［134頁、※3］

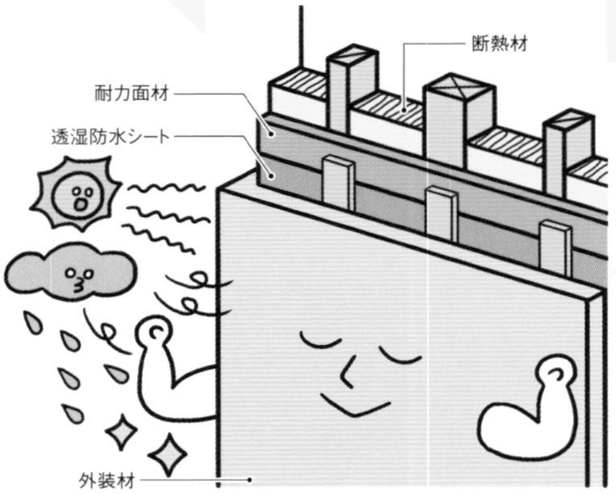

断熱材
耐力面材
透湿防水シート
外装材

POINT 2
必要な性能や厚みに応じて断熱材を選ぶ

必要な外壁の断熱性能や隣地間距離に応じた外壁の厚みなどを想定して、適切な断熱材と工法を選択しよう。説明の義務化に伴い、普段から工法や性能、厚み別に外壁の断熱仕様を数種類用意しておくのも賢い選択だ

POINT 3
外装材の特徴を押さえておく

外装材は、意匠やコストに加え、経年変化によるメリット・デメリットなどを考えて選ぼう。また、付加断熱構造は概ね防火構造とできるようになったため、防火性能は断熱構造も含めて検討しよう［※4］

BASIC 外壁の仕上げ別で見る納まりのポイント

1. 味のある押縁縦板張り 平面詳細図［S＝1:5］

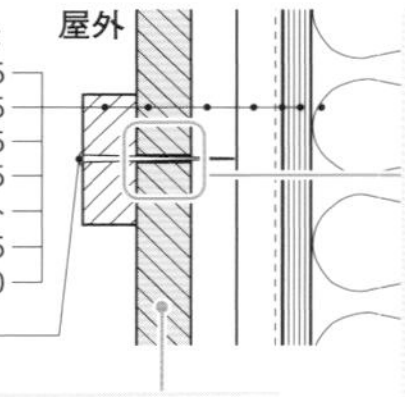

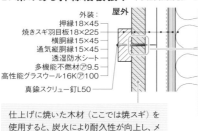

屋外
外装：
押縁18×45
焼きスギ羽目板18×225
横胴縁15×45
通気縦胴縁15×45
透湿防水シート
多機能不燃材㋐9.5
高性能グラスウール16K㋐100
真鍮スクリュー釘L50

羽目板張りの場合、板と板の継目を押縁で留めつける。継目は板の収縮を吸収できるよう、突付けず少し隙間（5㎜）を設けるとよい

仕上げに焼いた木材（ここでは焼スギ）を使用すると、炭火により耐久性が向上し、メンテナンスがほぼ不要となる

2. 割れにくい塗り壁 断面詳細図［S＝1:5］

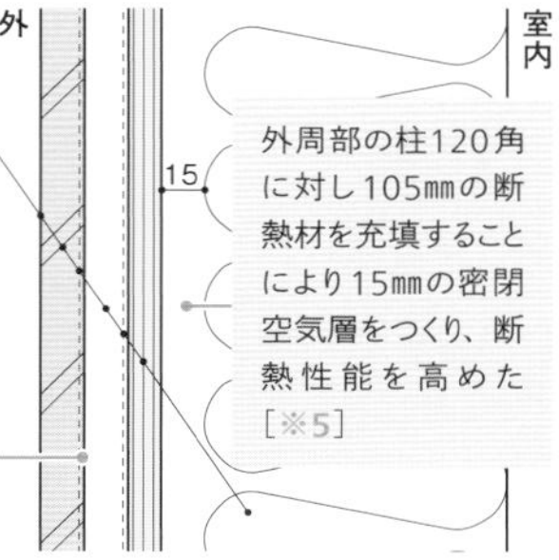

屋外
室内
外装：
樹脂系左官材
軽量モルタル㋐15
通気ラス
通気胴縁15×45
透湿防水シート
構造用合板㋐12
高性能グラスウール16K㋐105
15

外周部の柱120角に対し105㎜の断熱材を充填することにより15㎜の密閉空気層をつくり、断熱性能を高めた［※5］

モルタルや漆喰などの塗り壁は、木摺とラス網や、それらが一体となった通気ラスなど、下地部材を入れる

3. 耐候性に優れるガルバリウム鋼板 断面詳細図［S＝1:5］

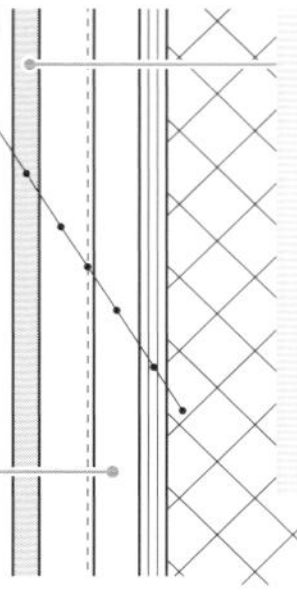

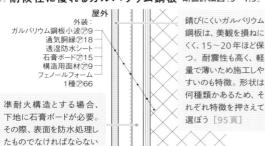

屋外
外装：
ガルバリウム鋼板小波㋐9
通気胴縁㋐18
透湿防水シート
石膏ボード㋐15
構造用面材㋐9
フェノールフォーム1種㋐66

錆びにくいガルバリウム鋼板は、美観を損ねにくく、15～20年ほど保つ。耐震性も高く、軽量で薄いため施工しやすいのも特徴。形状は何種類かあるため、それぞれ特徴を押さえて選ぼう［95頁］

準耐火構造とする場合、下地に石膏ボードが必要。その際、表面を防水処理したものでなければならない

4. 窯業系サイディングは割付けが肝 断面詳細図［S＝1:5］

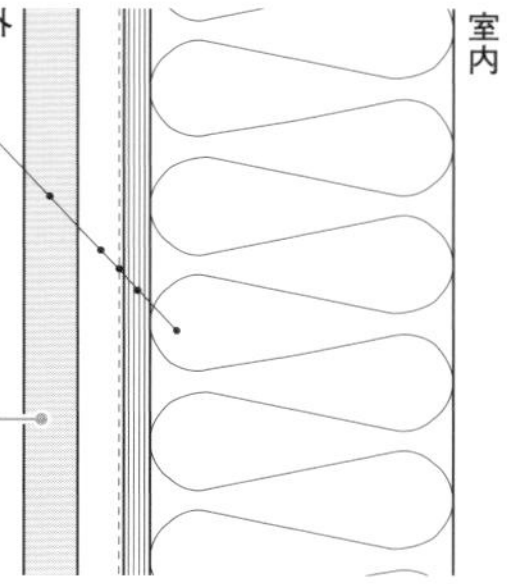

屋外
室内
外装：
窯業系サイディング㋐16
通気胴縁15×45
透湿防水シート
構造用パーティクルボード㋐9
高性能グラスウール16K㋐105

窯業系サイディングは、防火認定品が多数あり、乾式工法なため施工がしやすい。ただし、流通寸法には制約があるので、大きな外壁面に用いる際は継目がどこに来るのか計算しながら割付を考える

下段 1.提供：扇建築工房、2.・4.提供：青木律典｜デザインライフ設計室、3.提供：CKF｜※1 繊維系断熱材による充填断熱の場合｜※2 防湿層（気密層）～通気層までが基本的な断熱構造となる｜※3 屋根や下屋との取合い部分ではこれらの構造が途切れがちなので、計画時から注意が必要［92頁］｜※4 詳しくはhttp://www.hro.or.jp/info_headquarters/domin/pdf/20201030_pressrelease.pdf参照｜※5 15㎜の厚みは、省エネ計算のなかで熱貫流率の計算にも用いられる基準値。空気が動かない層をつくることで断熱性能を高められる

BASIC 仕様別300㎜断熱の壁構造

断熱材の種類とその工法により外壁のコストや厚みは異なる。同性能で比較すると繊維系断熱材の価格優位性が高い反面、壁厚は最大化しやすい。ここでは断熱仕様の先進地、北海道の「壁グラスウール300㎜断熱仕様」を例に各種断熱材別の比較を行う。

1. グラスウールによる壁300㎜断熱 断面詳細図[S=1:8]

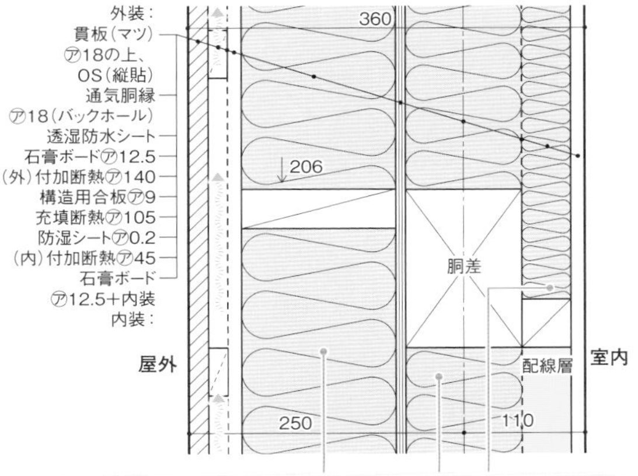
外装：
貫板（マツ）㋐18の上、
OS（縦貼）
通気胴縁
㋐18（バックホール）
透湿防水シート
石膏ボード㋐12.5
（外）付加断熱㋐140
構造用合板㋐9
充填断熱㋐105
防湿シート㋐0.2
（内）付加断熱㋐45
石膏ボード
㋐12.5＋内装
内装：
屋外
室内
360
206
胴差
配線層
250
110

すべてグラスウールを用い、躯体内充填断熱105㎜を中心に内外に付加断熱をした例。壁の総厚は360㎜となるが最も費用対効果に優れる

2. フェノールフォームによる外張り断熱 断面詳細図[S=1:8]

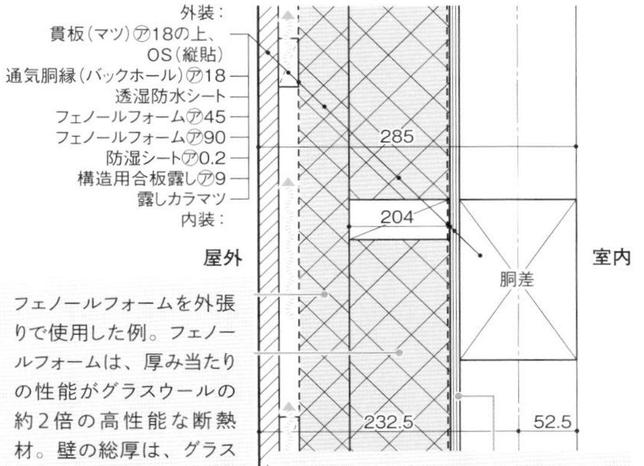
外装：
貫板（マツ）㋐18の上、
OS（縦貼）
通気胴縁（バックホール）㋐18
透湿防水シート
フェノールフォーム㋐45
フェノールフォーム㋐90
防湿シート㋐0.2
構造用合板露し㋐9
露しカラマツ
内装：
屋外
室内
285
204
胴差
232.5
52.5

フェノールフォームを外張りで使用した例。フェノールフォームは、厚み当たりの性能がグラスウールの約2倍の高性能な断熱材。壁の総厚は、グラスウール300㎜厚相当の性能ながら290㎜程度に抑えられる

外張り断熱とすれば、室内側に仕上げが不要となり、構造材をすべて露す意匠や、真壁や露しも可能となる

3. フェノールフォームによる付加断熱 断面詳細図[S=1:8]

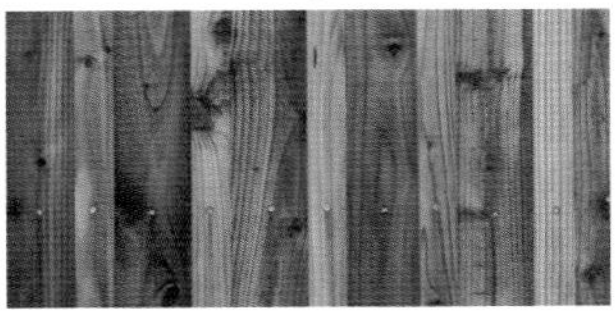

北海道では安価で一般的なマツの貫材を外装に用いた。断熱仕様ごとの違いを正しく理解することで外装材の自由度が広がる

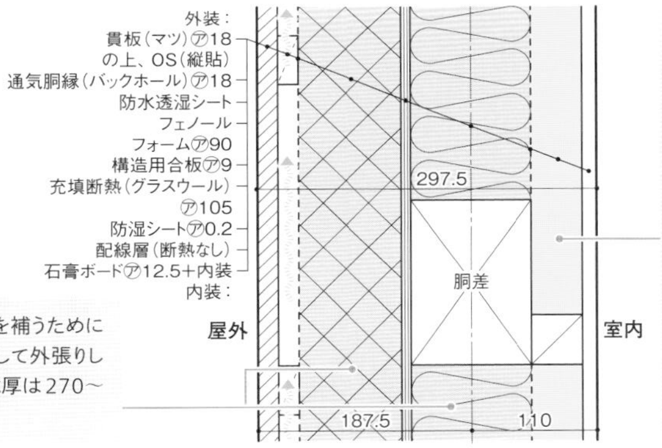
外装：
貫板（マツ）㋐18
の上、OS（縦貼）
通気胴縁（バックホール）㋐18
防水透湿シート
フェノール
フォーム㋐90
構造用合板㋐9
充填断熱（グラスウール）
㋐105
防湿シート㋐0.2
配線層（断熱なし）
石膏ボード㋐12.5＋内装
内装：
屋外
室内
297.5
胴差
187.5
110

グラスウール105㎜を充填し、性能不足分を補うために高性能なフェノールフォームを付加断熱として外張りした。その結果、配線層を確保しても壁の総厚は270〜310㎜程度に抑えられた

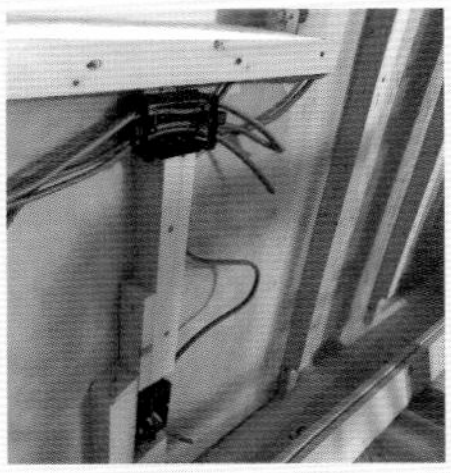

45㎜の配線層をつくると、断熱欠損したり防湿層を切って配線したりせずに済むため、全体として性能の低下を防げる

BASIC 土台水切と通気層の処理で意匠と耐久性が決まる

1. 押縁縦板張り 断面詳細図[S=1:5]

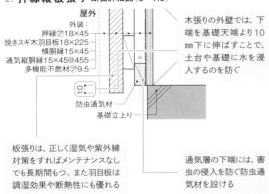

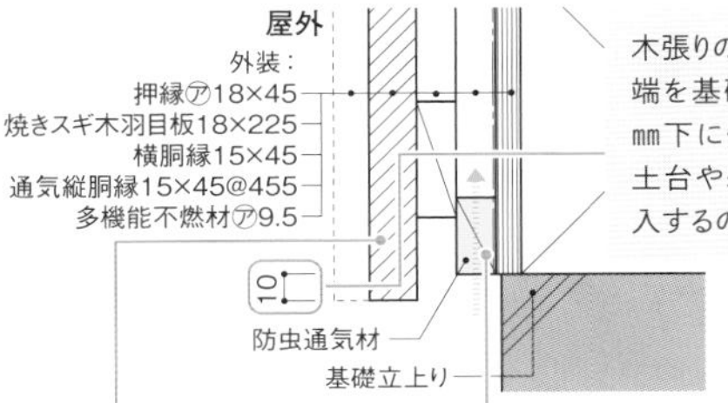
屋外
外装：
押縁㋐18×45
焼きスギ木羽目板18×225
横胴縁15×45
通気縦胴縁15×45@455
多機能不燃材㋐9.5
10
防虫通気材
基礎立上り

木張りの外壁では、下端を基礎天端より10㎜下に伸ばすことで、土台や基礎に水を浸入するのを防ぐ

板張りは、正しく湿気や紫外線対策をすればメンテナンスなしでも長期間もつ。また羽目板は調湿効果や断熱性にも優れる

通気層の下端には、害虫の侵入を防ぐ防虫通気材を設ける

2. ガルバリウム鋼板 断面詳細図[S=1:5]

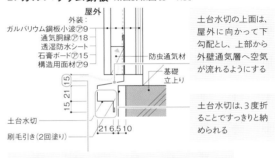

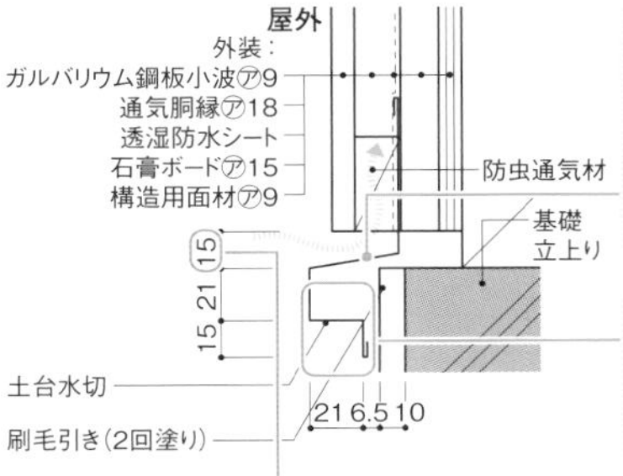
屋外
外装：
ガルバリウム鋼板小波㋐9
通気胴縁㋐18
透湿防水シート
石膏ボード㋐15
構造用面材㋐9
防虫通気材
基礎
立上り
15
15
21
15
土台水切
21
6.5
10
刷毛引き（2回塗り）

土台水切の上面は、屋外に向かって下勾配とし、上部から外壁通気層へ空気が流れるようにする

土台水切は、3度折ることですっきりと納められる

外装材と水切上端の間には10〜15㎜のクリアランスを設ける。また、透湿防水シートは必ず水切の上に両面ブチルテープなどで張り付ける。塗り壁の場合も同様に施工する

上段 1〜3.提供：山本亜耕建築設計事務所
下段 1.提供：扇建築工房、2.提供：CKF

1. チタン亜鉛合金板 断面詳細図［S＝1:10］

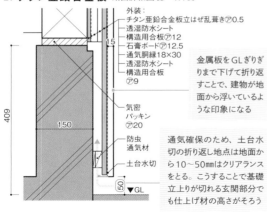

外装：
チタン亜鉛合金板立はぜ乱葺き㋜0.5
透湿防水シート
構造用合板㋜12
石膏ボード㋜12.5
通気胴縁18×30
透湿防水シート
構造用合板㋜9

気密パッキン㋜20

防虫通気材

土台水切

金属板をGLぎりぎりまで下げて折り返すことで、建物が地面から浮いているような印象になる

通気確保のため、土台水切の折り返し地点は地面から10〜50mmはクリアランスをとる。こうすることで基礎立上りが切れる玄関部分でも仕上げ材の高さがそろう

2. 湿式（シラス）壁 断面詳細図［S＝1:10］

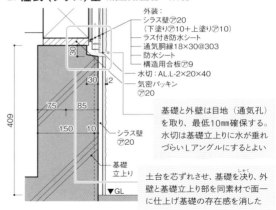

外装：
シラス壁㋜20
（下塗り㋜10＋上塗り㋜10）
ラス付き防水シート
通気胴縁18×30@303
防水シート
構造用合板㋜9
水切：AL.L-2×20×40
気密パッキン㋜20

シラス壁㋜20

基礎立上り

▼GL

基礎と外壁は目地（通気孔）を取り、最低10mm確保する。水切は基礎立上りに水が垂れづらいLアングルにするとよい

土台を芯ずれさせ、基礎を決り、外壁と基礎立上り部を同素材で面一に仕上げ基礎の存在感を消した

---

1. 木張り 平面詳細図［S＝1:2］

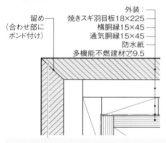

留め（合わせ部にボンド付け）

外装：
焼きスギ羽目板18×225
横胴縁15×45
通気胴縁15×45
防水紙
多機能不燃建材㋜9.5

出隅はコーナー材を用いるより、ピン角で納めるほうが美しい。その際、現場で張りつけるのではなく、あらかじめボンドで接合したL字の材を用意しておくと施工性が高い

2. 役物で納める 平面詳細図［S＝1:2］

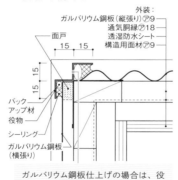

外装：
ガルバリウム鋼板（縦張り）㋜9
通気胴縁㋜18
透湿防水シート
構造用面材㋜9

面戸

バックアップ材
役物
シーリング
ガルバリウム鋼板（横張り）

ガルバリウム鋼板仕上げの場合は、役物をかぶせてシーリングする

3. ピン角で納める 平面詳細図［S＝1:2］

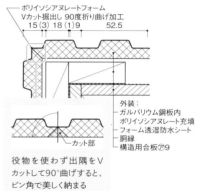

ポリイソシアヌレートフォーム
Vカット掘出し 90度折り曲げ加工
15(3) 18 (1) 9   52.5

外装：
ガルバリウム鋼板内
ポリイソシアヌレート充填
フォーム透湿防水シート
胴縁
構造用合板㋜9

カット部

役物を使わず出隅をVカットして90°曲げると、ピン角で美しく納まる

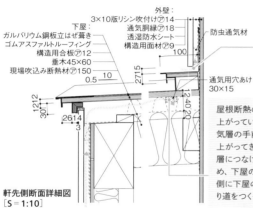

外壁：
3×10版リシン吹付け㋜14
通気胴縁㋜18
構造用面材㋜9

下屋：
ガルバリウム鋼板立はぜ葺き
ゴムアスファルトルーフィング
構造用合板㋜12
垂木45×60
現場吹込み断熱材㋜150

防虫通気材

通気用穴あけ
30×15

下屋上部の外壁の通気は、屋根の板金と防水処理の関係で別に設ける必要があるため、下部に15mmの隙間をつくっている

屋根断熱の場合、屋根の板金が立ち上がっているため透湿防水シートを通気層の手前に回せず、下屋外壁から上がってきた空気を上階外壁の通気層につなげることが出来ない。そのため、下屋の垂木を切り欠いて、けらば側に下屋の屋根内の空気が抜ける通り道をつくっておく

軒先側断面詳細図［S＝1:10］

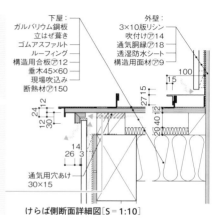

下屋：
ガルバリウム鋼板立はぜ葺き
ゴムアスファルトルーフィング
構造用合板㋜12
垂木45×60
現場吹込み断熱材㋜150

外壁：
3×10版リシン吹付け㋜14
通気胴縁㋜18
透湿防水シート
構造用面材㋜9

通気用穴あけ
30×15

けらば側断面詳細図［S＝1:10］

上段　1.〜2.提供：横関正人＋横関万貴子／NEOGEO
中段　1.提供：扇建築工房、2.提供：CKF、3.提供：H.A.S.Market
下段　提供：CKF

BASIC 上階のオーバーハングした外壁と軒天井の出隅

1. 一般的な納まり 断面詳細図［S＝1:3］

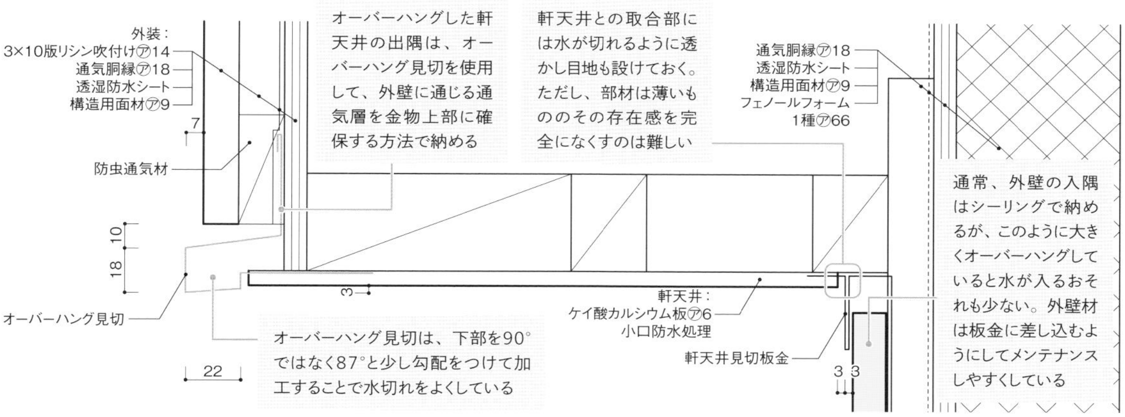

外装：
3×10版リシン吹付け㋐14
通気胴縁㋐18
透湿防水シート
構造用面材㋐9
7
防虫通気材
10
18
オーバーハング見切
3
22
オーバーハングした軒天井の出隅は、オーバーハング見切を使用して、外壁に通じる通気層を金物上部に確保する方法で納める
軒天井との取合部には水が切れるように透かし目地も設けておく。ただし、部材は薄いもののその存在感を完全になくすのは難しい
オーバーハング見切は、下部を90°ではなく87°と少し勾配をつけて加工することで水切れをよくしている
通気胴縁㋐18
透湿防水シート
構造用面材㋐9
フェノールフォーム1種㋐66
軒天井：ケイ酸カルシウム板㋐6 小口防水処理
軒天井見切板金
3 3
通常、外壁の入隅はシーリングで納めるが、このように大きくオーバーハングしていると水が入るおそれも少ない。外壁材は板金に差し込むようにしてメンテナンスしやすくしている

2. ガルバリウム鋼板で汚垂れをつくる 断面詳細図［S＝1:3］

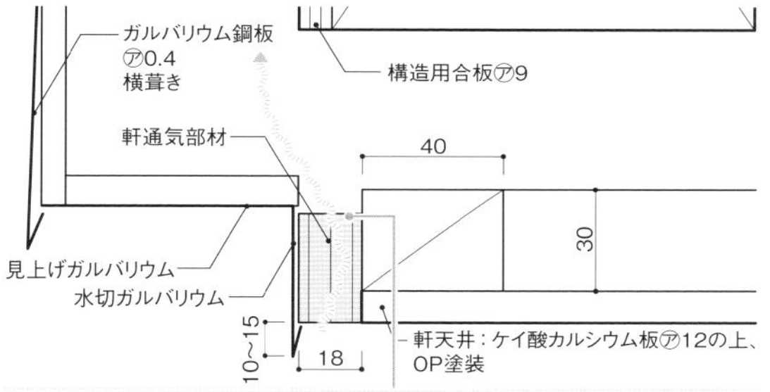

ガルバリウム鋼板㋐0.4 横葺き
構造用合板㋐9
軒通気部材
40
30
見上げガルバリウム
水切ガルバリウム
10〜15
18
軒天井：ケイ酸カルシウム板㋐12の上、OP塗装

金物の厚みを出したくない場合は、外壁仕上げと同じガルバリウム鋼板で汚垂れ（10〜15㎜）をつくる。その際、水切の裏に通気用部材を入れ、軒天井から通気する

3. 木材と銅で見切り材をつくる 断面詳細図［S＝1:3］

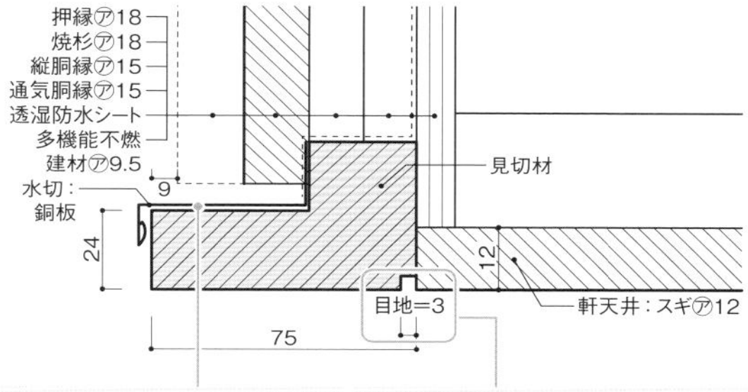

押縁㋐18
焼杉㋐18
縦胴縁㋐15
通気胴縁㋐15
透湿防水シート
多機能不燃建材㋐9.5
水切：銅板
9
24
見切材
12
目地＝3
75
軒天井：スギ㋐12

スギの見切材と銅板の水切を組み合わせ、ともに経年変化で風合いが出るようにした

軒天井を木口方向に張ると、経年で木材が変形したときに、膨らんだ印象になるため、3㎜の目地を設ける

BASIC 異素材の切り替えを美しく納める

1. リシン吹付け×木製サイディング 平面詳細図［S＝1:3］

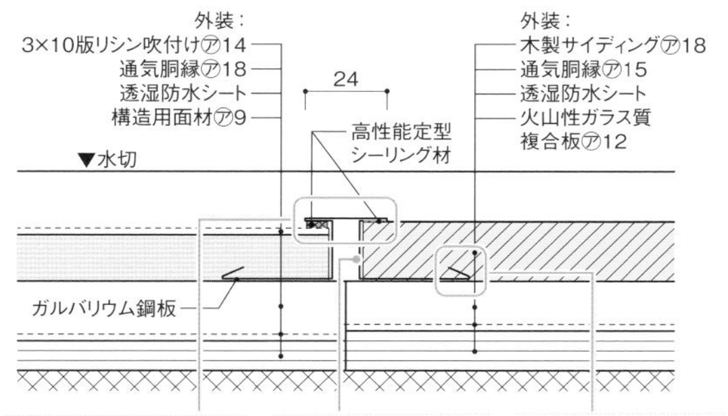

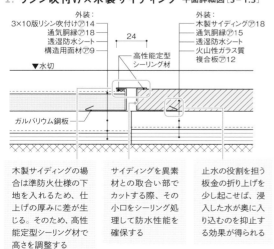

外装：
3×10版リシン吹付け㋐14
通気胴縁㋐18
透湿防水シート
構造用面材㋐9
24
高性能定型シーリング材
外装：
木製サイディング㋐18
通気胴縁㋐15
透湿防水シート
火山性ガラス質複合板㋐12
▼水切
ガルバリウム鋼板

木製サイディングの場合は準防火仕様の下地を入れるため、仕上げの厚みに差が生じる。そのため、高性能定型シーリング材で高さを調整する

サイディングを異素材との取合い部でカットする際、その小口をシーリング処理して防水性能を確保する

止水の役割を担う板金の折り上げを少し起こせば、浸入した水が奥に入り込むのを抑止する効果が得られる

2. リシン吹付け×ガルバリウム鋼板 平面詳細図［S＝1:3］

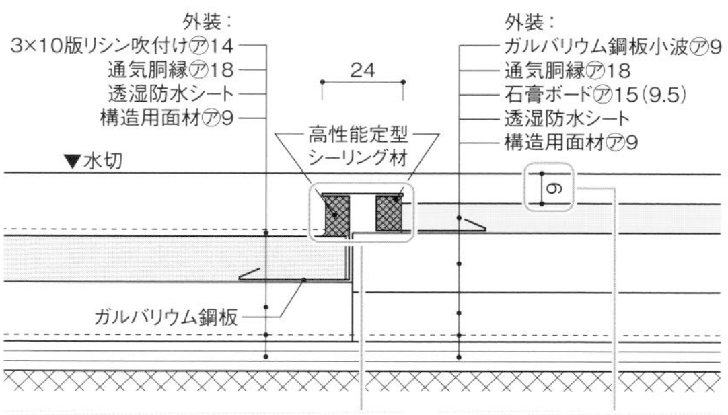

外装：
3×10版リシン吹付け㋐14
通気胴縁㋐18
透湿防水シート
構造用面材㋐9
24
高性能定型シーリング材
外装：
ガルバリウム鋼板小波㋐9
通気胴縁㋐18
石膏ボード㋐15(9.5)
透湿防水シート
構造用面材㋐9
▼水切
9
ガルバリウム鋼板

準防火仕様の関係でガルバリウム鋼板の下地に石膏ボードを入れると、リシン吹付けと比べて仕上げ面に大きい段差が生じる。基本的には左図同様、高性能定型シーリング材で調整すればよいが、段差が5㎜を超えるならシーリング処理で納める

水切と外壁仕上げの間は、外壁から垂れる水を受けられるよう、最低でも9㎜を確保

上段　1.提供：CKF、2.提供：3110ARCHITECTS一級建築士事務所、3.提供：扇建築工房
下段　1.〜2.提供：CKF

ADVANCED 目地を生かした外壁デザイン

外壁仕上げをモルタルにする場合、壁一面を目地なしで仕上げると割れてしまう可能性が極めて高い。そこで目地を設けることになるが、目地位置は意匠に大きくかかわる。本事例では、目地を隠さず、逆に目立たせて生かすような納まりを実現している。

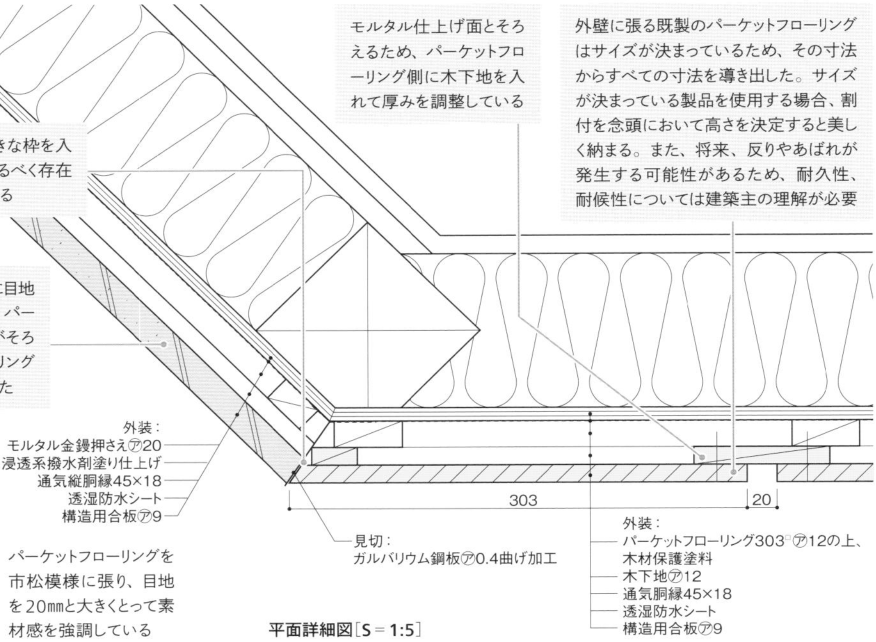
モルタル仕上げ面とそろえるため、パーケットフローリング側に木下地を入れて厚みを調整している
外壁に張る既製のパーケットフローリングはサイズが決まっているため、その寸法からすべての寸法を導き出した。サイズが決まっている製品を使用する場合、割付を念頭において高さを決定すると美しく納まる。また、将来、反りやあばれが発生する可能性があるため、耐久性、耐候性については建築主の理解が必要
角部の納まりには、見付けの大きな枠を入れてしまうと意匠に影響する。なるべく存在感を弱めるため板金で納めている
モルタル壁は少なくとも2mごとに目地を設けたほうがよい。ここでは、パーケットフローリングの目地と位置がそろうよう、1.9m（パーケットフローリング6枚分）ごとに金属見切を設けた
外装：
モルタル金鏝押さえ㋐20
浸透系撥水剤塗り仕上げ
通気縦胴縁45×18
透湿防水シート
構造用合板㋐9
303
20
見切：
ガルバリウム鋼板㋐0.4曲げ加工
外装：
パーケットフローリング303□㋐12の上、
木材保護塗料
木下地㋐12
通気胴縁45×18
透湿防水シート
構造用合板㋐9

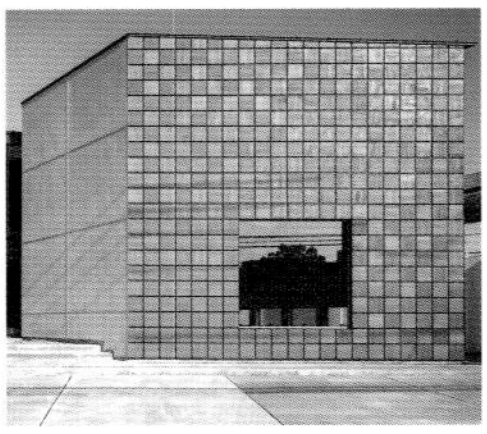

パーケットフローリングを市松模様に張り、目地を20㎜と大きくとって素材感を強調している

平面詳細図［S＝1:5］

ADVANCED 外壁と内壁を同じ仕上げでつなげる

外壁と内壁を同じ素材で面一に仕上げれば、内外につながりが生まれる。外部のような雰囲気の内部空間をつくりたい場合は、外壁・内壁双方に使用できる仕上げ材を選定し、建具の納め方に気を配ろう。

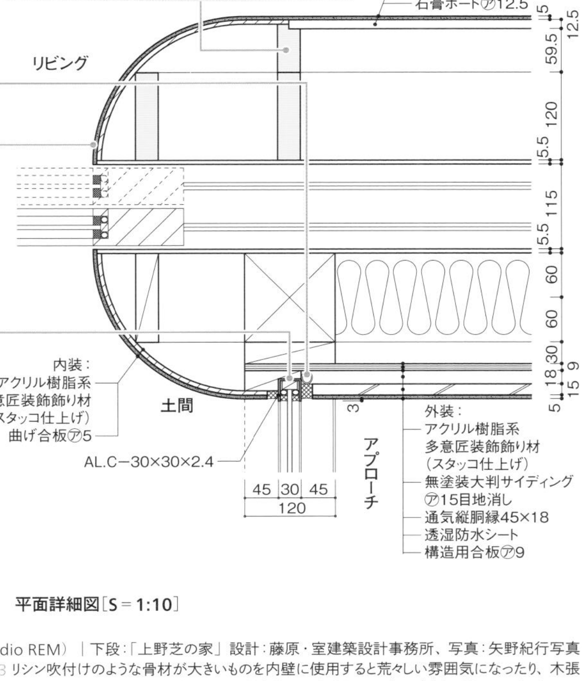
外壁と内壁の厚みをそろえるため、内壁側に木下地を追加した。部屋が狭く感じないよう、同一で仕上げる壁の面積は抑えている
内壁：
アクリル樹脂系
多意匠装飾飾り材
（スタッコ仕上げ）
石膏ボード㋐12.5
リビング
端部にはシーリング処理のためのバックアップ材を設けている
仕上げ材は、外壁・内壁双方に使用可能であれば、塗装、吹付け塗装、タイル、木張りなど素材は問わない。仕上げ材のお薦めはアクリル樹脂系装飾塗り材［※1］や樹脂系左官材［※2］。内外装ともによく使われるもので、弾性がありクラックに強い。本事例のような曲面壁にも最適［※3］
内外の壁がひとつながりの壁に見えるよう、建具枠を埋め込んで隠している。枠が出てしまう場合は、色を合わせるなどの工夫が必要となる
内装：
アクリル樹脂系
多意匠装飾飾り材
（スタッコ仕上げ）
曲げ合板㋐5
土間
AL.C−30×30×2.4
45 30 45
120
3
アプローチ
外装：
アクリル樹脂系
多意匠装飾飾り材
（スタッコ仕上げ）
無塗装大判サイディング
㋐15目地消し
通気縦胴縁45×18
透湿防水シート
構造用合板㋐9
5
12.5
59.5
120
5.5
115
5.5
60
60
30
18
9
15
5

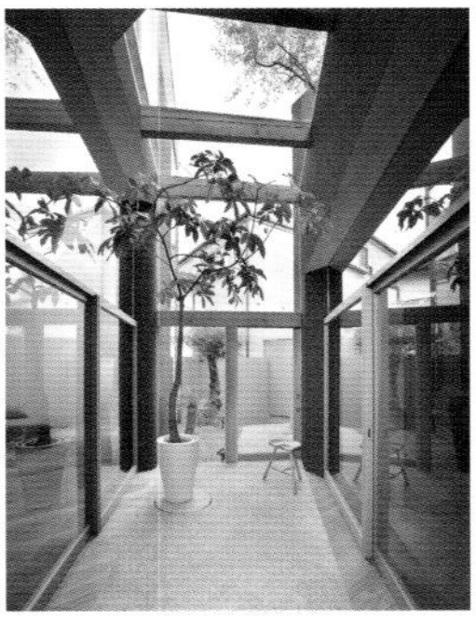

土間からアプローチ方向を見る。写真左がリビング、右がダイニングだ。それぞれ、土間とつなぐ壁に同じ仕上げ材を使用して一体感を演出している

平面詳細図［S＝1:10］

上段：「学園前の店舗+住宅」設計：藤原・室建築設計事務所、写真：平桂弥（studio REM）｜下段：「上野芝の家」設計：藤原・室建築設計事務所、写真：矢野紀行写真事務所｜※1「ベルアート」（エスケー化研）｜※2「ジョリパット」（アイカ工業）｜※3 リシン吹付けのような骨材が大きいものを内壁に使用すると荒々しい雰囲気になったり、木張りでも鎧張りにすると外壁感が強すぎたりして、バランスが悪くなるおそれもある。そのため、意匠上の狙いがある場合を除き、基本的には粗削りな印象の素材は避けたほうがよい

主な外装材の種類

住宅の外装に用いる主な材料は、木材、漆喰、ガルバリウム鋼板（金属系サイディング）、モルタル（吹付け）、窯業系サイディングの5種類に大別される。ここでは、それぞれの特徴、寸法、形状などを紹介する。

表1：コストで比較する外壁の主な仕上げと構成

高 ← かかるコスト → 低

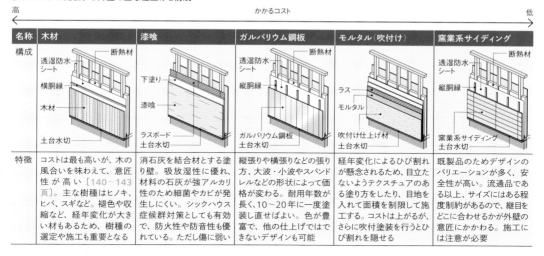

名称	木材	漆喰	ガルバリウム鋼板	モルタル（吹付け）	窯業系サイディング
構成	断熱材／透湿防水シート／横胴縁／木材／土台水切	下塗り／漆喰／ラスボード／土台水切	断熱材／透湿防水シート／縦胴縁／ガルバリウム鋼板／土台水切	断熱材／ラス／モルタル／吹付け仕上げ材／土台水切	断熱材／透湿防水シート／縦胴縁／窯業系サイディング／土台水切
特徴	コストは最も高いが、木の風合いを味わえて、意匠性が高い［140〜143頁］。主な樹種はヒノキ、ヒバ、スギなど。褪色や収縮など、経年変化が大きい材もあるため、樹種の選定や施工も重要となる	消石灰を結合材とする塗り壁。吸放湿性に優れ、材料の石灰が強アルカリ性のため細菌やカビが発生しにくい。シックハウス症候群対策としても有効で、防火性や防音性も優れている。ただし傷に弱い	縦張りや横張りなどの張り方、大波・小波やスパンドレルなどの形状によって価格が変わる。耐用年数が長く、10〜20年に一度塗装し直せばよい。色が豊富で、他の仕上げではできないデザインも可能	経年変化によるひび割れが懸念されるため、目立たないようテクスチュアのある塗り方をしたり、目地を入れて面積を制限して施工する。コストは上がるが、さらに吹付塗装を行うとひび割れを隠せる	既製品のためデザインのバリエーションが多く、安全性が高い。流通品であるため、サイズにはある程度制約があるので、継目をどこに合わせるかが外壁の意匠にかかわる。施工には注意が必要

窯業系サイディングの流通寸法

全長／厚さ／全幅

幅と長さは、「455×3,030mm（10尺版）」「455×1,820mm（6尺版）」「910×3,030mm（3尺10尺版）」がほとんど

厚さはJISで14mm以上と決められている。15mm以上の製品なら金具で固定できるので見栄えがよく、施工性や耐久性も高い。一方で14mmは耐久性が低く、釘打ちとなるため見栄えが悪い。18mm以上は厚みのあるデザインにしたいなどの意匠的な理由があれば採用を検討する

表2：モルタル壁の種類

リシン吹付け	スタッコ
表面が細かい砂のようにザラザラした外壁。低コストで施工性がよい。マットで温かみがあり落ち着いた雰囲気に仕上がるが、ほかと比べてひび割れが発生しやすい	スタッコ（化粧漆喰）を5〜10mm吹き付ける仕上げ。高級感や重厚感を表現できる。吹き付けた後、ローラーで角をつぶす仕上げにすると耐久性を高められる
吹付けタイル	リシン掻き落とし
タイルガンという専用の機材を使用し、3回塗りで仕上げる方法。骨材が入っていないため、軟らかくひび割れしにくい。下地との密着性にも優れており、耐久性を重視するならお薦め	リシンを吹付けした後、剣山などで引っ掻き、ザラザラした表面に仕上げる方法。吹付けよりコストはかかるが、塗膜が厚く耐久性向上や重厚感ある仕上がりを期待できる

ガルバリウム鋼板の形状と価格

波型
縦方向の強度が高く、たわみやへこみを防げる。逆に横方向の耐力は小さく、めくれや剥がれが起こるおそれも。安価で施工が容易なため、定期的に交換を行うならよい。住宅では波の小さいタイプが主流

大波／縦方向／横方向／小波

角波型
曲げ部分が角になっているため平面部分が多く、波型に比べ横方向の力に対してもある程度耐えられる。その分、波型よりは少し割高

リブ波型
リブ波型は、長細い板の両サイドが山折り成形されており、その部分を重ね合わせて施工する。雨漏りが起こりにくい形状だ。幅約30cmの板を張り合わせて施工するため、破損しても部分交換が可能

300

スパンドレル型
板を複雑に折り曲げ、固定用の釘やビスが表面に露出しない形状。そのため、雨漏りが起こりにくく、強度も高い。加工が複雑で成形も手間がかかるため、価格は漆喰とほとんど変わらない

1F型／2F型／K型

解説：青木律典｜デザインライフ設計室

外部開口部

開口部の納まりで検討するのは、建具を受ける枠と内外の壁の仕上げとの出会い方をどう納めるか。外部開口部では雨仕舞いも重要な検討事項だ。施工手順をイメージしながら、内外ともに美観を整えたい。

POINT **1** **枠廻りは眺望を左右する**

開口部には、採光や通風のほか、眺望の機能も求められる。内部の枠廻りや庇、外付けルーバーなど窓廻りの造作を含め、内部から外部をどのように見せたいのかを考えながら枠廻りを検討していく[※1]

POINT **2** **施工手順をイメージして納まりを検討**

窓廻りは、軸組（まぐさ・窓台）→先張り防水シート→サッシ枠の固定→外装材や内部の枠・内装仕上げ、という順番で施工される。無理なく施工できるようにクリアランスを考え、窓の位置や大きさを決定することが出来栄えに直結する

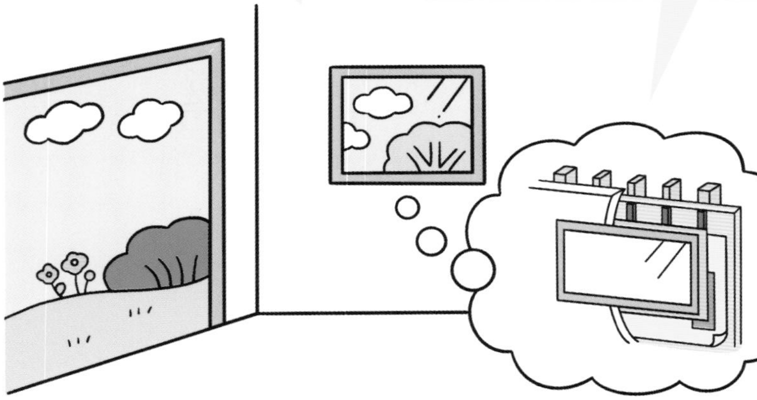

BASIC 半外付けアルミサッシ×外壁左官仕上げを美しく納める

サッシ位置は、室内を真壁とする場合は外付け[左頁]、大壁とする場合は半外付けのサッシを採用するのが基本。半外付けサッシは外壁からの出っ張りが少なく、施工が容易なので木造住宅ではより一般的だ。

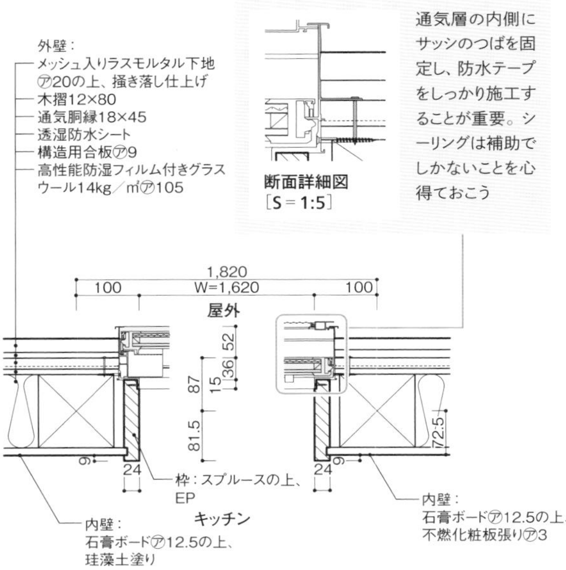

外壁：
メッシュ入りラスモルタル下地
㋐20の上、掻き落し仕上げ
木摺12×80
通気胴縁18×45
透湿防水シート
構造用合板㋐9
高性能防湿フィルム付きグラスウール14kg／㎥㋐105
断面詳細図
[S＝1:5]
通気層の内側にサッシのつばを固定し、防水テープをしっかり施工することが重要。シーリングは補助でしかないことを心得ておこう
1,820
100
W=1,620
100
屋外
52
36
15
87
81.5
72.5
9
24
枠：スプルースの上、EP
キッチン
内壁：
石膏ボード㋐12.5の上、
珪藻土塗り
内壁：
石膏ボード㋐12.5の上、
不燃化粧板張り㋐3

平面詳細図[S＝1:12]

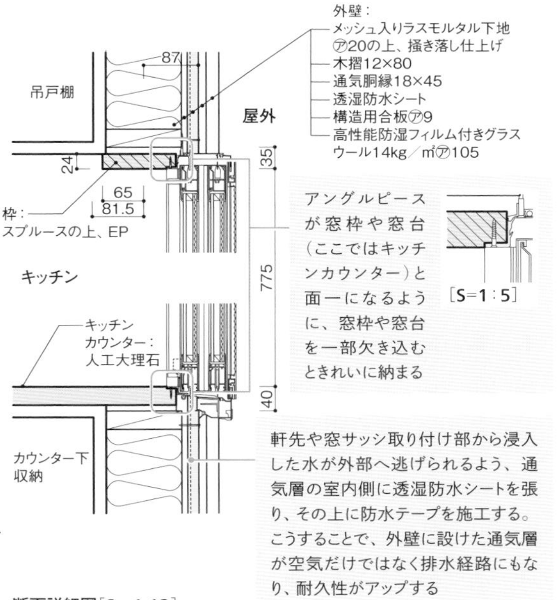

外壁：
メッシュ入りラスモルタル下地
㋐20の上、掻き落し仕上げ
木摺12×80
通気胴縁18×45
透湿防水シート
構造用合板㋐9
高性能防湿フィルム付きグラスウール14kg／㎥㋐105
87
吊戸棚
屋外
24
35
65
81.5
枠：
スプルースの上、EP
キッチン
775
キッチンカウンター：
人工大理石
40
カウンター下収納
アングルピースが窓枠や窓台（ここではキッチンカウンター）と面一になるように、窓枠や窓台を一部欠き込むときれいに納まる
[S＝1：5]
軒先や窓サッシ取り付け部から浸入した水が外部へ逃げられるよう、通気層の室内側に透湿防水シートを張り、その上に防水テープを施工する。こうすることで、外壁に設けた通気層が空気だけではなく排水経路にもなり、耐久性がアップする

断面詳細図[S＝1:12]

下段　提供：3110ARCHITECTS一級建築士事務所

※1 外部開口部は、外観を印象づける要素でもあるため、外観全体のプロポーションなども併せて検討する必要がある

BASIC 施工を考慮した半外付けアルミサッシ×外壁ガルバリウム鋼板張り

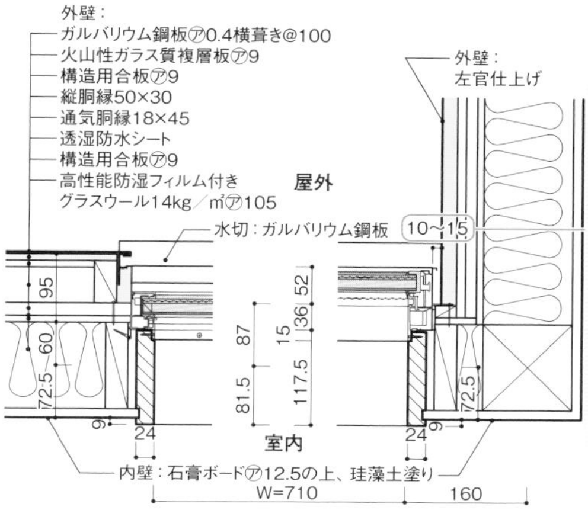

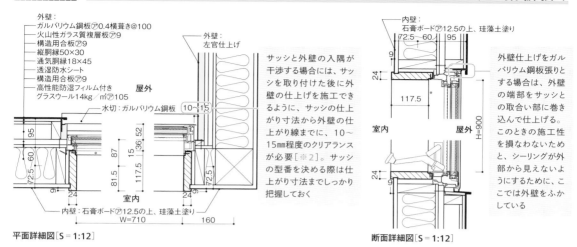

外壁：
ガルバリウム鋼板㋐0.4横葺き@100
火山性ガラス質複層板㋐9
構造用合板㋐9
縦胴縁50×30
通気胴縁18×45
透湿防水シート
構造用合板㋐9
高性能防湿フィルム付き
グラスウール14kg／㎥㋐105
屋外
外壁：
左官仕上げ
水切：ガルバリウム鋼板
10〜15
95
60
72.5
9
24
52
36
15
87
81.5
117.5
室内
72.5
24
9
内壁：石膏ボード㋐12.5の上、珪藻土塗り
W=710
160

サッシと外壁の入隅が干渉する場合には、サッシを取り付けた後に外壁の仕上げを施工できるように、サッシの仕上がり寸法から外壁の仕上がり線までに、10〜15㎜程度のクリアランスが必要[※2]。サッシの型番を決める際は仕上がり寸法までしっかり把握しておく

平面詳細図[S＝1:12]

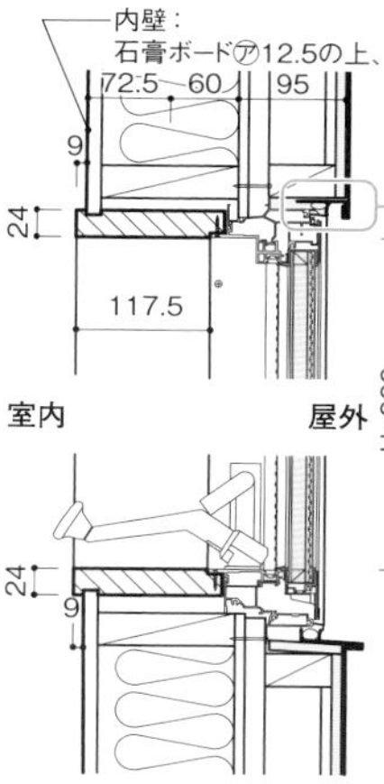

内壁：
石膏ボード㋐12.5の上、珪藻土塗り
72.5
60
95
9
24
117.5
室内
屋外
H=900
24
9

外壁仕上げをガルバリウム鋼板張りとする場合は、外壁の端部をサッシとの取合い部に巻き込んで仕上げる。このときの施工性を損なわないためと、シーリングが外部から見えないようにするために、ここでは外壁をふかしている

断面詳細図[S＝1:12]

BASIC 外付けサッシは耐久性に配慮

1. 外付けサッシの基本の納まり 平面詳細図[S＝1:12]

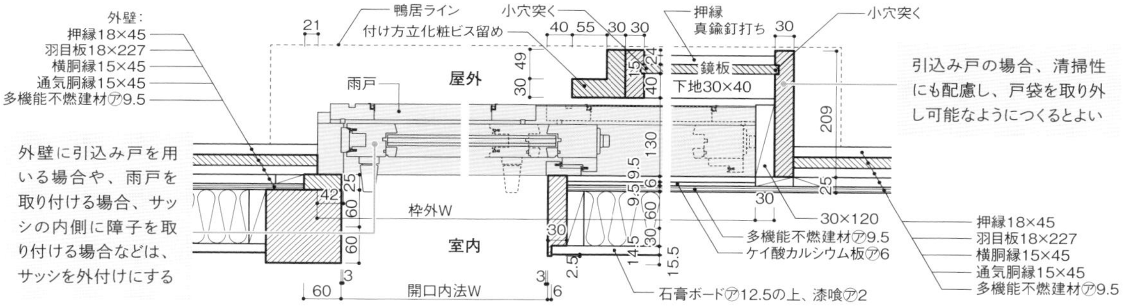

外壁：
押縁18×45
羽目板18×227
横胴縁15×45
通気胴縁15×45
多機能不燃建材㋐9.5
21
鴨居ライン
付け方立化粧ビス留め
小穴突く
40 55 30 30
押縁
真鍮釘打ち
30
小穴突く
49
30
15
24
40
鏡板
下地30×40
雨戸
屋外
130
209
42
25
60
60
枠外W
室内
9.5
9.5
16
60
30
14.5
15.5
30
2.5
25
30
30×120
多機能不燃建材㋐9.5
ケイ酸カルシウム板㋐6
押縁18×45
羽目板18×227
横胴縁15×45
通気胴縁15×45
多機能不燃建材㋐9.5
60
3
開口内法W
3
6
石膏ボード㋐12.5の上、漆喰㋐2

外壁に引込み戸を用いる場合や、雨戸を取り付ける場合、サッシの内側に障子を取り付ける場合などは、サッシを外付けにする

引込み戸の場合、清掃性にも配慮し、戸袋を取り外し可能なようにつくるとよい

2. 掃出し窓の場合 断面詳細図[S＝1:12]

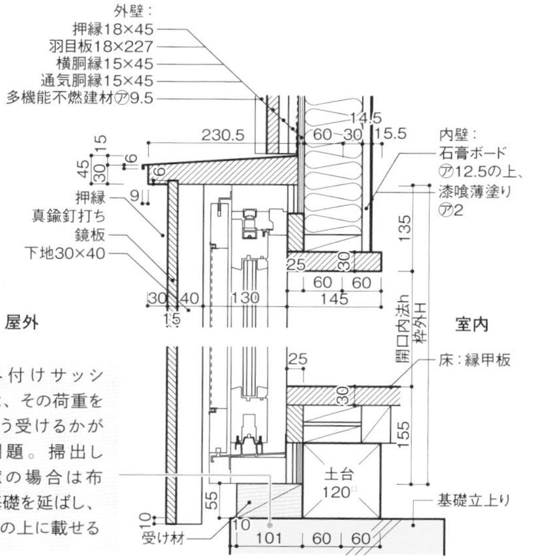

外壁：
押縁18×45
羽目板18×227
横胴縁15×45
通気胴縁15×45
多機能不燃建材㋐9.5
14.5
230.5
60
30
15.5
内壁：
石膏ボード
㋐12.5の上、
漆喰薄塗り
㋐2
15
45
30
6
6
押縁
9
真鍮釘打ち
鏡板
下地30×40
135
25
30
60
60
145
30
40
130
15
屋外
開口内法h
枠外H
室内
25
床：縁甲板
30
155
土台
120□
基礎立上り
55
10
10
受け材
101
60
60

外付けサッシは、その荷重をどう受けるかが問題。掃出し窓の場合は布基礎を延ばし、その上に載せる

3. 腰窓の場合 断面詳細図[S＝1:12]

腰窓の場合は下枠の下に受け材を打ち付け、そこに載せる。１本引きの場合は55×90〜100㎜程度、２本引きの場合はより大きな部材（30×120㎜程度）をボルトで締める必要がある。受け材は、強度と耐久性の観点からヒノキを使用するとよい

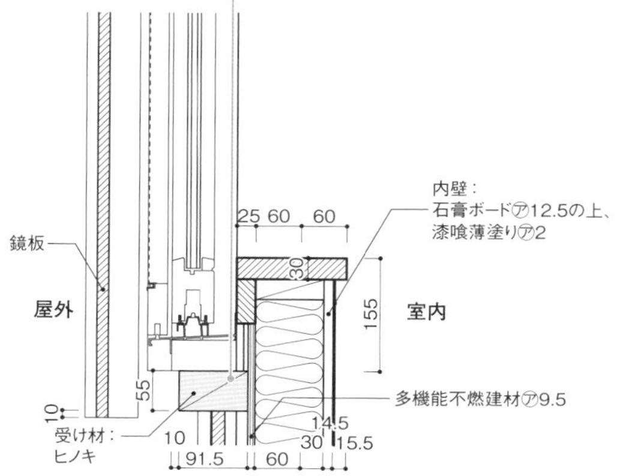

内壁：
石膏ボード㋐12.5の上、
漆喰薄塗り㋐2
25 60 60
鏡板
30
屋外
155
室内
多機能不燃建材㋐9.5
55
10
14.5
30
15.5
受け材：
ヒノキ
10
91.5
60

上段　提供：3110ARCHITECTS一級建築士事務所
下段　1.〜3.提供：扇建築工房
※2 ガルバリウム鋼板張りならシーリングができるように、左官仕上げなら鏝が入るようにする

BASIC 樹脂サッシを木製建具のように見せる

1. 竪框を隠す［S＝1:12］

見た目のよさから木製サッシを希望する建築主は多い。しかし、断熱性能の観点からは樹脂サッシが最も優れており、木製サッシで同等の性能を確保するにはコストがかさむ。断熱性能を優先し樹脂サッシを用いる場合は、引違いのサッシの竪框も含めて木枠で隠すとよい。室内からは木製サッシのように見え、違和感なく納めることができる

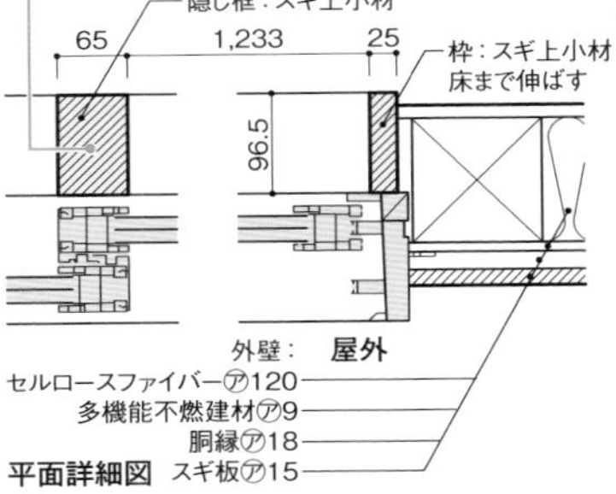

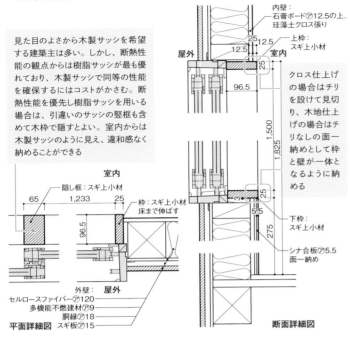

室内
隠し框：スギ上小材
65
1,233
25
枠：スギ上小材
床まで伸ばす
96.5
外壁：
屋外
セルロースファイバー㋐120
多機能不燃建材㋐9
胴縁㋐18
スギ板㋐15

平面詳細図

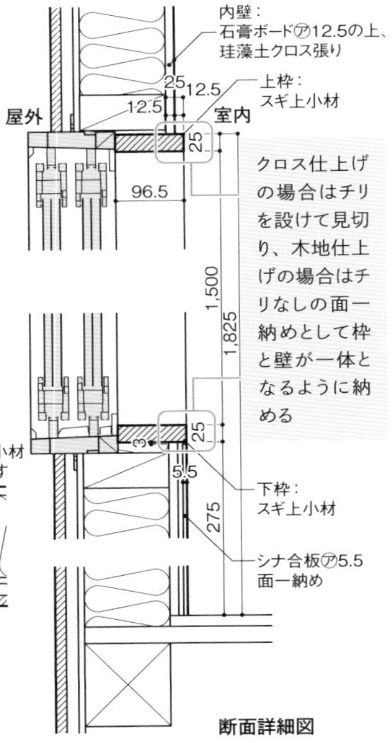

内壁：
石膏ボード㋐12.5の上、
珪藻土クロス張り
25
12.5
12.5
上枠：
スギ上小材
屋外
室内
25
96.5
1,500
1,825
25
5.5
275
下枠：
スギ上小材
シナ合板㋐5.5
面一納め

クロス仕上げの場合はチリを設けて見切り、木地仕上げの場合はチリなしの面一納めとして枠と壁が一体となるように納める

断面詳細図

2. 出隅でサッシが干渉する場合

平面詳細図［S＝1:12］

サッシ枠と建具枠が干渉する部分や、障子どうしが入隅で干渉する部分などは、中途半端な壁をつくらないように枠と枠を重ね合わせて納める［※1］

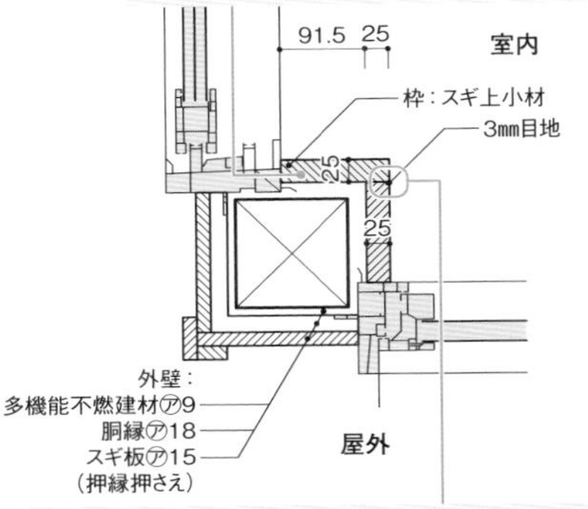

91.5
25
室内
枠：スギ上小材
3㎜目地
25
25
外壁：
多機能不燃建材㋐9
胴縁㋐18
スギ板㋐15
（押縁押さえ）
屋外

チリなしの面一や留めに納めたいところだが、木と木とを合わせるとなるとどうしても微妙な段差ができてしまい、きれいに納めにくい。時間の経過とともに木が痩せたり反ったりした際にも目立ってしまう。それらへの対策として、目地を設けるとよい。施工精度や経年変化に起因するズレを目立ちにくくできる

BASIC 温熱環境にも配慮した木製建具の納まり

木製建具の断熱性能・気密性能を少しでも高めるには、ピンチブロックやモヘアをつけるなど工夫を施す

外壁の屋外側にガラス框戸、室内側に簾戸と障子戸を設けるなど、建具を何層にも建て込めば、暮らしのシーンに合わせて見え方を使い分けられるうえ、温熱環境の調整もしやすくなる

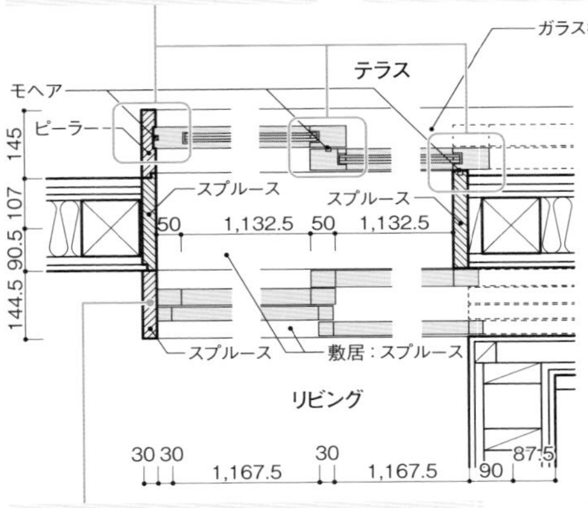

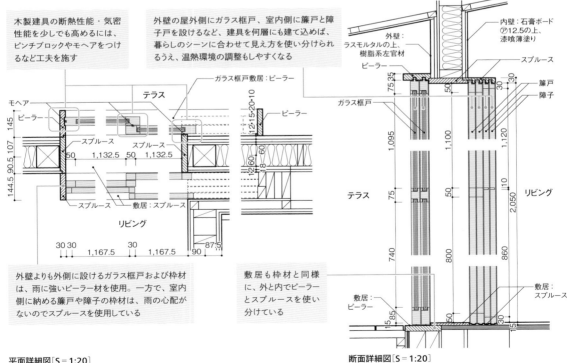

ガラス框戸敷居：ピーラー
テラス
モヘア
ピーラー
ピーラー
スプルース
スプルース
スプルース
50
1,132.5
50
1,132.5
145
107
90.5
144.5
12
15
20
10
60
12
60
18
敷居：スプルース
リビング
30
30
30
1,167.5
1,167.5
90
87.5

外壁よりも外側に設けるガラス框戸および枠材は、雨に強いピーラー材を使用。一方で、室内側に納める簾戸や障子の枠材は、雨の心配がないのでスプルースを使用している

敷居も枠材と同様に、外と内でピーラーとスプルースを使い分けている

平面詳細図［S＝1:20］

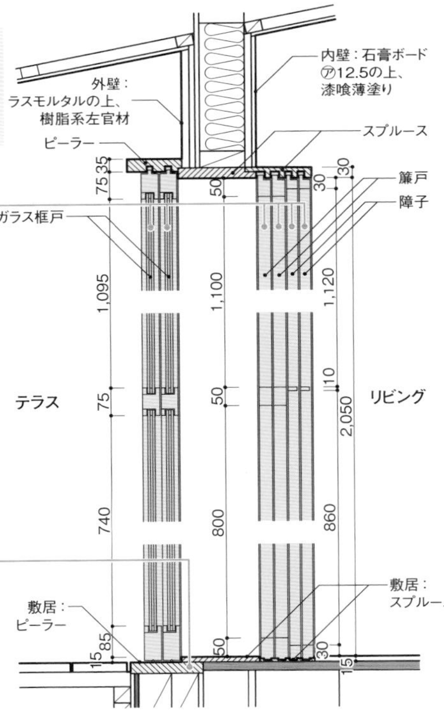

外壁：
ラスモルタルの上、
樹脂系左官材
内壁：石膏ボード
㋐12.5の上、
漆喰薄塗り
ピーラー
スプルース
ガラス框戸
簾戸
障子
75
35
50
30
30
1,095
1,100
1,120
テラス
75
50
10
2,050
リビング
740
800
860
敷居：
ピーラー
敷居：
スプルース
15
85
50
30
15

断面詳細図［S＝1:20］

上段　1.～2.提供：岡沢公成（暮らしの工房）
下段　「戸塚の住宅」設計：青木律典｜デザインライフ設計室
※1 本事例の場合は、微妙な寸法調整のためにサッシ幅を特注している

BASIC ロールスクリーンをすっきり納める

1. 半外付けサッシ×ロールスクリーン 断面図[S＝1:12]

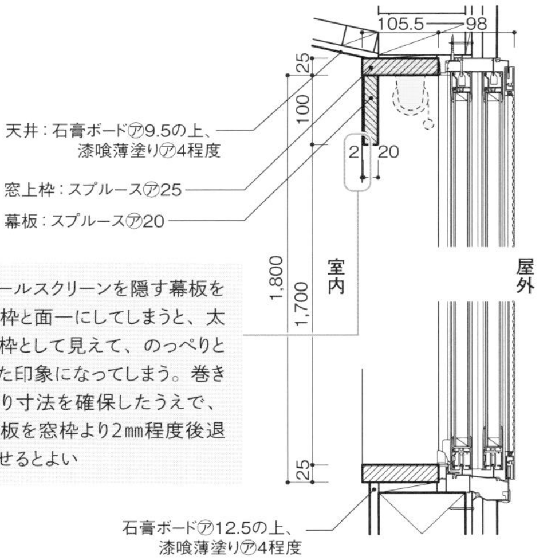
105.5
98
25
100
2
20
天井：石膏ボード㋐9.5の上、
漆喰薄塗り㋐4程度
窓上枠：スプルース㋐25
幕板：スプルース㋐20
1,800
1,700
室内
屋外
25
石膏ボード㋐12.5の上、
漆喰薄塗り㋐4程度

ロールスクリーンを隠す幕板を窓枠と面一にしてしまうと、太い枠として見えて、のっぺりとした印象になってしまう。巻き取り寸法を確保したうえで、幕板を窓枠より2㎜程度後退させるとよい

2. 外付けサッシ×ロールスクリーン 断面図[S＝1:12]

外付けサッシの4方枠と框を、ロールスクリーンとともに壁・軒天井内に呑み込ませ、内観上、隠している。サッシ枠を極力見せないことで、視線を遮るモノがなくなり室内からの眺望がよくなる

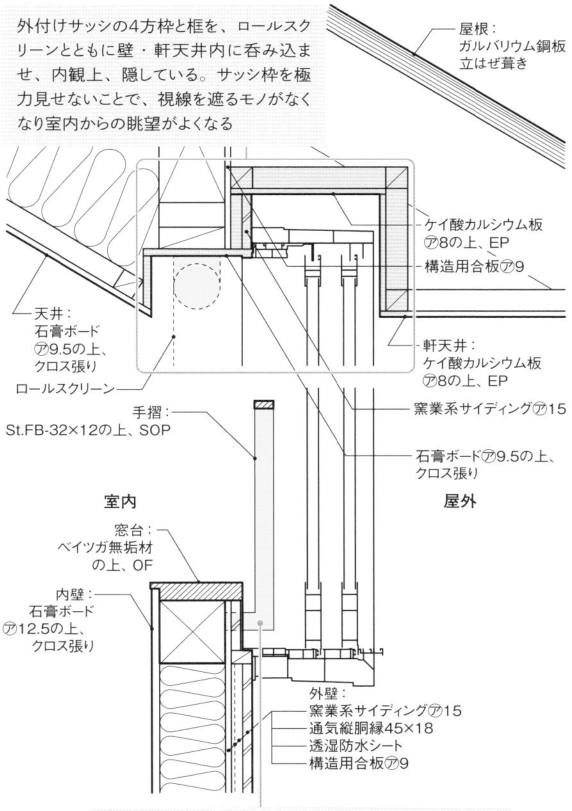
屋根：
ガルバリウム鋼板
立はぜ葺き
ケイ酸カルシウム板
㋐8の上、EP
構造用合板㋐9
天井：
石膏ボード
㋐9.5の上、
クロス張り
ロールスクリーン
軒天井：
ケイ酸カルシウム板
㋐8の上、EP
手摺：
St.FB-32×12の上、SOP
窯業系サイディング㋐15
石膏ボード㋐9.5の上、
クロス張り
室内
屋外
窓台：
ベイツガ無垢材
の上、OF
内壁：
石膏ボード
㋐12.5の上、
クロス張り
外壁：
窯業系サイディング㋐15
通気縦胴縁45×18
透湿防水シート
構造用合板㋐9

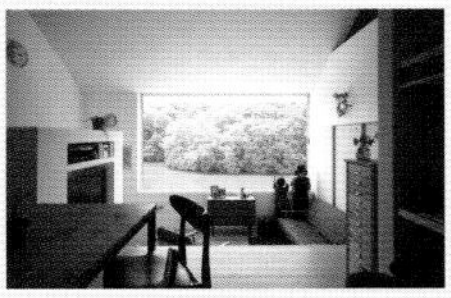

サッシの出が大きい外付けサッシを採用することで、手摺の根元が室内から見えないように外側に持ち出すことが可能になる

3. 壁内に一部呑み込ませる 断面詳細図[S＝1:12]

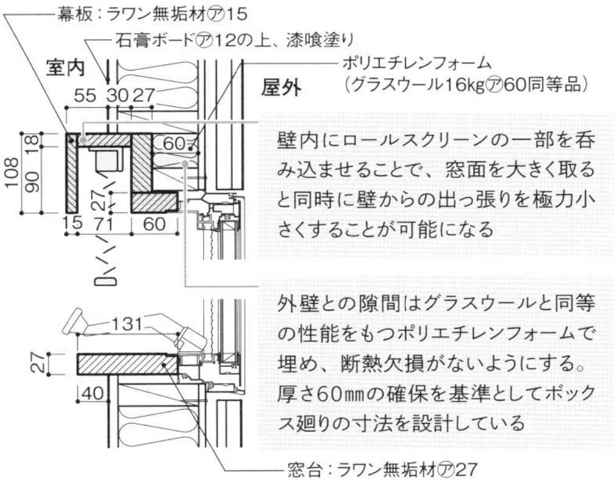
幕板：ラワン無垢材㋐15
石膏ボード㋐12の上、漆喰塗り
ポリエチレンフォーム
（グラスウール16kg㋐60同等品）
室内
屋外
55 30 27
60
108
18
90
27
15 71 60
131
27
40
窓台：ラワン無垢材㋐27

壁内にロールスクリーンの一部を呑み込ませることで、窓面を大きく取ると同時に壁からの出っ張りを極力小さくすることが可能になる

外壁との隙間はグラスウールと同等の性能をもつポリエチレンフォームで埋め、断熱欠損がないようにする。厚さ60㎜の確保を基準としてボックス廻りの寸法を設計している

BASIC トップライトの納まりは、雨仕舞がキモ

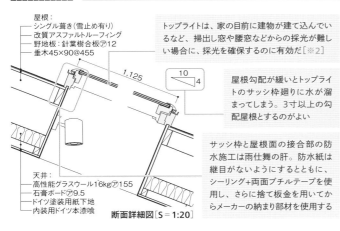

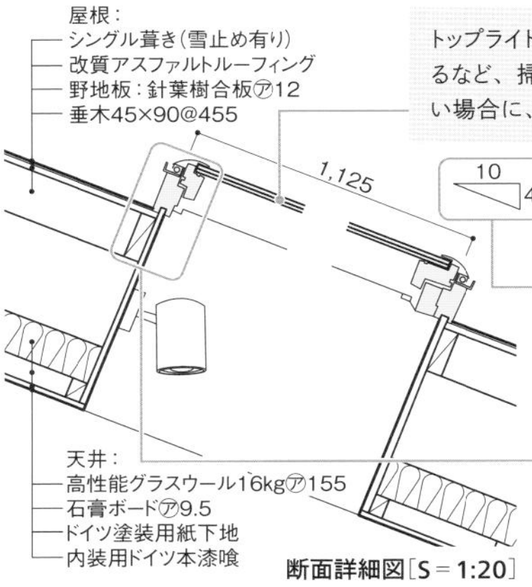
屋根：
シングル葺き（雪止め有り）
改質アスファルトルーフィング
野地板：針葉樹合板㋐12
垂木45×90@455
1,125
10
4
天井：
高性能グラスウール16kg㋐155
石膏ボード㋐9.5
ドイツ塗装用紙下地
内装用ドイツ本漆喰

断面詳細図[S＝1:20]

トップライトは、家の目前に建物が建て込んでいるなど、掃出し窓や腰窓などからの採光が難しい場合に、採光を確保するのに有効だ[※2]

屋根勾配が緩いとトップライトのサッシ枠廻りに水が溜まってしまう。3寸以上の勾配屋根とするのがよい

サッシ枠と屋根面の接合部の防水施工は雨仕舞の肝。防水紙は継目がないようにするとともに、シーリング+両面ブチルテープを使用し、さらに捨て板金を用いてからメーカーの納まり部材を使用する

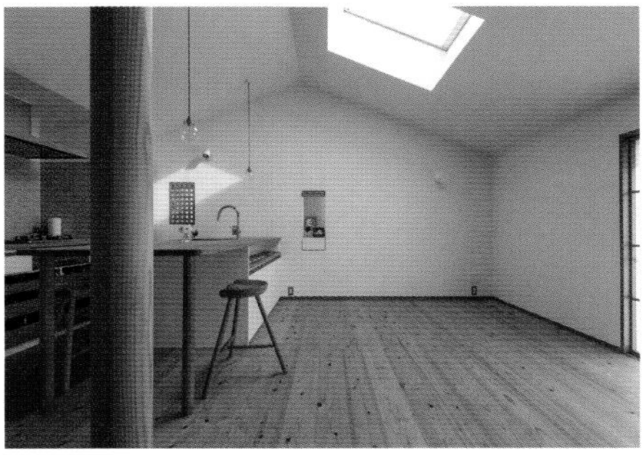

将来的に家の前に住宅が建つことを考慮し、外部からの視線を気にせず生活できるよう、リビングの上部に幅1,136×高さ1,175㎜（内法幅1,086×高さ1,125㎜）のトップライトを設置した

上段　1.「小平の住宅」設計：青木律典｜デザインライフ設計室、2.「三田の家」設計・写真：藤原・室 建築設計事務所、3.「さくらテラスの家」設計：COMODO建築工房
下段　「22+1」設計：COMODO建築工房、写真：飯田亮

※2 最近では、熱負荷の高さや眩しさ、住宅地では周囲からの見え方といった面から以前ほどは建築主側からの要望は少なくなっている

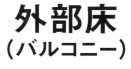

外部床（バルコニー）

バルコニーなど外部床の納まりを検討する際は、「水」との関係を常に考える。それが耐久性アップの鍵となる。また、どのような使い方をするかによって設計が変わるので、建築主の要望をしっかり聞き取ろう。

POINT 1
距離感の違いで空間の性格が決まる

外部との距離感の取り方によって、バルコニーやテラスのもつ性格が変わる。テラスなら庭とどれだけ近づけるか。バルコニーなら外からの見え方が設計のポイントだ。最近では、プライバシーの問題などからインナーバルコニーとすることも多い

POINT 2
使い勝手に配慮する

バルコニーやテラスは室内や外部（庭や隣地など）との関係性づくりが肝。たとえば、室内とどうつなげるかによって使い勝手は大きく変わる。頻繁に使用する場所なら内部床と外部床のレベルをそろえたい。物干しに使用する程度であればまたぎ（多少の段差あり）にしてもよいだろう

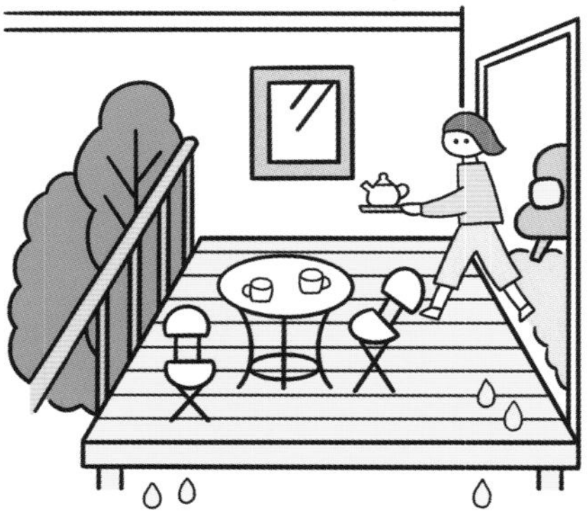

POINT 3
防水＆通気で耐久性をしっかり確保

バルコニーやテラスなど木造の外部床の納まりでは、雨水などを躯体に触れさせずに流す「防水」と、躯体内に溜まる湿気を逃がすルートの確保「通気」を両立することが重要だ

BASIC 基本的な防水バルコニー（デッキあり）の納まり

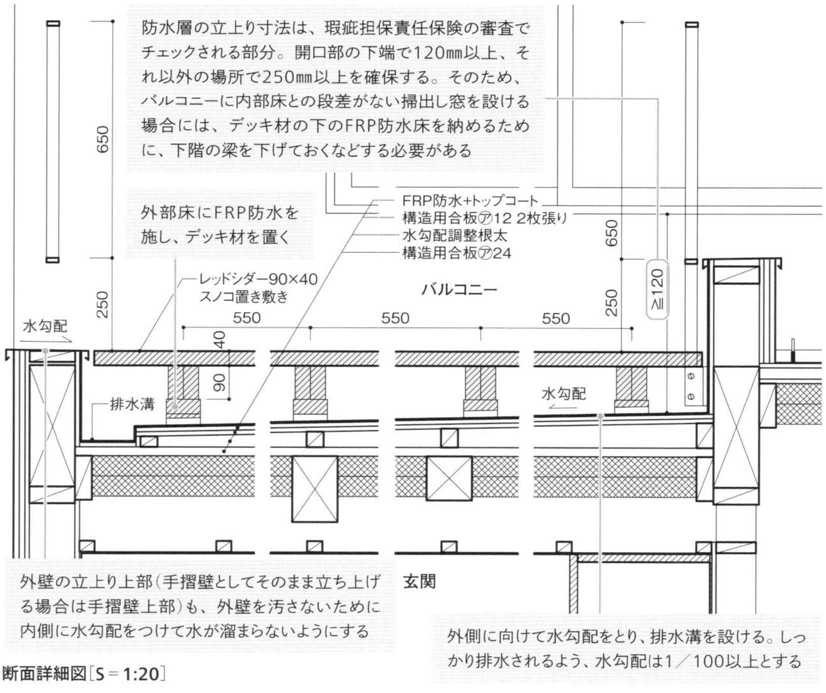

防水層の立上り寸法は、瑕疵担保責任保険の審査でチェックされる部分。開口部の下端で120mm以上、それ以外の場所で250mm以上を確保する。そのため、バルコニーに内部床との段差がない掃出し窓を設ける場合には、デッキ材の下のFRP防水床を納めるために、下階の梁を下げておくなどする必要がある
外部床にFRP防水を施し、デッキ材を置く
FRP防水+トップコート
構造用合板㋐12 2枚張り
水勾配調整根太
構造用合板㋐24
レッドシダー90×40
スノコ置き敷き
バルコニー
650
250
650
250
≧120
550
550
550
40
90
水勾配
排水溝
水勾配
玄関
外壁の立上り上部（手摺壁としてそのまま立ち上げる場合は手摺壁上部）も、外壁を汚さないために内側に水勾配をつけて水が溜まらないようにする
外側に向けて水勾配をとり、排水溝を設ける。しっかり排水されるよう、水勾配は1／100以上とする

断面詳細図［S＝1:20］

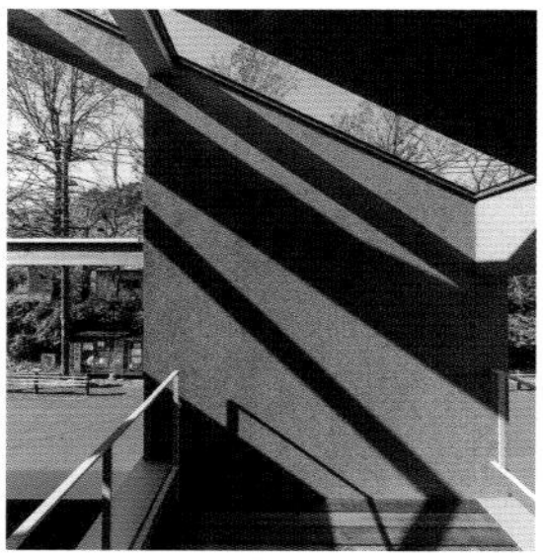

室内から見たバルコニー。眺めをよくするため、片側の手摺下部はデッキ材とレベルをそろえ、もう一方は250mm立ち上げている

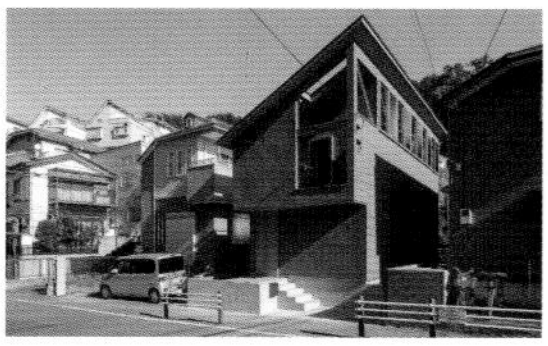

バルコニーの下は玄関ポーチ。ここは家の顔でもある。道路に面する側の壁は立ち上げ、バルコニーを目隠し。人目を気にせず洗濯物も干せる

下段　「鶴川の連窓住宅」設計：青木律典｜デザインライフ設計室、写真：中村晃

BASIC 防水バルコニー（デッキなし）の納まり

1. 基本の納まり［S＝1:20］

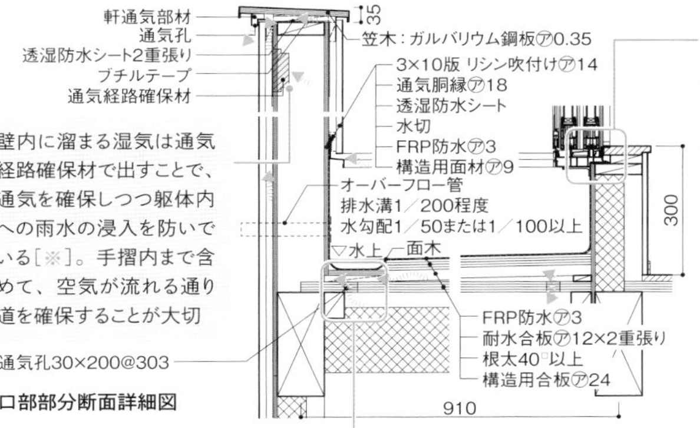

軒通気部材
通気孔
透湿防水シート2重張り
ブチルテープ
通気経路確保材
35
笠木：ガルバリウム鋼板㋐0.35
3×10版 リシン吹付け㋐14
通気胴縁㋐18
透湿防水シート
水切
FRP防水㋐3
構造用面材㋐9
オーバーフロー管
排水溝1／200程度
水勾配1／50または1／100以上
▽水上
面木
300
FRP防水㋐3
耐水合板㋐12×2重張り
根太40□以上
構造用合板㋐24
通気孔30×200@303
910

壁内に溜まる湿気は通気経路確保材で出すことで、通気を確保しつつ躯体内への雨水の浸入を防いでいる［※］。手摺内まで含めて、空気が流れる通り道を確保することが大切

開口部部分断面詳細図

120㎜の防水層の立上りを設けたうえで、FRP防水を窓台下部まで延ばすため、防水層はサッシよりも先に施工する

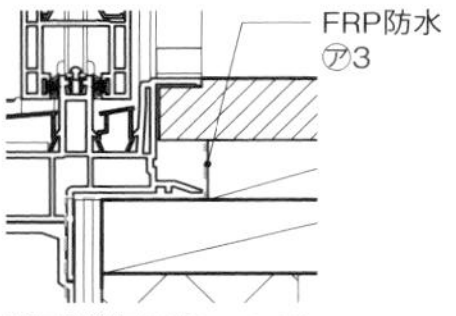

FRP防水
㋐3

断面詳細図［S＝1:5］

開口部以外の部分は250㎜以上の高さまで防水層（FRP防水）を立ち上げる

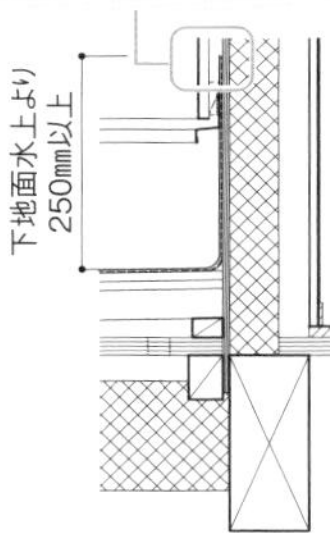

下地面水上より
250㎜以上

開口部以外の部分断面詳細図

防水と通気の要所になるのは、笠木、内壁・外壁側の防水層の立上り部分、そして排水口廻りだ。特にインナーバルコニーは3面以上を内壁に囲われているので、横からの通気を取れない。ここでは、床の構造用合板に通気用の孔をあけて、空気が対流するよう工夫した

2. 外観を考慮した樋使い 立面図［S＝1:100］

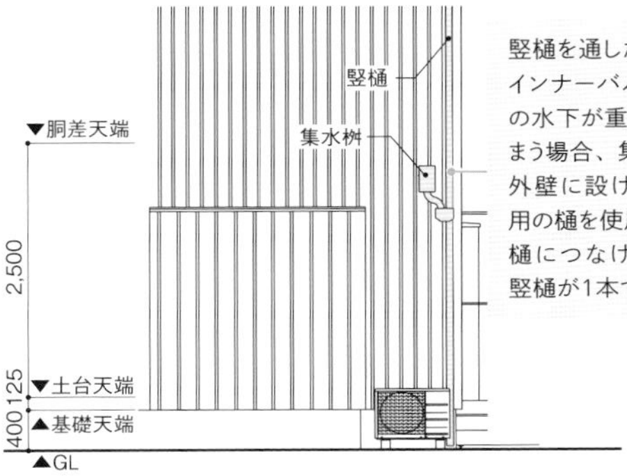

竪樋
集水桝
▼胴差天端
2,500
125
▼土台天端
400
▲基礎天端
▲GL

竪樋を通した場所とインナーバルコニーの水下が重なってしまう場合、集水枡を外壁に設け、継手用の樋を使用して竪樋につなげれば、竪樋が1本で済む

BASIC 掃出し窓とデッキの取合い

デッキと室内の間に立上りを設けず、ほぼフラットに納める場合には、より慎重な検討が必要。間に設ける開口部の敷居に水勾配をつけて、水を室内に入れないようにする

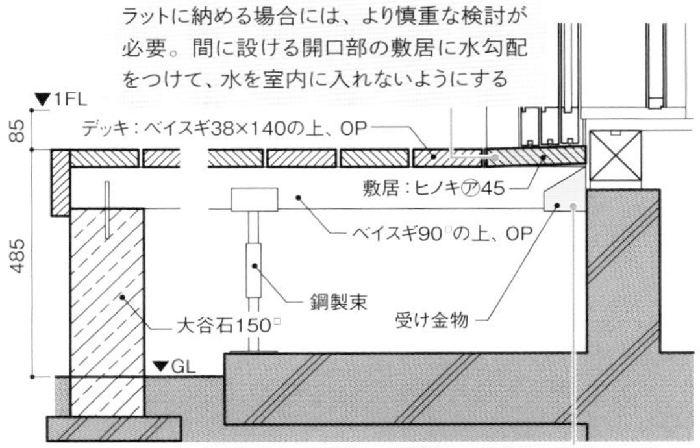

▼1FL
85
デッキ：ベイスギ38×140の上、OP
敷居：ヒノキ㋐45
485
ベイスギ90□の上、OP
鋼製束
大谷石150□
受け金物
▼GL

断面詳細図［S＝1:20］

荷重の大きい木製建具の下端は、デッキの大引を兼ねた受け金物で補強している

ADVANCED 庭と距離を近づけるデッキ下の工夫

コンクリートブロック積みからデッキ先端までの距離290㎜は、人が乗ると若干たわむ程度の構造上の限界値。立った時に沈み込む具合をどの程度許容するのか、しっかり検討する

防湿コンクリートは、100㎜以上の厚さとする。また、上端のレベルはデッキの床組が組める高さで、できるだけ盛土のレベルに近づける

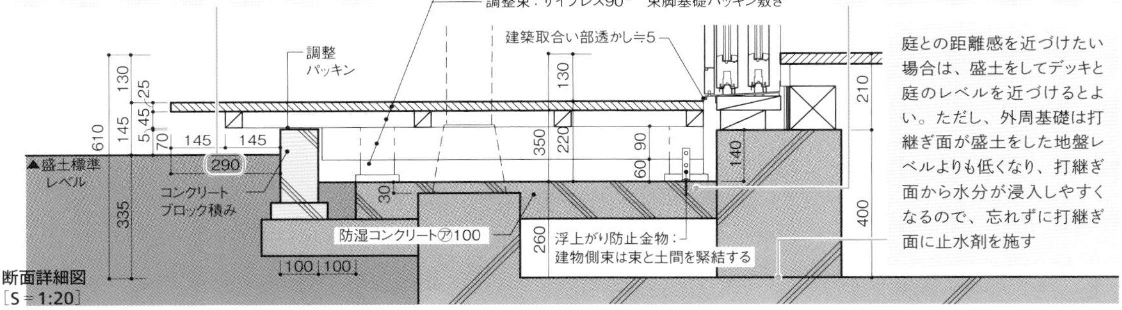

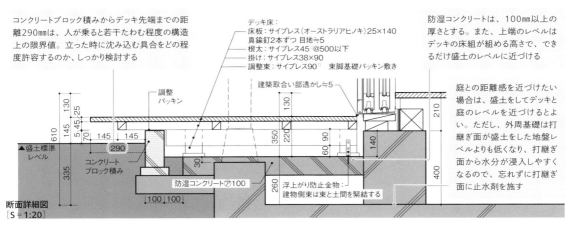

デッキ床：
床板：サイプレス（オーストラリアヒノキ）25×140
真鍮釘2本ずつ 目地≒5
根太：サイプレス45□@500以下
掛け：サイプレス38×90
調整束：サイプレス90□ 束脚基礎パッキン敷き
建築取合い部透かし≒5
調整パッキン
130
25
45
5
70
145
610
145
145
290
▲盛土標準レベル
コンクリートブロック積み
335
30
防湿コンクリート㋐100
100
100
130
350
220
90
60
260
浮上がり防止金物：建物側束は束と土間を緊結する
140
210
400

断面詳細図［S＝1:20］

庭との距離感を近づけたい場合は、盛土をしてデッキと庭のレベルを近づけるとよい。ただし、外周基礎は打継ぎ面が盛土をした地盤レベルよりも低くなり、打継ぎ面から水分が浸入しやすくなるので、忘れずに打継ぎ面に止水剤を施す

上段 1.提供：CKF、2.提供：COMODO建築工房｜中段 提供：COMODO建築工房｜下段 提供：扇建築工房

※ 湿気だけの排出なら壁下地合板（天端から300㎜以内）に18㎜以上のスリットを設け、上から透湿防水シートを２重張りするという手法もある

玄関

外部と内部の接点となる玄関は、最も頻繁に出入りする場所。玄関扉の利便性や玄関からの内部の見え方などが気になる部分である。さらに、地盤面と屋内の床高さの段差解消も重要な設計ポイントだ。

POINT 1 玄関に求められる最低限の性能

玄関は、気密・断熱の弱点となる。最低限、断熱ラインを切らさないようにする[※1、104頁]。また、延焼ラインにかかる場合は玄関扉を防火設備とする必要がある。沓摺に高低差をつけて、風による雨やほこりの吹込みを防ぐことも大切だ

POINT 2 高低差の解消が設計上のポイント

玄関廻りでは、外部の地盤面と屋内の床レベルの差をどこで解消するかが1つのポイント。外側の玄関ポーチや庭からのアプローチで徐々に高さを稼いだり、玄関框を立ち上げたりするなどの方法がある。アクセスの方法や周囲との位置関係によって、どの部分で高低差を解消するかを考えよう

POINT 3 土間空間を有効活用する

玄関内の土間空間を、エントランスとしてだけではなく、趣味の場や作業場所、収納など多用途に用いるケースも増えている。土間の仕上げ材や内部への動線は、使い方を考えてデザインする

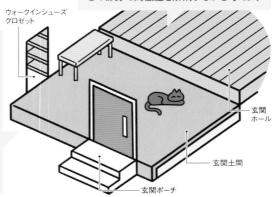

ウォークインシューズクロゼット
玄関ホール
玄関土間
玄関ポーチ

BASIC 水勾配は必須。土間の仕上げの種類

土間の仕上げは、150mm厚の土間コンクリートの上部の構成によって簡単に変えることができる。どのような仕上げでも、最低30〜40mm程度の下地調整モルタルに、タイルや石などの仕上げ材を張り付けていく。モルタルが薄すぎると、土間コンクリートから剥離する危険があるので注意する。また、仕上げ面に水勾配をつける必要がある場合、土間コンクリートではなく下地調整モルタルの厚さを変えて、1〜2／100程度の水勾配を設けるのが基本だ。

1. モルタル仕上げ 断面詳細図［S＝1:10］

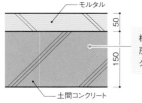

モルタル
土間コンクリート
50
150

構造体ではないが車や人が乗る場所の場合、割れ防止として土間コンクリートにはワイヤーメッシュを入れる

2. タイル張り 断面詳細図［S＝1:10］

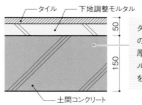

タイル
下地調整モルタル
土間コンクリート
50
150

タイルは製品によって厚みが異なるので、タイルの厚みを含めた全体の厚さを考慮したうえで、下地調整モルタルや土間コンクリートを打つ高さを決める

3. 石張り 断面詳細図［S＝1:10］

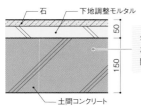

石
下地調整モルタル
土間コンクリート
50
150

タイルと同様に、石の厚さを考慮したうえで、下地調整モルタルや土間コンクリートを打つ高さを決める

4. 洗出し仕上げ 断面詳細図［S＝1:10］

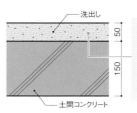

洗出し
土間コンクリート
50
150

洗出しの意匠を左右するものは、砂利の①粒度、②量、③色。仕上がりイメージを建築主と設計者、施工者が事前に共有しておくことが重要。モルタルは砂利などの種石などの径よりも厚くする

下段　1.〜4.提供：3110ARCHITECTS一級建築士事務所
※1 外周部基礎立上り900mm以内の個所は、内断熱の場合、基礎内部側肩の部分22.5mmも熱橋となるため、上がり框下の基礎立上り部分にも断熱施工が必要。玄関土間部分の高さ検討にも影響するので覚えておく

BASIC　玄関の上がり框はシンプルに仕上げる

上がり框の設計では、土台の部材をどう隠すか（見せるか）と、高さをどう解消するかが基本的なポイントとなる。

1. 同材で張り上げる　断面詳細図［S＝1:15］

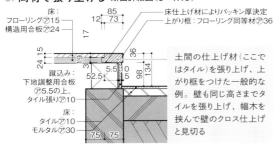

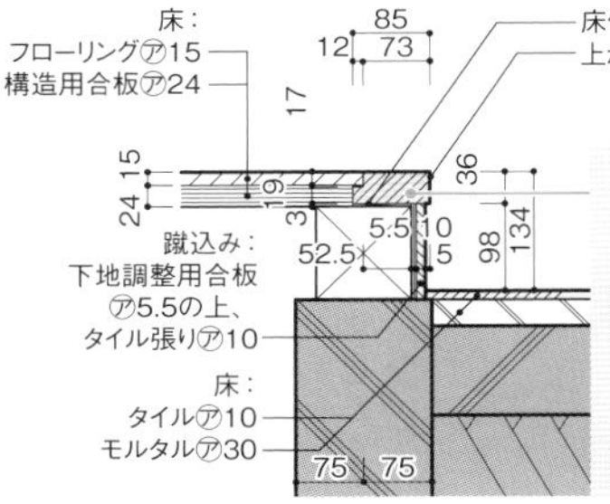
床：
フローリング㋐15
構造用合板㋐24
床仕上げ材によりパッキン厚決定
上がり框：フローリング同等材㋐36
蹴込み：
下地調整用合板
㋐5.5の上、
タイル張り㋐10
床：
タイル㋐10
モルタル㋐30
85
73
12
17
36
134
98
52.5
75
75

土間の仕上げ材（ここではタイル）を張り上げ、上がり框をつけた一般的な例。壁も同じ高さまでタイルを張り上げ、幅木を挟んで壁のクロス仕上げと見切る

2. 入幅木を回す　断面詳細図［S＝1:15］

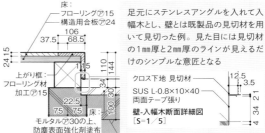

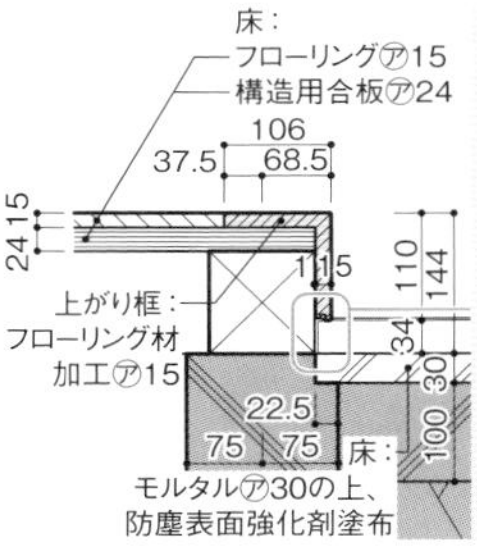
床：
フローリング㋐15
構造用合板㋐24
106
37.5
68.5
上がり框：
フローリング材
加工㋐15
110
144
34
30
100
22.5
75
75
床：
モルタル㋐30の上、
防塵表面強化剤塗布

足元にステンレスアングルを入れて入幅木とし、壁とは既製品の見切材を用いて見切った例。見た目には見切材の1㎜厚と2㎜厚のラインが見えるだけのシンプルな意匠となる

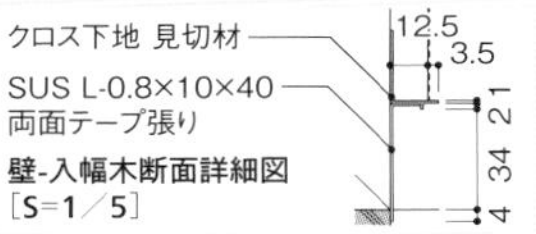
クロス下地 見切材
SUS L-0.8×10×40
両面テープ張り
12.5
3.5
21
34
4

壁-入幅木断面詳細図
［S＝1／5］

3. 床材を跳ね出す　断面詳細図［S＝1:15］

①根太あり+段差240㎜

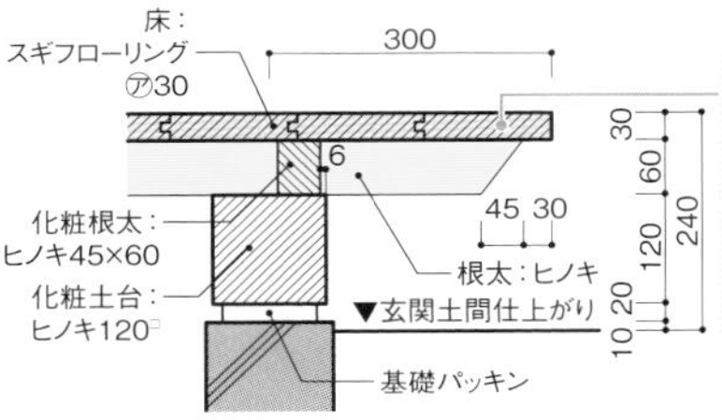
床：
スギフローリング
㋐30
300
化粧根太：
ヒノキ45×60
化粧土台：
ヒノキ120□
根太：ヒノキ
45 30
▼玄関土間仕上がり
基礎パッキン
30
60
120
240
20
10

上がり框をつくらず、床板を跳ね出した例。根太がある分、無垢板のみで跳ね出すもの（②）より長く跳ね出せる

②根太なし+段差240㎜

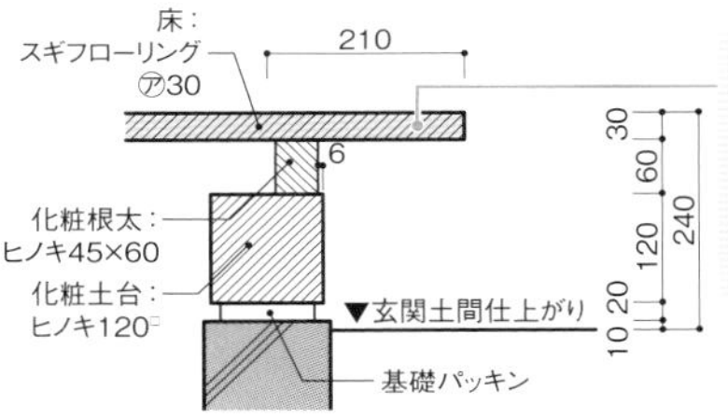
床：
スギフローリング
㋐30
210
化粧根太：
ヒノキ45×60
化粧土台：
ヒノキ120□
▼玄関土間仕上がり
基礎パッキン
30
60
120
240
20
10

跳ね出せる長さは根太のあるもの（①）よりも短いが、シンプルな見た目になる

③根太あり+段差360㎜

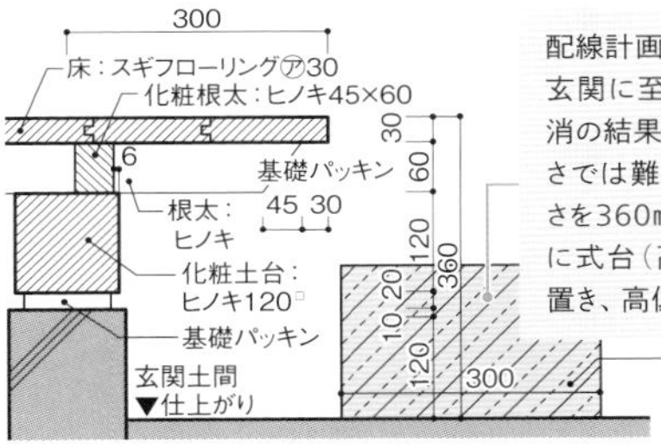
300
床：スギフローリング㋐30
化粧根太：ヒノキ45×60
基礎パッキン
根太：
ヒノキ
45 30
化粧土台：
ヒノキ120□
基礎パッキン
玄関土間
▼仕上がり
300
式台
30
60
120
360
20
10
120

配線計画や、アプローチから玄関に至るまでの高低差解消の結果により、240㎜の高さでは難しい場合の例。高さを360㎜とする場合は手前に式台（高さ180㎜）などを置き、高低差を軽減する

4. 床板と玄関框の取合い　断面詳細図［S＝1:15］

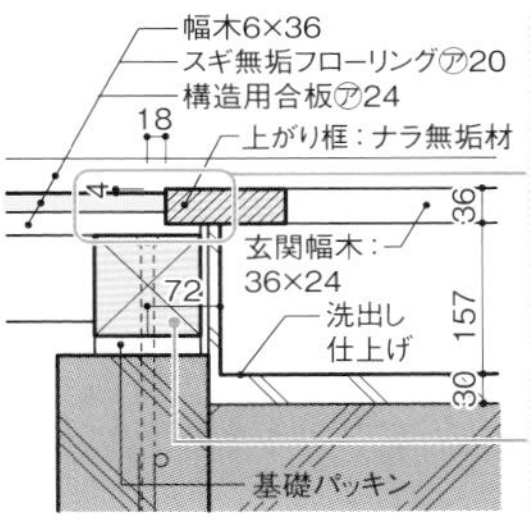
幅木6×36
スギ無垢フローリング㋐20
構造用合板㋐24
18
上がり框：ナラ無垢材
玄関幅木：
36×24
洗出し
仕上げ
72
36
157
30
基礎パッキン

上がり框の納まりでは、木材の経年変化を見込むことも大切だ。床材と上がり框に4㎜程度の段差を設けることで、框が経年変化により痩せたり膨張したりしても意匠的に破綻しない［※］

蹴込み面をフラットに仕上げるため、土台心と基礎心をずらした

ADVANCED　土台を隠して、すっきりと仕上げる

上がり框の見え方を考慮したうえで、あらかじめ基礎にヌスミを入れて施工し、土台を隠している。コンクリートの幅木を回したような意匠になり、すっきりとした見た目になる。基礎打設段階での型枠の手間はかかるが、仕上げ段階の手間は減らせる

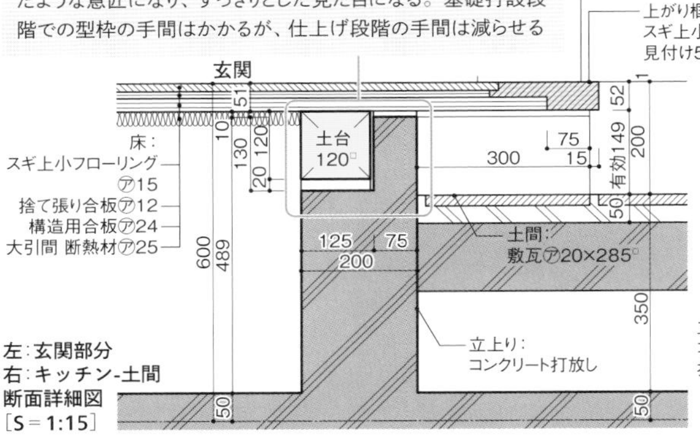
玄関
上がり框：
スギ上小
見付け52×見込み174
床：
スギ上小フローリング
㋐15
捨て張り合板㋐12
構造用合板㋐24
大引間 断熱材㋐25
土台
120□
300
75
15
52
149
200
有効
50
土間：
敷瓦㋐20×285□
125
75
200
600
489
350
立上り：
コンクリート打放し
50
50

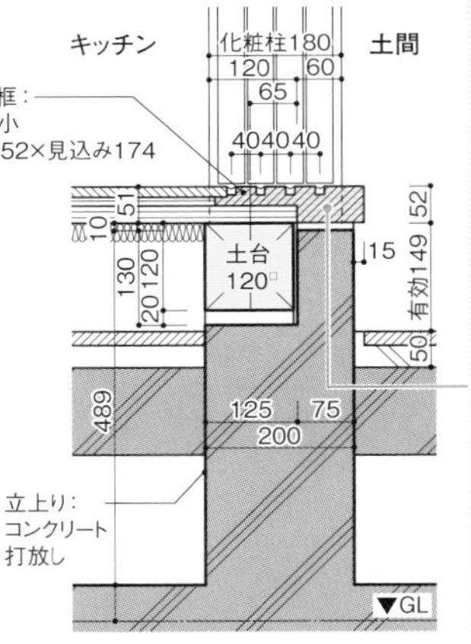
土間
キッチン
化粧柱180
120
60
65
40 40 40
土間
土台
120□
15
52
149
有効
50
489
125
75
200
立上り：
コンクリート
打放し
▼GL

左：玄関部分
右：キッチン-土間
断面詳細図
［S＝1:15］

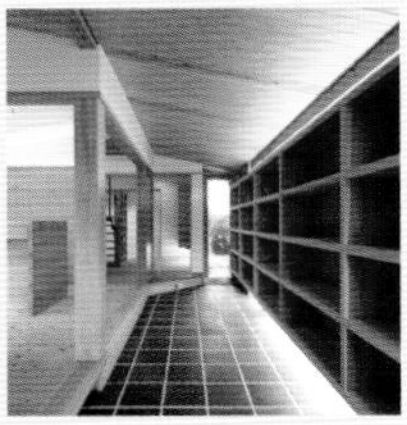

土間が室内奥まで続いている。建具がない部分と建具がある部分の上がり框の見付けをそろえ、空間の連続感を損なわないように整えている。フローリングと上がり框の張り方向が同じ場合、幅をそろえると連続感が増す

上段　1.〜2.提供：CKF、3.提供：扇建築工房、4.提供：COMODO建築工房
下段　提供：横関正人+横関万貴子／NEOGEO、写真：絹巻豊
※2 ただし、大工により考え方が異なるため、段差を設けず面一に納める場合もある

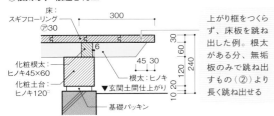

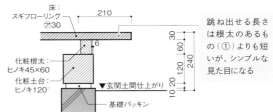

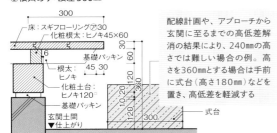

BASIC 玄関廻りの断熱性能を高める

土間コンクリート上に断熱材を入れる場合は、モルタルのクラックを防止するため、モルタルにワイヤーメッシュを入れることも。その際、かぶり厚を確保するため床高が若干高くなるので注意する

玄関廻りは、平面的にも断面的にも屋外との距離が近く、気密・断熱の弱点となりやすい。玄関土間は通気ルートと切り分けて気密パッキンをつけ、基礎の立上りの内側にフェノールフォームを敷くと、気密性・断熱性がアップする。断熱ラインを切らないことが重要

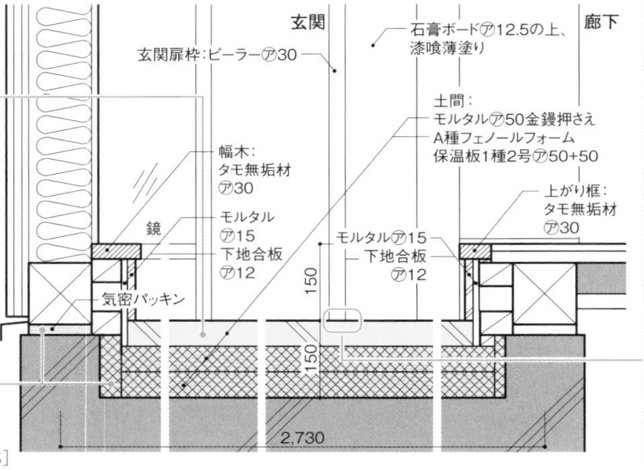

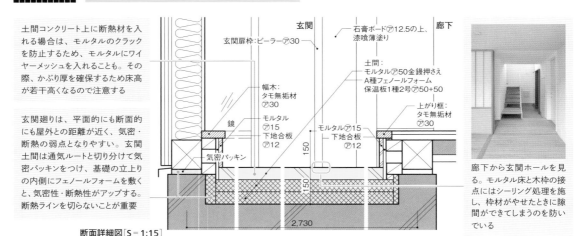

玄関
廊下
玄関扉枠：ピーラー㋐30
石膏ボード㋐12.5の上、
漆喰薄塗り
土間：
モルタル㋐50金鏝押さえ
A種フェノールフォーム
保温板1種2号㋐50+50
幅木：
タモ無垢材
㋐30
鏡
モルタル
㋐15
下地合板
㋐12
モルタル㋐15
下地合板
㋐12
上がり框：
タモ無垢材
㋐30
気密パッキン
150
150
2,730

断面詳細図［S＝1:15］

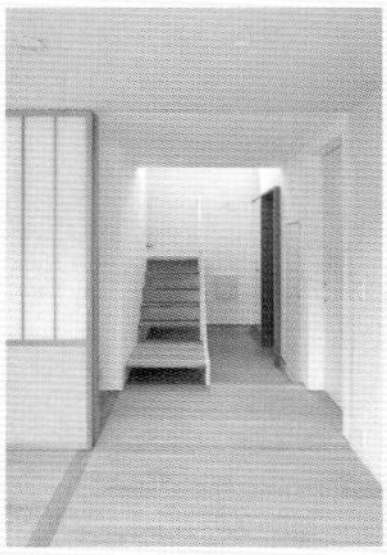

廊下から玄関ホールを見る。モルタル床と木枠の接点にはシーリング処理を施し、枠材がやせたときに隙間ができてしまうのを防いでいる

BASIC 玄関ポーチの納まり

1. ポーチ床に石材を使用する場合 断面詳細図［S＝1:15］

玄関建具と基礎との間に網戸を納めたうえで気密を取るため、モルタルを玄関建具まで延ばし、モルタル床端部（見切のアングル）にモヘアをつけている。建具と玄関土間の間に隙間ができないので、虫の侵入も防げる

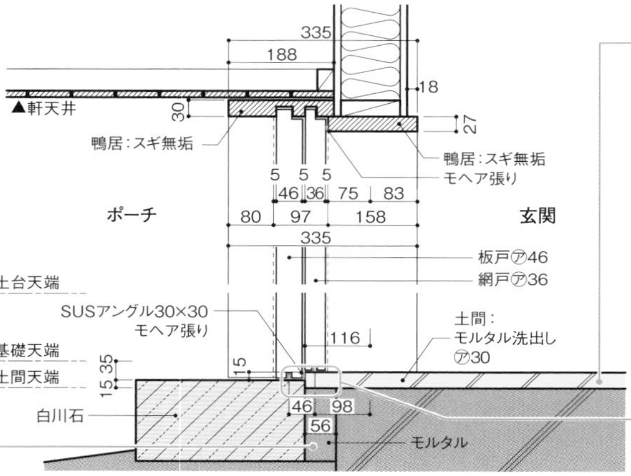

335
188
18
30
27
▲軒天井
鴨居：スギ無垢
鴨居：スギ無垢
モヘア張り
5 5 5
46 36 75 83
80 97 158
335
ポーチ
玄関
板戸㋐46
網戸㋐36
▼土台天端
SUSアングル30×30
モヘア張り
▼基礎天端
▼土間天端
116
土間：
モルタル洗出し
㋐30
15
15 35
30
白川石
46 98
56
モルタル

モルタル床は15mm厚では割れてしまうので、30mm厚以上とし、耐久性を確保する

ポーチの踏み場として塀材の白川石ブロックを使用。玄関のモルタル洗出し床との段差を15mmに抑えている。石を決る（しゃくる）加工には手間がかかるため、そのままモルタル洗出し床に突付け、アングルで見切っている

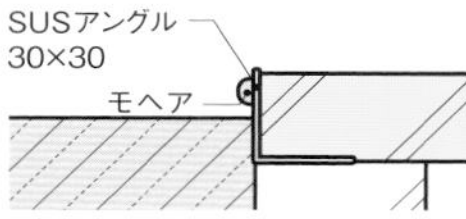

SUSアングル
30×30
モヘア

断面詳細図［S＝1:5］

2. 2階玄関の跳ね出しスラブ床 断面詳細図［S＝1:15］

2階玄関のため、コンクリートスラブを跳ね出して、バルコニーのように玄関ポーチを設えた。スラブの端部に、床の御影石の断面を隠すためのステンレスのアングルを入れている

コンクリートスラブを跳ね出す場合は、下部に目地棒を入れて水が切れるようにする。目地棒分の20mmをふかしてスラブの厚さを決定する

ポーチと玄関土間の高低差を50mm程度取っておくと、風やほこりが舞い込みにくい

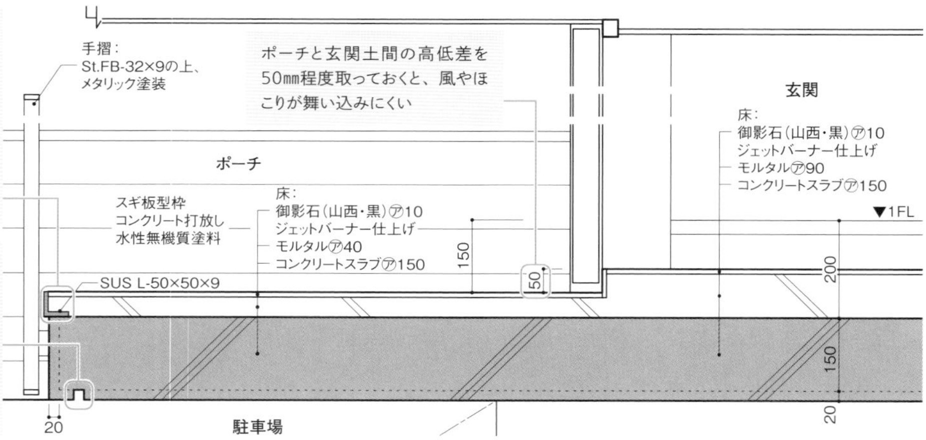

手摺：
St.FB-32×9の上、
メタリック塗装
ポーチ
玄関
床：
御影石（山西・黒）㋐10
ジェットバーナー仕上げ
モルタル㋐90
コンクリートスラブ㋐150
スギ板型枠
コンクリート打放し
水性無機質塗料
床：
御影石（山西・黒）㋐10
ジェットバーナー仕上げ
モルタル㋐40
コンクリートスラブ㋐150
▼1FL
SUS L-50×50×9
150
50
200
150
20
20
駐車場

上段 「小平の住宅」提供：青木律典｜デザインライフ設計室、写真：中村晃
下段 1.「ホットスープハウス」設計：COMODO建築工房、2.「目白台の家」設計：3110ARCHITECTS一級建築士事務所

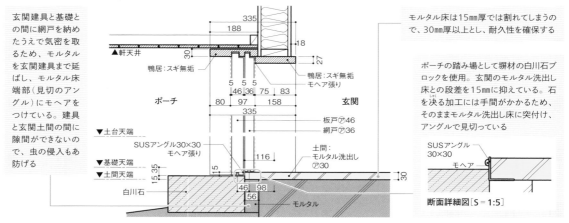

BASIC 玄関扉のデザインと機能を両立する

玄関扉の主な材質は、木製と金属製。それぞれ既製品と造作建具があり、一番安価で気密性能が高いのは金属製の既製品だ。とはいえ、玄関は毎日出入りする場所でほかの開口部よりも使用頻度が高いので、多少コストがかかっても、木製を用いたり造作建具にしたりして、デザインや使い勝手を優先してもよいだろう［※］。

1. 木製の既製品を使う［S＝1:15］

既製品の玄関扉を使う場合も、袖壁にガラス面を設けるなどして多少のアレンジが可能

枠材の樹種や色味を既製扉の鏡板にそろえることで、統一感のある外観になる。木製扉の色に近づけるように枠材の塗装の色を選ぶとよい

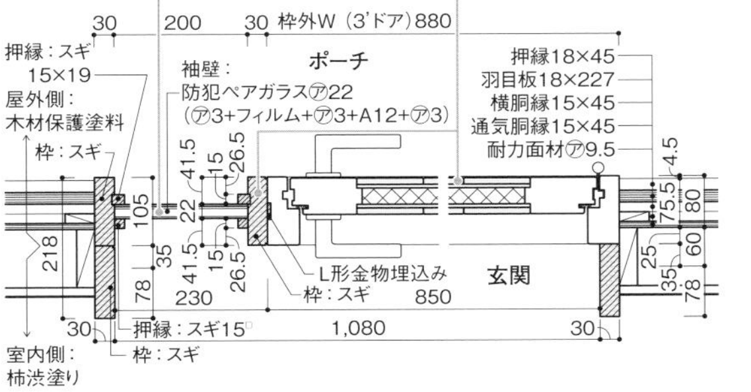
30
200
30
枠外W（3'ドア）880
押縁：スギ
15×19
屋外側：
木材保護塗料
枠：スギ
袖壁：
防犯ペアガラス㋐22
（㋐3+フィルム+㋐3+A12+㋐3）
ポーチ
押縁18×45
羽目板18×227
横胴縁15×45
通気胴縁15×45
耐力面材㋐9.5
L形金物埋込み
枠：スギ
玄関
850
230
1,080
押縁：スギ15
枠：スギ
室内側：
柿渋塗り

平面詳細図

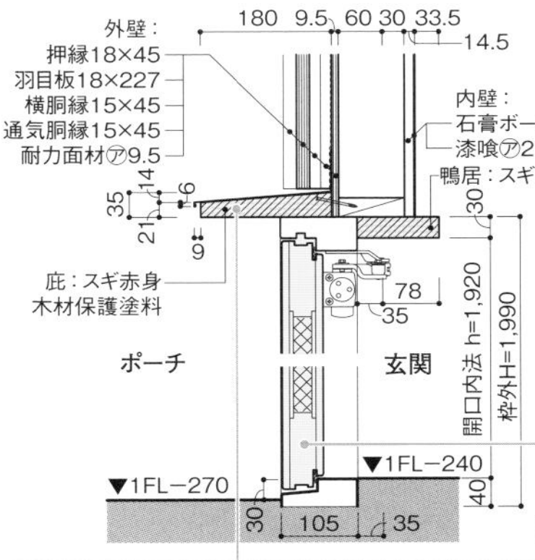
外壁：
押縁18×45
羽目板18×227
横胴縁15×45
通気胴縁15×45
耐力面材㋐9.5
180 9.5 60 30 33.5
14.5
内壁：
石膏ボード㋐12.5
漆喰㋐2
鴨居：スギ
庇：スギ赤身
木材保護塗料
78
35
ポーチ
玄関
開口内法 h=1,920
枠外H=1,990
▼1FL−270
▼1FL−240
105

断面詳細図

既製品の木製扉なら狂いが少なく、強度も高い。製作の扉よりも気密性を確保しやすい

玄関扉廻りの枠や庇には、加工がしやすく、流通量も多く、かつ、狂いも少ないスギ［141頁］を使用。風雨にさらされる屋外側は耐久性を考慮して、赤身を使うのがよい

2. スチール製の扉を製作する［S＝1:15］

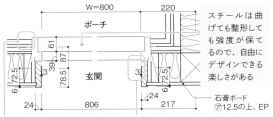

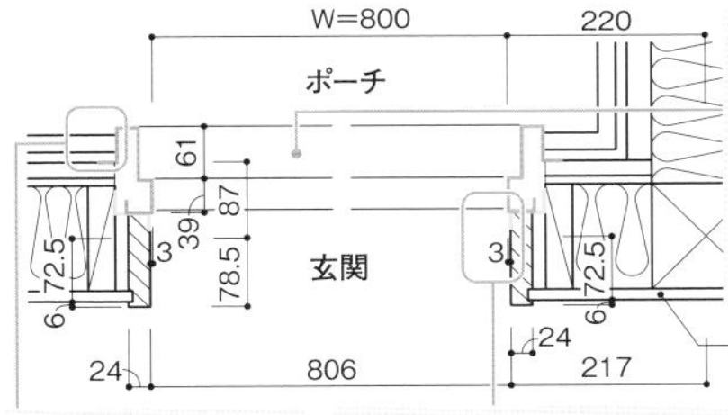
W=800
220
ポーチ
玄関
806
217
石膏ボード
㋐12.5の上、EP

スチールは曲げても整形しても強度が保てるので、自由にデザインできる楽しさがある

外部開口部と同様に［96頁］、通気層の内側につばを留め、防水テープでしっかり防水する

スチールは曲げ加工のため、実際はピン角にならない。カギ形の部材の角とサッシの角を面一にそろえて納めようとしても、実際はカーブ面があり意図しない隙間ができてしまう。ここでは、木枠を3mmセットバックさせて自然につながるように納めている

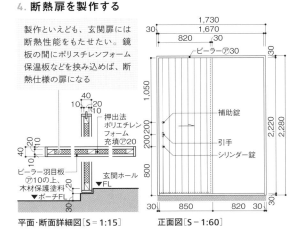

平面詳細図

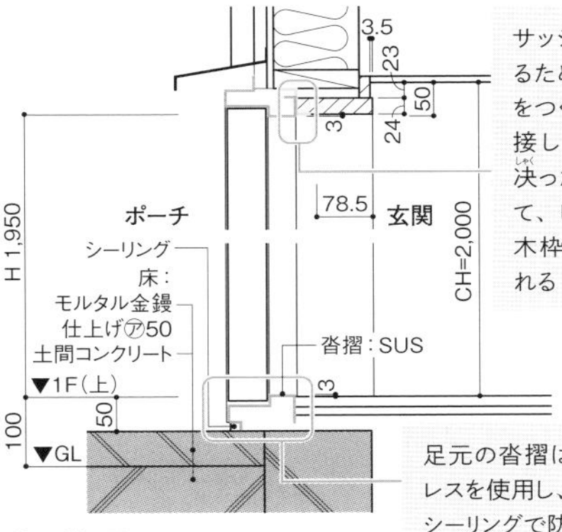
H 1,950
ポーチ
玄関
78.5
シーリング
床：
モルタル金鏝
仕上げ㋐50
土間コンクリート
沓摺：SUS
▼1F（上）
▼GL
CH=2,000

サッシと木枠を固定するため、カギ形の部材をつくってサッシ側に溶接している。木枠の決（しゃく）った部分に取り付けて、ビスで留めることで木枠とサッシが固定される

足元の沓摺はさびにくいステンレスを使用し、沓摺の外部側はシーリングで防水処理をしている

断面詳細図

3. 木製建具を製作する

ラワン羽目板を張るなどして製作した木製建具は、経年変化や季節に応じて建具が反ってしまいメンテナンスが必要になることが多い。スチールフラットバーを建具の長手方向に入れることで反りを軽減できる

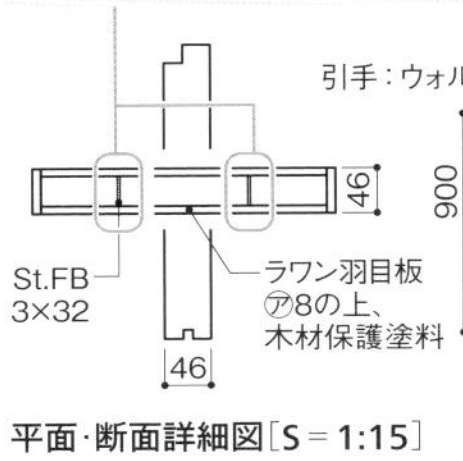
St.FB
3×32
ラワン羽目板
㋐8の上、
木材保護塗料
46

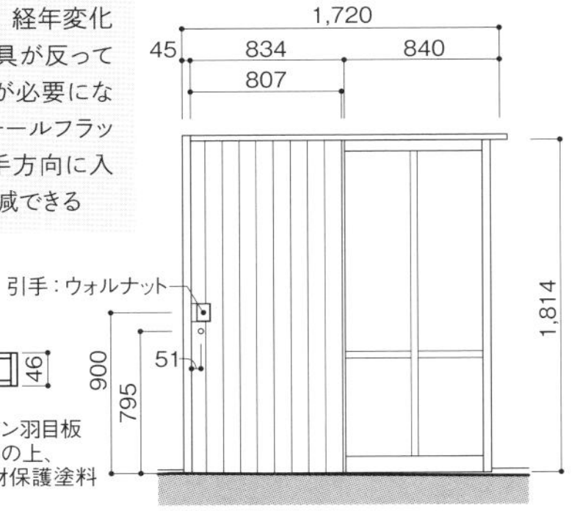
1,720
45
834
840
807
引手：ウォルナット
51
900
795
1,814

平面・断面詳細図［S＝1:15］　正面図［S＝1:60］

4. 断熱扉を製作する

製作といえども、玄関扉には断熱性能をもたせたい。鏡板の間にポリスチレンフォーム保温板などを挟み込めば、断熱仕様の扉になる

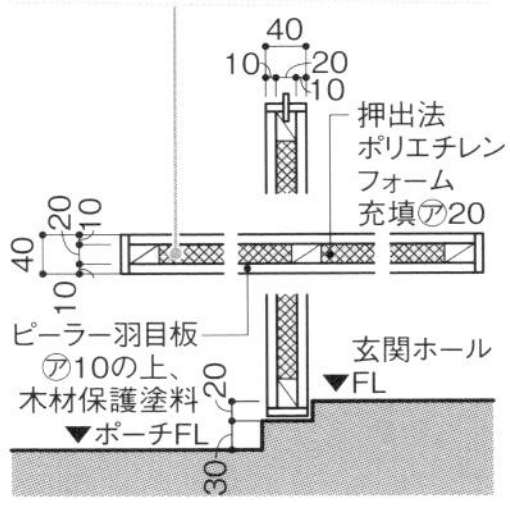
40
10 20
10
押出法
ポリエチレン
フォーム
充填㋐20
ピーラー羽目板
㋐10の上、
木材保護塗料
玄関ホール
▼FL
▼ポーチFL

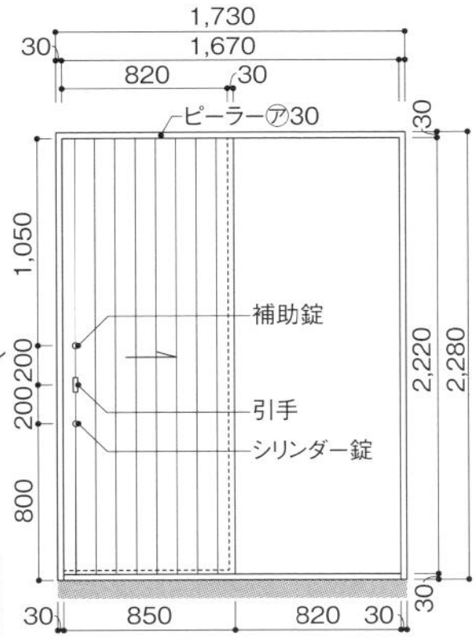
1,730
1,670
820
ピーラー㋐30
補助錠
引手
シリンダー錠
1,050
200
200
800
2,220
2,280
850
820

平面・断面詳細図［S＝1:15］　正面図［S＝1:60］

1.提供：扇建築工房、2.提供：3110ARCHITECTS一級建築士事務所、3.提供：COMODO建築工房、4.提供：青木律典｜デザインライフ設計室｜※ 防火地域や準防火地域の場合で、玄関が延焼のおそれのある部分にかかる場合は玄関扉を含む開口部には防火認定品を使用しなくてはならない。延焼のおそれのある部分に玄関が入らないように計画することで、木製など防火認定品以外の玄関扉を使用することは可能。なお、法22条地域の場合には、玄関扉を含む開口部に対して防火上の制約はないので覚えておきたい

床

住宅の床は、素足や靴下履きで歩くことを想定し、足触りのよい仕上げ材を選ぶ。また、子どもやペットがいる場合には素材の安全性や清掃性の高さなども確認し、長く快適に使えるよう検討したい。

POINT 1
意匠性とコスト、機能性のバランス

たとえばフローリングで仕上げる場合に、無垢材で意匠性を高めるのか、複合フローリングでコストを抑えるのか。水廻りは機能性や使い勝手を優先し、タイルや塩ビタイルを用いて耐水性・清掃性を高めるのか。床材の選択では、建築主が何を重視するか、そのバランスの見極めが大切だ

POINT 2
フローリングの張り方向

フローリングの張り方向によって、部屋の奥行きが左右される。一般的には長手方向に張ることが多いが、入口から見ると短手方向に平行に張るほうが奥行きが感じられる場合もあるため、奥行きを出したい方向に合わせて張り方向を決めるとよい

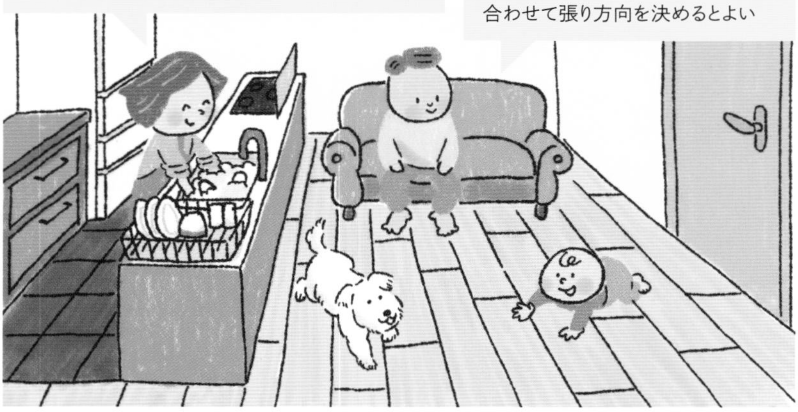

BASIC 根太工法の床構成

1. スギフローリング 断面詳細図[S＝1:10]

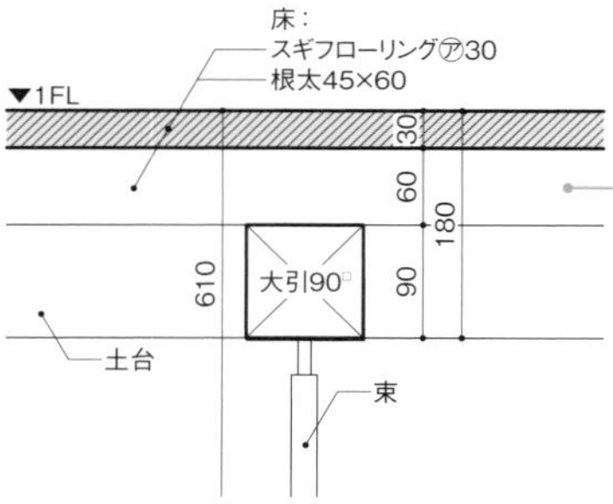

床：
スギフローリング㋐30
根太45×60
▼1FL
30
60
180
610
大引90□
90
土台
束

根太は303㎜ピッチ、大引は909㎜ピッチが基本。薪ストーブなど荷重がかかるものを設置する場合は半分のピッチで施工することが望ましい

2. 薄畳 断面詳細図[S＝1:10]

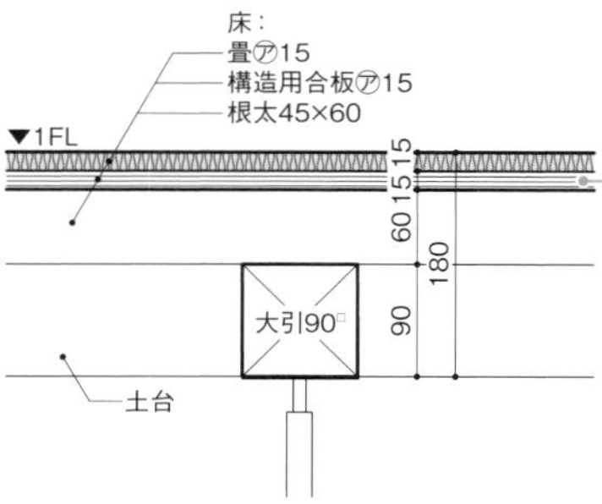

床：
畳㋐15
構造用合板㋐15
根太45×60
▼1FL
15 15
60
180
大引90□
90
土台

1.のフローリングとフロアレベルをそろえるため、合板を重ね張りして寸法を調整している

ADVANCED 床下配線スペース確保

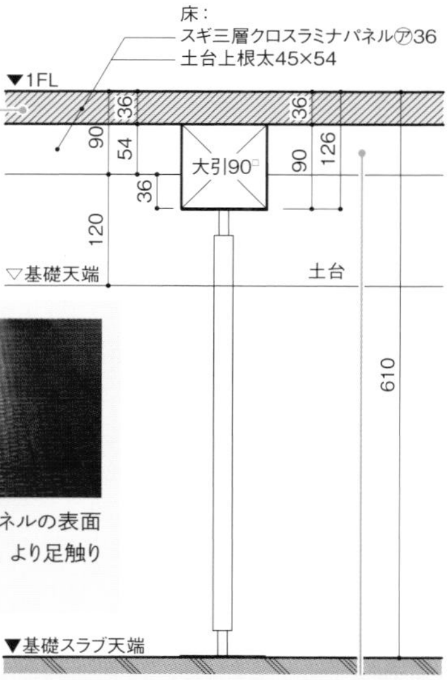

床：
スギ三層クロスラミナパネル㋐36
土台上根太45×54
▼1FL
36
36
90
54
36
大引90□
90
126
120
▽基礎天端
土台
610
▼基礎スラブ天端

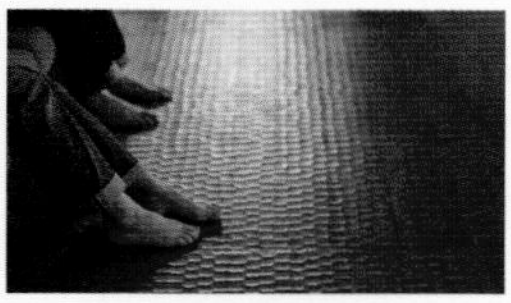

スギ三層クロスラミナパネルの表面をなぐり加工することで、より足触りがよくなる

断面詳細図[S＝1:10]

真壁工法の場合、壁内に配線を通すことができないため、床下に配線スペースを確保する必要がある。土台を欠き込んで通す方法もあるが、構造上の弱点となるため、この場合は大引と天端を合わせて土台上に根太を敷き、これを下地としてスギ三層クロスラミナパネル[143頁]を張っている

下段　提供：扇建築工房

BASIC 根太レス工法の基本的な床構成

根太を省略し、床下地に構造用合板1枚を留め付ける剛床、根太レスなどと呼ばれる工法が増えている。剛性が高いほか、建方当日に2階床まで張ることで重い建材を上階にあげておき、クレーン車の使用日数を減らせるなど、施工性でのメリットも大きい。ただし、床下に後から配管を通すことが難しいので、あらかじめ配管経路を計画しておく必要がある。

1. フローリング 断面詳細図[S＝1:5]

住宅の床材としては最も主流で、種類も豊富なフローリング[109頁]。厚さは、12㎜、15㎜、18㎜が一般的。厚ければ厚いほど踏み心地がしっかりする

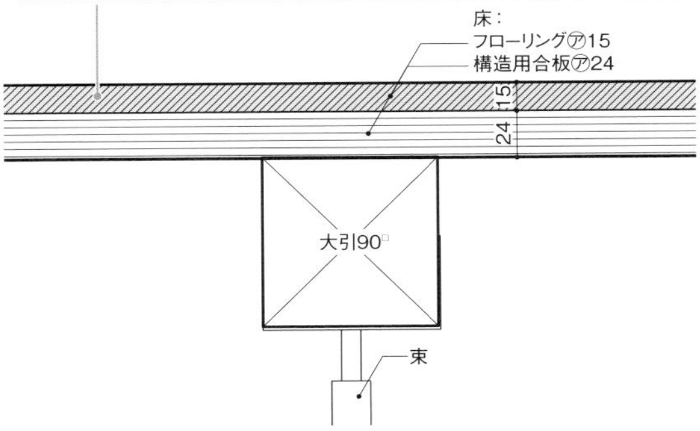
床:
フローリング㋐15
構造用合板㋐24
15
24
大引90□
束

2. コルクフローリング 断面詳細図[S＝1:5]

耐水性に優れ、クッション性もあるコルクフローリングはキッチンや洗面室で使われることが多い。すべりにくいため、犬や猫を飼う住宅にも適している

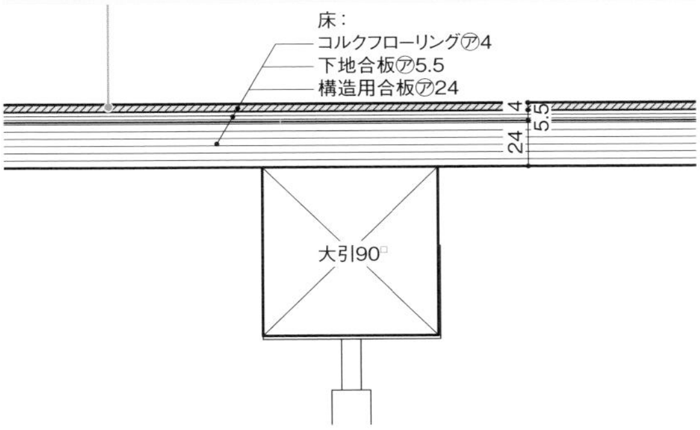
床:
コルクフローリング㋐4
下地合板㋐5.5
構造用合板㋐24
4
5.5
24
大引90□

3. カーペット 断面詳細図[S＝1:5]

フローリングの普及により減っていたが、近年再びカーペットの採用例が増えている。厚さは製品により異なるが、厚さ10㎜以下の場合は下地の不陸を拾わないように下地合板を入れる

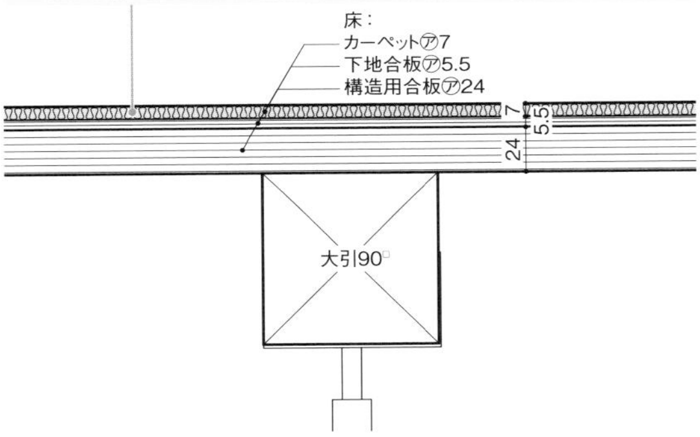
床:
カーペット㋐7
下地合板㋐5.5
構造用合板㋐24
7
5.5
24
大引90□

4. タイル 断面詳細図[S＝1:5]

タイルもカーペット同様、厚さ10㎜以下の場合は下地合板を重ね張りする。耐水性、清掃性に優れているためキッチンや洗面所などの水廻りに適している

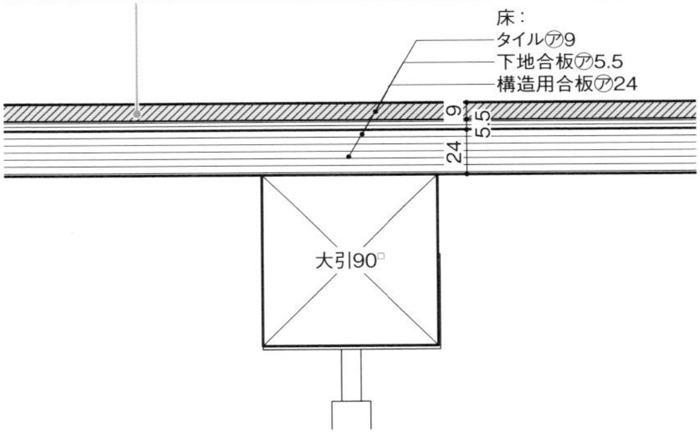
床:
タイル㋐9
下地合板㋐5.5
構造用合板㋐24
9
5.5
24
大引90□

5. 畳寄せ 断面詳細図[S＝1:5]

畳敷きは、壁との取合い部にできる隙間を埋めるための畳寄せが必要。畳の基本厚さは55㎜だが、最近の住宅では厚さ15㎜の薄畳を使うことも多い[右頁2.]。畳厚さに合わせて畳寄せの寸法を決める

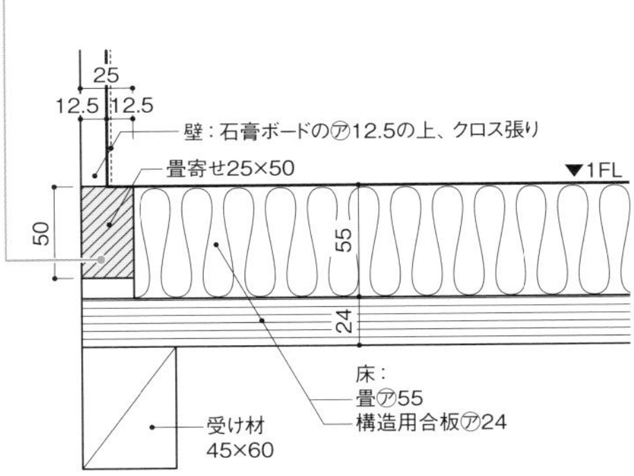
25
12.5
12.5
壁:石膏ボードの㋐12.5の上、クロス張り
畳寄せ25×50
▼1FL
50
55
24
床:
畳㋐55
構造用合板㋐24
受け材
45×60

6. 床暖房 断面詳細図[S＝1:5]

床暖房パネルは下地合板と仕上げ材の間に挟む。機器自体の厚みは、温水パネルなら12㎜、電気式シートなら3〜4㎜程度。カーペットやタイル仕上げとする場合は、機器と仕上げ材の間に下地合板が必須

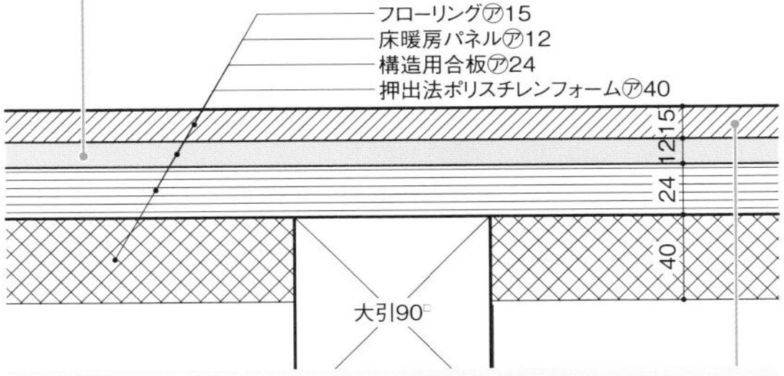
床:
フローリング㋐15
床暖房パネル㋐12
構造用合板㋐24
押出法ポリスチレンフォーム㋐40
15
12
24
40
大引90□

床暖房パネルの上に直にフローリングを張ると、熱によって反りが発生することがある。床暖房専用の複合フローリングを使用するとよい

1.〜4.、6.提供:3110ARCHITECTS一級建築士事務所、5.提供:CKF

BASIC 段差なく足触りのよい異素材の切り替え

1. フローリング×畳（敷居） 断面詳細図［S＝1:5］

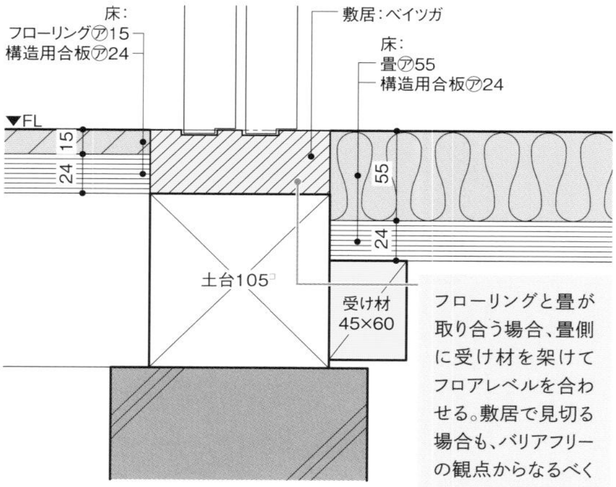

床:
フローリング㋐15
構造用合板㋐24
敷居：ベイツガ
床:
畳㋐55
構造用合板㋐24
▼FL
15
24
55
24
土台105□
受け材
45×60

フローリングと畳が取り合う場合、畳側に受け材を架けてフロアレベルを合わせる。敷居で見切る場合も、バリアフリーの観点からなるべくフラットにしたい

2. フローリング×畳（見切） 断面詳細図［S＝1:5］

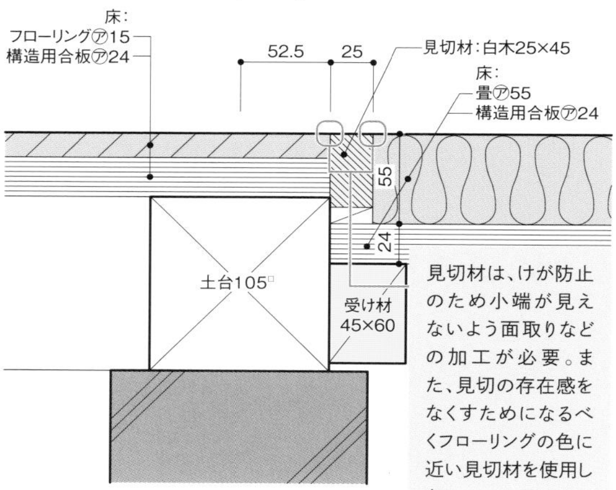

床:
フローリング㋐15
構造用合板㋐24
52.5
25
見切材：白木25×45
床:
畳㋐55
構造用合板㋐24
55
24
土台105□
受け材
45×60

見切材は、けが防止のため小端が見えないよう面取りなどの加工が必要。また、見切の存在感をなくすためになるべくフローリングの色に近い見切材を使用したい

3. フローリング×薄畳 断面詳細図［S＝1:5］

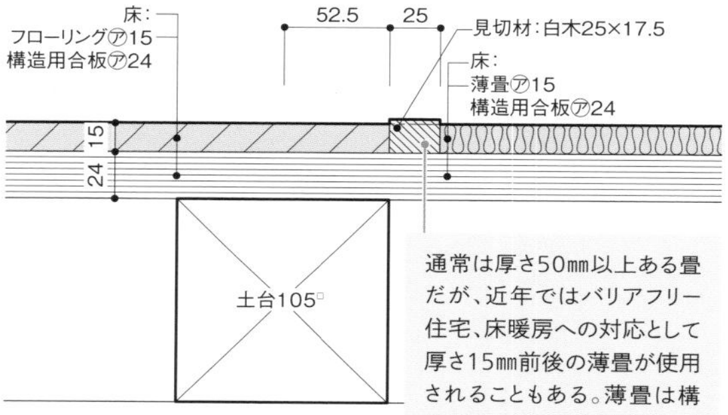

床:
フローリング㋐15
構造用合板㋐24
52.5
25
見切材：白木25×17.5
床:
薄畳㋐15
構造用合板㋐24
15
24
土台105□

通常は厚さ50㎜以上ある畳だが、近年ではバリアフリー住宅、床暖房への対応として厚さ15㎜前後の薄畳が使用されることもある。薄畳は構造用合板を下げずに施工が可能なため、2階床にも適しているほか、手間なくフローリングにリフォームすることもできる

4. フローリング×タイル 断面詳細図［S＝1:5］

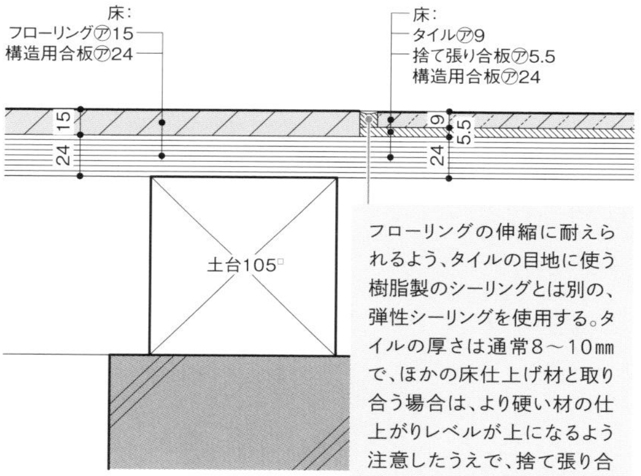

床:
フローリング㋐15
構造用合板㋐24
床:
タイル㋐9
捨て張り合板㋐5.5
構造用合板㋐24
15
24
9
5.5
24
土台105□

フローリングの伸縮に耐えられるよう、タイルの目地に使う樹脂製のシーリングとは別の、弾性シーリングを使用する。タイルの厚さは通常8～10㎜で、ほかの床仕上げ材と取り合う場合は、より硬い材の仕上がりレベルが上になるよう注意したうえで、捨て張り合板の厚さでレベル調整を行う

5. フローリング×長尺シート 断面詳細図［S＝1:5］

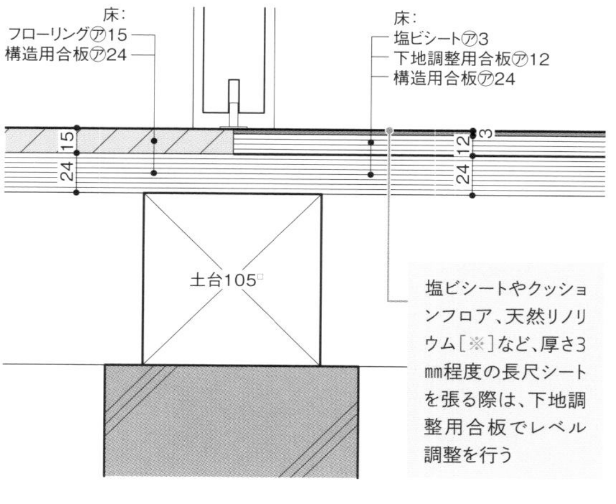

床:
フローリング㋐15
構造用合板㋐24
床:
塩ビシート㋐3
下地調整用合板㋐12
構造用合板㋐24
15
24
3
12
24
土台105□

塩ビシートやクッションフロア、天然リノリウム［※］など、厚さ3㎜程度の長尺シートを張る際は、下地調整用合板でレベル調整を行う

6. フローリング×化粧柱 断面詳細図［S＝1:5］

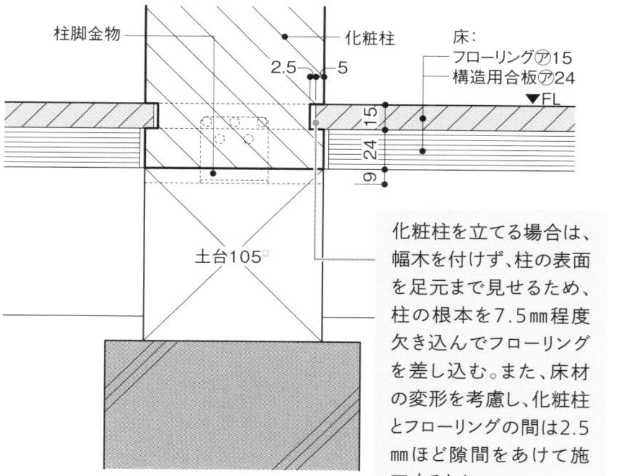

柱脚金物
化粧柱
2.5
5
床:
フローリング㋐15
構造用合板㋐24
▼FL
15
24
9
土台105□

化粧柱を立てる場合は、幅木を付けず、柱の表面を足元まで見せるため、柱の根本を7.5㎜程度欠き込んでフローリングを差し込む。また、床材の変形を考慮し、化粧柱とフローリングの間は2.5㎜ほど隙間をあけて施工するとよい

1.～6.提供：CKF

※ 亜麻仁油などの天然素材を使用したシート状の床材。健康的でエコロジーな床材として、病院や幼稚園などの施設でよく使用される

APPENDIX

押さえておきたい畳の寸法と種類

畳の厚さは、JIS規格で55mmまたは60mmとされている。一方、最近では床暖房やバリアフリー住宅に対応するため、厚さ13mm、15mm、30mmの薄畳も多く流通している。畳床の素材によって、稲藁を用いた本畳と、ポリスチレン発泡材などの工業製品を用いたスタイロ畳に分けられる。

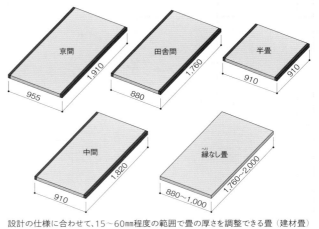

表1：畳の寸法

JIS名称／通称名	長さ×幅（mm）	主な使用地域
京間／本間	1,910×955	関西・中国・九州地方、秋田県、青森県
中間／中京間	1,820×910	中京地域、東北・北陸地方の一部、沖縄県
田舎間／関東間	1,760×880	静岡県以東の関東から北海道

設計の仕様に合わせて、15〜60mm程度の範囲で畳の厚さを調整できる畳（建材畳）や、縁をなくした縁なし畳、半畳と呼ばれる正方形の畳（琉球畳）などがある

APPENDIX

押さえておきたいタイルの種類

タイルとは、天然の粘土や岩石の成分を原料にして板状に焼いたもの。耐火性、耐久性、耐候性に優れる反面、衝撃に弱く割れやすいなどの欠点もある。自然吸水率によって磁器質、せっ器質、陶器質に分けられていたが、JIS規格の改正で強制吸水率によるI〜III類の区分に変更された。

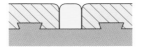
平目地　沈み目地

深目地　覆輪（ふくりん）目地

眠り目地

表2：タイルの種類

素地の質	強制吸水率	焼成温度	特徴	国内産地
I類（磁器質）	3%	1,200℃前後	吸水性が低く、外構やトイレなど水廻りの床・壁に使用される	有田、瀬戸、多治見、京都
II類（せっ器質）	10%	1,200℃前後	吸水性は中程度、外構にも使用され、素朴な質感が特徴	常滑、瀬戸、信楽
III類（陶器質）	50%	1,000℃前後	多孔性の素地で、吸水性が高い。内装に使用される	有田、瀬戸、多治見、京都

タイルの継目のことを目地という。タイル裏面への浸水を防ぐとともに、はがれや浮き上がりを防止する機能や、寸法精度の悪いタイルをきちんと割り付ける施工上の役割をもつ。目地なしの突付けで納めることもある

APPENDIX

押さえておきたいフローリングの種類

フローリングは無垢フローリング、積層フローリング、集成フローリング、パーケットフローリング、複合フローリング、圧密フローリングの6種類に大別される。使用される場所や建築主の好み、生活スタイルに応じて選ぶ必要がある。また、床暖房の有無や、使用場所が水廻りか否かによっても適する種類が異なってくるため、慎重に選びたい。硬く変形しにくいウォルナット、ブラックチェリー、メープル、オーク、タモ、バーチ、ローズウッドなどの広葉樹は、主に複合フローリングに使用される。広葉樹に比べて軟らかく、肌触りのよいパイン、ヒノキなどの針葉樹は主に無垢フローリングに使用される。

表3：フローリングの種類

種類	特徴
無垢フローリング	製材→乾燥→加工という工程で、1本の木からつくられる床材。木本来の美しさを楽しめる
積層フローリング	板材を2〜4層に積み重ね、表面に薄い単板を張る床材。均質で表面が滑らか。耐久性がある
集成フローリング	集成材を床材にしたもの。耐久性、耐摩耗性に優れている
パーケットフローリング	木片状の木を組み合わせ、正方形または方形のタイル状に加工した床材。表面がコーティングされており、耐水性に優れている
複合フローリング	表面に薄い単板または突き板を張ったもので、基材が合板または集成材の床材。反りや収縮などの変化が少ない
圧密フローリング	無垢板を熱ローラーで加熱圧縮した床材。収縮しにくく、木目を生かすことができる

BASIC 2階床を露しとする場合の床構成は遮音・配線に注意

2階床を露し（踏み天井）とする場合、1階の天井材が不要な分、コストを抑えられる。さらには、天井が高くなることで、空間に広がりを感じられる。一方で、電気配線や配管類のルート確保や遮音などには注意が必要だ。

1. スギフローリング 断面詳細図［S＝1:10］

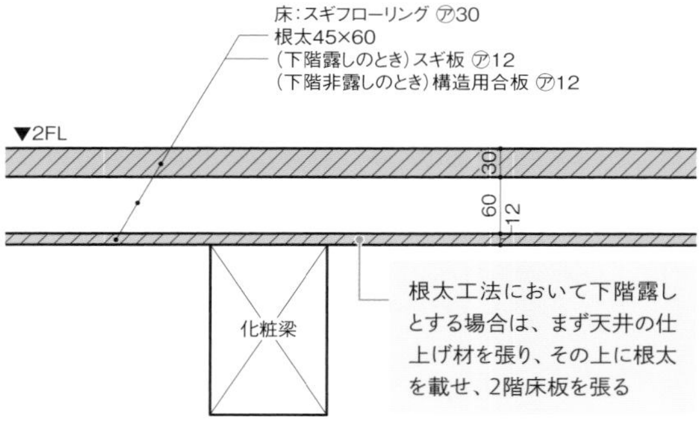

床：スギフローリング ㋐30
根太45×60
（下階露しのとき）スギ板 ㋐12
（下階非露しのとき）構造用合板 ㋐12
▼2FL
30
60
12
化粧梁
根太工法において下階露しとする場合は、まず天井の仕上げ材を張り、その上に根太を載せ、2階床板を張る

2. 薄畳 断面詳細図［S＝1:10］

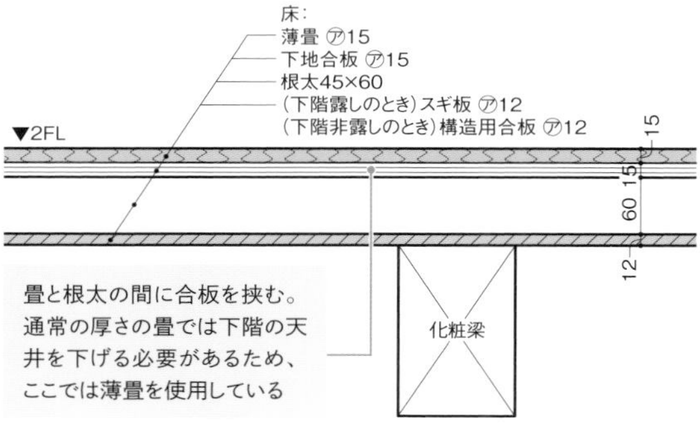

床：
薄畳 ㋐15
下地合板 ㋐15
根太45×60
（下階露しのとき）スギ板 ㋐12
（下階非露しのとき）構造用合板 ㋐12
▼2FL
15
15
60
12
化粧梁
畳と根太の間に合板を挟む。通常の厚さの畳では下階の天井を下げる必要があるため、ここでは薄畳を使用している

3. 三層クロスラミナパネル 断面詳細図［S＝1:10］

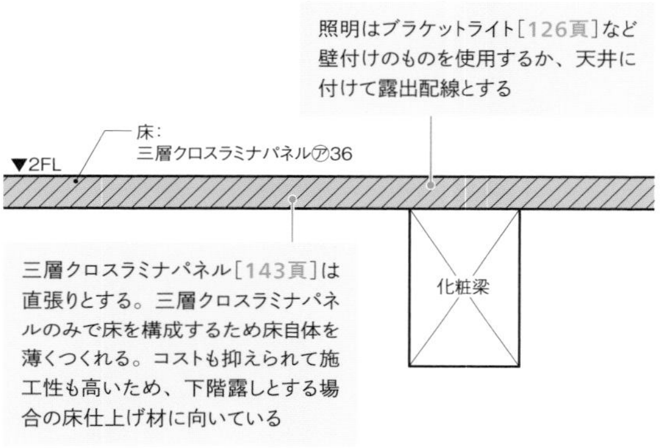

照明はブラケットライト［126頁］など壁付けのものを使用するか、天井に付けて露出配線とする
床：
三層クロスラミナパネル㋐36
▼2FL
化粧梁
三層クロスラミナパネル［143頁］は直張りとする。三層クロスラミナパネルのみで床を構成するため床自体を薄くつくれる。コストも抑えられて施工性も高いため、下階露しとする場合の床仕上げ材に向いている

BASIC 吹抜けの出隅

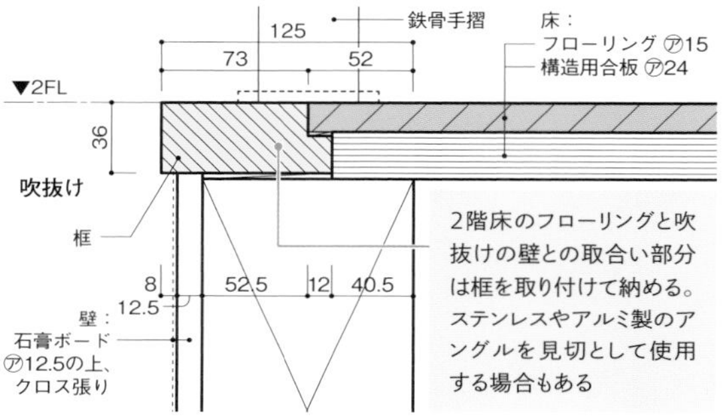

125
73
52
鉄骨手摺
床：
フローリング ㋐15
構造用合板 ㋐24
▼2FL
36
吹抜け
框
8
52.5
12
40.5
12.5
壁：
石膏ボード
㋐12.5の上、
クロス張り
2階床のフローリングと吹抜けの壁との取合い部分は框を取り付けて納める。ステンレスやアルミ製のアングルを見切として使用する場合もある

断面詳細図［S＝1:5］

BASIC 段差を美しく安全に納める

リビングに畳の小上りを設ける場合や、落ち着けるリビングにするため、あえて床面を下げる場合には段差が生じる。このような段差がある場所では、転倒などの事故を防ぐために段差の存在を明確にしたうえで、見た目にも美しく納めたい。

1. フローリングと畳の框 断面詳細図［S＝1:5］

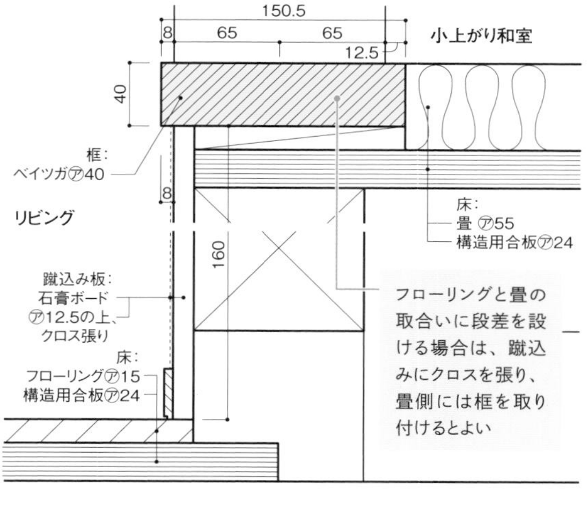

150.5
8
65
65
12.5
小上がり和室
40
框：
ベイツガ㋐40
8
リビング
床：
畳 ㋐55
構造用合板㋐24
160
蹴込み板：
石膏ボード
㋐12.5の上、
クロス張り
床：
フローリング㋐15
構造用合板㋐24
フローリングと畳の取合いに段差を設ける場合は、蹴込みにクロスを張り、畳側には框を取り付けるとよい

2. タイルからタイルへの段差 断面詳細図［S＝1:5］

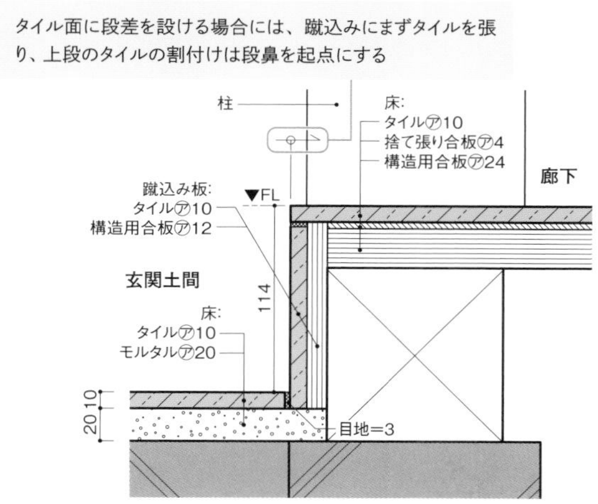

タイル面に段差を設ける場合には、蹴込みにまずタイルを張り、上段のタイルの割付けは段鼻を起点にする
柱
床：
タイル㋐10
捨て張り合板㋐4
構造用合板㋐24
廊下
蹴込み板：
タイル㋐10
構造用合板㋐12
▼FL
玄関土間
114
床：
タイル㋐10
モルタル㋐20
20
10
目地＝3

上段 1.～3.提供：扇建築工房
中段右、下段 提供：CKF

BASIC スキップフロアの段差には荷重対策が必須

スキップフロアで構成された空間は、屋内の移動にも生活にもメリハリをもたらす。立体的な収納も可能になり、狭小住宅でも空間を有効に活用できる。ここでは、スキップフロアの段差における床仕上げの納まりを紹介する。

1. 一枚板を跳ね出す 断面詳細図［S＝1:10］

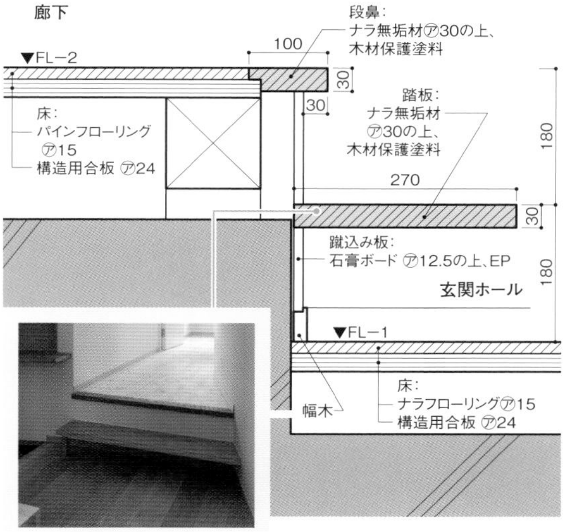
廊下
▼FL−2
100
段鼻：
ナラ無垢材㋐30の上、
木材保護塗料
30
30
床：
パインフローリング
㋐15
構造用合板 ㋐24
踏板：
ナラ無垢材
㋐30の上、
木材保護塗料
180
270
30
蹴込み板：
石膏ボード ㋐12.5の上、EP
180
玄関ホール
▼FL−1
幅木
床：
ナラフローリング㋐15
構造用合板 ㋐24

一枚板を跳ね出して軽く見せたい場合には、片方を壁面に呑み込ませ、もう片方は支柱で支えるなどの荷重対策が必要

2. 段鼻の跳ね出し 断面詳細図［S＝1:10］

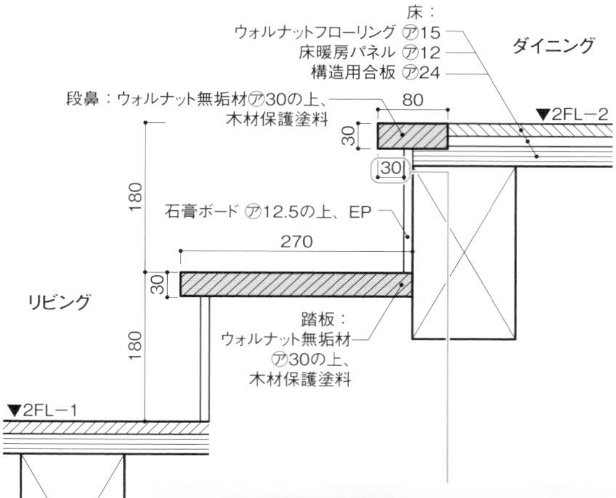
床：
ウォルナットフローリング ㋐15
床暖房パネル ㋐12
構造用合板 ㋐24
ダイニング
段鼻：ウォルナット無垢材㋐30の上、
木材保護塗料
80
▼2FL−2
30
30
180
石膏ボード ㋐12.5の上、EP
270
30
リビング
踏板：
ウォルナット無垢材
㋐30の上、
木材保護塗料
180
▼2FL−1

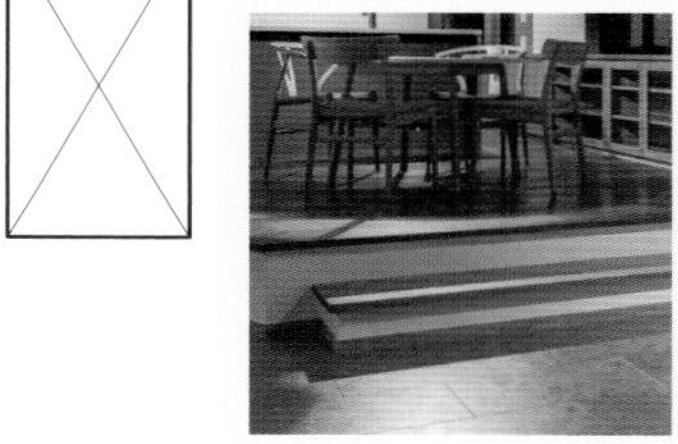

段鼻は飛び出させすぎると移動時の荷重を支えきれない。飛び出す幅は段鼻の幅の半分以下とする。蹴込みを白い塗装やクロスにする場合は、段鼻を出すことで、蹴込みが汚れにくくなるメリットもある

ADVANCED 1段下がりのクッションフロアでくつろぎ空間をつくる

階段下のスペースを利用し、1段下がった（FL-300）の部屋「穴ぐら」を設けた。オリジナルのクッションフロアを敷き詰め、横になってくつろげる。フロアレベルを1段下げることで、籠り感を演出した。

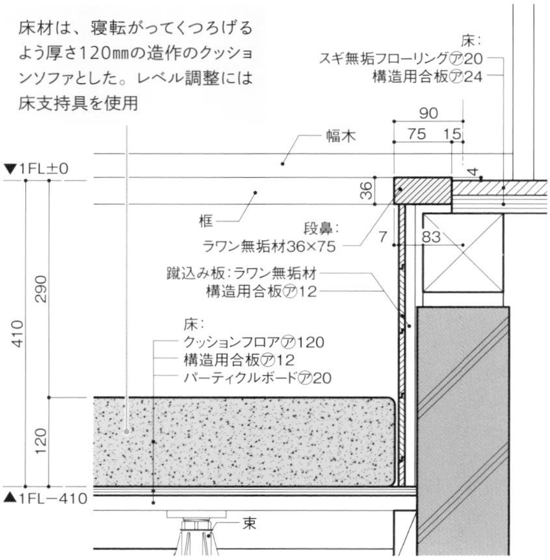
床材は、寝転がってくつろげるよう厚さ120㎜の造作のクッションソファとした。レベル調整には床支持具を使用
床：
スギ無垢フローリング㋐20
構造用合板㋐24
90
75 15
幅木
▼1FL±0
4
36
框
段鼻：
ラワン無垢材36×75
7
83
蹴込み板：ラワン無垢材
構造用合板㋐12
290
410
床：
クッションフロア㋐120
構造用合板㋐12
パーティクルボード㋐20
120
▲1FL−410
束

開口部側断面詳細図［S＝1:10］

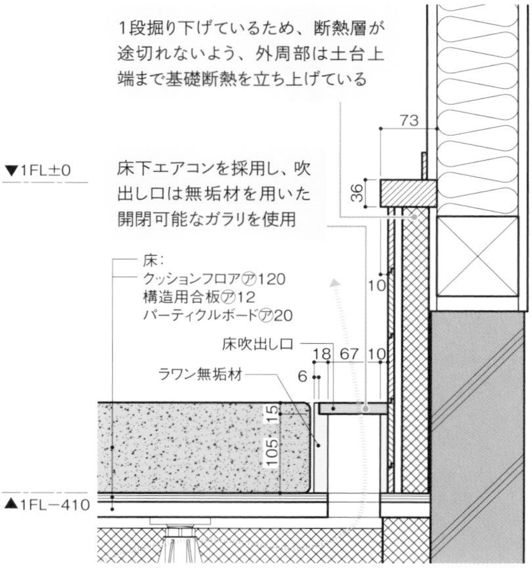
1段掘り下げているため、断熱層が途切れないよう、外周部は土台上端まで基礎断熱を立ち上げている
73
▼1FL±0
床下エアコンを採用し、吹出し口は無垢材を用いた開閉可能なガラリを使用
36
床：
クッションフロア㋐120
構造用合板㋐12
パーティクルボード㋐20
10
床吹出し口
18 67 10
ラワン無垢材
6
15
105
▲1FL−410

外壁側断面詳細図［S＝1:10］

上段 「目白台の家」設計：3110ARCHITECTS一級建築士事務所、写真：新澤一平
下段 「ユニバリュズム」設計：COMODO建築工房

内部壁

内部壁の仕上げは、空間のみならずコストに及ぼす影響も大きい。高価な素材はポイントを絞って使う、賢く使い分ける、反対にすべて仕上げをそろえて工種を減らすなど、工夫を凝らしたい。

POINT 1 **仕上げ材で部屋の印象は大きく変わる**

ビニルクロスばかりでは室内が単調になる。漆喰などの塗りものや、和紙、タイルなどを、部分的に取り入れるだけで雰囲気が変わる。材のもつデザイン性や機能性、施工性、コストなどを勘案して決定したい

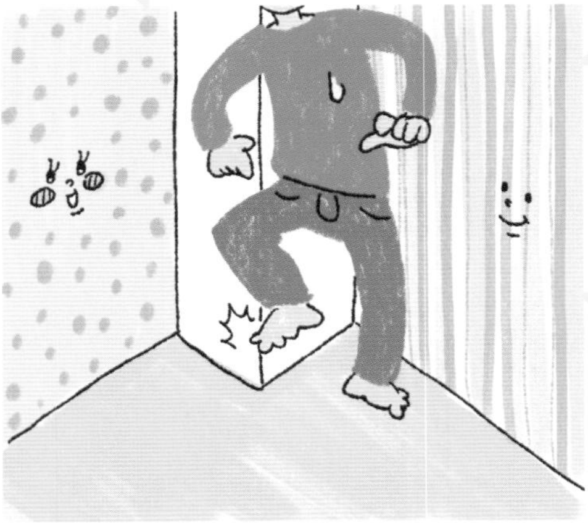

POINT 2 **出隅は摩耗しやすいので要注意**

出隅は人やモノがぶつかり摩耗しやすい。素材の切り替えなど複雑な仕上げは出隅を避ける。やむを得ぬ場合は、耐久性の高い素材を使う、あるいは仕上げ材の小口の見え方に配慮するなど工夫したい

POINT 3 **人やモノが当たる場所には保護材を利用する**

特に塗装や漆喰塗りの出隅や開口部などは、摩耗により仕上げが劣化しやすいため、保護材を使用するとよい。出隅ならばコーナービードを設置するのが一般的だ

BASIC 内部壁出隅の基本的な納まり

1. 表面に仕上げ材を施工する場合 断面詳細図［S＝1:5］

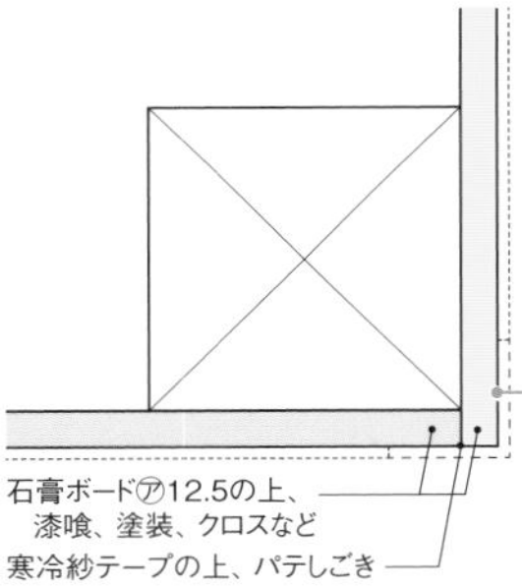

石膏ボード㋐12.5の上、
漆喰、塗装、クロスなど
寒冷紗テープの上、パテしごき

石膏ボードの上に仕上げ材を施す一般的な納まり。石膏ボードの継目は寒冷紗テープとパテで不陸をならす。特にEP塗装やクロス張りのような薄塗りの仕上げとする場合、隅部にはコーナービートを貼りクラックを防ぐ

2. 木張りどうしは透かして納める 断面詳細図［S＝1:5］

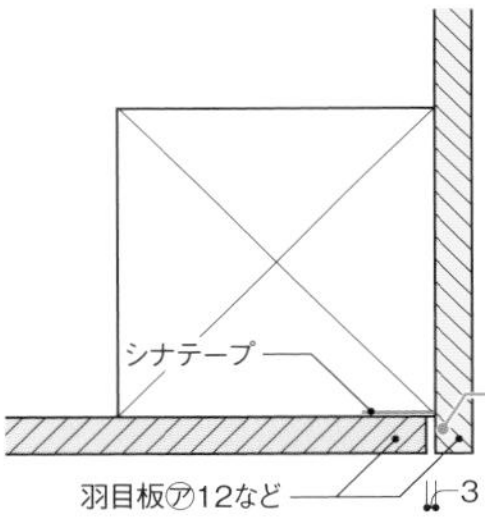

シナテープ
羽目板㋐12など
3

木材同士の突付けは、経年変化による木の収縮や施工精度によって、接合部に隙間ができやすい。そのため出隅では目透かしをとり、木の変形を吸収できるあそびを設ける。目地から柱が見えないよう、目地底は小口テープ（シナテープ）や塗装などで処理する

3. 留め加工は薄い材に合わせて接合 断面詳細図［S＝1:5］

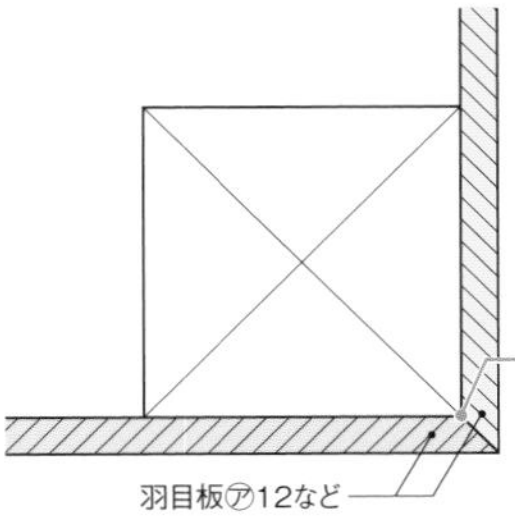

羽目板㋐12など

出隅となる仕上げ材がぶつかる部分を、それぞれ斜め45度にカットし、突付けて継ぐ。取り合う仕上げ材の厚みが異なる場合は、厚い材を45度にカットし、薄い材の小口を厚い材切断面の形に添わせるように加工して接合する。突付けは、経年変化による木の収縮で接合部が空きやすいので注意が必要

4. 決って納める 断面詳細図［S＝1:5］

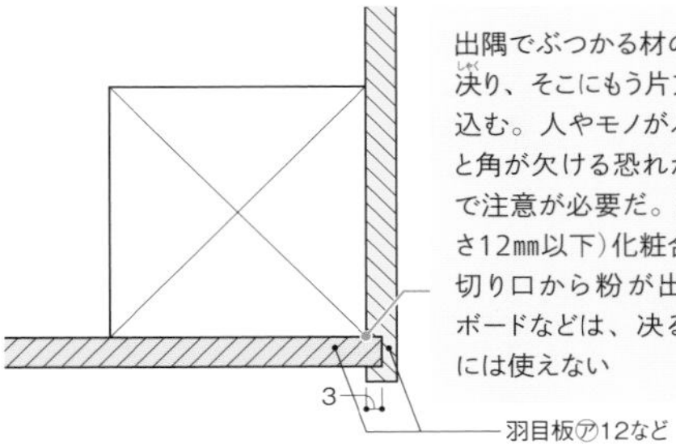

3
羽目板㋐12など

出隅でぶつかる材の片方を決り、そこにもう片方を差し込む。人やモノがぶつかると角が欠ける恐れがあるので注意が必要だ。薄い（厚さ12㎜以下）化粧合板や、切り口から粉が出る石膏ボードなどは、決る側の材には使えない

下段 1.～4.提供：3110ARCHITECTS一級建築士事務所
※ 開口部枠と壁の取り合い部でも、幅木のチリを当てるために同様の納まりが使える。このときのチリは、幅木チリや壁の仕上げ材によって決定する

BASIC 建具枠のない開口部を保護

建具を設けない内部開口部は、人やモノの往来により摩耗しやすい。特に頻繁に利用する場所には保護材を設けるとよい。

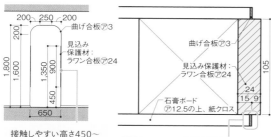

接触しやすい高さ450～1,350mmの位置に保護材を取り付ける

開口部正面図[S＝1:80]

石膏ボードの小口の目違い防止のため、3mmの曲げ合板を張っている

断面詳細図[S＝1:15]

BASIC 後張り可能なタイル

水廻りによく使われるタイル。タイル職人を手配するコストや工期の圧縮のため、建築主が後張りで施工できる納まりとした。

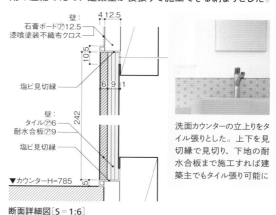

洗面カウンターの立上りをタイル張りとした。上下を見切縁で見切り、下地の耐水合板まで施工すれば建築主でもタイル張り可能に

断面詳細図[S＝1:6]

ADVANCED 建具枠を利用して異素材の壁を見切る

仕上げ材を使い分ける場合は、天井と壁などの部位ごとか、部屋ごとに切り替えるとよい。その場合は、建具枠が見切になる。

鴨居は建具の幅に合わせることですっきりと見せる。天井とのチリを4mm設けることで、鴨居自体が仕上げの定規となり、漆喰と塗装、それぞれの施工がきれいに納まるよう工夫している

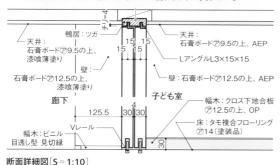

断面詳細図[S＝1:10]

鴨居と同様、戸当りも壁からのチリを4mmとし、仕上げの目安とした。幅木のチリと同じ出寸法にすれば、開口部廻りの凹凸を統一でき、一体感が出る

平面詳細図[S＝1:15]

APPENDIX

下地と仕上げは特性を見極めて選択したい

石膏ボード下地にクロス（主にビニルクロス）を張るのが安価でメンテナンス性も高く、一般的だ。掃除がしやすいため水廻りにも用いられる。漆喰や珪藻土など、調湿性が高く、温かみのある素材の需要も高まっている。しかしコストが高いので、滞在時間の長い居室にのみ使用するなど工夫したい。経年変化でクラックが発生する可能性もあるので、その旨は建築主に説明しておきたい。

表：壁仕上げの種類と下地

	仕上げ	下地
乾式	クロス張り（紙系クロス、織物系クロス、ビニルクロス、特殊加工クロス）	石膏ボード、合板、繊維板など
	合板張り（普通合板、特殊合板）	柱・間柱・胴縁に直付け
	繊維板張り（ファイバーボード）	
	化粧石膏ボード張り	
	機能性ボード類（ケイ酸カルシウム、石膏、ゼオライト、パーライト、珪藻土などを原料とした製品）	
	無垢羽目板張り（針葉樹系、広葉樹系）	
	無垢集成板張り	
	タイル張り（接着剤張り）	石膏ボード、合板、その他ボード類、モルタル
半湿式	エナメル塗装（合成樹脂調合ペイントなど）	石膏ボード、合板、その他ボード類
	クリア塗装（ラッカー、オイルフィニッシュ、天然樹脂塗料など）	無垢材、合板（突板など）
湿式	左官仕上げ（漆喰、本じゅらく、珪藻土、砂壁、土壁、石膏プラスター、ドロマイトプラスター、合成樹脂系材料、繊維壁、モルタル）	石膏ボード、石膏ラスボード、木摺下地、金網下地、竹小舞下地
	タイル張り（セメントモルタル張り）	木摺＋金網下地、合板＋金網下地にセメントモルタル塗り

上段　1.「内包する家」設計：COMODO建築工房、2.「YMD」設計：藤田摂建築設計事務所
中段　「小平の住宅」設計：青木律典｜デザインライフ設計室
下段　解説：3110ARCHITECTS一級建築士事務所

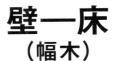

壁ー床（幅木）

壁と床面の取合い部に設ける幅木は、床材と壁材の見切になる。掃除用具などがぶつかって壁が傷むのを保護する役割も担う。室内の意匠に影響しないよう、最近はなるべく目立たせない仕様とする傾向にある。

POINT

1 壁材と床材の見切として働く

壁と床を異なる仕上げ材で納める場合、幅木が見切材として機能する。空間の雰囲気にあわせて素材や納め方、寸法を選びたい

POINT

2 掃除用具や家具の衝突から壁を守るために

幅木は、掃除用具や家具、人の足などが当たって壁が傷むのを防ぐ。近年は掃除機の小型化やロボット掃除機の普及により、寸法は以前の60㎜から30㎜程度と低くなりつつある

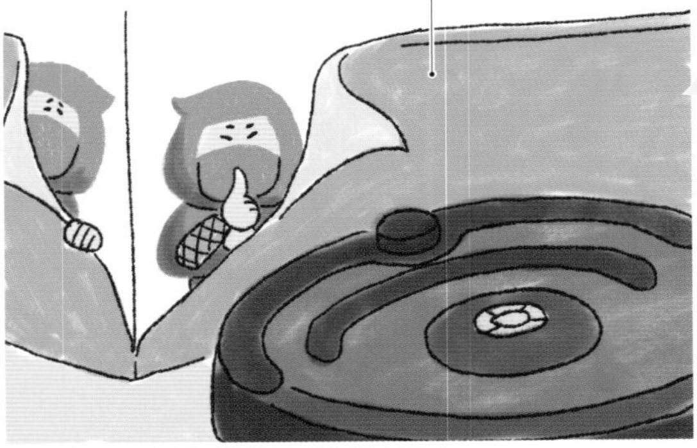

ビニル幅木

POINT

3 最近は存在感をなるべく消す傾向に

壁と床の取合いは住宅全体に及ぶため、幅木は空間全体の雰囲気に影響する。幅木を目立たせず、すっきりとした意匠にしたい場合は、入幅木や幅木なしの納まりとする

BASIC 最近は高さ30㎜。幅木の基本的な納まり

出幅木のチリは3～5㎜が一般的で、2㎜以下とするには高い施工精度が求められる。幅木の存在感を消したい場合は3㎜、逆に目立たせたい場合は5㎜が目安だ。チリの寸法は、壁の素材や開口部枠のチリなどと併せて検討する。

1. 出幅木の基本的な納まり 断面詳細図［S＝1:8］

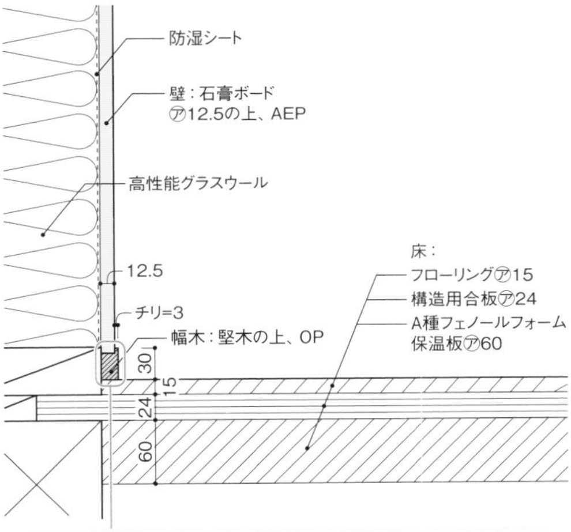

防湿シート
壁：石膏ボード
㋐12.5の上、AEP
高性能グラスウール
12.5
チリ=3
幅木：堅木の上、OP
床：
フローリング㋐15
構造用合板㋐24
A種フェノールフォーム
保温板㋐60
30
15
24
60

基本的な出幅木の納め方。クロス張りやAEPなどの壁仕上げの場合は、出幅木とするのが一般的。2.の付け幅木とは見た目がほとんど同じだが、しっかりと固定され、きれいで正確に仕上がる

2. 付け幅木でコストを圧縮 断面詳細図［S＝1:8］

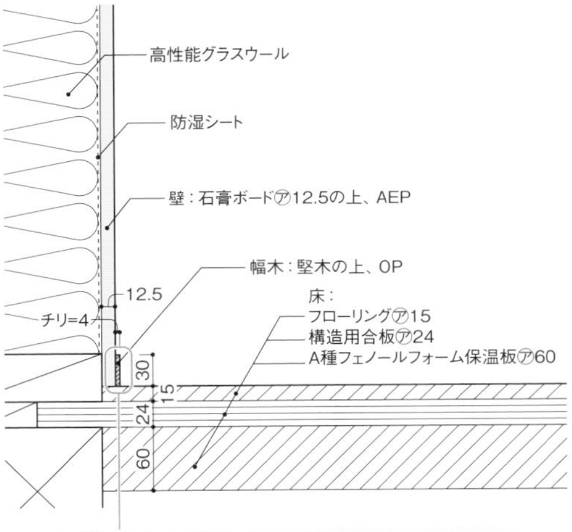

高性能グラスウール
防湿シート
壁：石膏ボード㋐12.5の上、AEP
幅木：堅木の上、OP
12.5
チリ=4
床：
フローリング㋐15
構造用合板㋐24
A種フェノールフォーム保温板㋐60
30
15
24
60

コストと施工性の面から、付け幅木を採用する場合も多い。もっとも一般的なのはビニル幅木で、手頃さが魅力だ。高さは掃除機のヘッドが当たる部分を保護できる最小値として30㎜以上が目安

下段　提供：1.～2.「板橋の二世帯住居」設計：青木律典｜デザインライフ設計室

3. 左官壁には入幅木　断面詳細図［S＝1:8］

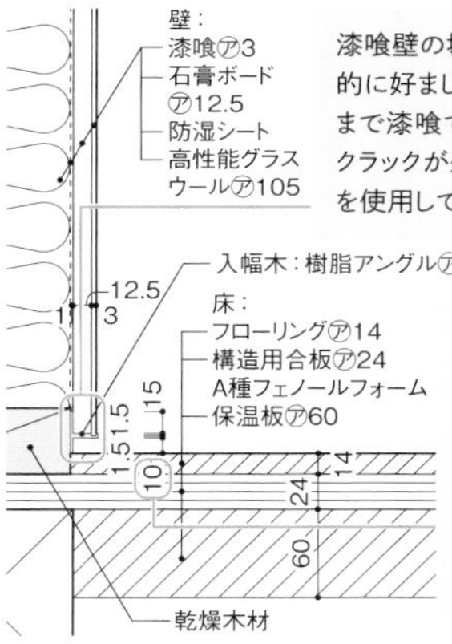

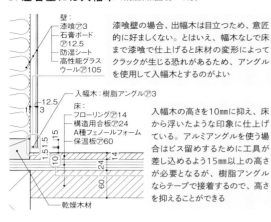

壁：
漆喰㋐3
石膏ボード
㋐12.5
防湿シート
高性能グラス
ウール㋐105
入幅木：樹脂アングル㋐3
床：
フローリング㋐14
構造用合板㋐24
A種フェノールフォーム
保温板㋐60
乾燥木材
12.5
1
3
15
1.5
1.5
1.5
10
14
24
60

漆喰壁の場合、出幅木は目立つため、意匠的に好ましくない。とはいえ、幅木なしで床まで漆喰で仕上げると床材の変形によってクラックが生じる恐れがあるため、アングルを使用して入幅木とするのがよい

入幅木の高さを10㎜に抑え、床から浮いたような印象に仕上げている。アルミアングルを使う場合はビス留めするために工具が差し込めるよう15㎜以上の高さが必要となるが、樹脂アングルならテープで接着するので、高さを抑えることができる

4. 平幅木でフラットに　断面詳細図［S＝1:8］

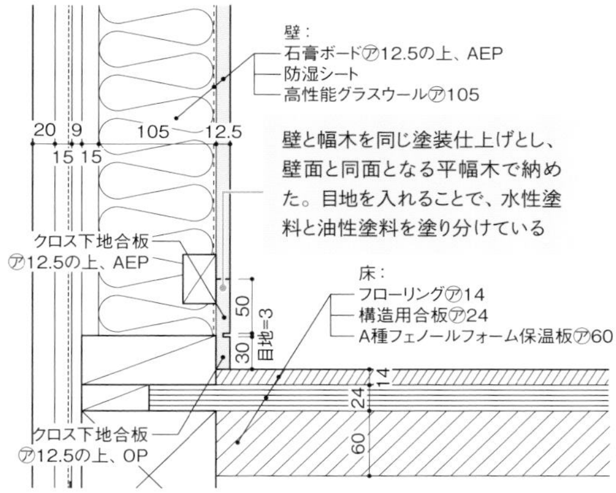

壁：
石膏ボード㋐12.5の上、AEP
防湿シート
高性能グラスウール㋐105
20
9
105
12.5
15
15
クロス下地合板
㋐12.5の上、AEP
床：
フローリング㋐14
構造用合板㋐24
A種フェノールフォーム保温板㋐60
50
30
目地=3
14
24
60
クロス下地合板
㋐12.5の上、OP

壁と幅木を同じ塗装仕上げとし、壁面と同面となる平幅木で納めた。目地を入れることで、水性塗料と油性塗料を塗り分けている

ADVANCED　見切材を活用した幅木の例

壁と天井の取合い部に用いられる既製品の見切材を、壁と床の見切に転用することもできる。既製品の見切材を活用すると、コストを抑えた納まりが実現できる。一般的な形状や流通寸法を押さえておくとよい［144頁］。

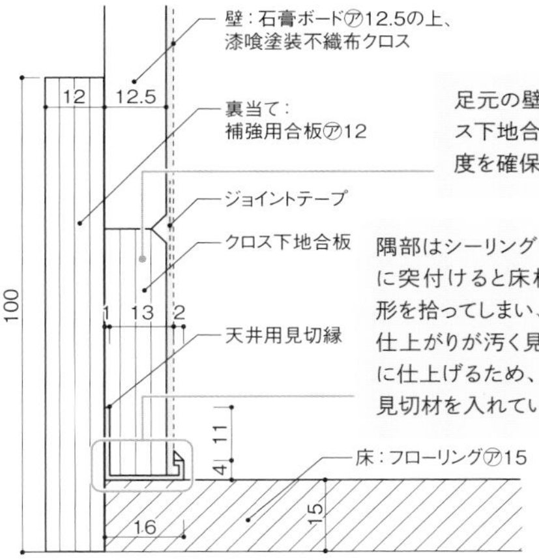

壁：石膏ボード㋐12.5の上、
漆喰塗装不織布クロス
12
12.5
裏当て：
補強用合板㋐12
ジョイントテープ
クロス下地合板
100
1
13
2
天井用見切縁
11
4
床：フローリング㋐15
16
15

足元の壁下地にはクロス下地合板を入れ、強度を確保している

隅部はシーリングで留める。床に突付けると床材の目地や変形を拾ってしまい、シーリングの仕上がりが汚く見える。きれいに仕上げるため、立上りのある見切材を入れている

断面詳細図［S＝1:2］

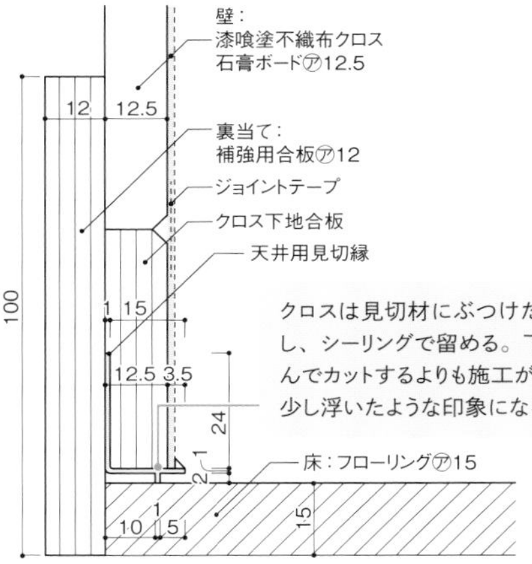

壁：
漆喰塗不織布クロス
石膏ボード㋐12.5
12
12.5
裏当て：
補強用合板㋐12
ジョイントテープ
クロス下地合板
天井用見切縁
100
1
15
12.5
3.5
24
1
2
床：フローリング㋐15
1
10
5
15

クロスは見切材にぶつけたところでカットし、シーリングで留める。下面まで巻き込んでカットするよりも施工が容易。床面は少し浮いたような印象になる

断面詳細図［S＝1:2］

APPENDIX

掃除機の小型化で幅木は縮小傾向に

以前は掃除機のヘッドから壁を保護するために、幅木の高さは60㎜程度が標準とされていた。最近ではヘッド部分が小型化しているので、そこまでの高さは必要ない。また障害物を感知し回避するロボット掃除機の登場により、幅木は近年縮小化の傾向にある。

表：掃除機のヘッドの高さ

		高さ
タイプ	キャニスター型	約65～110㎜
	スティック型	約44～55㎜
	ロボット掃除機	約30～120㎜

キャニスター型掃除機

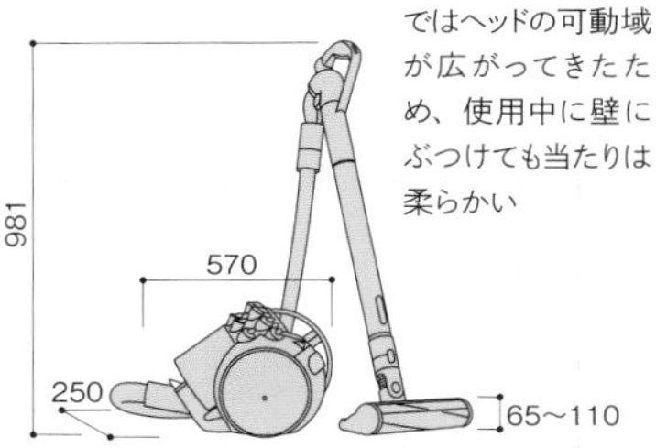

981
570
250
65～110

ヘッドの高さは約65～110㎜。近年ではヘッドの可動域が広がってきたため、使用中に壁にぶつけても当たりは柔らかい

スティック型掃除機

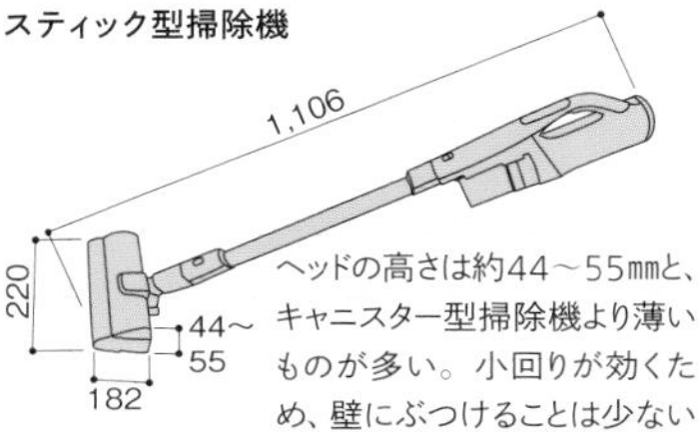

1,106
220
44～
55
182

ヘッドの高さは約44～55㎜と、キャニスター型掃除機より薄いものが多い。小回りが効くため、壁にぶつけることは少ない

ロボット型掃除機

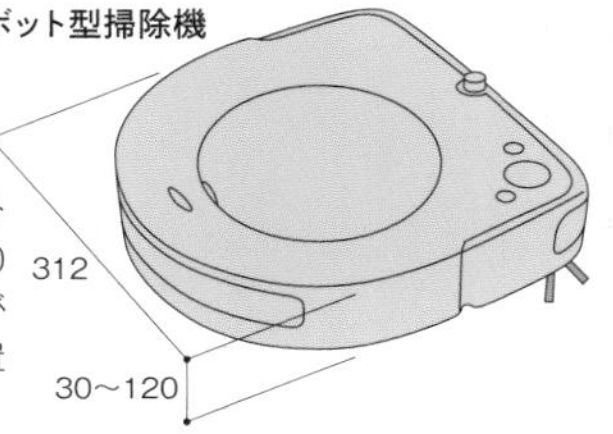

312
30～120

高さは機種によって約30～120㎜までと幅広いが、ロボット掃除機の代名詞であるルンバ（アイロボット）にならって100㎜前後が目安となる。ただし、最新モデルでは基地の高さが50㎝程度と高く、家具下に収納できない製品もあるので設置場所には注意

上段　3.～4.「小平の住宅」設計：青木律典｜デザインライフ設計室
中段　「YMD」設計：藤田摂建築設計事務所

壁—天井（入隅）

壁と天井の取合いは、以前は廻り縁を設けるのが一般的だった。しかし、近年では施工の精度が上がったこともあり、突付けや底目地などで納め、すっきりとシンプルな意匠とすることが多い。

POINT 1
見切材は既製品も賢く使う

既製品の天井見切材はバリエーション豊か。シンプルな塩ビ製や装飾性の高い木製モールディングなどがある。施工手順を踏まえ、より最適な見え方、納まりを検討したい

POINT 2
見切材（廻り縁）を設けない場合も

天井の場合、手が届かない場所で、床廻りのようにモノが当たって傷むことも少ない。そのためシンプルに仕上げたい場合は見切材を設けないことが多い。ただし出隅で素材が切り替わる場合は見切材を用いる

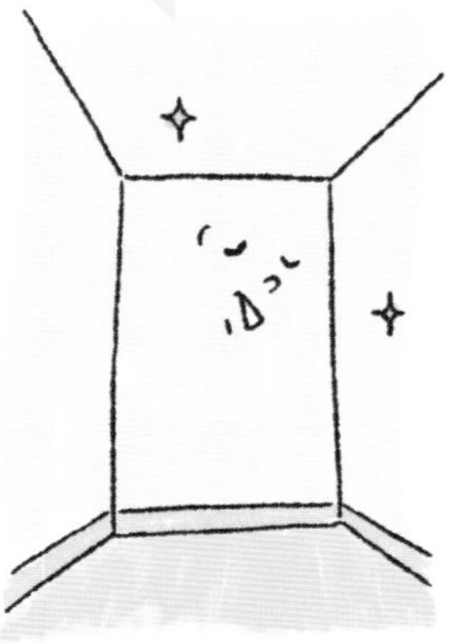

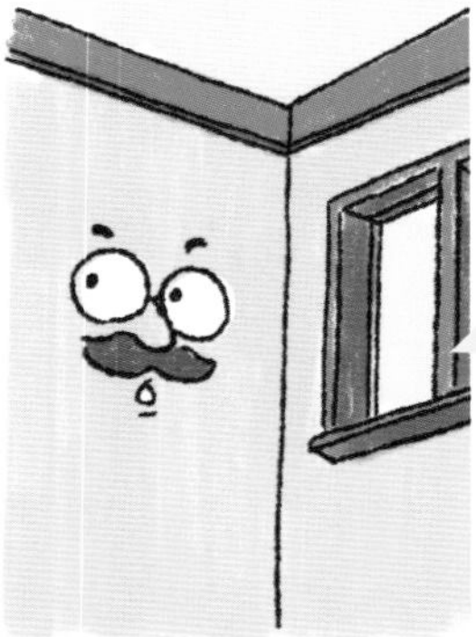

POINT 3
納まりは部屋ごとで統一する

見上げた印象を決定づける天井と壁の納め方は、なるべく住宅全体で統一したい。納め方のルールを決めておけば、住まい全体の雰囲気に統一感が出る

BASIC 見切材を使わずに突付けで納める

1. 異なる仕上げを突付けで納める 断面詳細図［S＝1:2］

壁を漆喰仕上げとする場合も、天井はコストを抑えるため、クロス張りや合板張りとすることがある。異素材どうしも見切材なしで納めることは可能。施工時は、まず壁下地である石膏ボードを横架材まで張り上げ、次に天井仕上げのラワン合板を張るときれいに仕上がる。壁仕上げの漆喰は最後に塗る

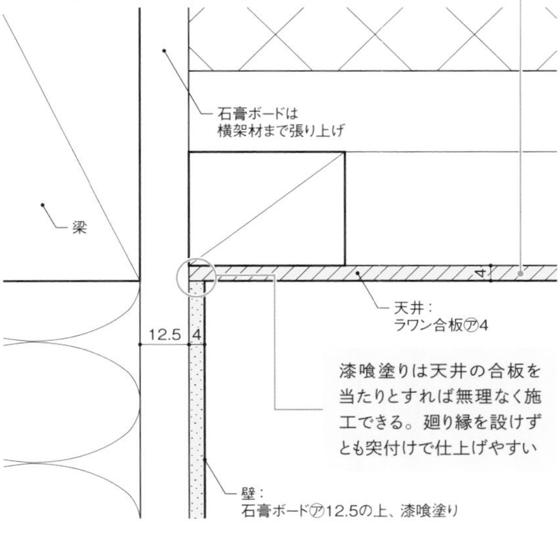

石膏ボードは
横架材まで張り上げ
梁
4
天井：
ラワン合板㋐4
12.5
4
壁：
石膏ボード㋐12.5の上、漆喰塗り

漆喰塗りは天井の合板を当たりとすれば無理なく施工できる。廻り縁を設けずとも突付けで仕上げやすい

2. クロス張りの入隅はシーリング留め 断面詳細図［S＝1:2］

クロス張りの天井入隅部分は、経年でクロスが縮んだり、下地が動いてクロスが切れたりしても目立たないよう、天井勝ちとする。クロスは入隅で継ぎ、継目にシーリングを打つ

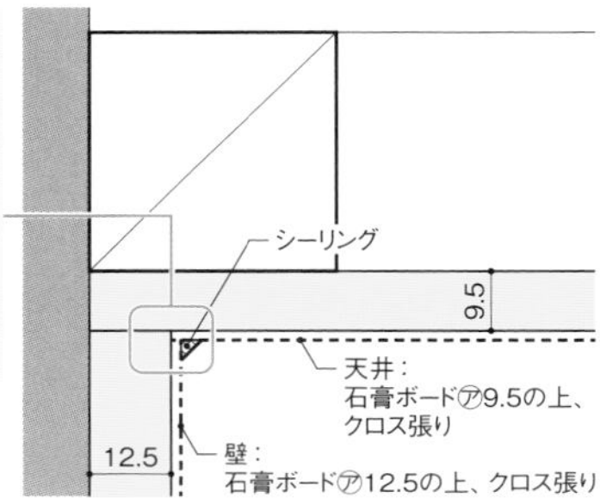

シーリング
9.5
天井：
石膏ボード㋐9.5の上、
クロス張り
12.5
壁：
石膏ボード㋐12.5の上、クロス張り

3. 板張りの入隅は突付けで納める 断面詳細図［S＝1:2］

壁と天井の板材を突付けて接合する。施工は天井→壁の順に行うと、経年で木板が縮んでも、下から見たとき隙間が分かりにくい

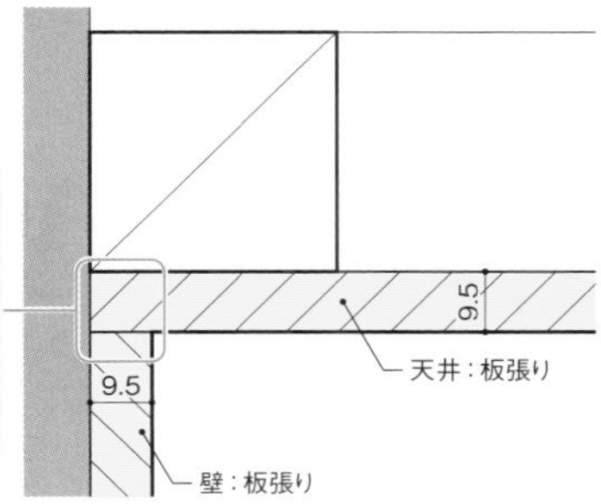

9.5
天井：板張り
9.5
壁：板張り

下段　1.「鶴川の連窓住宅」設計：青木律典｜デザインライフ設計室、2.～3.提供：CKF

BASIC 壁側に底目地を設けて空間を広々と見せる

1. 木の隠し縁で天井と統一感を出す 断面詳細図[S=1:2]

壁側に底目地をとると、意匠的に壁の上に天井が浮いたように見え、横方向への広がりを感じられる。ここでは、天井と隠し廻り縁の素材を木で統一することで、空間に統一感を感じられるようにした

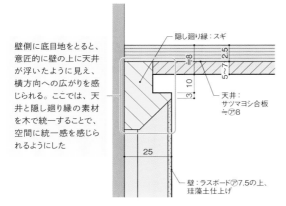

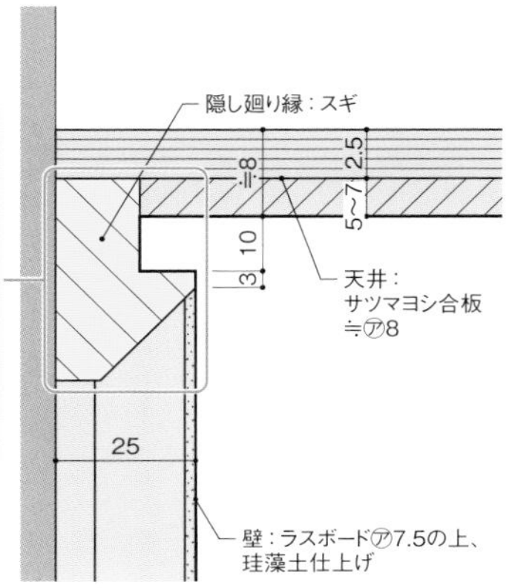
隠し廻り縁：スギ
天井：
サツマヨシ合板
≒㋐8
壁：ラスボード㋐7.5の上、
珪藻土仕上げ
2.5
≒8
5〜7
10
3
25

2. 既製品の見切材を使用した入隅 断面詳細図[S=1:2]

既製品の塩ビ製の見切材を使用した例。クロスを差し込み、地ベラで抑えるため3㎜の目透かしを設けている

仕上げのクロスを石膏ボード上面まで回すことで、経年によって剥がれが生じても目立ちにくい

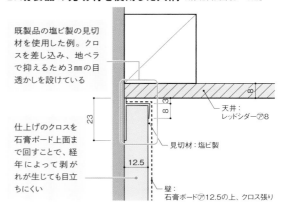

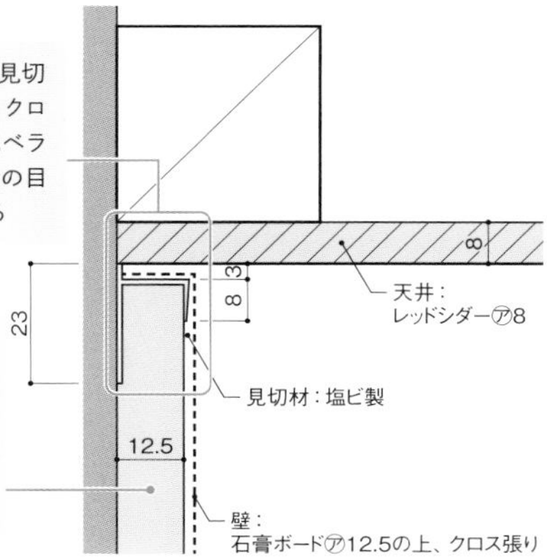
天井：
レッドシダー㋐8
見切材：塩ビ製
壁：
石膏ボード㋐12.5の上、クロス張り
8
3
8
23
12.5

BASIC 天井側に底目地を設けて天井を高く見せる

1. スギの廻り縁で統一感を出す 断面詳細図[S=1:2]

底目板と廻り縁の接合部を鋭角とすると、廻り縁の加工精度のばらつきや漆喰の水分を含むことによってエッジがゆがみやすい。3㎜程度高さをつけた形に加工することで、美しく施工できる

天井底目にすると、天井が高く奥まったように見え、開放感を感じられる。開口枠と天井、化粧梁と天井など取合い部も同じように納めれば、空間に統一性が生まれる

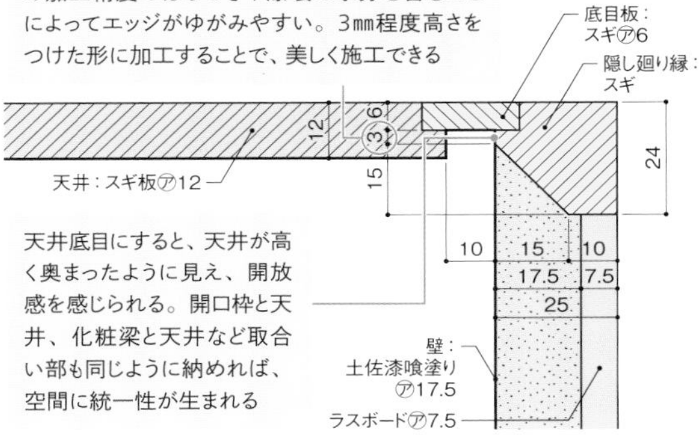
底目板：
スギ㋐6
隠し廻り縁：
スギ
天井：スギ板㋐12
壁：
土佐漆喰塗り
㋐17.5
ラスボード㋐7.5
12
6
3
15
24
10
15
10
17.5
7.5
25

2. 天井と鴨居を目透かし型見切で納める 断面図[S=1:2]

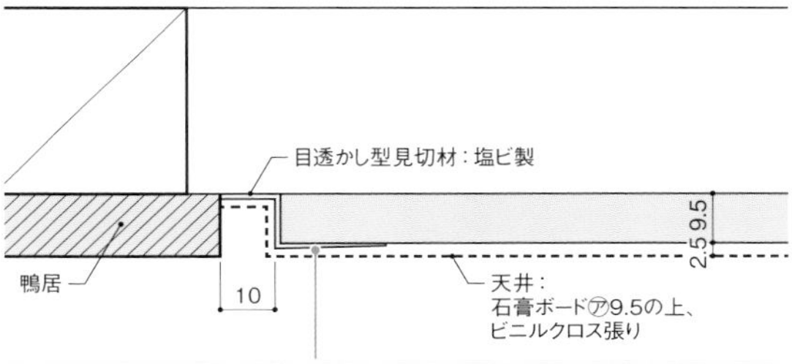
目透かし型見切材：塩ビ製
鴨居
天井：
石膏ボード㋐9.5の上、
ビニルクロス張り
10
9.5
2.5

天井と鴨居を目透かし型の見切材で納めている。既製品の見切材には、本事例のような形のほかに、さすまた型や、下の押さえ部分に返しがついたもの、コ形のものなどさまざまなタイプがある［144頁］。天井の仕上げ材の厚さに合った寸法のものを選べば、簡単にすっきりと納めることができる

ADVANCED R天井で広がりある空間に

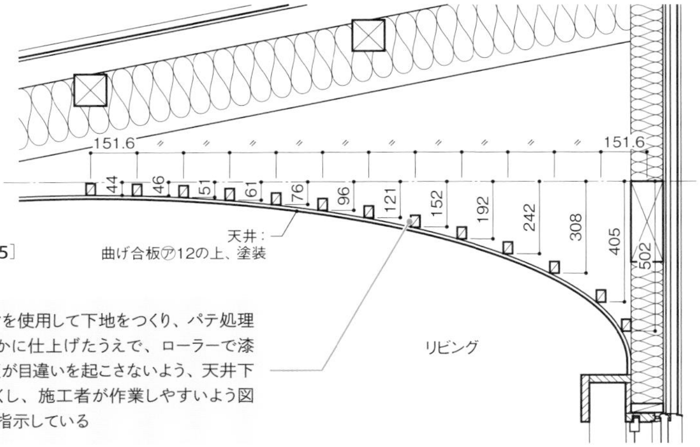
151.6
151.6
44
46
51
61
76
96
121
152
192
242
308
405
502
天井：
曲げ合板㋐12の上、塗装
リビング

断面詳細図[S=1:25]

12㎜の曲げベニヤを使用して下地をつくり、パテ処理をして表面を滑らかに仕上げたうえで、ローラーで漆喰塗装する。合板が目違いを起こさないよう、天井下地はピッチを細かくし、施工者が作業しやすいよう図面で細かく位置を指示している

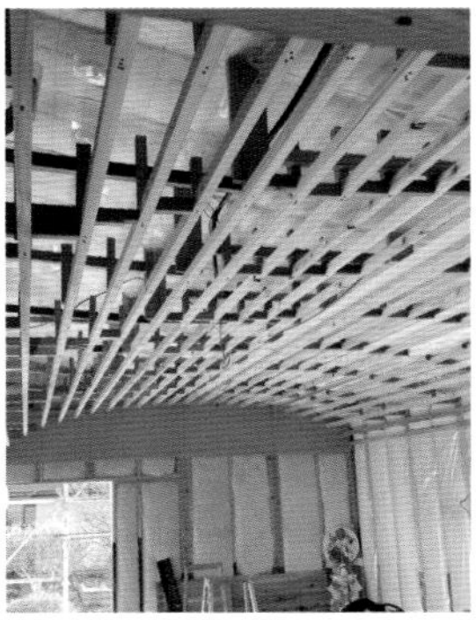

天井をRとし入隅をつくらないことで、空間に広がりと優美さが生まれる

上段 1.提供：横関正人+横関万貴子／NEOGEO、2.提供：CKF
中段 1.〜2.提供：横関正人+横関万貴子／NEOGEO
下段「内包する家」設計：COMODO建築工房、写真：飯田亮

壁―天井（出隅）

吹抜け廻りや折上げ天井の端部には、壁と天井がからむ出隅が現れる。見切材を用いる、あるいは目地を設けて縁を切るなどして、施工性にも配慮しながら美しく仕上げしたい。

POINT 1
どちらの面を勝たせるかで印象が変わる

天井面を勝たせるか壁面を勝たせるかによって、空間の印象が変わる。前者は壁側に見切が出るため水平のラインが強調され、後者は天井側に見切が出るためすっきりとした意匠になる

POINT 2
素材の厚みを処理する

どちらかの面を勝たせる場合、天井または壁仕上げの断面が表面に現れる。小口が表面に現れる場合は、同材の見切を入れて小口を隠すなどして意匠性を高める

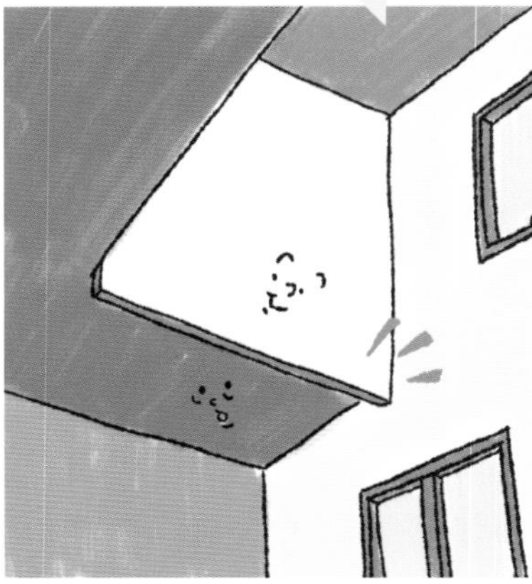

POINT 3
出隅での素材の切り替えは施工の難易度が高い

出隅で素材を切り替える場合、クロスの切れ目や、塗装の端部を直線的に整えるのは施工の難易度が高い。目地を入れたり、見切を用いたりすることが望ましい。一方、天井面と壁面を連続して仕上げる場合は、経年に伴う亀裂の発生などに注意が必要だ

BASIC 壁と天井の出隅の基本的な納まり

1. 目地をつくってクロスを巻き込む 断面詳細図［S＝1:2］

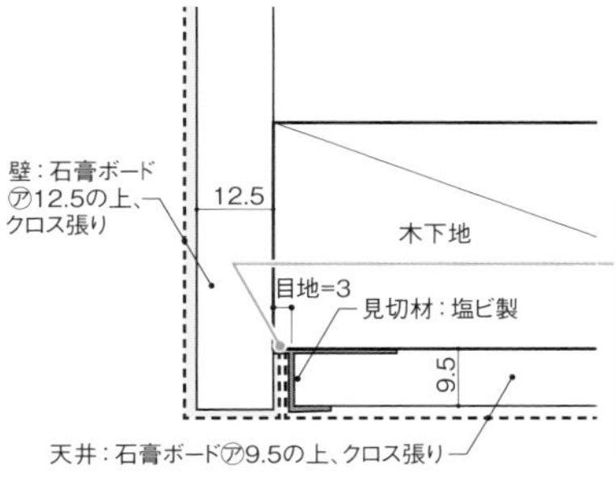

壁：石膏ボード㋐12.5の上、クロス張り
12.5
木下地
目地=3
見切材：塩ビ製
9.5
天井：石膏ボード㋐9.5の上、クロス張り

出隅のクロスは経年変化により亀裂が生じやすい。見切材を入れて天井側に目地を設けることで、この問題を解消している

2. 板材とクロスをぶつける 断面詳細図［S＝1:2］

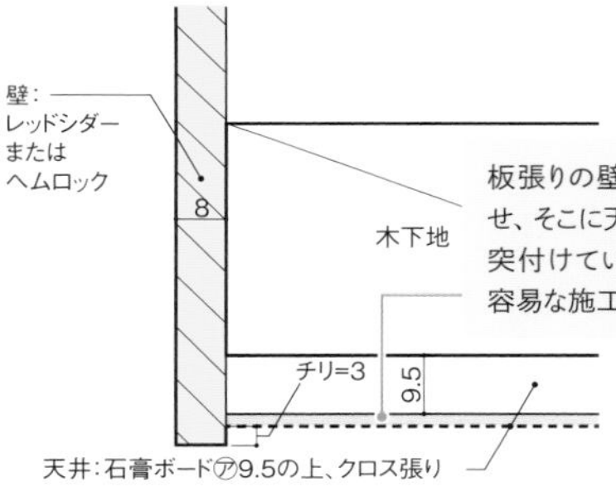

壁：レッドシダーまたはヘムロック
8
木下地
チリ=3
9.5
天井：石膏ボード㋐9.5の上、クロス張り

板張りの壁にチリをつけて勝たせ、そこに天井仕上げのクロスを突付けている。異素材どうしを容易な施工ですっきり納められる

3. 水平面を勝たせる 断面詳細図［S＝1:2］

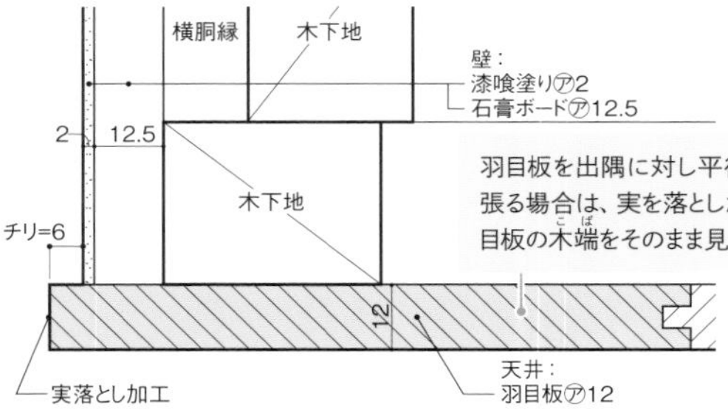

横胴縁
木下地
壁：漆喰塗り㋐2
石膏ボード㋐12.5
2
12.5
木下地
チリ=6
12
実落とし加工
天井：羽目板㋐12

羽目板を出隅に対し平行に張る場合は、実を落とした羽目板の木端（こば）をそのまま見せる

4. 同材で見切りをつくる 断面詳細図［S＝1:2］

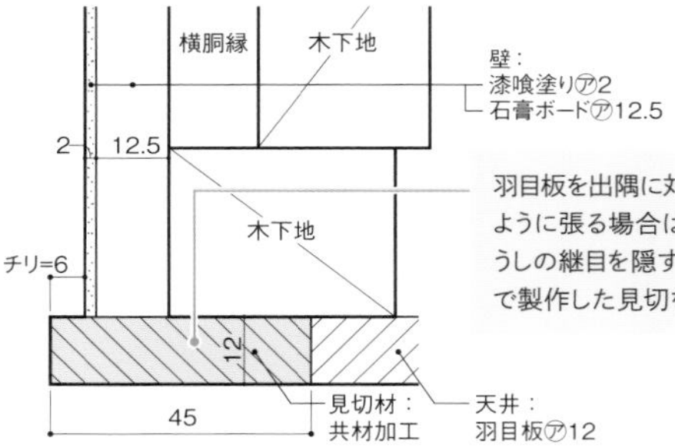

横胴縁
木下地
壁：漆喰塗り㋐2
石膏ボード㋐12.5
2
12.5
木下地
チリ=6
12
45
見切材：共材加工
天井：羽目板㋐12

羽目板を出隅に対し直交するように張る場合は、羽目板どうしの継目を隠すため同じ材で製作した見切を入れる

下段 1.～2.提供：CKF、3.～4.提供：扇建築工房

BASIC 　木の見切を用いる

1. 見切のラインを薄く見せる 断面詳細図［S＝1:2］

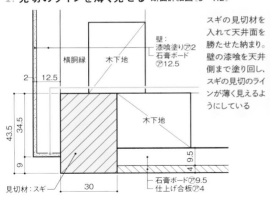

スギの見切材を入れて天井面を勝たせた納まり。壁の漆喰を天井側まで塗り回し、スギの見切のラインが薄く見えるようにしている

横胴縁　木下地

壁：
漆喰塗り㋐2
石膏ボード
㋐12.5

木下地

2　12.5

43.5
34.5

9　9.5

4

見切材：スギ

30

石膏ボード㋐9.5
仕上げ合板㋐4

2. 天井側に底目地を入れる 断面詳細図［S＝1:2］

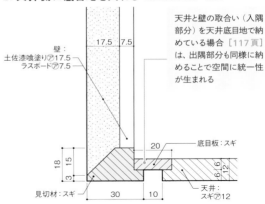

天井と壁の取合い（入隅部分）を天井底目地で納めている場合［117頁］は、出隅部分も同様に納めることで空間に統一性が生まれる

17.5　7.5

壁：
土佐漆喰塗り㋐17.5
ラスボード㋐7.5

18
15
3

20

底目板：スギ

6　6
12

見切材：スギ

30　10

天井：
スギ㋐12

ADVANCED 　塗装した見切材を張り付ける

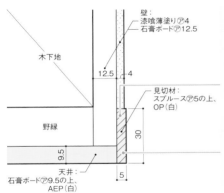

木下地

野縁

壁：
漆喰薄塗り㋐4
石膏ボード㋐12.5

12.5　4

見切材：
スプルース㋐5の上、
OP（白）

30

9.5

5

天井：
石膏ボード㋐9.5の上、
AEP（白）

断面詳細図［S＝1:2］

出隅部分の漆喰塗りをきれいなラインでそろえるのは、施工の難易度が高い。そこで、壁側に見切材を張り付け、天井との仕上げの切り替えを美しく見せている

見切材は、壁の仕上げより少し厚みをもたせ、漆喰壁仕上げの当たりにしている。見切材自体は塗装仕上げとすることで、壁・天井の仕上げになじませている

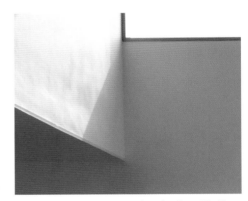

2階壁と1階天井の出隅を見る。壁と同色に塗った見切材はほどよい存在感で、直線ラインが美しく強調される

ADVANCED 　小さな入隅をつくって素材を切り替える

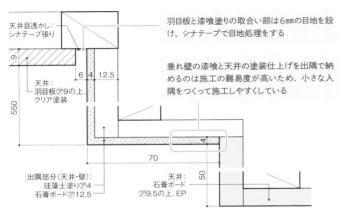

天井目透かし：
シナテープ張り

.9

天井：
羽目板㋐9の上、
クリア塗装

6　4　12.5

550

4

出隅部分（天井・壁）：
珪藻土塗り㋐4
石膏ボード㋐12.5

70

天井：
石膏ボード
㋐9.5の上、EP

50

羽目板と漆喰塗りの取合い部は6㎜の目地を設け、シナテープで目地処理をする

垂れ壁の漆喰と天井の塗装仕上げを出隅で納めるのは施工の難易度が高いため、小さな入隅をつくって施工しやすくしている

リビングからダイニングを見る。あえて小さな入隅をつくって仕上げを切り替えている。ダイニング側の天井は照明器具の配置変更があった場合などのメンテナンスの容易さから、塗装仕上げとしている

断面詳細図［S＝1:2］

上段　1.提供：扇建築工房、2.提供：横関正人＋横関万貴子／NEOGEO
中段　「小川町の家」設計：青木律典｜デザインライフ設計室、写真：青木律典
下段　「志太・組むの家」設計：3110ARCHITECTS一級建築士事務所、写真：新澤一平

浴室

浴室のつくり方は3つ。すべてを造作する「在来工法」、すべてが既製品の「ユニットバス」、浴室の腰から下と浴槽を工場で組み立て、浴室の腰より上の壁や天井は造作する「ハーフユニットバス」に大別できる。

POINT 1　在来工法とユニットバスのメリット・デメリット

在来工法は造作による意匠の自由度が高い一方、防水などの施工精度が問われる。特に上階に設置する場合は性能確保に細心の注意が必要。ユニットバスはデザインや寸法に制約があるものの、性能はメーカーが保証しており安心だ

POINT 2　木を使用する箇所は乾きやすくする

木にとって水は大敵。腐朽の原因となる水と触れる場所は水切れをよくし、すぐ乾くような仕様にすること。長時間水に濡れたままの状態を避けるには、使用時以外の換気通風対策も大切だ

POINT 3　つくり方で異なる施工期間

施工期間は工法により異なる。在来工法は3週間、ハーフユニットバスは1週間、ユニットバスは2日程度

BASIC　浴室の基礎は仕上げの納まりと耐水を考える

1. 基礎を加工して仕上げ面をきれいに　平面図［S＝1:30］

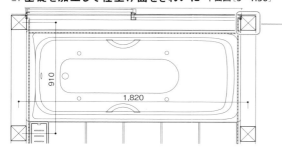

910
1,820

100×35ヌスミ加工
35　25　60
120
サッシ
タイルア6
基礎平面詳細図［S＝1:8］

ここではサッシアングルピースがタイルの仕上げ面と同面にくるように、100×35㎜のヌスミ加工を行った。ヌスミ加工とは、部材どうしを隙間なく密着させるために干渉して邪魔になる部分を取り除く加工のこと。タイルとサッシの仕上がり面がそろい、すっきりとした印象になる

2. 劣化を防ぐ浴室の基礎底盤部の高さ　断面詳細図［S＝1:30］

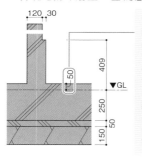

120　30
50
409
▼GL
250
150
50

ベタ基礎の場合、浴室廻りの基礎底盤部をGLよりも50㎜程度上げると、外部からの水の浸入を防ぎ木材（土台など）の腐朽を防ぐ対策にもなる。GLと同じ高さにすると、コンクリート打ち継ぎ部分から水が基礎内に浸入するおそれがある。そのため、浴室の基礎は打ち継ぎがない一体での打設が理想的。ただし基礎が複雑で一体にすることが難しい場合は、打ち継ぎ面に止水材［※］を施工する

3. 土台をなくして腐朽を防ぐ　断面詳細図［S＝1:8］

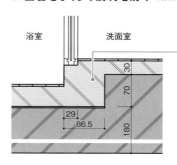

浴室　洗面室
30
70
29
86.5
180

土台をなくすことで木の腐朽を防ぐ。土台や束を木質下地でつくるのではなく、コンクリートだけに。石やタイルなどを土間コンクリートの上に張り、サッシをその上に直接設置。FRP防水を塗布することで耐久性はさらに高まる

下段　1.〜3.提供：横関正人＋横関万貴子／NEOGEO
※ コンクリートの化学反応により一体化し止水するもの

BASIC 浴室・洗面室の納まりと防水・排水

浴室の床や壁の表面がタイルなどできれいに仕上がっていても、地震などで建物が揺れると防水層が切れて水が躯体に達し、そこから徐々に腐朽するおそれがある。災害以外に、経年劣化でも同様の不具合が発生する可能性はあるので、あらかじめ対策しておくことが大切だ。

1. 在来浴槽の納まり 断面図［S＝1:30］

排水管の横引き長さ（距離）によっては床寸法が大きくなることも。排水管長さ×勾配（1／50以上）を考慮し、床のレベルを決定する

浴槽下部はメンテナンスが不可能なので、浴槽の排水はメーカー品の直結排水金具（横引き）を採用し、排水管と直結する

漏水や臭気、詰まりなどを防ぐため、浴槽直下で排水を受けるのではなく、バス兼用トラップなどを使用するとよい

防水層の立上りは天井まで、または窓がある場合は窓下まで行うのが理想的

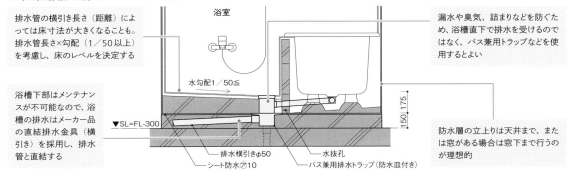

2. 防水層のつくり方 断面詳細図［S＝1:8］

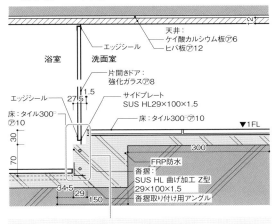

洗面室内への漏水など、もしもの場合を考えると浴室内だけでなく洗面室全体にも防水層を設けることが望ましい。ただし、浴室と洗面室の境にレベル差を設けていれば、洗面室側の防水層は浴室から幅300mm程度あればよい。立上りは100〜200mm程度が理想。なお浴室と洗面室がフラットな場合も、浴室側に排水溝があれば問題ない

3. 洗面室にも耐水性をもたせる 平面詳細図［S＝1:8］

洗面室の壁下地には厚さ12.5mmの耐水ボードを採用。石膏ボードに比べ湿気に強いので、多湿になりやすい洗面室内でも耐水性を高めることができる。床だけでなく壁も耐水仕様にすることで、より湿気に強い空間にできる

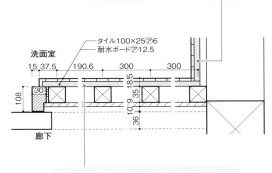

耐水性や防湿性能を高める仕上げ材を選ぶのもよい。耐水ボードと併用して使用することで、より水に強い空間をつくることができる

4. 浴室と洗面室をフラットにする ［S＝1:5］

扉と沓摺の間には、水はけをよく、また強化ガラスの開閉バランスを配慮して5mmのクリアランスを設ける。水はけのために最低3mm程度は確保すること。また清掃性を考慮してステンレス（ヘアライン仕上げ）などのグレーチングを選定するとよい

浴室と洗面室のレベルをそろえる場合は、その境界に排水の仕組みをつくる必要がある。ここではグレーチングを設置して床レベルをそろえ、その下を排水経路としている

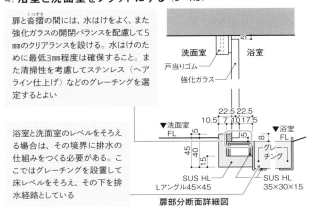

扉部分断面詳細図

床はグレーチングに向かって緩やかに勾配をつける。最低1／100以上の勾配を確保する。仕上げのタイルなどの割付けも含めて勾配検討が必要

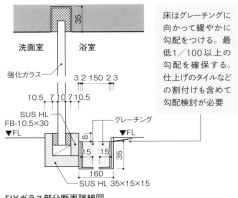

FIXガラス部分断面詳細図

1.提供：山田浩幸、2.〜4.提供：横関正人＋横関万貴子／NEOGEO

BASIC 浴室の壁と天井の納まり

1. 壁と天井を異素材で仕上げる 断面詳細図［S＝1:5］

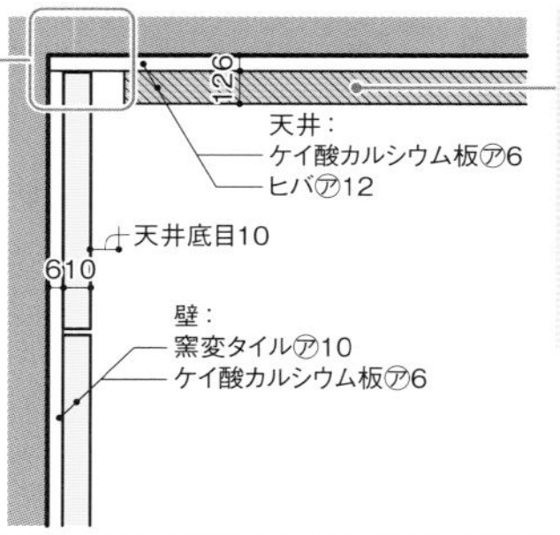

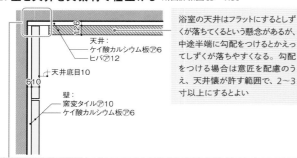

126
天井：
ケイ酸カルシウム板㋐6
ヒバ㋐12
天井底目10
6
10
壁：
窯変タイル㋐10
ケイ酸カルシウム板㋐6

浴室の天井はフラットにするとしずくが落ちてくるという懸念があるが、中途半端に勾配をつけるとかえってしずくが落ちやすくなる。勾配をつける場合は意匠を配慮のうえ、天井懐が許す範囲で、2〜3寸以上にするとよい

タイルと木が取合う入隅は、天井に底目地を10㎜設けている。素材が異なる箇所は、仕上げ面の不陸が目立ちやすくなるので最低5㎜のクリアランスは設けること。クリアランスがあることで、地震などの揺れが発生した際に仕上げ材が損傷することを防ぐ

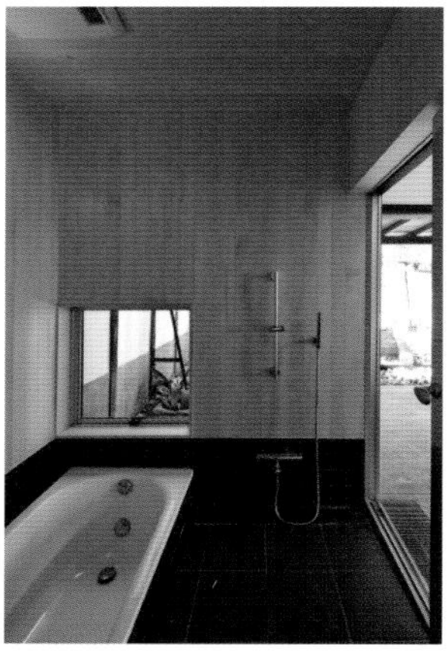

写真の例では床に鉄平石、腰壁にはタイルを張り、腰壁より上の部分はヒバを使用。タイルとヒバの間には木製の見切材を設置した。木質材料は水切れをよくする工夫が大切なので、浴室乾燥機の設置や、換気が十分にできるよう、窓の配置を検討し、乾きやすくしている

2. ハーフユニットバスの壁と天井 断面詳細図［S＝1:5］

ハーフユニットバスは浴槽から上の壁および天井が造作工事となる。ここでは浴槽と壁仕上げのラインをそろえている

下地に厚さ9㎜の耐水合板を使用。その上にアスファルトフェルトを張り、防水層とした

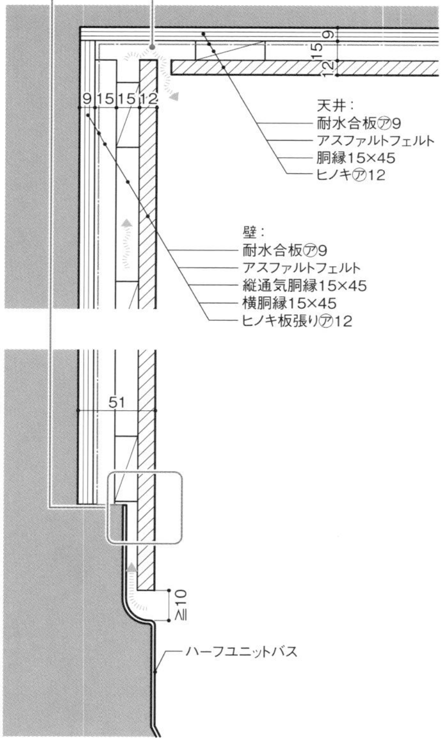

9
15
12
9 15 15 12
天井：
耐水合板㋐9
アスファルトフェルト
胴縁15×45
ヒノキ㋐12
壁：
耐水合板㋐9
アスファルトフェルト
縦通気胴縁15×45
横胴縁15×45
ヒノキ板張り㋐12
51
≧10
ハーフユニットバス

3. ハーフユニットバスの壁と窓 断面詳細図［S＝1:5］

壁仕上げが木の場合、壁面と浴槽の隙間にシーリングを打つのではなく、防水テープを使う方法もある。板材は小口から水を吸い上げてしまうため、小口をシーリングで埋めてしまうと水が溜まり、カビや腐朽の原因になる。防湿フィルムと防水テープで施工することで、板材に水が溜まりにくくなる

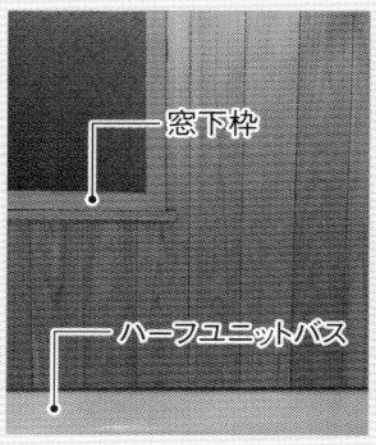

窓下枠
ハーフユニットバス

壁面仕上げ（ヒノキ縁甲板）は窓枠にかませて、壁の仕上がり面よりも窓枠が6㎜出ている状態にする。窓枠が見切材のように働き、異素材がぶつかる箇所でもきれいに納められる

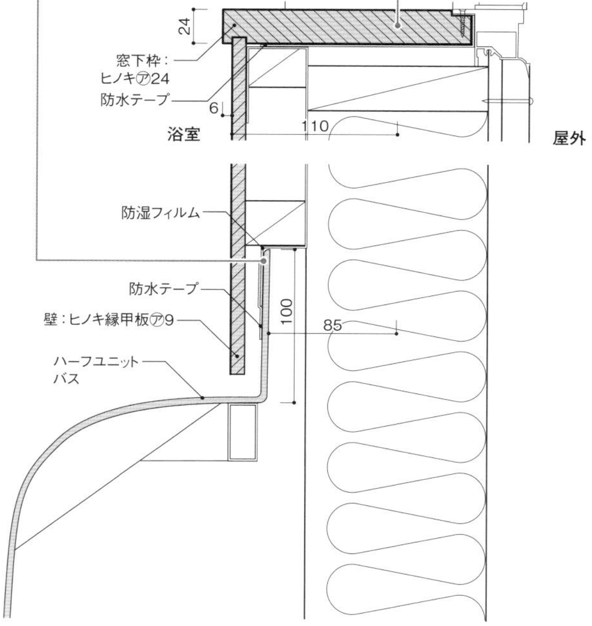

24
窓下枠：
ヒノキ㋐24
防水テープ
6
110
浴室
屋外
防湿フィルム
防水テープ
壁：ヒノキ縁甲板㋐9
100
85
ハーフユニット
バス

1.提供：横関正人+横関万貴子／NEOGEO、写真：絹巻豊、2.提供：扇建築工房、3.「徳丸の家」設計：3110ARCHITECTS一級建築士事務所

APPENDIX

排水管を設置するための必要スペース

排水管に適切な勾配を確保しないと、詰まりや逆流の原因となるので注意が必要。排水管を設置する床下や天井には、有効な高さ寸法がある。配管サイズによって変わるので押さえておきたい［表1・2］。

表1：床下（天井）に設ける排水・通気管の有効必要高さ

配管仕様 名称	サイズ 呼び径	排水・通気管路（床下有効）高さの必要寸法 H（mm）
塩ビパイプ（VU）	75A	X（横引きの距離） 通気40A H=X／50+300
	100A	X（横引きの距離） 通気50A H=X／50+330

排水管は床下スペース内で最小勾配を確保し、PSまで接続できるように計画する。床下スペースは、最低でも150mm以上（有効寸法）確保しなければ排水管を納めることは難しい。2階以上の水廻りの場合、PSから離れるほど必要な床下スペースが大きくなるので、排水管径の大きいトイレなどはPSを中心に配置する［※］

表2：排水管に必要な床下（天井）の有効高さ

配管仕様 名称	サイズ 呼び径	曲部寸法 R（mm）	管路（床下）高さの必要寸法 H（mm）
塩ビパイプ（VU）	50A	58 / 60	X（横引きの距離） H=X／50+130（支持金物寸法含む）
	65A	77 / 76	X（横引きの距離） H=X／50+150（支持金物寸法含む）
	75A	88 / 89	X（横引きの距離） H=X／50+190（支持金物寸法含む）
	100A	112 / 114	X（横引きの距離） H=X／50+190（支持金物寸法含む）

排水管のサイズは衛生器具の接続口径によって決まる。ただし、接続口径30Aの器具でも、配管の最小口径は40A以上とする。管内の詰まりや通気を考慮して、通常よりも1サイズ程度太いサイズを使用するとよい

APPENDIX

ユニットバスの規格

ユニットバスは一般的に「0.75坪」「1坪」「1.25坪」「1.5坪」の4サイズで展開される。ユニットバスの規格は、短辺の頭2桁と長辺の頭2桁の数字で表される。短辺（浴槽の奥行き）が同じであれば、長辺（浴室の幅）が異なる場合でも浴槽サイズは同じになる。メーカーにもよるが、戸建住宅用とマンション用は寸法が異なるので注意が必要だ［表3］。

表3：ユニットバスの規格

ユニットバスサイズ	内寸：短辺×長辺（mm）	坪数（外寸）	主な用途
1014	1,000×1,400	0.75坪	マンション集合住宅用
1116	1,100×1,600		
1216	1,200×1,600		共通
1217	1,200×1,700		
1317	1,300×1,700		
1418	1,400×1,800		マンション用
1616	1,600×1,600	1.0坪	共通
1717	1,700×1,700		
1618	1,600×1,800	1.25坪	
1620	1,600×2,000		
1621	1,600×2,100		
1624	1,600×2,400	1.5坪	ほぼ戸建て用
1618	1,600×1,800		

一般的なユニットバスサイズ住宅用

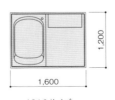

1216サイズ

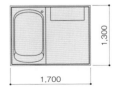

1317サイズ

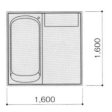

1616サイズ

1717サイズ

ユニットバスは100mm単位でサイズ展開されている。浴槽の広さについては、住まい手の身長や、親子入浴などの使い方を考えて導入サイズを検討するとよい。なお、施工の際は壁の厚みと据え付けのクリアランスを考慮する。ハーフユニットバスについても規格はユニットバスと同じ。サイズ展開を抑えておき、住まいの環境に合った浴室を計画することが大切だ

解説：山田浩幸
※ プラン上、水廻りが分散してPSから離れる場合は、PSの設置個所を2カ所以上に増やすことも検討する。その際は施工にコストがかかるので注意が必要

私たちの暮らしに必要不可欠な照明器具は、光源としてはもちろんのこと、空間演出にも大きな力を発揮する。多種多様な照明器具のなかから、どのような空間にしたいかを見極めて選ぶことが肝心だ。

POINT 1 器具のメンテナンスまで見越して考える

照明器具は、ランプ交換型と器具一体型に大きく分けられる。ランプ交換型は器具が大きくなりがちだが、建築主自身でランプ交換が可能。一方、器具一体型はコンパクトに納められる反面、故障の際には電気工事を手配して器具ごと取り換える必要がある

POINT 2 発熱によるトラブルに注意

器具が発する熱により、壁面や天井面がすける［※1］可能性がある。最悪の場合、火災が起こることも。こうしたトラブルを防ぐためには、メーカー指定の離隔距離をきちんと確保することが大切だ

BASIC ダウンライトの納まり

天井に穴をあけて埋め込むダウンライトは、天井の断熱材に接触すると危険なため、天井断熱と併用できるタイプ［127頁］を使用するのが基本。どうしても断熱施工タイプが使用できない場合は、箱で覆うなどして離隔距離を確保する。

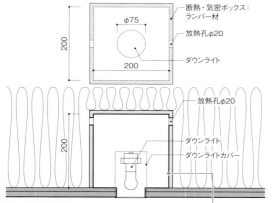

平面・断面詳細図［S＝1:10］

ダウンライトを設置する場合は、断熱材との離隔距離を考慮しなければならない。どうしても断熱施工ができないタイプの照明を取り付けたい場合は、放熱孔をあけた箱などで囲い、断熱材から遠ざける

BASIC ブラケットライトの納まり

壁に取り付けるタイプのブラケットライトは、天井に取り付けることが難しい浴室や吹抜け、玄関の外部などといった場所に適している。視界に入りやすいため、光源をカバーで覆い、光の強さを調節する。また、取り付け心から器具が垂れているタイプは、頭がぶつからないよう高さ寸法に注意が必要である。

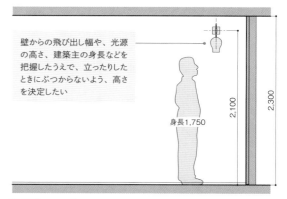

断面図［S＝1:50］

壁からの飛び出し幅や、光源の高さ、建築主の身長などを把握したうえで、立ったりしたときにぶつからないよう、高さを決定したい

※1 煤によって黒い汚れが付着すること

BASIC　シーリングライトも美しく納めたい

大きなシーリングライトは広範囲を照らすことができるが、一方でその大きさゆえに不格好にもなりがち。天井から突出しすぎないよう、天井にくぼみを設けシーリングライトを納める方法をとる場合もある。これによって、天井のすすけや汚れが目立たなくなる。一般的なシーリングライトはφ700mm前後なので、くぼみはφ1,000mm程度にしておけばほとんどのシーリングライトは納まる。器具が円形の場合でも、施工性を考えれば正方形にくり抜くのがよいが、意匠的には円形にくり抜くほうがすっきりとして見える。

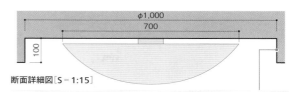

断面詳細図［S＝1:15］

くぼみは、正方形の一辺または直径が1,000mm程度あればほとんどのシーリングライトを納めることが可能。深さは50〜100mm程度とし、それ以上深くするとくぼみ以外の天井面を照らしにくくなってしまうため注意が必要

BASIC　カットオフラインに注意! 間接照明の種類と納まり

部屋全体を柔らかい雰囲気にする間接照明は、光だけを見せて器具本体が視界に入らないようにすることが重要。部分だけではなく全体を考慮して、どこをどのように照らすのかを明確にしたうえで設置したい。

1. コーブ照明　断面詳細図［S＝1:5］

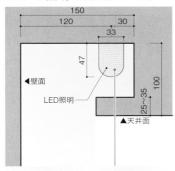

折り上げ天井の内部に器具を設置し、壁面を直接照らす照明。コーニス照明などと同様に建材との距離が近くなるため、離隔距離には注意が必要。製品や使用方法ごとにメーカーによる最小施工寸法が指定されているため、仕様を確認する

2. コーニス照明　断面詳細図［S＝1:5］

折り上げ天井の内部に器具を設置し、天井面を照らす照明。カットオフライン［※2］をきちんと設定しないと、壁面に明暗の境界線がはっきり出てしまうため、幕板によって調整が必要。幕板は器具を隠す役割も兼ねる

3. バランス照明　断面詳細図［S＝1:5］

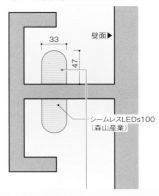

コーブ照明とコーニス照明を併用した照明。LED光源は直進性が高く、同じ器具でも設置方向によって見え方が異なるため注意したい

4. 壁面を下から照らす
断面詳細図［S＝1:10］

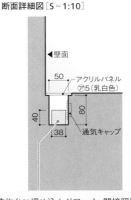

造作台に埋め込んだアッパー間接照明で下方向から照らし、壁面を際立たせる例。器具が見えないよう透過率75%のアクリルパネルでふさいだ

5. 腰壁天端から照らす
断面詳細図［S＝1:10］

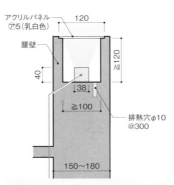

腰壁天端に間接照明を埋め込んだ例。LED照明でも発熱はあるので、熱がこもらないよう放熱孔を設けたい。適切に放熱を行うことで、照明の高寿命が期待できる

6. 鏡の裏から洗面台を照らす
平面・断面図［S＝1:30］

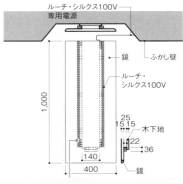

ミラー背面の間接照明。「ルーチ・シークス100V」（Luci）は器具寸法が18×18mmと小さくコンパクトに納まるうえ、専用の外部電源も必要ない

提供：ソノベデザインオフィス
※2 光源から照射される光の境界線

ADVANCED　浴室の間接照明

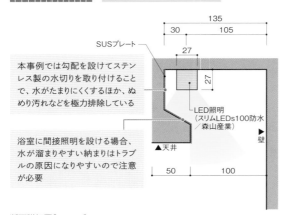

本事例では勾配を設けてステンレス製の水切りを取り付けることで、水がたまりにくくするほか、ぬめり汚れなどを極力排除している

浴室に間接照明を設ける場合、水が溜まりやすい納まりはトラブルの原因になりやすいので注意が必要

断面詳細図［S＝1：5］

ADVANCED　砂利で配線を隠ぺい

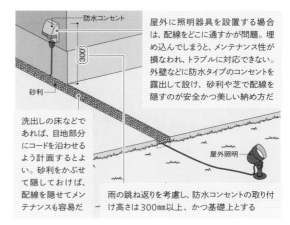

屋外に照明器具を設置する場合は、配線をどこに通すかが問題。埋め込んでしまうと、メンテナンス性が損なわれ、トラブルに対応できない。外壁などに防水タイプのコンセントを露出して設け、砂利や芝で配線を隠すのが安全かつ美しい納め方だ

洗出しの床などであれば、目地部分にコードを沿わせるよう計画するとよい。砂利をかぶせて隠しておけば、配線を隠せてメンテナンスも容易だ

雨の跳ね返りを考慮し、防水コンセントの取り付け高さは300mm以上、かつ基礎上とする

ADVANCED　10mmの隙間に設置可能

LEDライン照明の特に細くコンパクトな器具は、光源と電源が分離しているタイプが多く、わずかな隙間にも光源を設置できる。

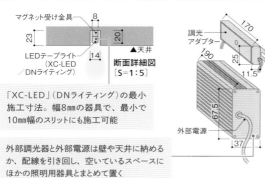

断面詳細図［S＝1：5］

「XC-LED」（DNライティング）の最小施工寸法。幅8mmの器具で、最小で10mm幅のスリットにも施工可能

外部調光器と外部電源は壁や天井に納めるか、配線を引き回し、空いているスペースにほかの照明用器具とまとめて置く

ADVANCED　照明ダクトで見切る

照明ダクトはコストも小さく、異素材の見切にも利用できる。建築主が後から照明などを追加することも容易で、意匠的に水平ラインを強調することもできる。

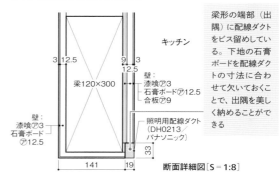

梁形の端部（出隅）に配線ダクトをビス留めしている。下地の石膏ボードを配線ダクトの寸法に合わせて欠いておくことで、出隅を美しく納めることができる

断面詳細図［S＝1：8］

APPENDIX

照明器具の種類

照明器具にはさまざまな種類があり、取り付け方法、照らし方、器具の形状などによって使い分けられている。高い位置から広い範囲を照らす全般照明と、低い位置から局所的に照らす局部照明に大別される。

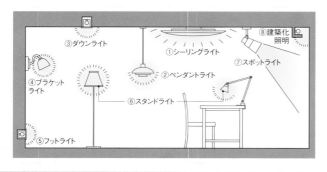

表：照明器具の種類

名称	特徴
①シーリングライト	天井に直接設置し、広範囲を満遍なく照らすことができるため、主にメイン照明として用いられる
②ペンダントライト	天井からコードやワイヤーなどで吊り下げるタイプ。光源を覆うシェードはデザイン豊富
③ダウンライト	天井に埋め込むタイプ［124頁］。天井面を平らに保ち、器具の存在感を感じさせない
④ブラケットライト	壁面に取り付けるタイプ。浴室や吹き抜けなど、天井に照明を取り付けることが難しい場合に使用される場合もある
⑤フットライト	足元を照らす。床から200〜300mm、またはコンセントの高さ（150〜250mm）に取り付ける
⑥スタンドライト	局部照明の一種で、机などに設置して、作業する手元を照らす
⑦スポットライト	集光性が高く、光の方向を変えられる。インテリアなどを効果的に引き立たせる
⑧建築化照明	天井や壁などに組み込み、建物の一部として設計する。コーブ照明やコーニス照明、バランス照明［125頁］などがある

上段、中段左　提供：ソノベデザインオフィス
中段右　提供：青木律典｜デザインライフ設計室

ダウンライトの取り付け高さと
埋込み穴の規格

ダウンライトの取り付けには、ダウンライトと付属設備（外部電源など）を施工できる高さが天井懐に必要になる。埋込み穴は、ダウンライト本体を埋め込む穴のことで、大手メーカーでは100mm、125mm、150mmに対応する商品がラインアップされており、小口径では40mm、50mm、60mm、75mmなどもある。ただし口径が75mm以下のものは器具一体型がほとんどであり、将来的には器具の全交換が必要になるなど注意が必要だ。

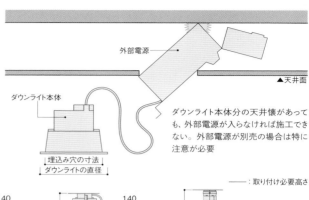

外部電源

ダウンライト本体

▲天井面

埋込み穴の寸法
ダウンライトの直径

ダウンライト本体分の天井懐があっても、外部電源が入らなければ施工できない。外部電源が別売の場合は特に注意が必要

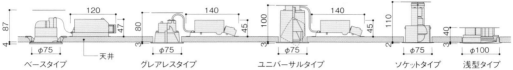

──：取り付け必要高さ

ベースタイプ　グレアレスタイプ　ユニバーサルタイプ　ソケットタイプ　浅型タイプ

全般照明であるダウンライトのなかでも主流なベースタイプ、グレア［※1］を抑えたグレアレスタイプ、光源の角度を変えられるユニバーサルタイプ、光源の入れ替えができるソケットタイプ、導光板［※2］を用いることで天井懐が狭くても施工可能な浅型タイプなどがある

断熱材が入っていても安全に使用できるダウンライトは？

天井に埋め込む必要があるダウンライトは、火災の危険性から一般的には断熱施工と併用できず、ダウンライトを断熱材から離隔する必要がある［124頁］。しかし、S型と呼ばれる高気密ダウンライトは天井裏への放熱を防ぐようにできており、断熱材が入っていても安全に施工できる。

ブローイング工法

ダウンライト　断熱材

マット工法

ダウンライト　断熱材

表：断熱施工とダウンライト施工の併用可否

種類		ブローイング工法	マット工法
S型ダウンライト	SG型	×	○
	SGI型	×	○
	SB型	○	○
M型ダウンライト		×	×

S型ダウンライトは、ブローイング工法とマット工法、どちらにも施工可能なSB型、マット工法のみに対応するダウンライトは全地域で施工可能なSG型、北海道以外の地域で施工可能なSBI型に分類される

断熱材の施工方法は綿状の断熱材を吹き込むブローイング工法と、マット状の断熱材を敷き込むマット工法がある。工法によって使用できるダウンライトも異なるため注意が必要

照明の色温度

光源にはさまざまな色があり、その色の違いを数値にしたものを色温度という。色温度の単位はK（ケルビン）で、色温度が高ければ高いほど青っぽい光になり、低ければ低いほど赤っぽい光になる。一般的に売っている電球や蛍光灯の色は青白い「昼光色」、白い「昼白色」、オレンジ色がかった「電球色」などに分類され、各室の用途に応じた適切な色温度の照明を選ぶ。

曇り空
昼光色

正午の太陽光
満月の光
昼白色

日の出や日没の空
電球色

| 青白 | 白 | 黄 | 赤 |

高い　←　→　低い

6,500K　5,000K　2,800K

解説：ソノベデザインオフィス
※1 不快感のある眩しさのこと
※2 小口から入射した光を反射して、面全体が発光する板のこと

設備廻り（空調・給湯）

空調や給水・給湯、ガスなどにかかわる住まいの設備廻りは、意匠性を損なわず、メンテナンスや設置更新のしやすさなどを考慮して計画する必要がある。また製品寸法は事前に確認しておく。

POINT 1 **各設備と建物の離隔距離を確保する**

たとえば給湯器やストーブ類は熱を発するため、可燃物や開口部と一定の距離を置いて設置する必要がある。また、エアコンは給気口と排気口が近すぎると、ショートサーキット［※1］などの原因となる。製品ごとの推奨設置寸法の確認を忘れずに

POINT 2 **メンテナンスを踏まえて周囲を設計する**

設備は性能を保つために掃除や点検など定期的なメンテナンスが不可欠だ。将来的な買い替えなどにも対応しやすいよう、設置スペースは余裕をもって確保しておきたい。また、特に空調設備は清掃の際に手が届くよう、考慮して計画する

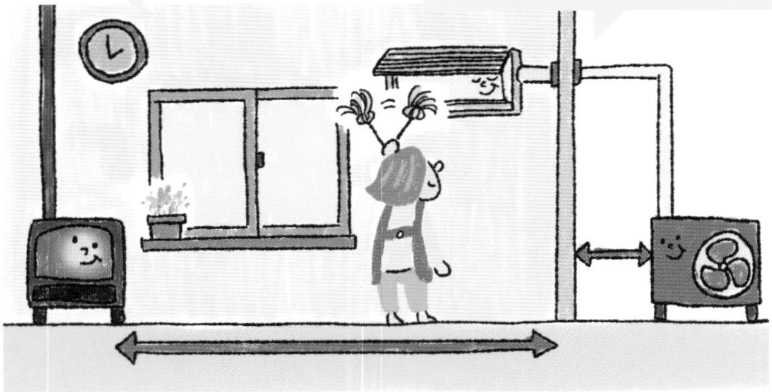

BASIC 排気ダクトの設置

天井内部は、本体の高さに施工用寸法 50 ㎜を加味して必要な最小有効寸法を算出する。トイレに設ける天井扇の本体高さは小さいもので約 184 ㎜程度。製品によって異なるので確認しておく

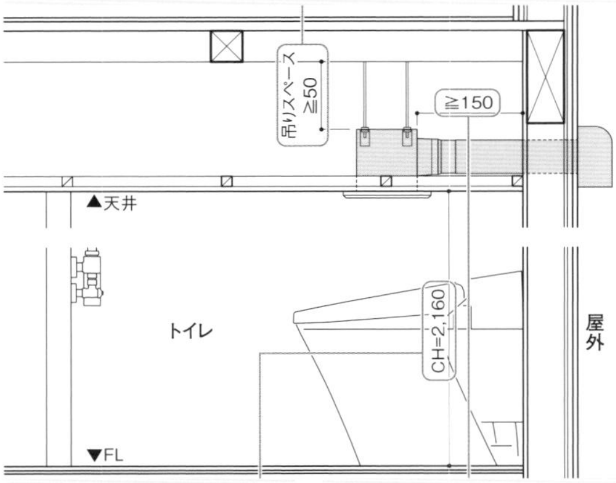

吊りスペース ≧50
≧150
▲天井
トイレ
CH=2,160
屋外
▼FL

一般的な木造住宅の階高の場合、メンテナンススペースとして、天井点検口の下には高さ約1,500㎜の脚立が置ける空間を設けておく

天井換気扇を壁際に設置する場合は、給排気グリルの取り外し用に、壁から150㎜以上の離隔距離を確保するとよい

断面詳細図［S＝1:25］

BASIC 天井扇は製品寸法に注意

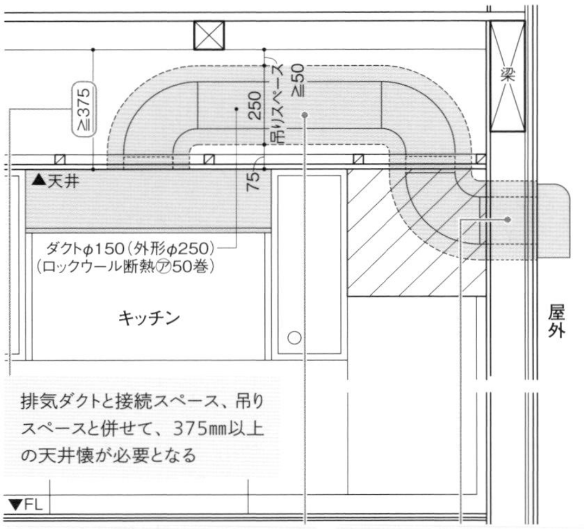

≧375
250
吊りスペース ≧50
梁
▲天井
75
ダクトφ150（外形φ250）
（ロックウール断熱㋐50巻）
キッチン
屋外
▼FL

排気ダクトと接続スペース、吊りスペースと併せて、375㎜以上の天井懐が必要となる

レンジフードをきれいに納めるには、ダクトスペースも考慮する。換気ダクトの曲げ角度は90°以下としなければならない

ここでは外壁付近に下がり天井を設け、梁下にダクトを通している

断面詳細図［S＝1:25］

提供：山田浩幸

※1 狭い範囲で空気が循環してしまう現象のこと。取り込んだ外気が、スペース内に行きわたらず排出されてしまうため、換気効率が悪く、換気不足の原因となる

BASIC ガス給湯器は可燃材料との離隔距離を確保する

1. 屋内設置型の場合 ［S＝1:30］

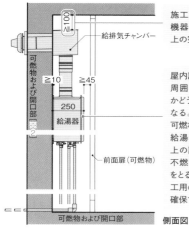

側面図

給排気チャンバー

可燃物および開口部

≧10　≧45

250
給湯器

前面扉（可燃物）

可燃物および開口部

施工用スペースとして、機器の上部に100mm以上の空きを確保する

屋内設置型の場合、まず周囲の建材が可燃材料かどうかの確認が必須となる。側壁や前面扉が可燃材料の場合は、ガス給湯器との間に45mm以上の離隔距離が必要。不燃材料であれば離隔をとる必要はないが、施工用のスペースを前面に確保する

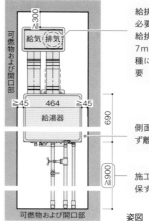

姿図

給気　排気

可燃物および開口部

≧45　464　≧45

給湯器

690

≧900

可燃物および開口部

給排気筒ダクトは、排気のみ断熱が必要となる（ロックウール20mm巻き）。給排気筒の延長は、一般的に最大7m（3曲り程度）とされているが、機種によっては異なるため、確認が必要

側面の壁が可燃材料の場合は、必ず離隔距離を左右45mm以上あける

施工用として下部に900mm以上を確保する

2. 屋外設置型の場合 ［S＝1:30］

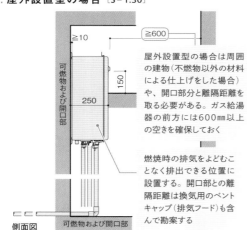

側面図　可燃物および開口部

≧10　　≧600

可燃物および開口部

150

250

屋外設置型の場合は周囲の建物（不燃物以外の材料による仕上げをした場合）や、開口部分と離隔距離を取る必要がある。ガス給湯器の前方には600mm以上の空きを確保しておく

燃焼時の排気をよどむことなく排出できる位置に設置する。開口部との離隔距離は換気用のベントキャップ（排気フード）も含んで勘案する

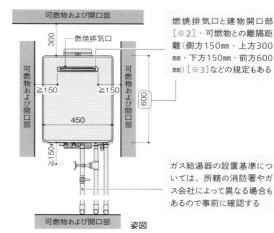

姿図

可燃物および開口部

燃焼排気口

可燃物および開口部

300

≧150　≧150

450

600

≧150

可燃物および開口部

燃焼排気口と建物開口部［※2］・可燃物との離隔距離（側方150mm・上方300mm・下方150mm・前方600mm）［※3］などの規定もある

ガス給湯器の設置基準については、所轄の消防署やガス会社によって異なる場合もあるので事前に確認する

BASIC メーターボックスはガス給湯器の有無を確認

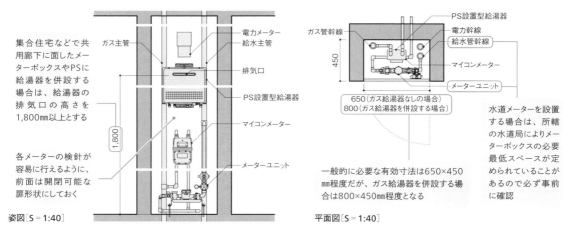

集合住宅などで共用廊下に面したメーターボックスやPSに給湯器を併設する場合は、給湯器の排気口の高さを1,800mm以上とする

各メーターの検針が容易に行えるように、前面は開閉可能な扉形状にしておく

姿図［S＝1:40］

ガス主管

電力メーター
給水主管

排気口

PS設置型給湯器

マイコンメーター

メーターユニット

1,800

平面図［S＝1:40］

ガス管幹線

PS設置型給湯器
電力幹線
給水管幹線
マイコンメーター
メーターユニット

450

650（ガス給湯器なしの場合）
800（ガス給湯器を併設する場合）

一般的に必要な有効寸法は650×450mm程度だが、ガス給湯器を併設する場合は800×450mm程度となる

水道メーターを設置する場合は、所轄の水道局によりメーターボックスの必要最低スペースが定められていることがあるので必ず事前に確認

提供：山田浩幸
※2 日本ガス機器検査協会の「ガス機器の設置基準及び実務指針」によって設定基準が定められている
※3 この場合の「建物開口部」は可動し開口するもの（引違い窓、すべり出し窓、開きドアなど）を指す。採光用に設ける開閉できない窓、片引窓の固定部分は含まない

BASIC 安全な薪ストーブの設置

1. 本体や煙突と躯体との間に遮熱板を設ける［S＝1:25］

薪ストーブの背面と床には、不燃材料の遮熱板を設けなければならない。ここでは炉壁に熱反射の高い銅板を用いた［※1］

炉壁と壁の間には熱を逃がすための空気層をつくる。炉壁を直接壁に張らないこと

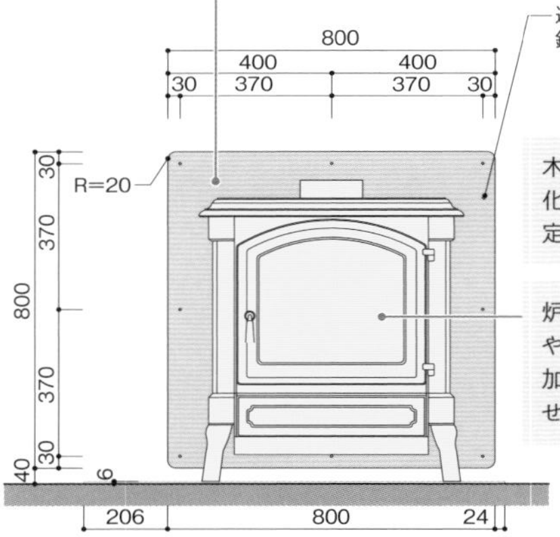

遮熱板：
銅板800□㋐2
800
400
400
30
370
370
30
R=20
30
370
800
370
30
40
6
206
800
24

姿図

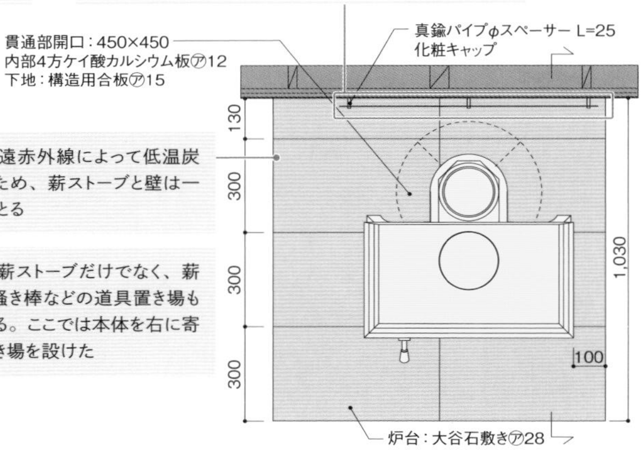

貫通部開口：450×450
内部4方ケイ酸カルシウム板㋐12
下地：構造用合板㋐15
真鍮パイプφスペーサー L=25
化粧キャップ
130
300
300
300
1,030
100
炉台：大谷石敷き㋐28

平面図

木造の柱などが遠赤外線によって低温炭化するのを防ぐため、薪ストーブと壁は一定の離隔距離をとる

炉台の広さは、薪ストーブだけでなく、薪やスコップや火掻き棒などの道具置き場も加味して計画する。ここでは本体を右に寄せ、左側に薪置き場を設けた

2. 床との段差を抑えて炉台を設ける 断面詳細図［S＝1:3］

薪ストーブ下は根太ピッチを細かく（75㎜）入れて補強しておく

炉台の大谷石を床に埋め込み、周囲の床との段差をできるだけ抑えた

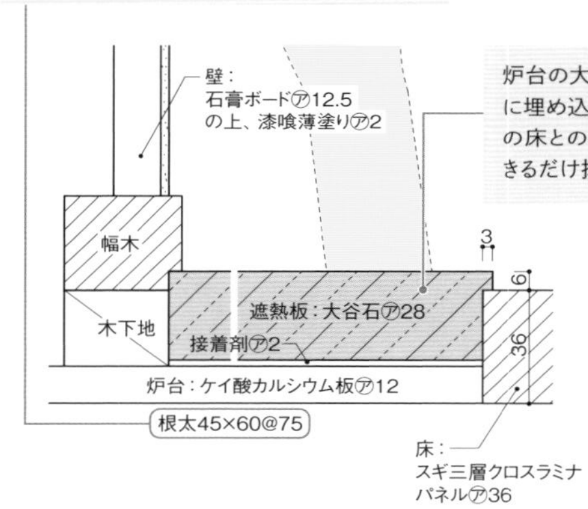

壁：
石膏ボード㋐12.5
の上、漆喰薄塗り㋐2
幅木
木下地
3
6
遮熱板：大谷石㋐28
接着剤㋐2
36
炉台：ケイ酸カルシウム板㋐12
根太45×60@75
床：
スギ三層クロスラミナ
パネル㋐36

3. 炉台を床置きして設置する 断面詳細図［S＝1:3］

炉台の大谷石を床の上に置く場合は、テーパー加工して周囲の意匠となじみやすいシルエットに仕上げるとよい

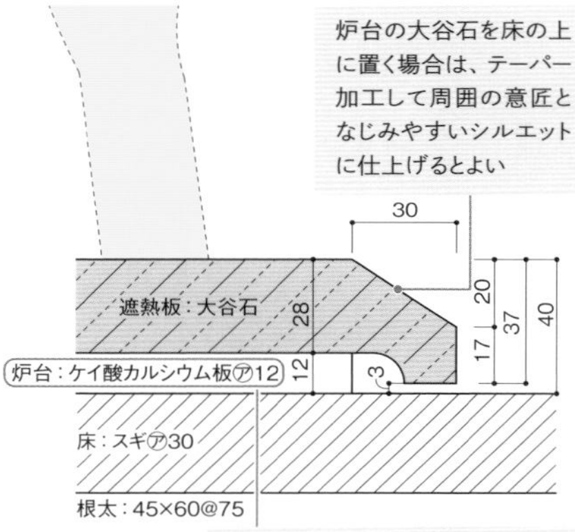

30
遮熱板：大谷石
28
20
37
40
17
12
炉台：ケイ酸カルシウム板㋐12
3
床：スギ㋐30
根太：45×60@75

炉台を床面に直接置いて設置した例。下地には遮熱性のあるケイ酸カルシウムを使用している

3. 煙突の廻りを補強する 断面詳細図［S＝1:25］

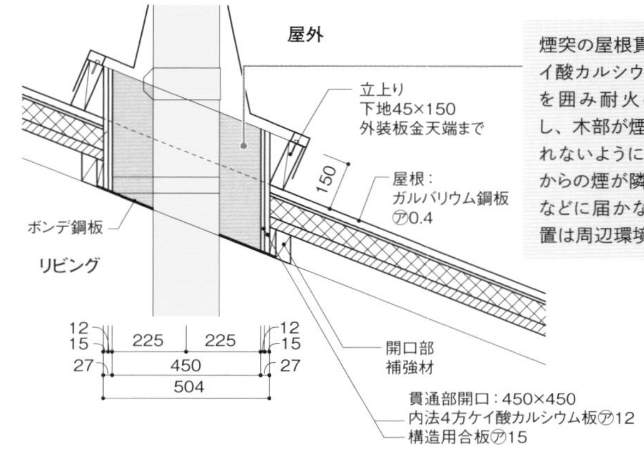

屋外
立上り
下地45×150
外装板金天端まで
150
屋根：
ガルバリウム鋼板
㋐0.4
ボンデ鋼板
リビング
12
15
27
225
225
450
504
12
15
27
開口部
補強材
貫通部開口：450×450
内法4方ケイ酸カルシウム板㋐12
構造用合板㋐15

煙突の屋根貫通部は、ケイ酸カルシウム板で四方を囲み耐火の仕上げとし、木部が煙突に直接触れないようにする。煙突からの煙が隣家の開口部などに届かないよう、設置は周辺環境に配慮する

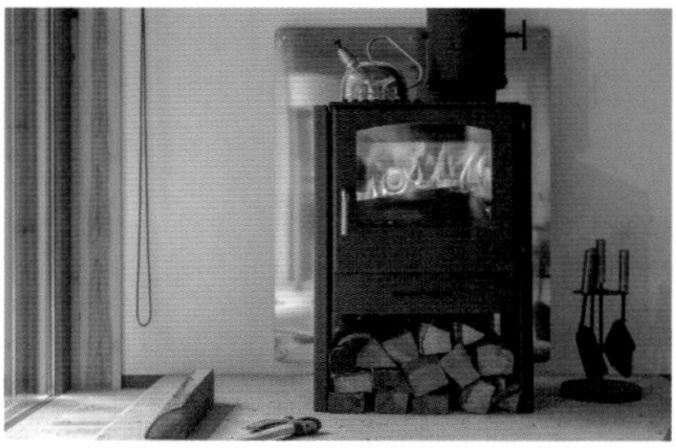

本体下部が空いていて、薪が置けるタイプの薪ストーブが便利。天面では調理もできる仕様とすることが多い

提供：扇建築工房

※1 下地や仕上げ材、壁との離隔距離は製品ごとに決められている。仕上げ材は鉄板、大谷石、御影石、レンガが用いられることが多い

BASIC 壁掛けエアコンの上手な隠し方

1. 化粧ガラリで隠す [S＝1:25]

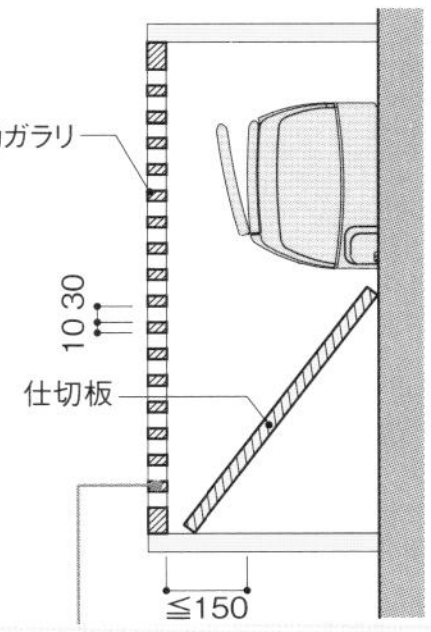
≦100
可動ガラリ
10 30
仕切板
≦500
≦150

側面図

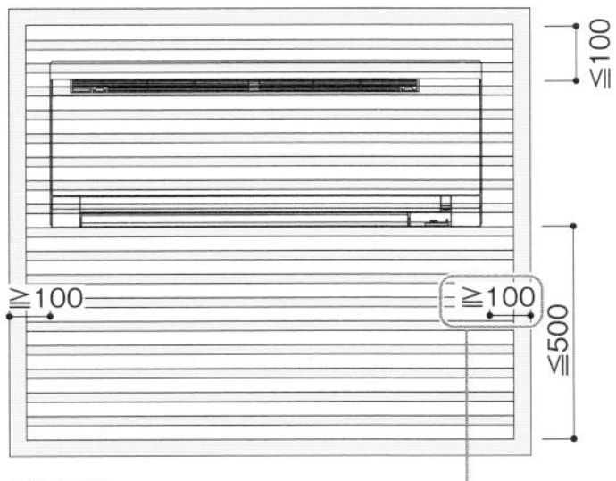
≦100
≧100
≧100
≦500

正面図

壁掛け型のエアコンをガラリで隠す場合。ガラリ全体を取り外せるようにするとよい。内部には仕切板などを利用し、家具内でのショートサーキットを防ぐ。エアコン本体からガラリ前面までの距離は冷気・暖気が届きやすいよう150㎜以下とする

エアコン本体の左右に手を入れる幅100㎜以上を確保する。ショートサーキットで空調効率が下がらないよう、ガラリの開口率は60％以上とする。エアコン本体の幅は約800㎜で機種や性能による差はほぼない。前面ガラリは結露防止のため木製とした

2. 取り外せるフタで覆い隠す

断面詳細図 [S＝1:30]

エアコン本体を壁にひっかけて取り付けるため、上部は60㎜ほどの施工用スペースを確保。下部の収納家具とともに造作した

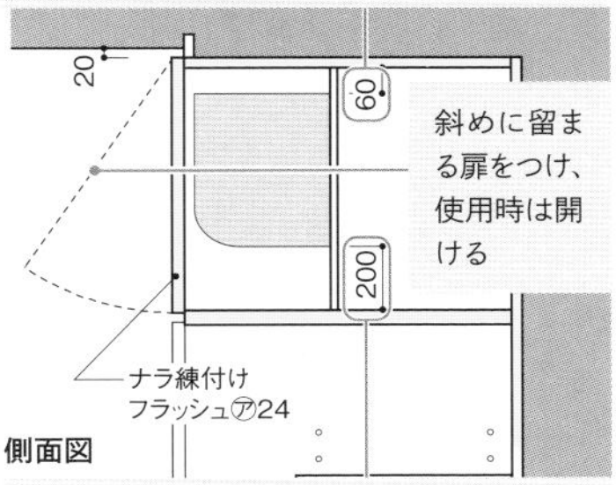
20
60
斜めに留まる扉をつけ、使用時は開ける
200
ナラ練付けフラッシュ㋐24

側面図

ショートサーキットを起こさないよう、取り付け高さは200㎜ほど。エアコン用のコンセントも箱内に納めると見た目がさらにすっきりする

BASIC 床置き型エアコンとガラリの距離は100㎜以下

暖気は上昇するため、壁掛け型では床付近が寒くなりがち。床置き型エアコンは特に天井が高い空間の暖房に適する

エアコン本体とガラリの前面が離れすぎていると、室内に暖気や冷気が届きにくくなるため、距離は150㎜以下とする。ショートサーキット防止のため仕切板を設置している

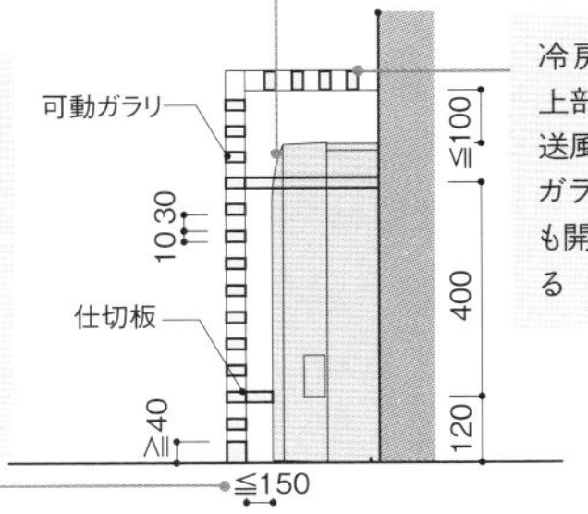
可動ガラリ
10 30
仕切板
≧40
≦100
400
120
≦150

冷房運転時は上部に向かって送風するため、ガラリの上部にも開口部を設ける

側面図 [S＝1:15]

床置き型エアコンの幅は約700～750㎜だが、寸法はメーカーにより異なるので事前に確認する

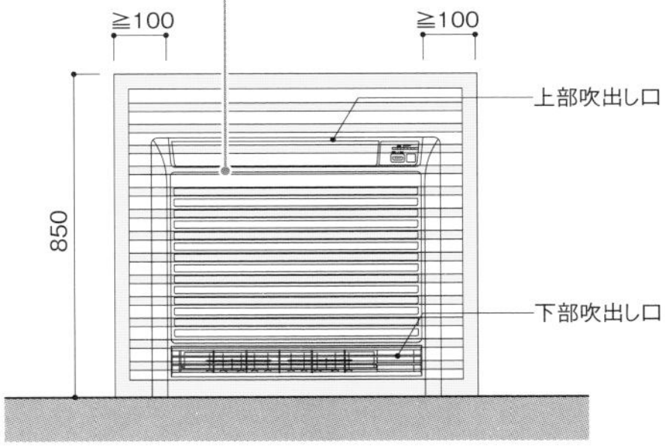
≧100
≧100
上部吹出し口
850
下部吹出し口

正面図 [S＝1:25]

BASIC 室外機の周囲には離隔距離を確保

施工スペースとして室外機本体の前後に150㎜程度を確保

室外機の前面にはメンテナンスのため450㎜以上のスペースを確保する。騒音と廃熱の問題があるため、隣家の開口部付近での設置は避ける

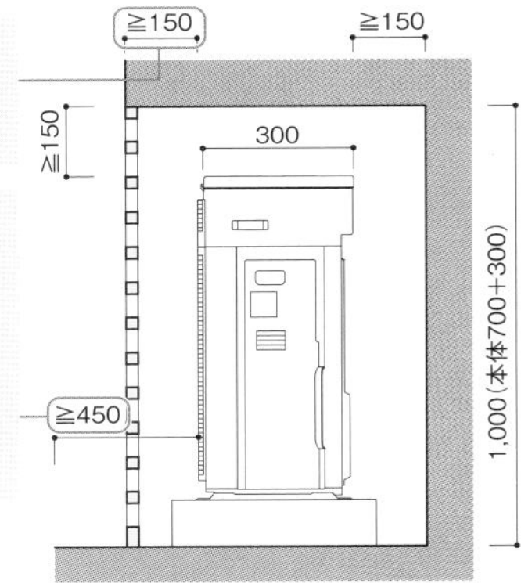
≧150
≧150
≧150
300
≧450
1,000（本体700+300）

側面図 [S＝1:25]

左右どちらかに冷媒管接続スペースを300㎜以上とる。また運転時はドレン[※2]が出るので処理方法を考慮

前面ガラリは開口率80％以上

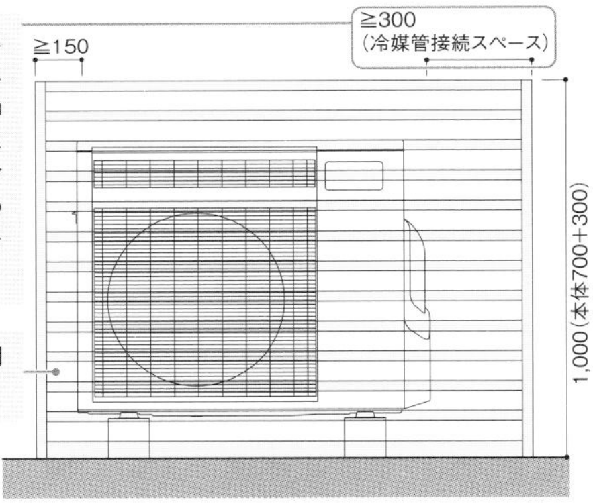
≧150
≧300（冷媒管接続スペース）
1,000（本体700+300）

正面図 [S＝1:15]

上段 1.提供：山田浩幸 2.「目白台の家」設計：3110ARCHITECTS一級建築士事務所｜中段・下段 提供：山田浩幸

※2 エアコンが空気を冷やす際、熱交換器に付着する水滴（結露水）のこと

家電の高性能化や通信技術の発展に伴い、電気設備廻りの配線は年々複雑になっている。分電盤やテレビ廻りの基本的な納まりを押さえ、意匠に影響しないすっきりとした配線を実現しよう。

POINT 1 分電盤の設置はブレーカー操作を念頭におく

分電盤は水気や湿気の少ない場所に設置する。一般的に、玄関付近の収納棚や納戸内などに設置することが多いが、停電時にできるだけブレーカーを操作しやすい場所を選ぶ。設置高さは1,800mm以下が望ましい

POINT 2 通信機器の配線は1カ所にまとめる

LAN端子台やルーター、テレビを視聴するためのブースターを個別に取り付けると、配線が複雑化し、施工上のミスが起こりやすい。これらを1つのユニットにまとめられる情報分電盤（弱電盤）の使用を検討しよう。情報分電盤廻りにWi-Fi機器などを設置する場合は、電波が届きやすいようできるだけ建物中心部に設置するとよい

POINT 3 壁掛けテレビの取り付け部分は下地を補強する

薄型テレビが定着し、置き型より壁掛けタイプを希望するケースが増えている。取り付け時には壁か柱で下地を補強する必要がある。壁の仕上げなどを考慮して、どちらで補強するかを決める

BASIC 高さは325〜385mm。盤類廻りの基本の納まり

分電盤の高さは325mmが目安［※1］。収納棚や納戸内などに収めて隠す場合の基本の納まりを押さえておこう。加えて、情報分電盤を使って、通信機器の回線をまとめれば、配線がさらにすっきりする。

1. 分電盤 ［S = 1:20］

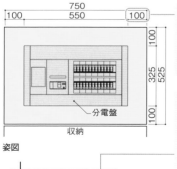

750 / 100 / 550 / 100 / 100 / 325 / 525 / 100
分電盤
収納
姿図

300 / 200 / 100 / ≧200
100 / 扉 / 325 / 100
収納
側面図

分電盤を収納棚などに組み込む場合、上下、左右、前面に各100mm程度の施工用スペースを確保する

分電盤の背面にはケーブルや配管が集中する。配線スペースは奥行き200mm以上を見込んでおき、配管や裏ボックス［※2］によって躯体が構造欠損しないように注意する

分電盤の前面が収納物などでふさがれ、ブレーカー操作の妨げにならないようにする。奥行きを浅くして分電盤前にモノを置けないようにするのもよい

2. 情報分電盤 ［S = 1:20］

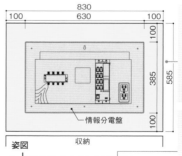

830 / 100 / 630 / 100 / 100 / 385 / 585 / 100
情報分電盤
収納
姿図

375 / 200 / 175 / ≧200 / 100
扉 / 385 / 100
ルーターなど / 収納
側面図

接続できる通信機器の口数などによって変動するが、通信分電盤の高さは385mmが目安。取り付け時の施工性を考慮し、四方に100mm程度のスペースを確保する

背面は配線スペースとして奥行き200mm以上を確保する

機器からの熱を排出できるように、前面上下に開口を設ける

情報分電盤の前面は、通信用モデムやルーター、Wi-Fi機器などの設置場所としても利用する。そのため、分電盤よりも奥行きを深めにとるとよい

提供：山田浩幸
※1 分電盤の大きさは建物規模によって変わってくるため、電気設備設計者に確認する必要がある
※2 配線を取り出すために使用する樹脂性のボックス

BASIC 大型壁掛けテレビの設置は重さに注意

壁掛けテレビの荷重を支えるため、背面の柱と間柱の間に厚さ30mmの補強材を固定し、そこにテレビ壁掛け金具を留め付けている。テレビと間柱の位置が一致するよう見込んで計画する必要がある

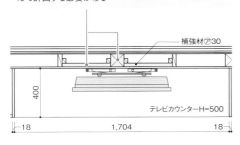

平面図[S＝1:30]

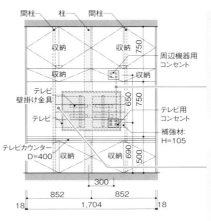

壁内にPF管［※3］を通してHDMIケーブル［※4］を配線することでケーブル類を隠している。壁内にPF管を事前に配管しておくことで、劣化時の配線交換などの際、大掛かりな工事が不要になる

部分的に壁下地を切り替えて補強すると、下地の継目などが現れて意匠性を損なうため、テレビ位置を中心として壁の内側に補強材を入れている

展開図[S＝1:50]

APPENDIX

情報分電盤と主な通信機器の寸法

情報分電盤にテレビや電話機、インターネットなどすべての通信機器の配線を集約すると、壁の内部の配線を通じて、各種の回線を各部屋に引きやすくなる。対応できる配線の種類と端子の口数が増えるほど、情報分電盤のサイズは大きくなる。

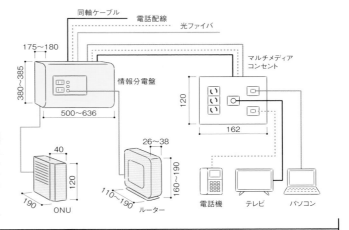

表1：情報分電盤に接続する主な通信機器

種類	機能
光回線終端装置（ONU）	光信号とデジタル信号を相互変換する機器
ルーター	インターネットに接続するための機器
ハブ	複数の端末をONUとつなぐための機器
ブースター（増幅器）	テレビ受信で使用する地上波(UHF)や衛星波(BSCS)に対応した高周波用の増幅器

APPENDIX

50型以上の大型テレビが主流に

インターネットに接続して動画や映画を楽しむなど、テレビの利用法は多様化している。それに伴い、高画質化、大型化の傾向にあり、50型以上を導入する家庭が増えている。また、最新型の8Kテレビと、近年主流になりつつある4Kテレビ、従来のフルHD（液晶）では、画像が美しく見える理想的な距離（適正視聴距離）と範囲（視野角）が異なる。適正視聴距離はテレビの設置高さを基準に求められるので、部屋の広さも考慮して設置場所を計画したい。

表2：テレビの種類による見え方

種類	適正視聴距離の目安	視野角
フルHD（液晶）	画面の高さの3倍	30°
4K	画面の高さの1.5倍	60°
8K	画面の高さの0.75倍	80°

図：視野角のイメージ

解像度が高くなるほど、視野角は広くなる

表3：テレビのサイズと質量

型（インチ）	幅×高さ（mm）	重さ（kg）
32型	707×396	5.5〜7
40型	884×496	9〜20
43型	950×533	
49型	1,082×607	13〜20
50型	1,105×620	17〜22
55型	1,215×682	17〜36
60型	1,326×744	22〜40
65型	1,436×806	25〜41
70型	1,547×868	40〜51
75型	1,657×930	40〜56
80型	1,768×992	51〜62
85型	1,878×1,054	46〜73

＊ 小数点以下第1位未満の端数は切り捨て。サイズは製品によって多少の差がある

上段　提供：COMODO建築工房｜中段、下段　解説：山田浩幸
※3　隠蔽配管、露出配管に使用できる合成樹脂製可とう電線管。自己消化性がある。PFはPlastic Flexibleの略
※4　1本で映像信号と音声信号、さらにリモコンなどの操作信号を伝送するケーブル。High-Definition Multimedia Interfaceの略

断熱

主流となりつつある全館空調の住まい。省エネ性能を高めるには、外皮性能の向上が大切だ。外皮性能が高まれば、暖冷房エネルギーの削減につながる。ここでは、外皮の基本、および断熱のポイントを解説する。

POINT 1 室内と屋外の境界をあいまいにしない

断熱工法は充填断熱と外張り断熱［左頁］に大別され、前者は大壁、後者は真壁の内装に適している。計画に際しては、計画すべき空間が熱的境界（一筆書きの断熱ライン）の内か外かを絶えず意識し、適切な方法を選択して断熱ラインをどのように確保するかを決定しよう

POINT 2 断熱の掟は「一筆書き」

断熱の効果を高めるには、断熱層・気密層・防湿層が一体となって建築物を包むように一筆書きで連続していることが大切。このラインが途切れると、機械換気や冷暖房の効きが悪くなり、壁体内結露により耐久性の低下を招くことも。特に軒先や基礎廻りでは途切れがちなので、十分注意して納まりを検討しよう

POINT 3 断熱材の特徴を理解する

断熱材には、繊維系やボード系などのさまざまな種類がある。性能やコスト、施工方法に違いがあり、同じ性能値でも必要な厚みが異なる。断熱方式や部位に応じた適切な断熱材を選ぼう［139頁］

BASIC 外皮に必要な役割を理解し、正しく断熱する

計画換気と冷暖房使用が当たり前となっている現代の暮らしでは、建築物は室内のエネルギーが外部に逃げることを防ぎ、同時に外部の暑さ・寒さから室内を守る性能が求められる。また、断熱化したうえで建築物の耐久性を高めるには、不適切な断熱構造が生む壁内結露が最大の敵だ。これを防ぐ外皮をつくるには、防湿、気密、断熱、防風、通気の5つの役割を理解し適切に使いこなすスキルが必要となる。ここでは、外皮に起こる結露の仕組みと対策を、繊維系断熱材の充填工法を例に解説する。

断熱構造の最も屋外側には、水蒸気を逃がすための通気層が必要。通気層の厚さは15mm以上が必要で、一般的には18mm以上で施工されることが多い

壁内結露には夏型と冬型があり、注意すべきは室内と屋外の温湿度差が最大になる冬の結露。水蒸気は高温高湿度側から低温低湿度側へ、すなわち暖房された室内から屋外に向かって移動する性質をもつ。防湿フィルムなどの水蒸気を通さない材を防湿層として、水蒸気の移動（透過）を防ぐ。防湿不足の場合、図のように最も低温となる部位で結露が生じやすい

断熱層と通気層の境界には、通気層内に吹き込む雨風から断熱材を守る工夫が必要。同時に、断熱層内の水蒸気を逃がさなければならない。近年では気密（防風）を耐力面材が担い、その外に水蒸気を通しやすい透湿防水シートを張って防水・透湿の役割を果たす構成が一般的［※1］

繊維系断熱材の場合、断熱性の源は繊維内に抱えている静止した空気だ。仮に断熱材の中に風が吹き込んだり、繊維が濡れてつぶれたりするとこの静止空気を失い、断熱性が失われる。これを防ぐために各層の適切な設計が重要

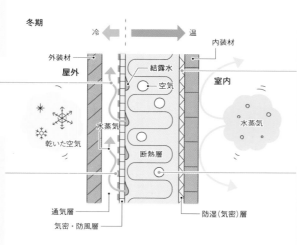

※1 断熱層の屋外側に合板があっても、通気層に接し、室内側に防湿フィルムを設けていれば、透湿抵抗のバランスは適切に保たれ、断熱層内の水蒸気は通気層に抜ける

BASIC 通気層は部位ごとに入口と出口を確保

通気層は、断熱層内で生じた水蒸気を逃がすための層。静止させるべき断熱層とは反対に、空気が自由に移動できるようにしておく必要がある。断熱層は一筆書きでつなげ、通気層は各所に空気の出入口をつくりながら、断熱層を囲うように形成する。通気層が行き止まりにならないよう、空気の出入口を意識した納まりを検討しなくてはならない。

バルコニーの手摺壁側は断熱性能には絡まない場合が多いが、排水や躯体乾燥のために通気層を設ける。床下、手摺壁、笠木などそれぞれに空気の出入口を考える[100頁]

壁の通気層は、土台水切部が入口となる。軒天井を出口とするか、小屋裏または屋根の通気層に合流させるかを考える。一般的には、18×45mm程度の通気胴縁を、外壁材の張り方向と直交するように設ける[137頁]

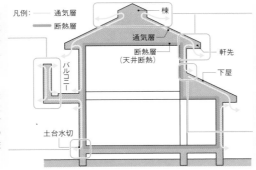

凡例： ━━ 通気層
　　　 ▬▬ 断熱層

棟
通気層
断熱層（天井断熱）
バルコニー
土台水切
軒先
下屋

天井断熱の場合は、小屋裏全体を大きな断熱層と考える。棟換気と妻壁換気の併用や、軒裏や軒先など複数の通気経路を確保して高湿化を防ぐ。屋根断熱の場合、屋根面の通気層は最低30mmの厚みを確保する[88頁]

外壁と下屋の取合い部分では、通気層が途切れがちになる。下屋と外壁の通気を別々にとるか、連続させるかなど、設計時から下屋の屋根内の空気が抜ける通路を意識しておく[92頁]

BASIC 断熱工法は充填断熱・外張り断熱・付加断熱の3種類

木造住宅の断熱工法は、主に壁内に断熱材を充填する充填断熱工法と、壁外に連続的に断熱材を張り付ける外張り断熱工法の2つの方法で発展してきた。さらに、より高い断熱性能を得るために、これらの手法を組み合わせた付加断熱工法が生まれた。ここでは、各工法の一般的な構成を解説する。

1. 充填断熱工法

壁内の柱・間柱や、梁、垂木などの軸組の間に断熱材を充填する方法。必然的に、断熱材の厚さは柱の寸法によって制限される

グラスウール、ロックウールなどの繊維系断熱材を敷き込むほか、セルロースファイバーやばら状のグラスウールを吹き込む工法、プラスチック系断熱材と合板が一体となった複合パネルをはめ込む工法などがある

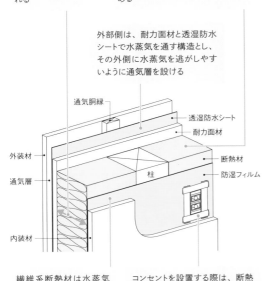

外部側は、耐力面材と透湿防水シートで水蒸気を通す構造とし、その外側に水蒸気を逃がしやすいように通気層を設ける

通気胴縁
透湿防水シート
耐力面材
外装材
通気層
断熱材
柱
防湿フィルム
内装材

繊維系断熱材は水蒸気を通しやすいすいため、室内側には防湿（気密）層として防湿フィルムの施工が必須[※2]

コンセントを設置する際は、断熱層と防湿層を切欠くことになる。防湿（気密）層が欠損しないよう、気密テープや専用ボックスなどを用いて施工する必要がある

2. 外張り断熱工法

断熱材を柱の外側に張り付ける工法。主にボード状の断熱材が用いられる。柱位置から外側に厚さが増すので、隣地間距離を圧迫しやすい。一方内装材は断熱構造上不要となるので、室内面積は最大化しやすい

断熱層が連続しているため、原理的には熱橋が少なく、断熱性・気密性が高い[※3]。また壁内を空洞化できるため、電気配線やコンセントの増設などが容易

通気胴縁
透湿防水シート
断熱材
防湿フィルム
外装材
通気層
耐力面材
柱
内装材

外張りの断熱材を選ぶ際は、断熱性だけでなく透湿性を確認。透湿抵抗の高い断熱材であれば、耐力面材と併用することで室内側の防湿フィルムを省略できる場合がある。ただし、断熱材の外側の通気層は必須。断熱材に直接塗装などの仕上げを施す場合も、透湿性の高い仕上げ材を選ぶ必要がある

3. 付加断熱工法

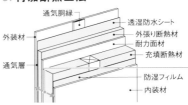

通気胴縁
透湿防水シート
外張り断熱材
耐力面材
充填断熱材
防湿フィルム
内装材
外装材
通気層

寒冷地では、外張り断熱と充填断熱を併用した付加断熱が普及している。全館空調の普及に伴い、温暖地でも付加断熱の必要性が高まるだろう

解説：山本亜耕
※2 防湿フィルムでくるまれたマット状の繊維系断熱材を用いる場合でも、室内側に防湿フィルムを追加施工することが望ましい | ※3 ただし外張り断熱工法の場合、断熱材を張り付ける際の釘やビスの打ち抜きに注意が必要。打ち抜いたビスなどは熱橋となり壁内結露に直結するため、現場発泡ウレタンで覆う

BASIC コスト優位な床断熱。ただし、気密性とメンテナンス性に注意

1階部分の断熱は、床断熱と基礎断熱に分けられる。1階床自体を断熱する床断熱は、施工が容易でコスト上有利になりやすい。ただし、床下が外部となるため、外壁と床の取り合い部などでは断熱性と気密性を損なわない工夫が求められる。

1. 床断熱の基本 断面図

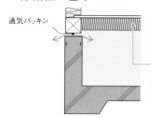

床下換気口や通気タイプの基礎パッキン[※1]を設置することで、床下に外気が入る状態にする。床が熱的境界となり、床下は外部として扱う。根太床なら根太間に、根太レスならば大引間に断熱材を施工する

2. 根太床の気流止めの例（合板） 断面図

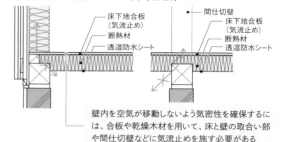

壁内を空気が移動しないよう気密性を確保するには、合板や乾燥木材を用いて、床と壁の取合い部や間仕切壁などに気流止めを施す必要がある

3. 土間と浴室は基礎断熱に 断面図

居室を床断熱とする場合でも、土間や浴室の床は熱橋対策や排水経路の観点から基礎断熱とするのが一般的。床下で室内と外部が混在することになるので、断熱層の切り替え部分では、断熱層が途切れないように納まりを考える[104頁]

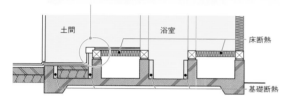

4. 根太レス床の気流止めの例 断面図

最近では、根太を用いない根太レス工法の床が主流。根太レス工法の場合は、留め付ける構造用合板自体がそのまま気流止めの役割を兼ねるので、効率のよい断熱気密施工となる

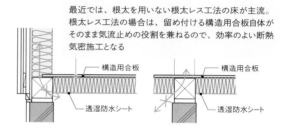

BASIC 基礎断熱は床下空間の応用力大。ただし、蟻害対策に注意

基礎断熱は、基礎外周部の立上りに断熱材を施工し、床下を熱環境上の室内とする工法。床下を収納や設備機器置き場として使用したり、設備配管に保温が不要となるなどのメリットがある。ただし、結露やカビの発生を防ぐために、室内と同じく計画暖房と換気が必要だ。なお、基礎断熱は断熱材を基礎の内外どちら側に施工するかで、内断熱と外断熱に分けられる。

1. 基礎断熱（内断熱）

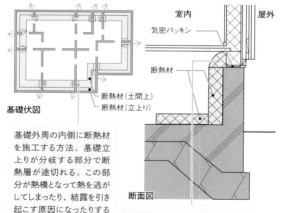

基礎外周の内側に断熱材を施工する方法。基礎立上りが分岐する部分で断熱層が途切れる。この部分が熱橋となって熱を逃がしてしまったり、結露を引き起こす原因になったりするので、断熱性能をより高めるには、T型交差部に沿って45〜90cm程度断熱材を返すとよい

外断熱に比べてシロアリ被害を受けにくく[※2]、シロアリ生息地である温暖地で多く用いられる。ただし、外断熱よりも熱橋が増える。床下結露は蟻害の要因にもなるので、現場発泡ウレタンなどで防露処理を施す

2. 基礎断熱（外断熱）

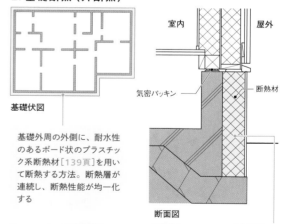

基礎外周の外側に、耐水性のあるボード状のプラスチック系断熱材[139頁]を用いて断熱する方法。断熱層が連続し、断熱性能が均一化する

断熱材が直接土に接するため、対策を怠るとシロアリなどが侵入するリスクは内断熱よりも高い。また断熱材は仕上げ材に覆われているので、外からは食害を発見しにくい。そのためシロアリ被害の少ない寒冷地での使用が多い。温暖地で採用する場合は、防蟻処理された断熱材を用いるなどの対策が必要

※1 コンクリートの基礎と土台の間に挟む部材。空気を通す通気パッキンと、空気を通さない気密パッキンがある。床断熱の住宅の場合、一般部には通気パッキンを敷き、浴室や玄関周りなど基礎断熱となる部分には気密パッキンを敷く
※2 シロアリは地中を進み、建物の木部をめがけて登ってくる。軟らかい発泡系断熱材はシロアリの通り道（蟻道）となりやすい

天井に沿って水平に断熱することを天井断熱と呼ぶ。天井断熱では、小屋裏の空気は「外気」となる。小屋裏の外気が間仕切壁や外壁を伝って断熱層の内側に入り込まないよう、気流の縁を切る必要がある。

1. 天井断熱の基本 断面図

天井面で断熱すると、小屋裏空間すべてが熱的境界の「外部」となる。小屋裏に雨や雪が吹き込んだり、シロアリやハチの被害を受けたりといった事態にそなえ、メンテナンス用に小屋裏点検口を設ける

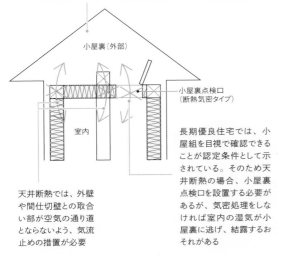

小屋裏（外部）

室内

小屋裏点検口
（断熱気密タイプ）

長期優良住宅では、小屋組を目視で確認できることが認定条件として示されている。そのため天井断熱の場合、小屋裏点検口を設置する必要があるが、気密処理をしなければ室内の湿気が小屋裏に逃げ、結露するおそれがある

天井断熱では、外壁や間仕切壁との取合い部が空気の通り道とならないよう、気流止めの措置が必要

2. 充填断熱の外壁と天井断熱の納まり 断面図

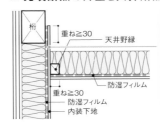

桁

重ね≧30

天井野縁

防湿フィルム

重ね≧30

防湿フィルム

内装下地

外壁と天井の取合い部分では、壁を先行して施工する。外壁の断熱材、防湿フィルム、内装下地材を桁まで張り上げ、天井野縁よりも先に施工しておくことで気流止めとなる

3. 間仕切壁と天井断熱の納まり 断面図

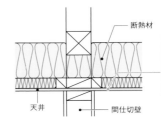

断熱材

天井

間仕切壁

間仕切壁と天井断熱が接する箇所では、天井を先行して施工する。断熱層の一筆書きを完成させた後に間仕切壁をつくることで気流止めとなる

外壁内の通気層は、外壁の透湿防水シートの上に通気胴縁を配置することで確保できる。通気胴縁は仕上げ材の張り方に応じて配置する向き（縦か横か）が異なり、いずれも適切に空気が通るようにクリアランスを設けなければならない。ここでは、外壁の通気胴縁の配置の種類を解説する。

1. 基本は縦胴縁

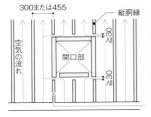

300または455

縦胴縁

空気の流れ

開口部

≧30

≧30

空気は温度変化によって上下に動くので、通気胴縁は縦に配置する。胴縁は外装材の下地となるため、縦胴縁の場合、外装材は横張りとなる。開口部にかかる部分では、窓台・まぐさとの間を30mm以上空ける

2. 横胴縁

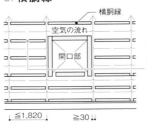

横胴縁

空気の流れ

開口部

≦1,820

≧30

外装材を縦張りにする場合は、胴縁が下地となるように横に配置する。1,820mm以内のピッチで、30mm以上の通気用クリアランスを設ける。開口部にかかる部分でも同様に、横胴縁と枠の間隔は30mm以上必要

3. 縦胴縁＋横胴縁

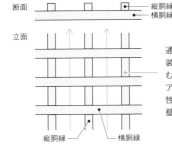

断面

縦胴縁

横胴縁

立面

縦胴縁

横胴縁

通気層を縦胴縁で確保し、外装材の下地として横胴縁を組む。外装材が縦張りでもクリアランスが必要ないので施工性がよい。ただし、その分外壁は厚くなる

4. バックホール胴縁

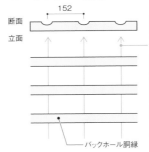

152

断面

立面

バックホール胴縁

横胴縁の裏側を決って通気層を確保したバックホール胴縁を用いれば、壁厚を抑えたうえで容易に横胴縁を取り付けられる

解説：山本亜耕

勾配天井・垂木露しにするなら屋根断熱

屋根勾配に沿って断熱する工法を屋根断熱と呼ぶ。屋根裏空間を利用して天井を高く確保できるので、近年採用するケースが増えている。屋根断熱にも、充填と外張りの2種類の工法がある。室内空間の見え方と断熱性能のバランスを考えながら工法を選択しよう。いずれの場合も外壁と屋根の取合い部では、室内側から、防湿（気密）層、断熱層、気密・防風（透湿防水）層、通気層の5つの層が交わることなく連続することが重要だ。

1. 充填断熱

屋根葺き材
アスファルト
ルーフィング
野地板
通気垂木（H≧30）
透湿防水シート
断熱材
構造用合板
登梁（断熱材充填）
防湿フィルム
内装仕上げ
通気層
屋外

屋根組の内部、垂木や登り梁などの間に断熱材を挟み込む工法。登り梁の場合、構造用合板の上から断熱材を充填して透湿防水シートを張り、通気垂木で挟んでから屋根を葺く

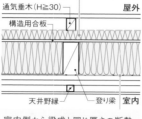

通気垂木（H≧30）
構造用合板
屋外
天井野縁
登り梁
室内
防湿フィルム押え
桁
透湿防水シート
防湿フィルム

室内側から梁成と同じ厚さの断熱材を充填し、防湿フィルムを張る。重みで垂れ下がる断熱材の不陸が内装に影響しないよう、合板や石膏ボードなどで押さえてから、天井野縁を組むなどして内装を施す

屋根を充填断熱とし、天井を吸音効果の高い化粧石膏ボードで仕上げた例。高気密・高断熱の住宅では熱と同様に音も室内と外部で遮断されるため、室内で発生した音が反響しやすい。木材や吸音ボードなど、吸音性能の高い素材を用いると落ち着いた空間となる

2. 外張り断熱

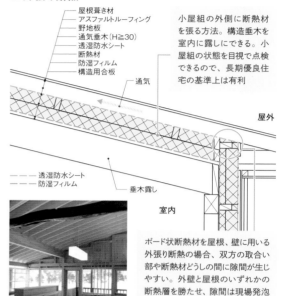

屋根葺き材
アスファルトルーフィング
野地板
通気垂木（H≧30）
透湿防水シート
断熱材
防湿フィルム
構造用合板
通気
屋外
室内
透湿防水シート
防湿フィルム
垂木露し

小屋組の外側に断熱材を張る方法。構造垂木を室内に露しにできる。小屋組の状態を目視で点検できるので、長期優良住宅の基準上は有利

ボード状断熱材を屋根、壁に用いる外張り断熱の場合、双方の取合い部や断熱材どうしの間に隙間が生じやすい。外壁と屋根のいずれかの断熱層を勝たせ、隙間は現場発泡ウレタンなどで丁寧に埋める

屋根の外張り断熱は室内側に仕上げ材が不要となるので、構造材の露しなど、意匠の選択肢が広がる

APPENDIX

断熱にかかわる数値

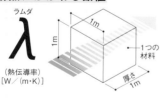

ラムダ
λ
（熱伝導率）
[W／（m・K）]

1つの材料

材料1m当たりの熱の伝わりやすさを表す値。値が小さいほど熱が伝わりにくい。断熱材以外でも、ガラス（1.0）、木（天然木材0.12）、コンクリート（1.6）などあらゆる物質・製品に固有の値がある

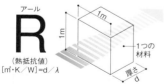

アール
R
（熱抵抗値）
[㎡・K／W]=d／λ

1つの材料

断熱材の厚みも計算に含めたうえで、熱の伝わりにくさを表す値。値が大きいほど熱が伝わりにくい。材料の厚さd／λで求められる。省エネ基準では仕様の基準として、地域区分ごとに各部位の熱抵抗値が規定されている［表1］

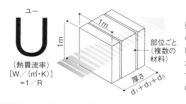

ユー
U
（熱貫流率）
[W／（㎡・K）]
=1／R

部位ごと（複数の材料）

壁や屋根、開口部などの部位ごとの断熱性能を表す値。値が小さいほど熱が伝わりにくい。熱抵抗値が材料単体の性能を表すのに対し、複数の材料や層からなる部位の性能を表すことができる

必要な断熱材厚さの求め方

$$R（熱抵抗値）×λ（熱伝導率）×1,000 = d（厚さ・mm）$$

熱伝導率は材料固有の値なので、断熱材ごとに決まっている。地域区分ごとに定められた基準や、確保したい熱抵抗値を設定すれば、使用する断熱材の熱伝導率を乗じることで、断熱材の必要な厚さを概算することができる

表1：部位・地域区分ごとの断熱材の熱抵抗値基準

部位	地域区分			
	1～2	3	4～7	8
屋根	6.6	4.6	4.6	4.6
天井	5.7	4.0	4.0	4.0
壁	3.3	2.2	2.2	—
外気に接する床	5.2	5.2	3.3	
そのほか床	3.3	3.3	2.2	—
外気に接する外周部基礎	3.5	3.5	1.7	
そのほか外周部基礎	1.2	1.2	0.5	

上段　1.「北広島の家」設計：山本亜耕建築設計事務所、2.「宮の丘の家」設計：山本亜耕建築設計事務所

断熱材の主な種類と特徴を押さえよう

断熱材は、繊維系断熱材とプラスチック系断熱材に大きく分けられる。形状にもマット状、ボード状、ばら状などの種類があり、素材ごとに防湿性や吸音性、耐火性などの性質が異なる。地域によって差はあるが、一般的には性能や機能が高いほどコストが高く、グラスウールなど安価なものは気密性の確保など使い方に注意が必要だ。また、地域や施工者によって、施工可能な断熱材が異なることもある。それぞれの特徴を踏まえたうえで、場面や部位に応じた適切な選択を心がけよう。

グラスウールは、防湿シートの袋に詰められたマット状の製品が多く流通している。防湿施工を同時に行えるため施工が容易だが、電気配線と干渉する部位など切欠き部分を丁寧に施工（気密テープで気密層を連続させ、さらに発泡ウレタンなどで補強）しなければ、性能低下につながる。性能はばら状の製品のほうが高いので、北海道ではマット状のグラスウールは流通していない　　　　　(A)

新築の場合は、地域柄入手しやすいセルロースファイバーを使用している。しかし、高い性能を確保するためには専門の施工者が必要。リノベーションの場合は関わる職種を減らし、部分ごとに完成させていくことが優先されるので、施工が容易なグラスウールを使う　　　(B)

表2：主な断熱材の特徴と熱伝導率

断熱材の種類	名称	特徴	種類	熱伝導率λ（W／m・K）
繊維系断熱材 細かい繊維が密集し、空気を動きにくくする。マット状やボード状、吹き込み用のばら状のものがある。水蒸気が断熱材内に浸入すると性能がおちるため、防湿施工が重要	グラスウール	ガラスを繊維状に加工した断熱材。マット状、ボード状、ばら状がある。厚さと密度が高いほど断熱性能も高い。軽くて施工が容易。吸音性を有する。安価で広く普及しているため、ほかの断熱材や躯体の断熱性能を表現する際は、グラスウールの厚さに換算した値で表す。「アクリア」（朝日ファイバーグラス）など	12K（12-44、12-45）	0.044～0.045
			16K（16-11、16-45）	0.044～0.045
			20K（20-41、20-42）	0.040～0.042
			24K	0.038
			32K	0.036
			高性能品12K	0.041～0.043
			高性能品16K	0.036～0.038
			高性能品20K	0.034～0.038
			高性能品24K	0.033～0.036
			高性能品32K	0.033～0.035
			天井吹込み用（13K、18K）	0.052
			屋根・壁・床吹込み用（32K、35K）	0.040
	ロックウール	耐熱性の高い鉱物を繊維状に加工した断熱材。マット状、ボード状、ばら状がある。「ホームマット」（ニチアス）など	MA	0.038
			MC、HA	0.036
			HB	0.035
			HC	0.034
			天井吹込み用（25K）	0.047
			屋根・壁・床吹込み用（60K）	0.038
	セルロースファイバー	木質繊維を用いたばら状の断熱材。木質のため、吸音性や調質性をもつ。「スーパージェットファイバー」（日本製紙木材）など	天井吹込み用（25K）	0.040
			屋根・壁・床吹込み用（45K、55K）	0.040
プラスチック系断熱材 気泡内に空気を封じ込めた発泡プラスチック系断熱材。水に強い。ボード状や、現場発泡のタイプがある	ビーズ法ポリスチレンフォーム（EPS）	気泡構造をもつボード状の断熱材。金型により成型されるため、さまざまな形状の製品がある。水や湿気に強い	1号	0.034
			2号	0.036
			3号	0.038
			4号	0.041
	押出法ポリスチレンフォーム	ボード状の断熱材。水に強く、耐湿性が高いため、基礎や土間床の断熱にも用いられる。「スタイロフォーム」（デュポン）など	1種　b　A	0.040
			2種　b　A	0.034
			3種　b　A	0.028
	硬質ウレタンフォーム	微細な独立気泡で形成された断熱材。気泡内には熱伝導率の小さいガスが充填されている。ボード状のものと現場発泡のものがある。「アクアフォーム」（日本アクア）など	1種　1号	0.029
			2種　1号　AI、AII	0.023
			2種　2号　AI、AII	0.024
			2種　3号	0.027
			2種　4号	0.028
			吹付けA種　1H、2H	0.026
			吹付けA種　1、2	0.034
			吹付けA種　3	0.040
	ポリエチレンフォーム	耐吸湿・耐吸水性の高い断熱材。柔軟性が高く、隙間なく施工することができるので、床・壁のほか、屋根、屋上など多様に用いられる	1種　1号、2号	0.042
			2種	0.038
			3種	0.034
	フェノールフォーム	独立気泡構造をもつボード状の断熱材。耐熱性、防火性が高く、燃えても煙や有毒ガスがほとんど発生しない。「ネオマフォーム」（旭化成）など	1種　2号　CI、CII	0.020
			1種　3号　CI、CII	0.020

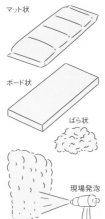

マット状

ボード状

ばら状

現場発泡

解説：A 山本亜耕
　　　B 岡沢公成（暮らしの工房）

木は最も身近で一般的な建材。それだけに、その性質を正しく知り、経年変化を見据えた設計ができるかどうかに、知識と経験の差が出る。ここでは、主に造作材として木材を扱うときのポイントを解説する。

POINT 1 弱点を理解して賢く使う

木は重さと強さのバランスがよく、熱伝導率が低いので触ると温かさや軟らかさまで感じられるという長所がある。一方、経年に伴う変形や褪色、傷がつきやすい、湿気により腐りやすい、虫害を受けるといった短所もある。木の性質を正しく理解し、納まりや仕上げの処理で短所を賢くカバーしよう

POINT 2 木の性質は方向や部分で異なる

木は自然素材、樹種・部位・用いる方向などによって、特徴や見た目は大きく異なる。特に木質系の建材を仕上げに使ううえで、断面の見え方や変形の特性は重要なポイント。これらをよく理解し、部位や樹種の選定、張り方の指定などを検討しよう

POINT 3 木質建材は種類が豊富

木の建材は多種多様。木を切り出したままの無垢材以外にも、加工した材を組み合わせて性質を安定させた集成材や、意匠性を高めた突板などがある。意匠・コスト・使い勝手のバランスを考え、適材適所に活用しよう

BASIC　木の方向性を理解する

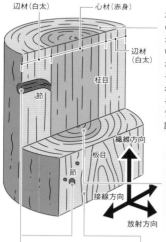

水分などは、小口に現れる導管の断面から浸入していく。水がかかる外構や浴室などに木を用いる場合には、小口側の断面が水に長時間触れないようにすること。水に濡れるのを避けられない場合には、勾配をつける、ほかの部材との間にクリアランスをとるなど、乾きやすい設計にすることが重要だ

樹の中心に近い部分を心材（赤身）、周辺部分を辺材（白太）と呼ぶ。一般的には、心材のほうが硬くて強度もあり、変形や狂いが小さい。虫害も受けにくい。ただし1本から得られる材が少ない

節は、枝の根本部分が、木の成長とともに年輪の内部に取り込まれたもの。幹の周囲の組織と結合しているか、すでに枯れているかで、生節と死節に分けられる

原木を切断して板にするとき、幹の中心部分から放射方向に切り出すと、木目が平行に通る板（柾目）が取れる。一方、接線方向にスライスすると、木目が波打った板（板目）が取れる。柾目材は質が高いが1本の木から取れる幅に制約があり、歩留まりが悪い

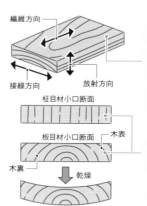

木材には、木が伸びていく繊維方向と、年輪に接する接線方向、年輪の中心から垂直に外へと向かう放射方向がある。吸湿や乾燥による変形は、繊維方向→放射方向→接線方向の順に小→大となる。また、幅や長さが大きい材ほど変形も大きい

柾目材は表裏がなく、乾燥による変形が小さい。板目材の場合、木の外側に近い面（木表）のほうが乾燥・吸湿による変形が大きく、反りが出やすい

たとえば羽目板張りの場合、経年で1枚1枚が変形すると、施工時はそろっていた仕上がりラインが波打ってしまう。別の材と突付けにしている場合はさらにそのゆがみが分かりやすくなってしまうので、底目地を取る、見切を入れるなど、変形を目立たせない納まりを考えたい。また、施工時に木表と木裏を交互に並べ、ゆがみを目立ちにくくするという対策もある

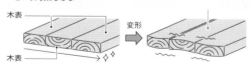

APPENDIX

樹種の特徴を踏まえ、適材を適所に用いよう

木の種類は、針葉樹と広葉樹に分けることができる。スギなどの針葉樹は内部の組織の配列が比較的一定なので、加工しやすく扱いやすい。また一般的に幹が真っすぐで高木が多いので、大きな材を得やすい。木質は軟らかく、触れると温かみを感じる。一方、広葉樹は内部の組織が複雑であり、針葉樹に比べて重くて硬い。複雑な構造のため木目の現れ方に樹種ごとの多様なバリエーションがあり、表情が豊かだ。針葉樹と広葉樹のなかでもさらに樹種は細かく分かれ、それぞれに特徴や流通量が異なる。ここでは、造作材に使用される主な樹種を取り上げ、その特徴と使用に適した部位を解説する。

表1：主要な木材の特徴と使用部位

樹種		特徴	色	コスト	外装材	外部床	内装（壁・床）	水廻り	建具枠	家具
針葉樹	スギ	日本の固有種で種類が豊富。建築材料としてさまざまな部位に用いられる。真っすぐ太く育つため、長尺の材や、心材・辺材、板目・柾目など部位を指定しても材をそろえやすい。材が軟らかいため摩耗しやすく、傷もつきやすいが、復元率が高い。調湿性が高いので耐水性は低く、色褪せやすい。水廻りや外装などに用いる場合は、心材を用いること	淡い黄色、淡い紅色、黒褐色など多様	低	○	○（心材）	◎	○（心材）	○	○
	ヒノキ	木目が通っていて均質なため、狂いが少なく加工性がよい。表面がきめ細かく特有の香りがあるので、構造材だけでなく仕上げ材、建具や家具などに幅広く使用される。耐湿・耐水性が高い	淡い白や黄色	やや高	◎	◎	◎	◎	○	○
	サワラ	性質はヒノキに似て、水や湿気に強い。加工性もよいので床材・壁材にも適しているが、流通量は少ない	赤みがかった黄色	中	—	—	◎	○	—	○
	カラマツ（ラーチ）	水に強く、耐久性が高い。硬めで加工しにくいが、高木なので赤身の材をそろえやすい	心材：褐色　辺材：黄白色	低	◎	◎	○	○	—	○
	ヒバ	ヒノキチオールという抗菌性に優れた成分を発するため、独特の香りがする。心材の割合が高く、耐水性に優れる。浴室などにもよく使用される。材質は軟らかめだが、耐久性に優れるので、デッキ材にも用いられる	淡い黄色	中	◎	◎	○	◎	—	—
	アカマツ	国産材は長尺材がとりにくく、1間程度の材が主流。ヤニが出るので、脱脂乾燥された材を用いるのがよい	黄色〜褐色	低	—	—	○	—	○	○
	ベイツガ（ヘムロック）	木目が真っすぐで加工しやすいが、軟らかく、水に弱い。内部造作材や幅木などに用いられる	白〜淡い黄褐色	低	—	—	○	—	◎	○
	ベイスギ（レッドシダー）	木目が真っすぐで、独特の香りがある。強度はやや低いが、軽くて加工性が高い。防虫・防腐効果の高いフェノールを多く含んでおり、耐久性が高い。外装材やデッキ材に適している	白〜赤褐色	中	◎	○	○	○	○	—
	スプルース	加工性が高く、主にフローリングなどの内装材に用いられる。耐水性は高いが、虫害を受けやすく耐久性は低い	乳白色	中	—	—	◎	—	○	○
広葉樹	キリ	日本の伝統的な家具材。軟らかく調湿性に優れ、収納したものを湿気や火気から守る	グレーがかった白	やや高	—	—	○	—	○	◎
	ケヤキ	全国的に生育する広葉樹。水に強く、耐久性が高い。弾力性と硬さを併せもっている。年輪がはっきりしていて、滑らかな仕上がりで意匠性に優れる。高価	赤みがかった茶色	高	—	—	◎	—	○	◎
	クリ	タンニンを多く含むため水に強く、虫害や腐食などに対する耐久性に優れている。軟らかく、温かみのある質感で、床材として人気。熱による変化が小さいので、無垢フローリングでも床暖房を設置したい場合に最適。外部床に使用する場合は、雨による染みを防ぐために塗装が必要	茶色	中	—	◎	◎	—	○	◎
	ナラ	硬くて裂けにくく、強度が高い。くせがないため加工しやすい	灰褐色	中	—	—	◎	—	○	◎
	オーク	北米や欧州に生育するナラの仲間。主に北米産のレッドオーク材、ホワイトオーク材が流通している。性質はナラ材と同じ強度が高く、耐久性が高い	淡い白〜暗褐色など多様	中	—	○	◎	—	○	◎
	ブナ（ビーチ）	硬くて粘りのある材質。木目が均質でおとなしく、落ち着いた見た目になる。曲げに強いため、曲木に適している	辺材：白、淡い黄色、淡い紅色　偽心材：褐色	中	—	—	○	—	○	◎
	タモ（アッシュ）	木目が真っすぐで、均質で粘りのある材。弾性が高く加工性がよい。枠材やカウンター材などに用いられる	辺材：明るい黄土色　心材：灰褐色	中	—	—	◎	—	◎	◎
	ウォルナット	木目が美しく、硬く狂いが少ない性質のため、家具によく用いられる。また床材、壁材などにも使用される	茶褐色	高	—	○	◎	—	○	◎
	チーク	油を多く含むため、塗装しなくても水や摩擦に強く、劣化しにくい。質感も滑らかで意匠性に優れているため、内装や家具に多く用いられる	暗褐色	高	—	○	◎	○	○	◎
	ヤマザクラ（ブラックチェリー）	加工性が高く、着色性がよいため家具に多く用いられる	辺材：淡い黄褐色　心材：褐色	やや高	—	—	○	—	○	◎
	イタヤカエデ	木目が緻密で、非常に硬い。家具材に用いられる	淡い黄色	中	—	—	○	—	—	◎
	ウリン	アイアンウッドとも呼ばれ、硬く耐久性に優れる。耐水性が高く虫害にも強いため、主に外部床やフェンスなど屋外で用いられる	辺材：淡い黄色　心材：暗褐色	やや高	—	◎	—	—	—	—

◎：最適　○：使用可能

解説：和田浩一（STUDIO KAZ）

原木から切り出せる材の寸法には限界があり、大きな建材として用いるには材をつなぎ合わせることも必要だ。つなぎ方には種類があり、継ぐ方向によって呼称が異なる。価格は、接合部分の少ない無垢材が最も高く、次いで幅矧ぎ材、集成材の順に安くなっていく。原木から木質材料を製材する工程では、各種の加工方法や、切り出された部材などにもそれぞれの呼び方がある。ここでは、造作材の種類を理解するうえで覚えておきたい製材方法や、材の呼び方について解説する。

1. 厚みのある材を切り出す

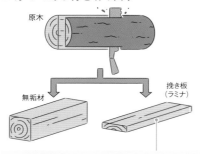

丸鋸を使い、原木から角材や板を切り出す。切り出された板を挽き板やラミナと呼ぶ。単板と異なり、1枚で建材として成立するような厚さがあるものを指す

2. 原木の表面を薄く削ぎ切る

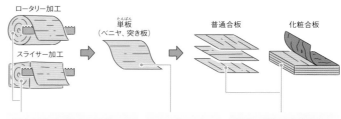

原木を回しながらかつら剥きのように切るロータリー加工と、曲面を切り落とした原木の表面をスライスするスライサー加工がある。前者のほうが広い面積を得られるが、加工可能な樹種が限られる

シート状にスライスされた材を単板、ベニヤと呼ぶ。化粧合板として切り出されたものは突き板とも呼ぶ

複数の単板を直交方向に積層し、接着剤で張り合わせたものを合板と呼ぶ。さらに、合板の上に突き板を張り合わせ（練り付け）たものを化粧合板と呼ぶ

3. 材の継ぎ方

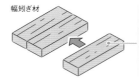

幅矧ぎ材は、短冊状の板を横方向に接着して1枚の面材を形成したもの。木目が連続するので、無垢材のような意匠性と一定の大きさを両立できる

集成材は、挽き板をフィンガージョイントで接合し、長さ方向に延長。さらに幅矧ぎ材と同様に横方向に延長することで大きな面材を形成する。無垢材に比べて意匠性には劣るが、強度や品質が安定している

木材に施す塗装の種類

木材の劣化には、水、傷、紫外線などのさまざまな要因がある。これらの外因に対し、木の表面に施す塗装を適切に選ぶことで劣化を抑止できるケースも多い。また、無垢材を使用する場合、塗装仕上げは表面の色や質感を左右する重要な要素の1つ。ここでは木材の仕上げに用いられる塗料の主な種類を解説する。なお、塗料は木材に浸透して表面の質感や木目を残す浸透系塗料と、表面を塗料でコーティングして質感や性能を付加する造膜系塗料の2種類に大別される。

表1：主要な木材用塗料の特徴

浸透系塗料	オイルフィニッシュ（OF）	植物性の油を用いた浸透系の塗料。木の調湿機能を妨げずに保護し、木の表面の色や質感をあまり変化させないため、無垢材によく使用される。耐久性は高まるが、高い耐久性が求められる屋外などには向かない
	ステイン	油性（オイルステイン、OS）と水性がある。着色が目的の浸透系塗料であり、さまざまな色の塗料がある。塗布しても木目などの質感を損なわず、意匠性に優れる。塗布面を保護する機能はないので、着色後にクリアウレタンなどで保護塗膜を付けることもある
	自然系塗料	柿渋、漆、蜜蝋、植物油など、自然素材からつくられる塗料。塗膜をつくらず、内部に浸透するため、木の調湿機能を妨げない。シックハウス問題や環境問題への注目から近年人気が高まっているが、すべてがアレルギーフリーというわけではないので、選択する場合にはこうした観点からも製品をしっかり確認することが重要だ
	液体ガラス	表層部に浸透してガラス質の層をつくり、強度や耐久性、防水性を高める。木材の元の色や質感をそのままに、高機能な保護効果を付与できる高機能塗料。コストはやや高いが、メンテナンスサイクルが長いので長期的にはほかの塗料と変わらない。水廻りや外部の木部に用いるとよい
造膜系塗料	ウレタン系	表面にウレタンの塗膜をつくり、湿気や摩耗に対する耐久性を高める造膜系塗料。弾性が高いため、木材の変形に合わせて収縮し、ひび割れなどが出にくい。耐水性・耐候性も高く、屋外、洗面カウンターなどの水廻り、ダイニングテーブルなどに幅広く使用される。光沢があり、つるっとした手触りになる。仕上がりの質感によって、ウレタンクリア塗装（UC）、ウレタンエナメル塗装（木目を塗りつぶす仕上げ、UL）などがある
	エマルションペイント（AEP、EP）	溶剤や水分のなかに、細かな樹脂分が分散している塗料。木目などは塗りつぶされる。一般的に内装材の艶消し仕上げとして用いられる
	合成樹脂調合ペイント（SOP）	いわゆるペンキ。木材の塗料として昔から使用されている塗料。安価で乾きが速く、施工性がよいため幅広い用途に用いられてきたが、最近はウレタン塗装やAEPが用いられることが多い。木目などは塗りつぶされ、光沢のある仕上がりとなる

最近は、表面の光沢がないマットな仕上げとするのが標準的。ウレタン塗装は光沢が強く、高級感の出ない塗料とされていたが、近年では厚ぼったさがなく、艶消しのマットな質感をもつウレタン塗料も多く開発され、幅広く使用されている

解説：和田浩一（STUDIO KAZ）
写真：福山キッチン装飾（F-MATT）

APPENDIX

造作材は断面の見え方で選ぶ

木材を使用した建材には、木をそのまま切り出した製材（無垢材）のほかに、板材を積層したり、小片や繊維状に細かくしたものを成型したりとさまざまな形態のものがある。これらは、その製造方法や素材によって、適する使用方法が異なる。また、仕上げとして木を使用する場合には、その表面の質感と同時に、断面（小口）がどのように見えるかが重要だ。ここでは、建材として用いられる主な木質素材の種類とその用途、流通寸法について解説する。

表2：主な木質素材の特徴と流通寸法

材料	シナ合板	ラワン合板	突き板（化粧合板）	挽き板
断面				
特徴	普通合板は、繊維方向が直交するように単板を積層させた板材。内装の下地材などに用いられ、主にシナ合板とラワン合板がある。シナ合板とラワン合板は、表面に用いられる樹種が異なる。シナはロータリー加工が可能な樹種なので木目が出にくく、フラットな見た目となる。そのまま化粧材として使用することも可能。一方、ラワンはロータリー加工ができずスライス加工のみのため、導管の凹凸が目立つ見た目となる。ラワン合板は最近では使われなくなってきている		原木を薄くスライスした材。厚さは0.2mmから3mm程度まで幅広い。一般的に国内品は厚さ0.25mm、ヨーロッパ製品は厚さ0.6mmの突き板を普通合板の表面に張り付けた化粧合板として流通している	無垢材を板状に切断した材。建具の大手部分や、フローリングの表面材として用いられる
流通寸法（mm） 厚さ	3、4、5.5、9、12、15、18、21、24、30	3、4、5.5、9、12	2.5、4、5.5、9、12、15、18、21、24、30 下地となる合板（厚さ3または4.5mmが一般的）の流通寸法に準ずる	切り出す原木のサイズによる
幅×長さ	910×1,820、2,430×1,220	910×2,130、1,000×2,000、1,220×1,820	910×1,820、910×2,130、1,000×2,000、1,220×1,820、1,220×2,430	

材料	ランバーコア	MDF	OSB（配向性ストランドボード）		パーティクルボード
断面					
特徴	木片ブロックを合板で挟み込んだ材。安価で扱いやすく、反りが少ないため、下地材や、大工仕事で造作する棚板など多用途に使える。ただし小口には挟み込んだ角材が現れるため、テープなどで隠すのが一般的	木材を細かくほぐしたものに合成樹脂を加えて成形した材。方向性がなく、表面も小口も同じ質感となる。表面はつるつるしていて、主に家具の扉などに用いられる。木目を隠すような塗りつぶしの塗装を施して用いられることが多い。湿気に弱い	薄く削いだ細長い木片を、繊維方向をそろえて並べ、それが直交するように積層させた材。合板のように汎用性が高く、構造用パネルとして用いられるほか、家具や内装材にも使用される。塗料を多く吸い込むため、塗料が大量に必要になる。塗装仕上げには向かない。断面には木片の小さな隙間が現れ、がさがさしているので、意匠的に好ましくない		木材の小片を、接着剤によって加熱圧縮して成形したボード。材質が均一なので、方向による性質の違いがなく、反りや狂いが少ない。安価な材のため、主に下地材や家具材として用いられる。断面には木片の小さな隙間が表れるので、意匠的には好ましくない
流通寸法（mm） 厚さ	12、15、18、21、24、27、30	2.5、3、4、5.5、7、9、12、15、18、21、24、30	ポーランドOSB：6、8、9、11	カナダOSB：8、9、12、15、24	20、25 ¦ 9、12、15、18、25
幅×長さ	910×1,820、1,220×2,430	910×1,820、1,220×1,820、1,220×2,430	910×1,820		606×1,820 ¦ 910×1,820

材料	三層クロスラミナパネル（Jパネル）
断面	
特徴	厚さ12mmの合板を、木目が直交するように3枚積層したパネル。構造材としても、そのまま仕上げ材としても使用できる。積層しているため反りにくく、表面は無垢材のような質感がある。断面は3層のストライプとなる。造作材としては床材や家具の天板、カウンター材などに用いられる。素材は主にスギだが、最近では外側にヒノキやマツ、ナラなどを用い、間にスギを挟んで見た目の意匠性を高めたものなどがある
流通寸法（mm） 厚さ	36
幅×長さ	910×1,820、1,000×2,000

木口をデザインした特殊パネル

トドマツの三層パネルを鉄液で化学変化させた例。板目よりも小口のほうが吸い込みが強いため、より色が濃く出る。断面がストライプのデザインとなる

原木から角材を切り出した際の端材を組み合わせて成形したスギの中空パネル。軽量で施工性が高いだけでなく、端材を使用することで歩留まりを高めている。また、空洞が板内を貫通しているので、電気配線などを通すことも可能だ

解説・写真：和田浩一（STUDIO KAZ）

見切材

POINT 1 材料の特徴を知って適材適所

見切材のフラットバーやアングルなどの主な材料には、アルミ、ステンレス、塩化ビニル樹脂がある。材料ごとに性質や与える印象が異なるため、使用する場所に最適なものを選びたい

POINT 2 メーカー推奨の用途以外にもチャレンジしたい

天井用の見切縁を幅木代わりに使う人もいる。腰壁見切のなかには外壁の水切りとしても使用できるものがある。自己責任になるが、メーカーが想定した用途にとらわれず柔軟な発想で工夫すると、既製品が役立つ場面は増える

POINT 3 幅木に見切材を使う

幅木は、既製品の見切材を積極的に活用したい部位の一つ。幅木の存在感が大きいと、床と幅木、壁の3つが分断された印象になる。トラブルの起きにくい範囲で最小限のサイズの見切材を使えば、凹凸の少ない、シャープな印象の空間になる

BASIC 見切の材質と特徴

1. アルミ
ここに挙げた3材料のなかで最も多種類の既製品があり、かつ、ステンレスよりも安価。軟らかく、加工が容易なので現場対応できる範囲が広い。ただし衝撃には弱い。頻繁に物がぶつかる場所には不適

2. ステンレス
衝撃に強く、さびにくい。大きな負荷がかかる床の見切などに適す。金属らしい光沢が特徴で、シャープな印象を与える。角出し曲げ加工や鏡面仕上げなど、求めるイメージに合わせて加工も選択できる

3. 塩化ビニル樹脂
金属材よりも軽量で安価。壁紙や樋、見切縁など幅広く使用される。色のバリエーションが豊富なため、使用部位に応じて色を選べる。例えば白いクロスになじませたい場合は、白い塩ビ製見切がお薦め

BASIC 金属の表面加工

1. アルミアルマイト
アルミの耐食性・耐摩耗性を高めるため、アルミの表面に人工的にアルマイト被膜（酸化被膜）をつくる。色はアルミニウムのシルバーがそのまま現れる

2. 二次電解着色
アルミアルマイトをベースに、アルマイト皮膜の多孔層に金属塩を沈着させて着色する加工法。ステンカラー[※]、ブロンズ、ブラックなど、淡色から濃色まで着色可能

3. ヘアライン仕上げ
ステンレスの表面加工の一種。研磨ベルトで表面を一定方向に磨き、髪の毛状の連続した研磨痕をつける。微細な傷やゆがみが目立ちにくいのが利点

4. 鏡面仕上げ
ステンレスの表面加工の一種。表面を砥石研磨などで仕上げることで、強い光沢を表現する手法。ステンレスそのものの質感と美しさが強調される

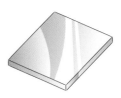

※ 淡いゴールドのような色味

┌─ **APPENDIX** ─┐

既製品の主な寸法

金属材は、特注すれば形状・サイズともに最適なものを得られるが、コスト面で現実的ではない。そこで、ラインナップが充実の一途をたどる既製品のなかから、理想にできるだけ近い形状やサイズのものを選びたい。ここでは、流通している部材の主な寸法を示し、さらに、お薦めの用途や選定するうえでのポイントを紹介する。

表1：フラットバー（アルミ）

アングルと組み合わせ、ガラスの押縁としても使える。その場合の長さはアングルにそろえる

A辺が15mmのフラットバーは、床の異素材見切として活用できる。一般的なフローリングの厚さは15mmなので、異素材仕上げの間に立てて挟むのにちょうどよいサイズだ。表面に現れるB辺が2〜3mmだと、見切の存在感を薄くできる

A×B（mm）	定尺長さ（m）	A×B（mm）	定尺長さ（m）
25×1	2	10×3	2
30×1	2	12×3	2
10×2	2	15×3	2
15×2	2	20×3	2
20×2	2	25×3	2
25×2	2	30×3	2
30×2	2	40×3	2
40×2	2	50×3	2
50×2	2	60×3	2
65×2	2	70×3	2

表2：フラットバー（ステンレス）

15×2mmや15×3mmは、アルミ同様、床の異素材見切に向く。重歩行が予想される場所には、アルミより硬度の高いステンレスを選ぶとよい

A×B（mm）	定尺長さ（m）	A×B（mm）	定尺長さ（m）
15×2	2	10×4	2
20×2	2	15×4	2
40×2	2	20×4	2
10×3	2	10×5	2
13×3	2	20×5	2
15×3	2	30×5	2
20×3	2	12×6	2
25×3	2	15×6	2
30×3	2	20×6	2
40×3	2	25×6	2
50×3	2	30×6	2

表3：チャンネル（アルミ）

間仕切ガラスの固定用に用いる場合は、ガラスの厚さ＋両側に3mmほどのサイズを選び、隙間にはシーリング材を充填する

A×B（mm）	t（mm）	定尺長さ（m）
10×10	1.6	2
12×12	2	2
15×15	2	2
20×20	2	2
25×25	2	2
30×30	2.4	2

施工イメージ

チャンネル
チャンネル

表4：チャンネル（ステンレス）

折り曲げて加工するステンレスは角に少し丸みが出るため、直角が出るアルミチャンネルよりも印象が柔らかい

A×B（mm）	t（mm）	定尺長さ（m）	A×B（mm）	t（mm）	定尺長さ（m）
8×10	0.8	2	15×15	0.8	3
10×15	0.8	3	15×25	0.8	3
10×20	0.8	3	15×30	0.8	3
10×25	0.8	3	20×20	0.8	3
12×12	0.8	3	25×25	0.8	3

解説：長谷部勉、石川昂、今知亮

表1：アングル（アルミ）

A×B（mm）	t（mm）	定尺長さ（m）	A×B（mm）	t（mm）	定尺長さ（m）	A×B（mm）	t（mm）	定尺長さ（m）
9×9	1	3	30×30	2.5	3	9×20	1.6	3
10×10	1.2	3		3	3	9×25	1.2	3
	3	3		5	3	9×30	1.2	3
12×12	0.8	3	35×35	1	3	9×35	1.2	3
	1.2	3		1.2	3	9×40	1.5	3
15×15	0.8	3		1.5	3	10×15	1.5	2
	1	3		2	3	10×20	1.2	3
	1.2	3		2.5	3		1.5	2
	1.5	3		3	3		2	2
	2	3	38×38	1.5	3		3	2
	2.5	3	40×40	1.5	3	10×25	1.2	3
	3	3		2	3	10×30	1.2	3
18×18	0.8	3		2.5	3		1.5	2
19×19	1	3		3	3		3	2
20×20	1	3		4	3	10×35	1.2	3
	1.2	3	45×45	1	3	10×40	1.5	2
	1.4	3		1.5	3	10×40	2	3
	2	3		2	3	10×50	2	3
	2.5	3		2.5	3	13×20	1.2	3
	3	3		3	3	13×25	1.5	2
25×25	0.8	3	50×50	1	3	13×30	2	2
	1	3		1.5	3	13×35	2.5	2
	1.2	3		2	3	15×20	1.5	3
	1.5	3		2.5	3		2	2
	2	3		3	3		3	2
	2.5	3		4	3	15×25	1.5	3
	3	3		5	3		2	2
30×30	0.8	3	5×15	1.5	2	15×30	1.5	3
	1	3	5×20	1.5	2	15×40	1.5	2
	1.2	3	5×25	1.5	2	15×45	1.5	3
	1.5	3	5×30	1.5	2	15×50	2	2
	2	3	5×40	1.5	2	40×60	5	4

外壁の水切には、外壁厚さに合わせて35mm以上の等辺アングルが使いやすい。アルミサッシなど、同じ建物内でアルミの建材を使っている場合は、ほかの部位でもアルミでそろえると統一感が出る

40×60mmの不等辺アングルを開き扉の上枠に使用すると、建具枠の見付けを最小限にできる

施工イメージ

壁 / 不等辺アングル / 扉

表2：アングル（ステンレス）

A×B（mm）	t（mm）	定尺長さ（m）	A×B（mm）	t（mm）	定尺長さ（m）
10×10	0.8	2	10×15	0.8	2
15×15	0.8	3	10×20	0.8	2
20×20	0.8	3	10×25	0.8	2
25×25	0.8	3	10×30	0.8	2
30×30	0.8	3	15×20	0.8	2
15×15	1.5	3	15×25	0.8	2
20×20	1.5	3	15×30	0.8	2
25×25	1.5	3	15×40	0.8	2
30×30	1.5	3	20×30	0.8	2

寸法のバリエーションはアルミに劣るが、高級感を演出したい場合はステンレスが選ばれることが多い

表3：角パイプ（アルミ・ステンレス）

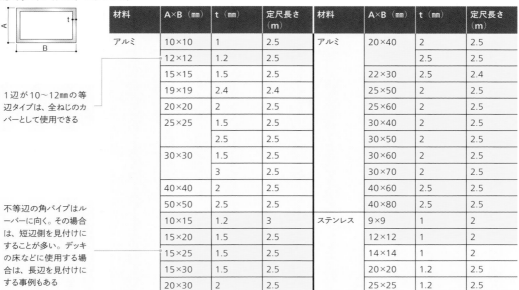

1辺が10〜12mmの等辺タイプは、全ねじのカバーとして使用できる

不等辺の角パイプはルーバーに向く。その場合は、短辺側を見付けにすることが多い。デッキの床などに使用する場合は、長辺を見付けにする事例もある

材料	A×B（mm）	t（mm）	定尺長さ（m）	材料	A×B（mm）	t（mm）	定尺長さ（m）
アルミ	10×10	1	2.5	アルミ	20×40	2	2.5
	12×12	1.2	2.5			2.5	2.5
	15×15	1.5	2.5		22×30	2.5	2.4
	19×19	2.4	2.4		25×50	2	2.5
	20×20	2	2.5		25×60	2	2.5
	25×25	1.5	2.5		30×40	2	2.5
		2.5	2.5		30×50	2	2.5
	30×30	1.5	2.5		30×60	2	2.5
		3	2.5		30×70	2	2.5
	40×40	2	2.5		40×60	2.5	2.5
	50×50	2.5	2.5		40×80	2.5	2.5
	10×15	1.2	3	ステンレス	9×9	1	2
	15×20	1.5	2.5		12×12	1	2
	15×25	1.5	2.5		14×14	1	2
	15×30	1.5	2.5		20×20	1.2	2.5
	20×30	2	2.5		25×25	1.2	2.5

表4：角パイプ（ステンレス）

直径22〜25mmの丸パイプは、2階以上の掃出し窓の転落防止柵としての使用が想定される。両端にU字形の受け部材を取り付ければ、そこに丸パイプを渡して固定するだけの簡単な施工で設置可能

A（mm）	t（mm）	定尺長さ（m）
13	1	2
16	1	2
19	1	2
22	1	2
25	1	2
32	1	2
50	1.2	2

手摺として使用する場合は、握りやすい32mm以上が適している

表5：コ形ジョイナー（アルミ）

欄間のガラスなど、薄い間仕切ガラスの建具枠として使用可能。シーリング処理などの施工性を考慮し、ガラスの厚さよりも少し大きめのサイズ（ガラスとのアキ左右3〜5mm）を選ぶとよい

A×B（mm）	t（mm）	定尺長さ（m）
15×3.5	1	3
15×4.5	1	3
15×5.5	1	3
15×6.5	1	3
15×8.5	1	3
15×10	1	3
15×13	1	3
15×15.5	1	3

図：外壁出隅ジョイナー（アルミ）

外壁の出隅への使用が想定される。厚さ3mmのフレキシブルボードを2枚重ねで使用する場合、厚さは約6mmになるため、6.5mmサイズが適している

壁材によっては、8.5mmも選択肢に入る。同じ寸法で角がR1のタイプもあるが、そちらを使用すれば直角に近づき、よりシャープな印象になる

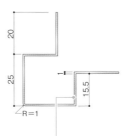

厚さ15mmほどのサイディングの出隅を納めるときに最適なサイズ。外壁のサイディングの出隅は、上から出隅カバーをかぶせるのが一般的だが、既製品の出隅ジョイナーで納めることもできる

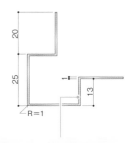

外壁の厚み次第では、13mmサイズも選択肢に入る

解説：長谷部勉、石川昂、今知亮

幅木に活用できる見切材

既製品の見切材のなかから幅木としての使用に適したサイズを厳選し、図示している。意匠性を考えると見付けになる部分は最小限にしたいが、ほかの部位とラインをそろえたい場合や、塗り厚のある仕上げの場合にはあえて見付けの大きいサイズを選ぶことも考えられる。また、幅木としての使用には向かないものもあるが、同型のサイズ違いを表で示している。既製品の大まかな寸法を押さえておけば、その他の用途での活用もひらめくかもしれない。

表1：返しなし　コ形見切（アルミ）

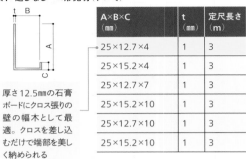

A×B×C (mm)	t (mm)	定尺長さ (m)
25×12.7×4	1	3
25×15.2×4	1	3
25×12.7×7	1	3
25×15.2×10	1	3
25×12.7×10	1	3
25×15.2×10	1	3

厚さ12.5mmの石膏ボードにクロス張りの壁の幅木として最適。クロスを差し込むだけで端部を美しく納められる

表2：返しあり　コ形見切（アルミ）

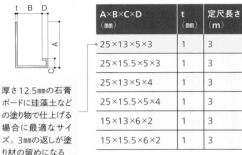

A×B×C×D (mm)	t (mm)	定尺長さ (m)
25×13×5×3	1	3
25×15.5×5×3	1	3
25×13×5×4	1	3
25×15.5×5×4	1	3
15×13×6×2	1	3
15×15.5×6×2	1	3

厚さ12.5mmの石膏ボードに珪藻土などの塗り物で仕上げる場合に最適なサイズ。3mmの返しが塗り材の留めになる

表3：返しなし　コ形見切（塩化ビニル樹脂）

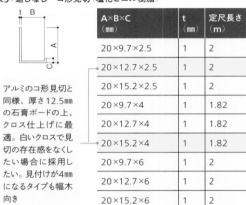

A×B×C (mm)	t (mm)	定尺長さ (m)
20×9.7×2.5	1	2
20×12.7×2.5	1	2
20×15.2×2.5	1	2
20×9.7×4	1	1.82
20×12.7×4	1	1.82
20×15.2×4	1	1.82
20×9.7×6	1	2
20×12.7×6	1	2
20×15.2×6	1	2

アルミのコ形見切と同様、厚さ12.5mmの石膏ボードの上、クロス仕上げに最適。白いクロスで見切の存在感をなくしたい場合に採用したい。見付けが4mmになるタイプも幅木向き

表4：返しあり　コ形見切（塩化ビニル樹脂）

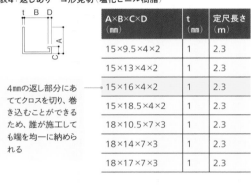

A×B×C×D (mm)	t (mm)	定尺長さ (m)
15×9.5×4×2	1	2.3
15×13×4×2	1	2.3
15×16×4×2	1	2.3
15×18.5×4×2	1	2.3
18×10.5×7×3	1	2.3
18×14×7×3	1	2.3
18×17×7×3	1	2.3

4mmの返し部分にあててクロスを切り、巻き込むことができるため、誰が施工しても端を均一に納められる

表5：返しあり　目透かし型見切（塩化ビニル樹脂）

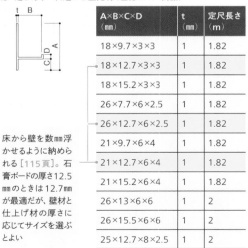

A×B×C×D (mm)	t (mm)	定尺長さ (m)
18×9.7×3×3	1	1.82
18×12.7×3×3	1	1.82
18×15.2×3×3	1	1.82
26×7.7×6×2.5	1	1.82
26×12.7×6×2.5	1	1.82
21×9.7×6×4	1	1.82
21×12.7×6×4	1	1.82
21×15.2×6×4	1	1.82
26×13×6×6	1	2
26×15.5×6×6	1	2
25×12.7×8×2.5	1	2

床から壁を数mm浮かせるように納められる[115頁]。石膏ボードの厚さ12.5mmのときは12.7mmが最適だが、壁材と仕上げ材の厚さに応じてサイズを選ぶとよい

表6：返しなし　目透かし型見切（塩化ビニル樹脂）

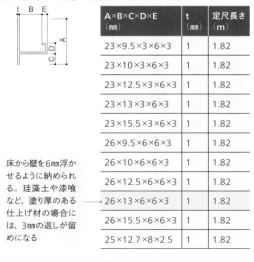

A×B×C×D×E (mm)	t (mm)	定尺長さ (m)
23×9.5×3×6×3	1	1.82
23×10×3×6×3	1	1.82
23×12.5×3×6×3	1	1.82
23×13×3×6×3	1	1.82
23×15.5×3×6×3	1	1.82
26×9.5×6×6×3	1	1.82
26×10×6×6×3	1	1.82
26×12.5×6×6×3	1	1.82
26×13×6×6×3	1	1.82
26×15.5×6×6×3	1	1.82
25×12.7×8×2.5	1	1.82

床から壁を6mm浮かせるように納められる。珪藻土や漆喰など、塗り厚のある仕上げ材の場合には、3mmの返しが留めになる

目透かし型見切は異素材の切り替えに使える

クロスとタイル、漆喰とタイルなど、壁の異素材を切り替えるときに便利なアルミ材。この使い方の場合は、T字を寝かせるようにして使う。厚さ12.5㎜の石膏ボードを使用する場合は、高さが13㎜のものが適している。片側がクロスの場合は、T字の先端のへこみ部分でクロスを納めるとバランスがとりやすい。

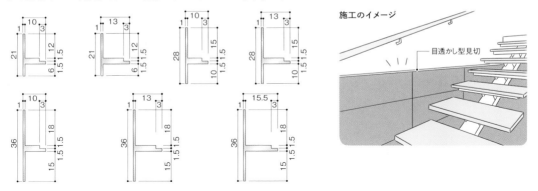

施工のイメージ

目透かし型見切

腰壁見切は外壁の見切として使える

ガルバリウム鋼板仕上げの外壁では、水切も板金加工したガルバリウムを用いることが多いが、腰壁見切として販売されている既製品を使うこともできる。ガルバリウム鋼板よりへこみにくいのがメリットだ。玄関扉をステンレス製にした場合は、質感を合わせるために外壁水切もステンレスを選ぶとよい。ガルバリウム鋼板仕上げの水切として使用する場合は、幅が16.4×15.5㎜のサイズを採用するなど、外壁の厚さに応じて選択する。

アルミ　　　　　　　　　　　　　　　　　　　　　　　　ステンレス

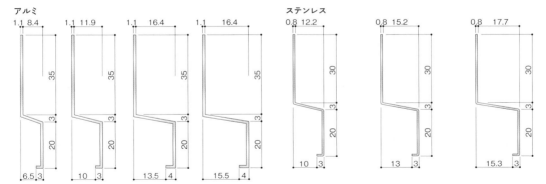

ステンレス幅木を上がり框に

硬度の高いステンレスは、靴が当たる可能性のある上がり框の仕上げに適している。上がり框には高さが50㎜前後のサイズが使われることが多いが、玄関の上がり幅に応じてサイズを選ぼう。シンプルで洗練された印象になる。

表16：幅木（ステンレス）

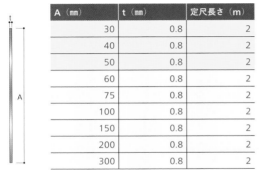

A（mm）	t（mm）	定尺長さ（m）
30	0.8	2
40	0.8	2
50	0.8	2
60	0.8	2
75	0.8	2
100	0.8	2
150	0.8	2
200	0.8	2
300	0.8	2

施工のイメージ

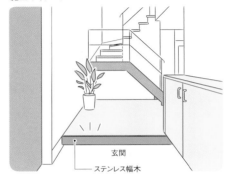

玄関

ステンレス幅木

解説：長谷部勉、石川昂、今知亮

外部開口部は、断熱や遮音といった機能面の弱点にもなる部分。そのため、納め方だけでなくサッシの選び方も重要だ。ここでは、サッシやガラスの種類や寸法、特注品など、押さえておくべき基本をまとめた。

POINT 1 住宅でよく用いられる窓の種類

サッシは、引違い窓、辷り出し窓、FIX窓、上げ下げ窓、ルーバー窓など、開き方によって種類が分かれる。窓の性能とデザインは、採光や通風などの機能や住宅の意匠に強く影響するため、最適なタイプを選びたい

POINT 2 窓を構成するサッシとガラスも多様化

サッシを構成する「枠」と「ガラス」には、特徴が異なるさまざまな種類が流通している。各製品の機能と意匠を、コスト・予算と突き合わせながら検討することになる。なかには、サッシとガラス双方を組み合わせることで強度、断熱性能などの基準を満たす製品もある。その分、熱橋となりやすい框部分がより小さくなっている

POINT 3 既製寸法の範囲と選び方を押さえておく

サッシの規格寸法は、柱間の幅・高さに合わせて選べるように用意されている。サッシが内部で障子などの建具と干渉する場合や、天井、床との納まりが悪い場合、意匠との両立を図る場合は、規格寸法のサッシで納めるのは難しいので特注品にするなど対処が必要

BASIC 住宅で使用されるサッシの種類

折戸（おれど）
開放時に折りたためる戸。開閉にスペースを取らないので、クロゼットや掃出し窓［※1］に用いられることが多い

引違い窓
左右のサッシを横方向にスライドさせて開閉する窓。気密性能はクレセントの引き寄せ具合によって左右される

ルーバー窓
羽根板状の窓で、ハンドル操作により角度が変えられる。通気性がよくキッチンに好適。ジャロジー窓ともいう

FIX窓
開閉できない固定された窓。採光や眺望を目的として設置される。サッシ枠が目立たず、意匠性が高い。また、気密性能も高い

片引き窓
引違い窓の片側がFIX窓になっている窓。引違い窓と比べて気密性に優れている

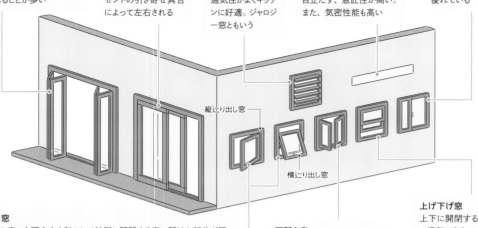

縦辷り出し窓

横辷り出し窓

辷り出し窓
横辷り出し窓：水平方向を軸にして外側に開閉する窓。開けた部分が屋根代わりになるので、雨天時にも開放できる。縦辷り出し窓：鉛直方向を軸にして外側に開閉する窓。開けた部分が風を受け止めて内部に誘導するため、通気がよくとれる。リビングやキッチンなどに向く

両開き窓
中央部から2枚に分かれた扉を開閉する窓。大きく開放できるので、通気や採光の効率が高い

上げ下げ窓
上下に開閉する窓。上下に通気できるので、換気効率がよい。開口部があまり取れない居室や、通気が必要な勝手口に使用される

※1 窓の下端が床面に達していて、人が出入りできる大きさの窓のこと

BASIC　サッシ枠は4種類に大別できる

サッシ枠は、木製、アルミ製、樹脂製、複合タイプの4種類に分けられる。性能、強度、価格などが異なるそれぞれの特徴を紹介する。

1. 木製サッシ

框は大きめだが、木質なので意匠的には違和感なく納めやすい。造作する木製サッシは気密、断熱性の確保が困難だが、メーカーの製品であれば優れた性能を発揮する。ただし受注生産となるので、コストはかさむ。重量も大きい［97頁］

2. アルミサッシ

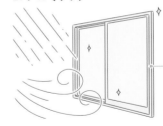

アルミサッシは強度が高く、耐候性や防火性にも優れ、腐食しにくく錆にも強い。框が小さいため、そのぶんガラス面が大きくすっきり見える。ただし、熱伝導率が高いので、樹脂サッシに比べると断熱性能が劣り、結露しやすい

3. 樹脂サッシ

主に塩化ビニル樹脂が使われる。熱伝導率がアルミの約1／1,000と低く断熱性に優れ、寒冷地で多く使用される。強度はアルミよりも弱く、サッシに厚みが必要。価格はアルミや複合よりも高い

4. 複合サッシ

外部　屋内

アルミ

樹脂

屋外側に耐久性の高いアルミ、屋内側に断熱性の高い樹脂（もしくは木製）を使用したサッシが一般的。双方のメリットを享受できるのが特徴。コストはアルミサッシと樹脂サッシの中間程度

ADVANCED　ガラスは複層タイプや機能性のあるものを選ぼう

サッシに使用するガラスは、1枚ものの単層ガラスよりも、2枚もしくは3枚のガラスで構成した複層ガラスのほうが望ましい。断熱効果や結露防止効果が高く、防音・防犯などにも有効だからだ。今では住宅でも複層ガラスが一般的となっているので、その構造と仕組みを理解しておこう。また、必要に応じてより防犯性の高いガラスや防火ガラス［※2］も検討するとよい。

1. 断熱性が高い複層ガラス

ペアガラス

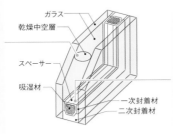

ガラス

乾燥中空層

スペーサー

吸湿材

一次封着材
二次封着材

ガラスとガラスの間の空間を中空層といい、主に乾燥空気、アルゴンガス、真空の3種類。一般的には乾燥空気が充填され、熱の移動を制限し、断熱・遮熱などの性能を発揮する。アルゴンガスは乾燥空気よりも冷たい空気の影響を受けにくく、冬期の防寒仕様として有効。真空は音の伝播を遮るので、遮音効果に優れる

中空層の間隔を一定に確保するスペーサー。材質は樹脂が望ましい。スペーサーの内部には吸湿剤が入っており、内部で結露が起こらないようにしている

2. 防犯性が高い機能ガラス

強化ガラス

フロートガラス［※4］に比べて3～5倍の耐風圧強度、耐衝撃性を有するガラス。万が一割れても破片が細粒状になるため、けがも防げる。複層ガラスの場合は、屋外側に採用するとよい

トリプルガラス

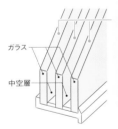

ガラス

中空層

3枚のガラスと2層の中空層により、ペアガラスの約2倍の断熱性能をもつ。外側2枚のガラスをLow-Eガラスにした「日射取得型」は冬期の日射を取り込めるため日照の多い南面に向く

Low-Eガラス

Low-E金属膜

中空層

ガラス

スペーサー

乾燥剤

薄い金属の膜でガラス面をコーティングし、放射熱を低減するガラス。断熱タイプと遮熱タイプの2種類がある［※3］。方位やサッシ位置、気候条件などによって使い分けるとよい

フロストガラス

不透明なため、目隠し効果があり、プライバシーを守れる。また、手垢がつきにくいため清掃しやすい。ほかにも、磨り板ガラスや型板ガラス［※5］がある

解説：岡沢公成（暮らしの工房）／※2 防火戸として性能が認定されたガラス。破片の落下を防ぐ網入りガラスが一般的で安価│※3 断熱タイプは、日射熱を取り入れやすく、遮熱タイプは、日射熱を取り入れにくい│※4 一般的な透明板のガラスのこと。フロート製法という溶けたガラスの生地を錫合金の上に浮かべ板状に成形する方法でつくられる│※5 磨り板ガラス…珪砂や金属ブラシで加工して艶を消し不透明にしたガラス。フロストガラスより光を強く拡散させる／型板ガラス…型ローラーに通して片面に凹凸の型模様をつけたガラス

BASIC サッシ寸法の見方

サッシの寸法規格は、基本的に各メーカー共通で設定されている。また、サッシの幅と高さは開口寸法ではなく呼称という数字で表される。名称寸法の意味と求め方は必ず押さえておこう［※1］。逆に、サッシ厚さは規格がなく、メーカーごとに異なる。

表1：サッシ幅の呼称寸法［単位：mm］

幅	内法	呼称	幅	内法	呼称
300	260	026	1,820	1,780	178
405	365	036	1,845	1,805	180
640	600	060	1,870	1,830	183
730	690	069	1,900	1,860	186
780	740	074	2,370	2,330	233
820	780	078	2550	2,510	251
845	805	080	2,600	2,560	256
870	830	083	2,740	2,700	270
1,185	1,145	114	2,820	2,780	278
1,235	1,195	119	2,850	2,810	281
1,320	1,280	128	2,870	2,830	283
1,370	1,330	133	3,370	3,330	333
1,540	1,500	150	3,510	3,470	347
1,640	1,600	160	3,700	3,660	366
1,690	1,650	165	3,810	3,770	377
1,800	1,760	176			

住宅で一般的に使用されるサッシの幅は、リビングやダイニングで2,600mm、寝室や子ども室で1,000～1,200mm［※2］、水廻りで780mmとなる

表2：サッシ高さの呼称寸法［単位：mm］

高さ	内法	呼称
370	300	03
570	500	05
770	700	07
970	900	09
1,170	1,100	11
1,370	1,300	13
1,570	1,500	15
1,830	1,800	18
2,030	2,000	20
2,230	2,200	22
2,230 ランマ付	2,200	22 ランマ

サッシの高さは、リビングやダイニングなら1,570～2,070mm（腰壁を設けるなら1,370mmも）、寝室や子ども室で1,000～1,200mm、水廻りで770～1,170mmがよく使われる

図：サッシの呼称寸法

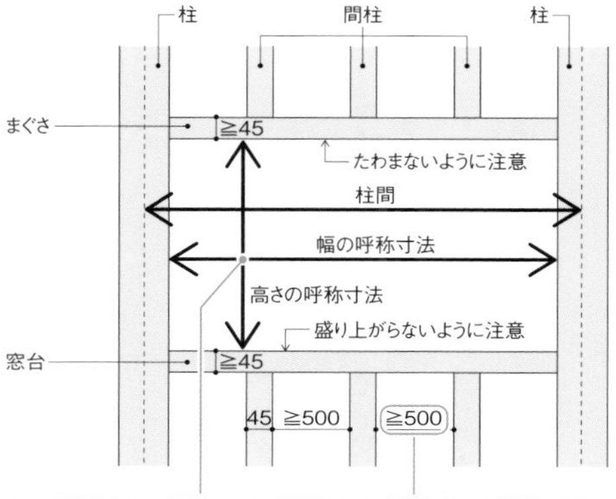
柱
間柱
柱
まぐさ
≧45
たわまないように注意
柱間
幅の呼称寸法
高さの呼称寸法
盛り上がらないように注意
窓台
≧45
45
≧500
≧500

サッシの呼称寸法に+5～10mmすると、実際の取り付けサイズとなる。サッシ幅の寸法を選ぶ際は、柱間から考えるとよい。たとえば柱間が910mmなら、柱の120mmとクリアランスの10mmを引いた幅780mmのサッシを選べばよい［※3］

開口部には相当な重量がかかり、複層ガラスの場合は単板の2倍となる。そのため、間柱、まぐさ、窓台の見付けは45mm以上、間柱の間隔は500mm以下とする

BASIC サッシ枠の取り付け方法と位置

サッシ枠の取り付け方法は、「外付け」「半外付け」「内付け」の3種類があり、それぞれ適した使用シーンが異なるため、特徴を押さえておこう。また、サッシ枠が内部でほかの要素と干渉する場合、メーカーごとに取り付け位置が変わるので注意が必要。

1. 取り付け方の種類 断面詳細図

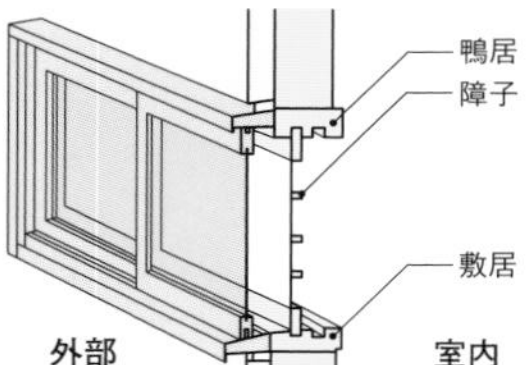
鴨居
障子
敷居
外部
室内

外付け
柱の外側にサッシを取り付ける方法。主に化粧柱を見せる真壁仕様の和室などに取り付けられる。外付けにすることで、鴨居と敷居の間に内障子を付けることも可能となる［97頁］

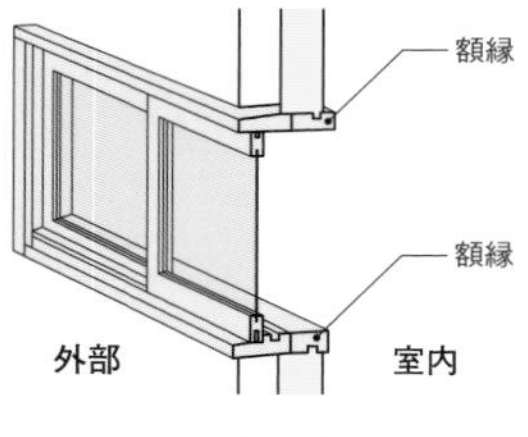
額縁
額縁
外部
室内

半外付け
室内側のサッシが柱の内側を通り、外側のサッシが柱の外側を通るように取り付ける方法。防水上有利で、現在の木造住宅の窓にはほとんど半外付けが採用されている［96頁］

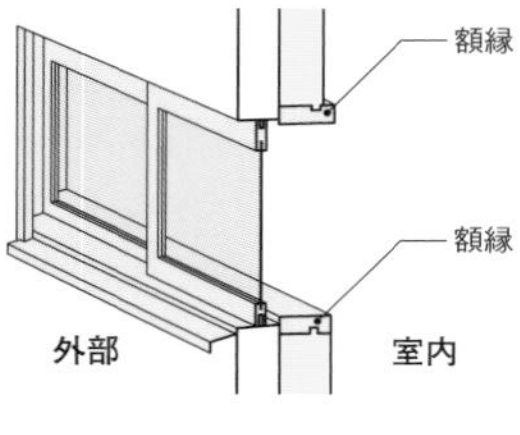
額縁
額縁
外部
室内

内付け
サッシが柱の内側にすべて納まるように取り付ける方法。木製建具からアルミサッシへの交換時などに使用される。以前は主流だったが、雨仕舞いに弱いため、現在はあまり採用されない

2. サッシ枠の取り付け位置（YKK） 断面詳細図［S＝1:6］

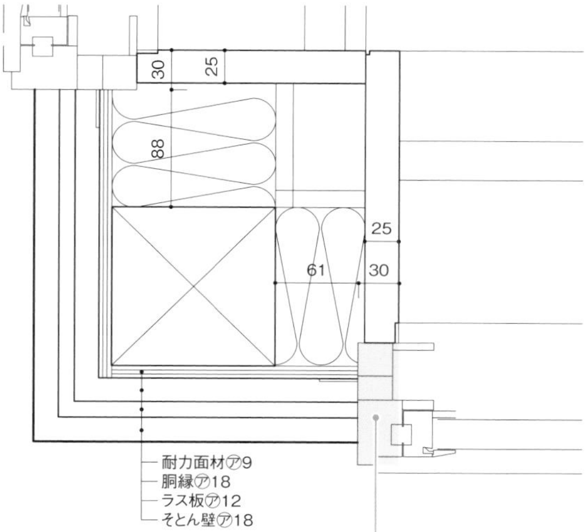
30
25
88
25
61
30
耐力面材⑦9
胴縁⑦18
ラス板⑦12
そとん壁⑦18

YKKのAPW330の場合、サッシ枠の取り付け位置はサッシ外側から30mm入ったところになる。これが、たとえばLIXILのエルスターSの場合、35mmとなる。この5mmの差が納まりに影響するので、窓選びの際は製品の取り付け位置を確認する

※1 表の内法は、室内側のアングル内々サイズを示す｜※2 こり出し窓に限り1,100～1,200mmがあり、使用に適している｜※3 高さは、1,570mmまでは5～10mmのクリアランスが必要だが、1,830mm以上のテラス窓の場合は取り付けが床仕上がりからサッシ枠の上端までになるため、さらに+40mm必要となる。ただし、メーカーによっては+40mmした寸法になっているなど表記が異なるので注意が必要

ADVANCED **ここぞというときはサッシを特注に**

既製サッシを使用すればコストを抑えられるが、大開口やピクチャーウィンドウなど目立たせたい窓やほかの部材に干渉して納まりが悪い場合は、サッシを特注にする。特注の場合、通常の1.3倍程度コストが上がるが、意匠的なメリットが大きい。

1. 内部で枠が干渉する場合

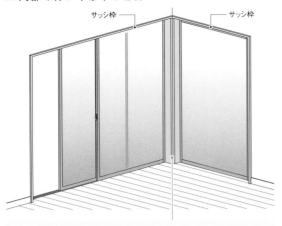

サッシ枠 サッシ枠

サッシ枠と内部建具枠、障子同士が入隅で干渉する場合などは、壁に中途半端なクリアランスができないよう、枠と枠を重ね合わせて納めるとよい。その際、微妙な寸法調整が発生するため、オーダーが必要［98頁］。柱部分にスチールなどでカバーをつくり、つなげているように見せる方法もある

2. 特定の高さや床・天井の納まりが悪い場合

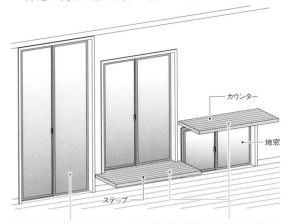

カウンター

地窓

ステップ

床から天井まで窓にしたい場合など、大開口を設ける際に床や天井とサッシ枠が絡む場合は、オーダーで高さを調整するとよい

カウンターと床の間に窓を設置したい場合や、テラスの出入り部にステップを一段設けたい場合など、意匠的な理由で特定の高さに納めたい場合は高さをオーダーする

APPENDIX

すすむ海外製サッシのライセンス生産化

1980年代から主に北欧製サッシの輸入が始まった北海道は、住宅用サッシの非金属化をいち早く成し遂げている。当初は輸入が主だった海外製サッシも、現在はライセンス生産されたものを使う機会が増えている。ここで紹介するノルドは、スウェーデン系の窓を旭川で生産し、迅速な国内供給に対応している。

1. 「ノルド」の木製サッシ

特注品は既製品より設計の自由度が高い［※4］が、本国で製作すれば最低3カ月以上の納期待ちや性能表示が国内規格に未対応のケースもある。その点、ノルドでは国内工場で特注品に対応している

回転窓（TSG）

片引き戸（UD／A）

スウェーデン系の木製サッシは、断熱性の高さはもちろん、狂いやねじれが少なく脂分を適度に含んだオウシュウアカマツを使用しているため、形状安定性がよい。さらにトリプルガラスを前提とした枠や框材に対する基本設計の高さ、ムラの少ない断熱性能、堅牢ながら細身のデザインが特徴だ。回転窓タイプだと、ガラス清掃が室内からできる［※5］

上段 解説：岡沢公成（暮らしの工房） | 下段 解説・写真提供：山本亜耕、ノルド
※4 既製品（国内在庫品）は、供給と価格に若干の優位はあるが、寸法と数量に限りがある | ※5 ほかにも、塗装メンテナンスを軽減したアルミウッドサッシ（外部アルミ・内部木製）など、多様な製品がある

青木律典[あおき・のりふみ]
デザインライフ設計室
1973年神奈川県生まれ。日比生寛史建築計画研究所、田井勝馬建築設計工房を経て、2010年青木律典建築設計スタジオを設立。'15年デザインライフ設計室に改組

井口里美[いぐち・さとみ]
一級建築士事務所ageha
1980年長野県生まれ。2003年ヨーロッパデザイン学院（IED）卒業。ISSHO建築設計事務所などを経て、'06年より一級建築士事務所ageha参加

石川昂[いしかわ・こう]
アーキテクチャー・ラボ石川昂建築設計事務所
1982年神奈川県生まれ。2004年日本大学理工学部建築学科卒業。アーキテクチャー・ラボを経て、'16年アーキテクチャー・ラボ石川昂建築設計事務所を設立。現在、マイスターズクラブ会員

石川素樹[いしかわ・もとき]
石川素樹建築設計事務所
1980年東京都生まれ。手嶋保建築事務所を経て2009年に石川素樹建築設計事務所を設立。建築、インテリアから家具、プロダクトまで幅広い領域でデザインを手がける。日本建築家協会東北住宅大賞優秀賞、日本建築士会連合会賞奨励賞、日本建築学会作品選集新人賞、'11 DESIGN AWARD Gold Awardなど受賞多数

稲継豊毅[いなつぎ・とよき]
稲継豊毅計画工房
1958年生まれ。'81年神奈川大学工学部建築学科卒業。'82年高田弘建築工房入所。'98年稲継豊毅計画工房設立

今井浩二[いまい・ひろかず]
今井ヒロカズ設計事務所
1965年秋田県生まれ。'88年多摩美術大学美術学部建築科卒。同年西方設計工房（現・西方設計）。'90年大建設計東京事務所。'96年今井ヒロカズ設計事務所。2004年設計チーム木協同組合設立

上田健太[うえだ・けんた]
TAGKEN[田口建設]
1979年東京都生まれ。京都精華大学芸術学部デザイン科建築専攻卒業後、2015年より田口建設に勤務

岡沢公成[おかざわ・まさなり]
暮らしの工房
1981年新潟県生まれ。2003年新潟工科大学卒業。'05年同大学大学院修了。建設会社、設計事務所を経て、'14年暮らしの工房を設立。'17年株式会社暮らしの工房に改組（法人化）。'18年～新潟工科大学非常勤講師

小川博央[おがわ・ひろなか]
小川博央建築都市設計事務所
1975年香川県生まれ。日本大学大学院生産工学研究科建築工学専攻修了。隈研吾建築都市設計事務所を経て、2005年小川博央建築都市設計事務所設立

粕谷淳司[かすや・あつし]
カスヤアーキテクツオフィス（KAO）
1971年東京都生まれ。'97年東京大学大学院工学系研究科建築学専攻修了。大学院総合計画研究所建築学専攻を経て、プル総合計画事務所に勤務後、2002年カスヤアーキテクツオフィス設立。'13年関東学院大学専任講師、'18年より准教授

粕谷奈緒子[かすや・なおこ]
カスヤアーキテクツオフィス（KAO）
1971年大分県生まれ。'96年日本女子大学大学院住居学専攻修了。武田光史建築デザイン事務所、ミリグラムスタジオ勤務を経て、'05年よりカスヤアーキテクツオフィス共同主宰

菊田康平[きくた・こうへい]
ボタンデザイン
1982年福島県生まれ。2007年日本大学芸術学部卒業。同年妹尾正治建築設計事務所勤務。'14年ボタンデザイン共同主宰

窪田茂[くぼた・しげる]
Degins JP
1969年東京都生まれ。中央工学校建築設計科卒業後、タオアーキテクツなど設計事務所に勤務。'99年独立。2003年窪田建築都市研究所を設立・主宰。'04～'05年カフェカンパニー取締役設計部長を兼任。'18年JCD日本商環境デザイン協会理事長就任。'23年4月、Degins JPへ社名変更

COMODO建築工房
2007年に設計事務所としてスタートし、'12年から工務店業を追加。設計事務所の設計力を武器に、工務店による確かな施工力で「小さく住まい豊かに暮らす」をモットーに活動。デザインと性能をバランスよく両立し、常に納まりの改善を試みる。年間8棟程度を上限に、社員3名で運営する少数精鋭の会社

古谷野裕[こやの・ゆういち]
古谷野工務店
1984年東京都生まれ。小川広次建築設計事務所を経て、'15年より古谷野工務店、'22年より同社代表取締役

小山光[こやま・あきら]
キー・オペレーション
1970年東京都生まれ。'94年東京都立大学工学部建築学科卒業。'96年ロンドン大学バートレット校建築修士課程修了。'97年KNTA Architects勤務。'98年東京工業大学建築学科修士課程修了。'98～2001年Studio E Architects、'02～'03年David Chipperfield Architects、'03～'05年ZARA Japan勤務を経て、'05年アトリエ・コ・アーキテクツ設立。'06年株式会社キー・オペレーションに組織変更。'21年～桑沢デザイン研究所非常勤講師、'22年～千葉大学非常勤講師。英国王立建築家協会国際賞等受賞多数

今知亮[こん・ともあき]
アーキテクチャー・ラボKONオフィス
1981年北海道生まれ。2006年室蘭工業大学大学院工学研究科博士前期課程建設システム工学専攻修了。アーキテクチャー・ラボを経て、'16年アーキテクチャー・ラボKONオフィスを設立。現在、マイスターズクラブ理事

齋藤文子[さいとう・ふみこ]
3110ARCHITECTS 一級建築士事務所
1974年長崎県生まれ。'98年日本大学理工学部建築学科卒業。本間至/ブライシュティフト一級建築士事務所を経て、2008年デザイン事務所として活動を開始。'18年3110ARCHITECTSに改名

佐々木達郎[ささき・たつろう]
佐々木達郎建築設計事務所
1979年北海道生まれ。2002年千葉工業大学工学部デザイン学科卒業。'04年同大学修士課程修了。'04～'13年東環境・

朔永吉[さく・えいきち]
SAKUMAESHIMA
1982年長崎県生まれ。2006年日本大学理工学部建築学科卒業。'08年同大学大学院理工学研究科建築学専攻修了後、'16年までトラフ建築設計事務所勤務。'16年SAKUMAESHIMA設立

大学美術学部建築科卒業。同年ナカノコーポレーション（現・ナカノフドー建設）入社。'99年多摩美術大学大学院修士課程修了。同年復職。2002年JYU ARCHITECT充総合計画一級建築士事務所設立。2002年ソンベデザインオフィス設立

建築研究所入社。'13年佐々木達郎建築設計事務所設立。千葉工業大学非常勤講師

佐々木倫子[ささき・ともこ]
.8／TENHACHI
1980年宮城県生まれ。2004年立教大学経済学部経済学科卒業。'07年早稲田大学大学院理工学部建築学科専攻修了。'08年早稲田大学芸術学校建築設計科卒業。'08〜'16年限研吾建築都市設計事務所。'15.8〜'16年一級建築士事務所TENHACHI設立。'16年TENHACHI設立、代表取締役・共同代表

佐藤友也[さとう・ともや]
扇建築工房
1983年静岡県生まれ。静岡県浜松市の設計事務所、ゼネコンで現場監督を経験したのち、扇建築工房に入社。2018年に代表に就任。浜松市を中心に、住宅の設計・施工を手がける

CKF[シー・ケー・エフ]
千葉龍生、桑崎博之、藤田摂による木造住宅のディテール標準化プロジェクトユニット

千葉龍生[ちば・たつお]
株式会社CK WALL TEC代表取締役。屋根・外装の防水納まりを検証し、漏水事故のない施工方法と部材開発を担当

桑崎博之[くわさき・ひろゆき]
HIRO DESIGN OFFICE INC.代表取締役。職人が迷わない施工方法・理技術をいかし、職人としての施工管理技術を担当

藤田摂[ふじた・おさむ]
藤田摂建築設計事務所所長。総合デザインを担当し、ディテール標準化プロジェクトを担当。棟梁としての施工方法を担当

杉浦充[すぎうら・みつる]
JYU ARCHITECT充総合計画一級建築士事務所
1971年千葉県生まれ。'94年多摩美術

短期大学（現・京都芸術大学）卒業。同年照明メーカー小泉産業（現・コイズミ照明）に入社。2002年ソンベデザインオフィス設立

杉山リリー[すぎやま・りりー]
スーパーマニアック
1984年埼玉県生まれ。2005年米子工業高等専門学校建築学科卒業。'12年スーパーマニアックに参加

鈴木克典[すずき・かつのり]
ファンタスティックデザインワークス
1967年大阪府生まれ。1990年京都精華大学造形学部洋画科卒業。エムディーを経て、2001年ファンタスティックデザインワークス設立

船場[せんば]
1947年創業。国内外問わず、商業施設をはじめオフィスや教育、ヘルスケア、余暇施設等の様々な空間づくりにおいて、調査・企画・デザイン・設計・施工・メンテナンスまでをトータルでサポート。2021年よりビジョンに「Good Ethical Company」、ミッションに「未来にやさしい空間を」を掲げている

添田貴之[そえだ・たかゆき]
添田建築アトリエ
1974年三重県生まれ。'97年早稲田大学理工学部建築学科卒業。'99年同大学大学院理工学研究科（建築学）修了。同年添田建築アトリエ設立。東京都市大学非常勤講師

園部竜太[そのべ・りゅうた]
ソノベデザインオフィス
1968年京都府生まれ。'90年京都芸術

人が行き交うさまざまな空間の調査・企画から、デザイン・設計、制作・施工、運営までを一貫して手がける。執筆担当：デザインセンター大槻賢造、長谷川あみ湖

寶田陵[たからだ・りょう]
the range design INC.
1971年東京都生まれ。'93年日本大学理工学部海洋建築工学科卒業。同年フジタ建築設計部。'99年LIV建築計画研究所。2000年都市デザインシステム。'08年鹿島建設建築設計部。'09年UDS企画・デザイン事業部。'16年the range design INC.設立

田口彰[たぐち・あきら]
TAGKEN[田口建設]
1979年埼玉県生まれ。南カリフォルニア建築大学大学院修了後、'07年〜田口建設、15年〜代表取締役

竹田和正[たけだ・かずまさ]
一級建築士事務所ageha.
1974年石川県生まれ。'96年金沢工業大学建築学科卒業。ミリグラムスタジオなどを経て、'06年一級建築士事務所ageha.設立

たしろまさふみ DESIGN ROOM
たしろまさふみ[たしろ・まさふみ]
1974年生まれ。大阪工業大学大学院ゾモト建築学博士前期課程修了後、建築設計事務所で建築デザインに従事。2004年からCURIOSITYに従事。'11年たしろまさふみDESIGN ROOMとしての活動を開始

丹青社[たんせいしゃ]
1946年創業。総合ディスプレイ会社として、店舗などの商業施設、博物館などの文化施設、展示会などのイベント施設など、

登坂貴之[とさか・たかゆき]
トサケン
1978年群馬県生まれ。2005年デザインファーム建築設計スタジオ卒業後、カフェ・カンパニー入社。'12年トサケン設立

西方里見[にしかた・さとみ]
西方設計／設計チーム木
1951年秋田県生まれ。'75年室蘭工業大学建築工学科卒業。同年青野環境建築研究所に入所。'81年西方設計工房開所。'93年西方設計に改組。2004年設計チーム木協同組合代表理事に就任

長谷部勉[はせべ・つとむ]
H.A.S.Market
1968年山梨県生まれ。'91年東洋大学工学部建築学科卒業。堀池秀人都市・建築研究所、服部建築計画を経て、2002年H.A.S.Market設立。現在、東洋大学非常勤講師、建築家住宅の会理事長

平木康仁[ひらき・やすひと]
SURF Architects
1968年広島県生まれ。2006年早稲田大学大学院理工学研究科建築学専攻古谷誠章研究室修了後、小川晋一都市建築設計事務所、アシハラヒロシデザイン事務所を経て、'15年SURF Architects主宰

藤田摂[ふじた・おさむ]
藤田摂建築設計事務所
1970年香川県生まれ。'91年京都科学技術専門学校建築デザイン科卒業を経て、'98年有限会社山本忠司建築綜合研究室を経て、

年藤田摂建築設計事務所を設立。現在、マイスターズクラブ副会長

藤原慎太郎 [ふじわら・しんたろう]
1974年大阪府生まれ。'97年近畿大学理工学部建築学科卒業。'99年同大学院工学研究科修了。2002年藤原・室建築設計事務所設立

二俣公一 [ふたまた・こういち]
ケース・リアル
1975年鹿児島県生まれ。福岡と東京を拠点に空間デザインを軸とする「ケース・リアル」と、プロダクトデザインを主軸とする「二俣スタジオ」両主宰。インテリア・建築から家具・プロダクトに至るまで、多岐に渡るデザインを手がける。主な空間作品に香川県の豊島にある「海のレストラン」ほか、和菓子店「鈴懸」やオーストラリア発のスキンケアブランド「イソップ」との協働など

古谷俊一 [ふるや・しゅんいち]
古谷デザイン建築設計事務所
1974年東京都生まれ。'97年明治大学理工学部建築学科卒業。2000年早稲田大学理工学研究科建築専攻石山修武研究室修了。同年IDÉE。'06年都市デザインシステム。'09年古谷デザイン建築設計事務所設立。'22年みどりの空間工作所設立

本多健介 [ほんだ・けんすけ]
トサケン
1982年広島県生まれ。2006年武蔵野美術大学空間演出デザイン学科卒業後、カフェ・カンパニー入社。'12年トサケン設立

前嶋章太郎 [まえしま・しょうたろう]
SAKUMAESHIMA
1985年山梨県生まれ。2008年武蔵工業大学（現・東京都市大学）工学部建築学科卒業、'10年同大学大学院工学研究科建築学専攻博士前期課程修了。'11年トラフ建築設計事務所を経て、'12~'17年小川晋一都市建築設計事務所勤務。'16年SAKUMAESHIMA設立

三重野崇 [みえの・たかし]
TAGKEN [田口建設]
1979年大分県生まれ。南カリフォルニア建築大学卒業後、Griffin Enright Architectsを経て、2007年より田口建設に勤務

村上譲 [むらかみ・ゆずる]
ボタンデザイン
1984年岩手県生まれ。2007年日本大学芸術学部卒業。同年三浦慎建築設計室入所。'14年ボタンデザイン共同主宰

室喜夫 [むろ・よしお]
藤原・室建築設計事務所
1974年愛知県生まれ。'99年近畿大学理工学部建築学科卒業。2002年藤原・室建築設計事務所設立

山崎壮一 [やまさき・そういち]
山崎壮一建築設計事務所
1974年兵庫県生まれ。'99年早稲田大学大学院理工学研究科修了。同年矢板建築設計研究所入社。工務店参画を経て、2009年山崎壮一建築設計事務所を設立

山下泰樹 [やました・たいじゅ]
DRAFT Inc.
1981年東京都生まれ。2008年にDRAFT Inc.を設立。インテリア・建築のデザインを中心に都市から家具づくりまで幅広いフィールドで活躍するデザイナー・建築家。「空間は人を中心にデザインされるべき」という思想のもと、都市・建築・空間を再定義、再設計し続けている。Best of Year AwardsやSBID Awardsなど多数受賞

山田浩幸 [やまだ・ひろゆき]
yamada machinery office
1963年新潟県生まれ。'85年読売東京理工専門学校建築設備学科卒業。郷設計研究所などを経て、2002年yamada machinery office設立。住宅・非住宅問わず多様な建物の設備設計を手がける。主著に「エアコンのいらない家」「建築設備パーフェクトマニュアル」「世界で一番やさしい建築設備」（いずれもエクスナレッジ）など

山本亜耕 [やまもと・あこう]
山本亜耕建築設計事務所
1963年北海道生まれ。'88年北海道東海大学卒業。柴滝建築設計事務所や吉田建築設計事務所を経て、'98年山本亜耕建築設計事務所を設立。2009年より取り組む300mm断熱がライフワーク

横関正人 [よこぜき・まさと]
NEOGEO
1984年福井工業大学工学部建設工学科卒業。同年コンコード建築設計事務所入所。'91年横関正人建築研究所設立。'94年NEOGEO設立・代表

横関万貴子 [よこぜき・まきこ]
NEOGEO
1994年大阪芸術大学芸術学部建築学科卒業。2001年三木万貴子建築設計室設立。同年NEOGEO参加。'09年滋賀県立大学近江環人地域再生学座修了。'12年京都大学大学院博士課程後期修了。'17年同博士課程後期修了。現在、NEOGEO共

吉里謙一 [よしざと・けんいち]
cmyk Interior & Product
1974年千葉県生まれ。武蔵野美術大学工芸工業デザイン学科卒業。2007年に独立し、cmyk Interior & Productを設立。駅や施設などの商環境を中心にプロダクトデザインまで多岐にわたる。グッドデザイン賞ほか、日本空間デザイン賞など国内外の受賞歴多数。著書に「にぎわいのデザイン 空間デザイナーの仕事と醍醐味」（コンセント、2020）がある

吉田昌弘 [よしだ・まさひろ]
KAMITOPEN一級建築士事務所
1974年大阪府生まれ。2001年京都工芸繊維大学工芸学部卒業。同年カラースペースデザインに入社。'07年KAMITOPEN設立。'08年株式会社KAMITOPEN一級建築士事務所に改組

ワイズ・ラボ一級建築士事務所2015年設立。Human, Activity, Placeという〈ヒトコトバ〉をつなげ、新たな価値を創造する設計集団。商業施設からオフィスや住宅、そして船舶といった幅広い分野において、建築・インテリアのコンサル・設計・プロジェクトマネジメントの豊富な経験をもつことが強み

和田浩一 [わだ・こういち]
ステュディオ・カズ
1965年福岡県生まれ。'88年九州芸術工科大学芸術工学部工業設計学科卒業。トーヨーサッシ（現・LIXIL）を経て、'94年ステュディオ・カズ設立。2014年より東京デザインプレックス研究所非常勤講師。著書に「キッチンをつくる／KITCHENING」「世界で一番やさしいインテリア」「世界で一番やさしい家具設計」（エクスナレッジ）など

メーカー協力（掲載頁順）

福山キッチン装飾
1952年創業の塗装扉メーカー。天然木材を用いた製品造りにこだわり、木質材料それぞれの特徴を生かした塗装方法を確立。職人の高い技術と最新の高性能マシンにより、多品種小ロットに対応可能な高品質のものづくりを実現している（https://e-tobira.jp）

ノルド
1985年創業。北海道旭川に工場を構える木製サッシメーカー。スウェーデンの木製サッシメーカーと販売技術提携を結び、輸入材の欧州赤松を用いたサッシの製造・販売を行う。規格寸法の他に特注寸法にも対応。外部のメンテナンス低減を考慮した木アルミ複合サッシも製造している（http://www.ric-nord.co.jp）

引用・参考文献

『建築設計資料集成［物品］』
日本建築学会編、丸善出版、2003

『家づくりビジュアル大事典』
エクスナレッジ、2008

『デザイナーのための住宅設備設計［術］』
高柳英明・添田貴之、彰国社、2016

『デザイナーと投資家のための賃貸集合住宅の企画［術］』
高柳英明・添田貴之、彰国社、2018

『実測 世界のデザインホテル』
寶田陵、学芸出版社、2019

『戸建て・集合住宅・オフィスビル 建築設備パーフェクトマニュアル 2020-2021』
山田浩幸、エクスナレッジ、2019

『Q1.0住宅 設計・施工マニュアル 2020』
鎌田紀彦、市ヶ谷出版社、2020

「改正建築物省エネ法 オンライン講座」
国土交通省、2020（https://shoenehou-online.jp/）

デジタルブック
『住宅省エネルギー技術講習テキスト 基準・評価方法編 平成28年省エネルギー基準対応』、
『住宅省エネルギー技術講習テキスト設計・施工編【全国（4〜7地域）版】平成28年省エネルギー基準対応』
一般社団法人 木を活かす建築推進協議会、2020（https://www.shoene.org/d_book/）

住宅から店舗、
オフィスまで
建築ディテール大全

2023年12月4日　初版第1刷発行
2024年　2月9日　　　第2刷発行

発行者　三輪浩之

発行所　株式会社エクスナレッジ
　　　　〒106-0032
　　　　東京都港区六本木7-2-26
　　　　https://www.xknowledge.co.jp/

問合せ先　編集 TEL:03-3403-1381
　　　　　　　　FAX:03-3403-1345
　　　　　　　　info@xknowledge.co.jp
　　　　　販売 TEL:03-3403-1321
　　　　　　　　FAX:03-3403-1829